普通高等教育规划教材

车辆 CarSim 仿真及应用实例

主　编　李茂月
副主编　周　鹏　王　飞

北　京
冶金工业出版社
2025

内 容 简 介

本书围绕 CarSim 软件的使用方法，按照实际仿真过程中参数设置的先后顺序，介绍了汽车车身基本参数的配置方法和操作运行环境的设置方式，以及汽车相关仿真测试的设置方法和相应输出结果的设置，最后介绍了 CarSim 软件和其他软件的联合仿真方法。本书理论与实际紧密结合，突出实用性，书中编入大量的仿真设计图、列举了相关的法律标准等，力图通过实用、详细、典型的汽车仿真实例，使读者真正掌握 CarSim 软件的仿真方法。通过本书的学习，读者不但能够分模块进行 CarSim 的练习，也能在学习后独立完成较为复杂的、与其他软件的联合仿真。

本书可作为高等院校车辆工程、交通运输、载运工具运用工程等相关专业的教学用书，也可作为汽车企业技术中心的培训教材，以及对汽车仿真感兴趣的读者的自学材料。

图书在版编目(CIP)数据

车辆 CarSim 仿真及应用实例/李茂月主编 .—北京：冶金工业出版社，2020. 10（2025. 1 重印）

普通高等教育规划教材

ISBN 978-7-5024-6005-1

Ⅰ. ①车… Ⅱ. ①李… Ⅲ. ①车辆工程—计算机仿真—应用软件—高等学校—教材 Ⅳ. ①U27-39

中国版本图书馆 CIP 数据核字(2020)第 168386 号

车辆 CarSim 仿真及应用实例

出版发行 冶金工业出版社 **电　话** (010)64027926
地　址 北京市东城区嵩祝院北巷 39 号 **邮　编** 100009
网　址 www. mip1953. com **电子信箱** service@ mip1953. com

责任编辑 王　颖　美术编辑 吕欣童　版式设计 禹　蕊
责任校对 郭惠兰　责任印制 窦　唯
三河市双峰印刷装订有限公司印刷
2020 年 10 月第 1 版，2025 年 1 月第 3 次印刷
787mm×1092mm 1/16；18 印张；434 千字；278 页
定价 49. 80 元

投稿电话 (010)64027932 投稿信箱 tougao@ cnmip. com. cn
营销中心电话 (010)64044283
冶金工业出版社天猫旗舰店 yjgycbs. tmall. com
(本书如有印装质量问题，本社营销中心负责退换)

前　言

当前，伴随国家汽车产业发展政策的调整，我国汽车产业进入持续、快速发展的轨道。在汽车工业发展的同时，汽车消费主体日益多元化，广大消费者对高质量汽车服务的渴求日益凸显。随着我国汽车自主开发和科技创新的全面开展，车辆的性能面临越来越大的挑战。

为了提高汽车设计水平，汽车仿真在汽车产品开发过程中越来越重要，仿真分析技术是车辆研发及性能提升的重要技术手段。在新款汽车大规模量产推广之前，其可靠性必须要得到验证。虽然实车实路的验证是最具有说服力的方式，但是其测试周期长、成本昂贵，限制了汽车的研发进度。所以谷歌、特斯拉、丰田等大型汽车公司都建立了自己的虚拟测试平台，加速训练和验证新开发的汽车，节省路试和研发的时间。CarSim 软件在汽车仿真中的应用越来越广泛，已经成为车辆工程等专业学生和从事汽车研发的科研和工程技术人员必备的工具。

本书以车辆在 CarSim 软件中进行实际仿真的过程为例，全面介绍了 CarSim 软件的使用方法。从实际应用出发，在编写过程中加入了大量实际操作设置经验。在内容安排上，围绕汽车行业测试相关的一些项目，分别进行了不同的仿真参数设置，以及对仿真结果的处理等。本书共分为 9 章，第 1 ~2 章介绍软件的功能、安装的方法以及软件的界面菜单；第 3 章介绍仿真过程中车身、传动系、转向系等一些车身参数的设置；第 4 章对整车行驶速度、制动过程等一些车辆操作和运行环境进行了说明；第 5 章是各种测试内容的说明；第 6 ~7 章对仿真后的结果进行介绍。第 8 章和第 9 章列举实例进行了说明，并对 CarSim 仿真中常常需要使用的联合仿真进行了详细的介绍。通过本书的学习，读者能够真正掌握 CarSim 软件的仿真方法。

本书第 1、2、4 章由哈尔滨理工大学的王飞编写，第 3、5、8 章由哈尔滨理工大学的李茂月编写，第 6、7、9 章由佳木斯大学的周鹏编写。此外，哈尔滨理工大学的研究生徐光岐、河香梅、吕虹毓、王久强、陈月也分别参加了第

1章、第5章、第7章等部分内容的收集和整理。哈尔滨理工大学的刘立飞对本书的编写提出了宝贵的建议。全书由李茂月主编并统稿。

由于编者学识和水平的局限性，书中难免有疏漏和不妥之处，恳请广大读者、同仁批评指正。

编 者

2020年6月

目　录

第 1 章　CarSim 8.1 概述

1.1　CarSim 概述

为了缩短汽车的生产周期，提高新产品的质量，必须充分利用好车辆仿真软件，使设计人员对自己设计的产品进行性能预测，对设计的结构参数进行优化，这样不仅减少了试制样车造成的大量成本和时间的花费，也提高了效益，具有良好的实践意义和应用价值。

近年来，广泛使用的汽车动力学的仿真软件有很多，如 ADAMS、ADAS 及悬架仿真专用软件 SuspensionSim 等，它们是基于多体动力学理论，对整车拓扑结构进行抽象建模仿真。而 CarSim 是面向参数特性的仿真软件，基于汽车动力学理论并结合多体理论，将整车分为车体、转向、轮胎、悬架、制动系、传动系等子系统，通过输入各子系统的特性参数曲线进行建模仿真。

CarSim 于 1996 年由美国机械仿真公司（the Mechanical Simulation Corporation，MSC）研发，主要创始人是国际知名的车辆动力学专家 Thomas D. Gillespie. Michael Sayers 和 Steve Hann。MSC 是专业的汽车系统仿真软件开发公司，其主要商业产品包括 CarSim、TruckSim、BikeSim 和 SuspensionSim，该系列软件被国际上众多的汽车制造商、零部件供应商所采用，已成为汽车行业的标准软件，享有很高的声誉。其中，TruckSim 是专为卡车、客车和挂车动态仿真开发的工业仿真软件，提供的车型种类几乎涵盖了世界上大部分卡车和客车，由于软件操作的方便性与仿真的实时性，使其成了很多制造商及研发单位的有力工具，被广泛应用于现代汽车系统的开发。BikeSim 是用于测试机车驾驶员与机车之间交互影响所产生的现象，提供完整的机车模型，其中包含了驾驶员控制系统、操控装置、刹车系统以及车胎动力学，并且将空气动力数据及路面状况的影响加入各种模拟中。通过这些功能选项，可以非常轻松地调整机车的各项性能。MSC 自主开发了多刚体动力学软件 VehicleSim，VehicleSim 由人工智能语言 LISP 编写而成，它可以根据用户输入的简单系统定义，推导出复杂得多刚体机械系统动力学模型，并生成相应的计算机程序，因而被广泛地应用在汽车、机器人和卫星等领域。MSC 利用 VehicleSim 技术开发出 CarSim。

CarSim 模型在计算机上的运行速度快，可以仿真车辆对驾驶员、路面及空气动力学输入的响应，主要用来预测和仿真汽车整车的操纵稳定性、制动性、平顺性、动力性和经济性，同时被广泛应用于现代汽车控制系统的开发。CarSim 可以方便灵活地定义试验环境和试验过程，详细定义整车各系统的特性参数和特性文件。CarSim 提供了准确、详细、有效的方法来模拟乘用车和轻型卡车的性能，经过汽车工程师 20 多年的实际验证，是分析车辆动力学的优秀工具。

CarSim 的主要结构由 4 部分组成，即图形化数据库、车辆数学模型求解器、仿真动画显示器和专门的仿真曲线绘图器。图形化数据库用于定义车辆配置及仿真工况；车辆数学模型求解器是 CarSim 的内核部分，用来仿真求解；仿真动画显示器通过动画模拟可显示每一时刻车辆的运行状态、车轮受力和车辆在不同环境（输入）下的动态响应；专门的仿真曲线绘图器可以选择输出某些特性参数随时间或另一特性参数变化的曲线，如图 1-1 所示。

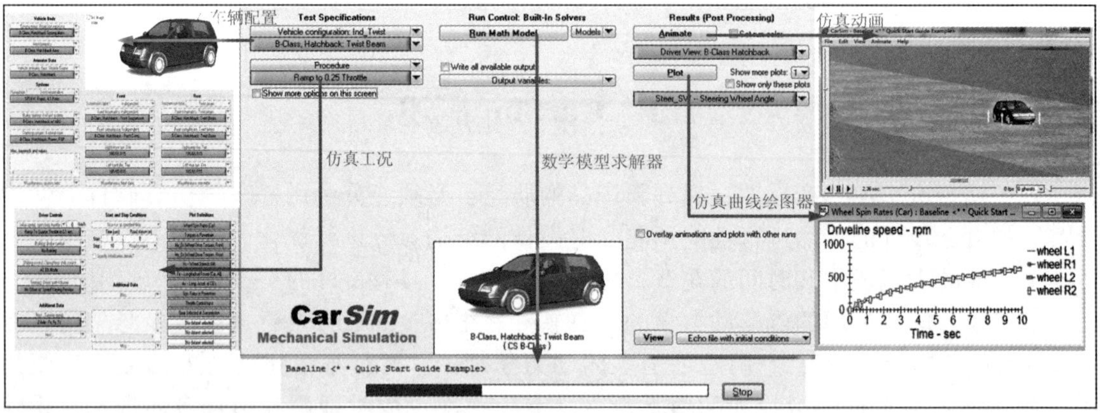

图 1-1　CarSim 结构图

1.2　CarSim 主要特点

CarSim 软件结合了传统的车辆动力学与现代的多体动力学建模方法，对车辆进行抽象简化。它的主要特点有：

（1）使用方便。CarSim 的所有组成部分都由一个图形用户界面来控制。用户通过单击"Run Math Model"来进行仿真；通过单击"Animate"按钮可以以三维动画形式观察仿真的结果；通过单击"Plot"按钮可以观察仿真结果曲线。在很短的时间内，就可以掌握 CarSim 的基本使用方法，完成一次简单仿真并观察仿真结果，所要设置或调整的特性参数都可以在图形界面上完成。软件中的 150 多个图形窗口，使用户能够访问车辆的所有属性，控制输入、路面的几何形状和仿真的参数设置等。同理，利用 CarSim 的数据库建立一个车辆模型并设置仿真工况，也可以在很短的时间内完成。在数据库里有一系列的样例，并允许用户建立各种组件、车辆及测试结果的库文件。这一功能使得用户能够迅速地在所做的不同仿真之间切换，对比仿真结果并做出相应的修改。车辆及其参数是利用各种测试手段，包括实验测试及悬架设计软件的仿真测试等，得到数据和表格。CarSim 为快速建立车辆模型提供了新的标准。

（2）仿真精度高。CarSim 建立在对车辆特性几十年的研究基础之上，通过数学模型来表现车辆的特性。每当加入新的内容时，都有相应的实验来验证。使用 CarSim 的汽车制造商及供应商，提供了很多关于实验结果与 CarSim 仿真结果一致性的报告。

（3）运行快速。CarSim 将整车数学模型与计算速度很好地结合在一起。快速特性使得 CarSim 容易支持硬件在环（Hardware in the Loop，HIL）或软件在环（Software in the Loop，SIL）所进行的实时仿真。CarSim 支持 Applied Dynamics Interatinal（ADI）、A&D、dSPACE、ETAS、Opal-RT 及其他实时仿真系统。CarSim 这一快速特性也使得它可以应用于优化及试验设计等。

（4）标准化及可扩展性。CarSim 可以在一般的 Windows 系统及便携式计算机上运行，CarSim 也可以在安装实时系统的计算机上运行。数学模型的运动关系式已经标准化并能和用户扩展的控制器、测试设备及子系统协调工作。这些模型有以下 3 种形式：CarSim 自带的内嵌模块、嵌入模型的 Matlab/Simulink S-函数、具有为生成单独 EXE 文件的可扩展 C 代码的库文件。

（5）有效、稳定、可靠。CarSim 包括了车辆动力学仿真及观察结果所需的所有工具。MSC 利用先进的代码自动生成器来生成稳定可靠的仿真程序，这比传统的手工编码方式进行软件开发要快很多。

（6）报告与演示。CarSim 输出的数据可以导出并添加到报告、Excel 工作表格及 Powerpoint 演示中，仿真的结果也可以很方便地导入到各种演示软件中。

1.3 CarSim 的安装

CarSim 的版本从 1996 年发展到今天的 CarSim 2019，软件的功能越来越丰富。其中 CarSim 8.1 作为经典的一款，为使用者提供了很大的方便。下面是 CarSim 8.1 版本在 Windows 10 系统下安装的步骤。

（1）运行 Setup_ CarSim_ 8.1. exe，开始安装。

（2）图 1-2 是 CarSim 安装向导首页界面，单击“Next”按钮继续安装。

图 1-2 CarSim 安装向导

（3）阅读图 1-3 的许可协议后，单击“I Agree”按钮，进入下一步。

（4）选择使用这个软件的权限。在图 1-4 中，第一个选项是指使用这个计算机的所有人，第二个是管理员权限的用户。选择之后，单击“Next”按钮进入下一步。

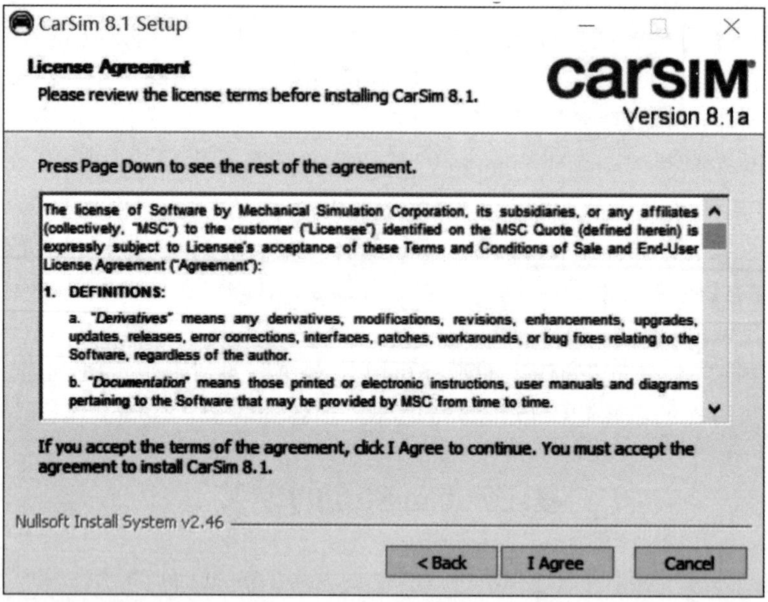

图 1-3　CarSim 安装许可协议

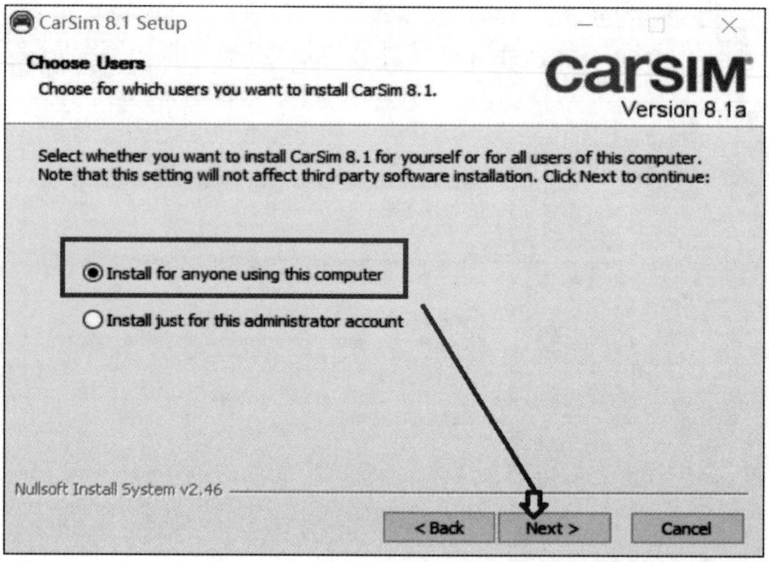

图 1-4　选择 CarSim 使用权限

（5）选择将要安装的功能选项，如图 1-5 所示，勾选后单击“Next”按钮。

（6）选择程序文件的安装位置，手动输入或者单击“Browser”按钮，在打开的对话框中选择目录文件夹，如图 1-6 所示，然后单击“Next”按钮。

（7）提示目录路径里面有空格，如图 1-7 所示。如果修改，选择“Back”按钮，否则单击“Next”按钮继续。

（8）选择数据的存放位置，即新建的项目的存储路径，单击“Next”按钮继续，

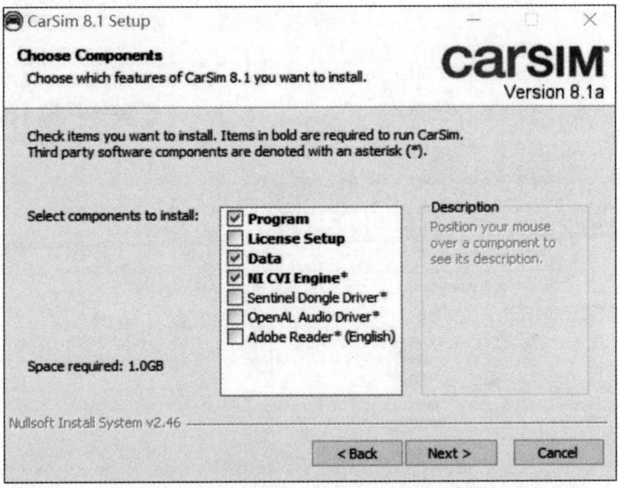

图 1-5 选择功能选项

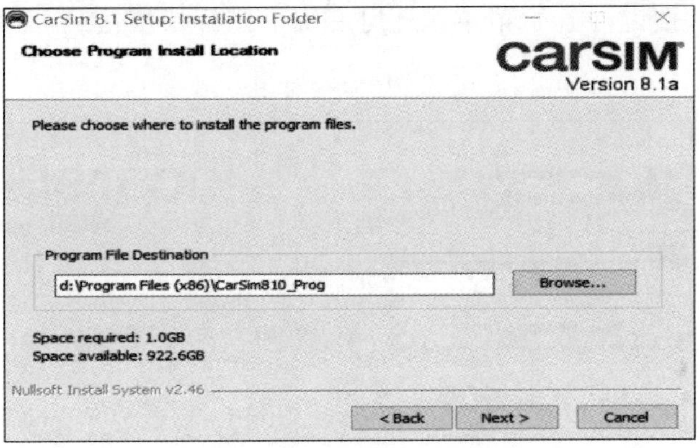

图 1-6 选择程序文件的安装位置

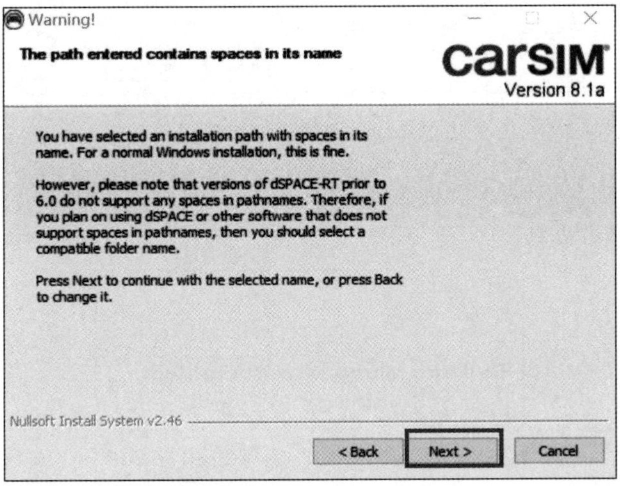

图 1-7 目录路径有空格提示

如图 1-8 所示。

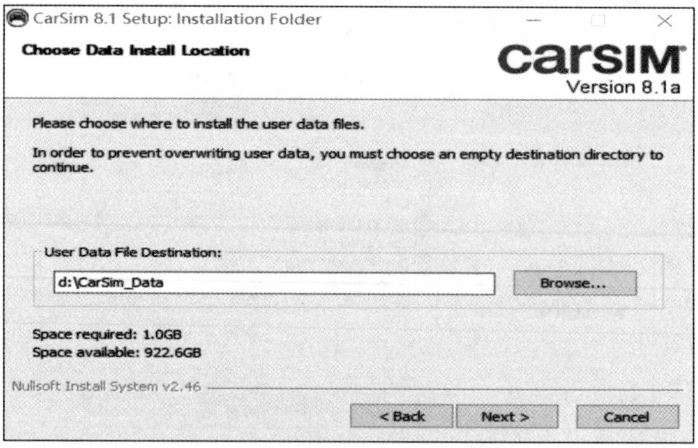

图 1-8　选择数据的存放位置

(9) 选择程序快捷键（开始菜单快捷键和桌面图标快捷键），如图 1-9 所示，然后，单击“Install”按钮。

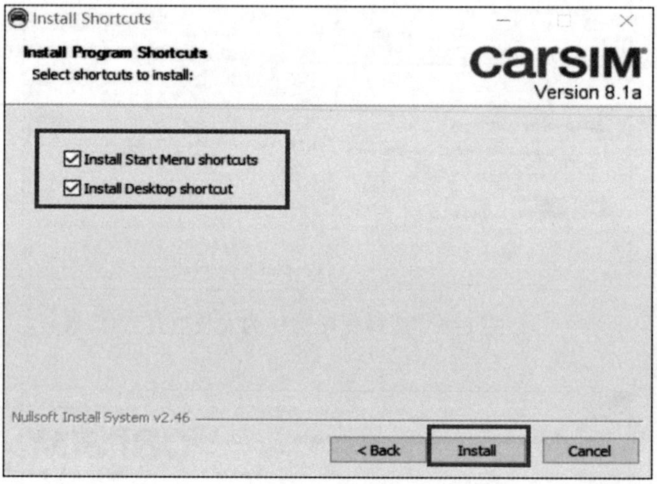

图 1-9　选择程序快捷键

(10) 安装过程中会出现一个对话框，如图 1-10 所示，提示第三方软件正在被安装，单击“确定”按钮继续安装。

图 1-10　安装提示

（11）开始复制文件，单击图 1-11 的“Next”按钮继续安装。

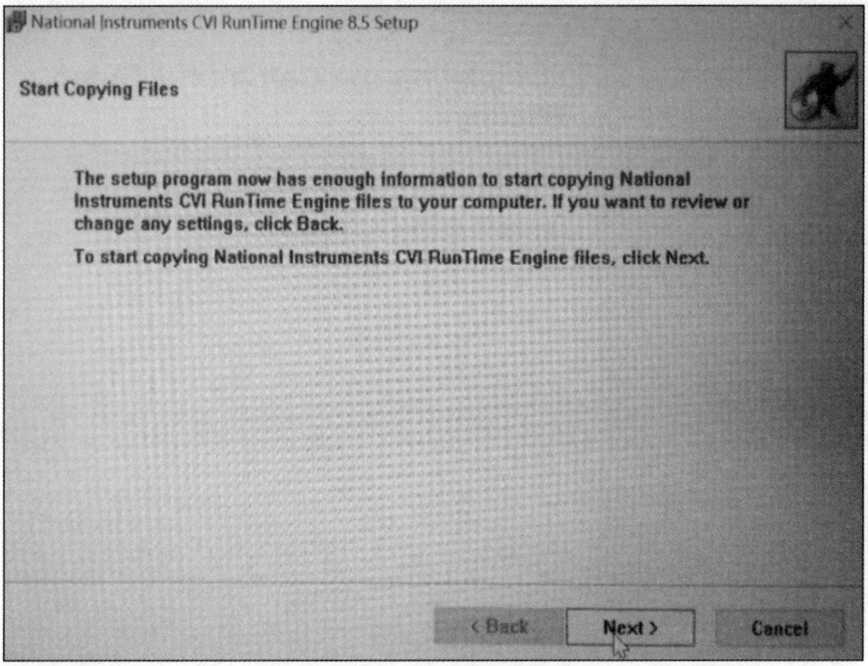

图 1-11　开始复制文件

（12）单击图 1-12 的“Finish”按钮，完成设置。

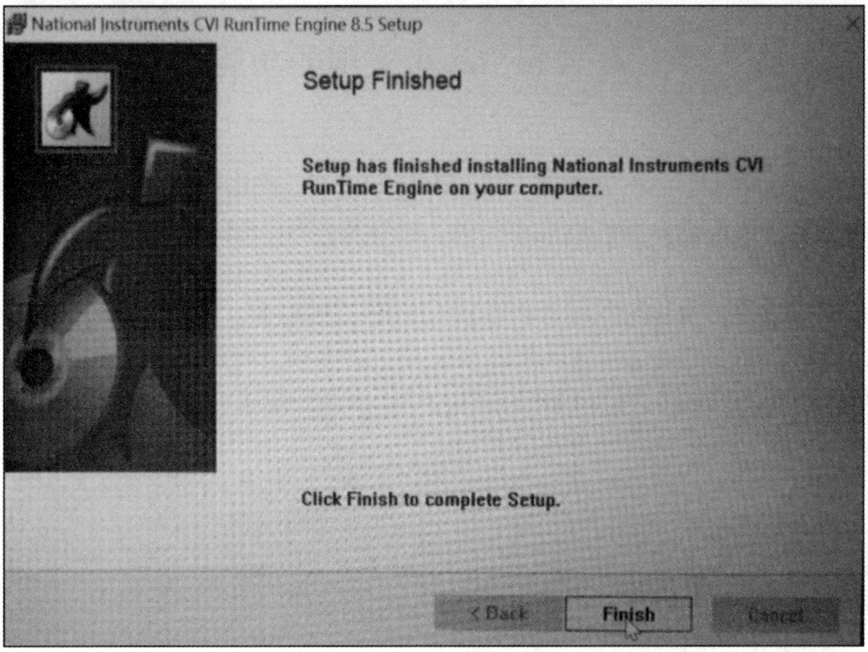

图 1-12　设置完成

（13）至此，软件安装工作完成，单击图 1-13 的“Finish”按钮，关闭对话框即可。

图1-13　软件安装完成

1.4　CarSim 可实现的功能

CarSim 软件的主要功能如下。

（1）适用于以下车型的建模仿真：轿车、轻型货车、轻型多用途运输车及 SUV。

（2）可分析车辆的动力性、燃油经济性、操纵稳定性、制动性及平顺性。

（3）可以通过软件（如 Matlab、Excel 等）进行绘图和分析。

（4）可以通过图形曲线及三维动画形式观察仿真的结果，包括图形化数据管理界面、车辆模型求解器、绘图工具、三维动画回放工具、功率谱分析模块。

（5）CarSim 软件可以扩展为 CarSim RT。CarSim RT 是实时车辆模型，提供一些与硬件实时系统的接口，可联合进行 HIL 仿真。

（6）先进的事件处理技术，实现复杂工况的仿真。

（7）友好的图形用户界面，可快速、方便地实现建模仿真。

（8）提供多种车型的建模数据库。

（9）可实现用户自定义变量的仿真结果输出。

（10）多种仿真工况的批运行功能。

（11）可实现与 Simulink 的相互调用。

由于 CarSim 具有强大的可扩展性及丰富的接口，使其能方便地与 Matlab/Simulink

等软件进行联合仿真，用于各种高级功能开发。由 Simulink 导入到 CarSim 中的变量可达 160 多个，主要分为以下几部分：控制输入、轮胎/路面输入、轮胎的力和力矩、弹簧及阻尼力、转向系统的角度、传动系的力矩、制动力矩及制动压力、风的输入和任意的力和力矩。可以在 Simulink 中定义变量，也可以在其他软件中定义并导入 Simulink 模型中，导入的变量将叠加到 CarSim 内部相应的变量中。导出变量可以应用于用户自定义的 Simulink 模型，CarSim 的导出变量超过 560 种，如车辆的位置、姿态、运动变量等。

1.5　获得帮助

CarSim 提供了数目繁多的仿真设置页面，要全部把设置页面各项参数的设置过程记下来是不现实的，可行的方法是先掌握一些基本内容，然后在实践中不断总结和积累，逐步掌握其他内容。通过软件系统本身提供的帮助功能，来学习软件的使用是重要的学习方法。

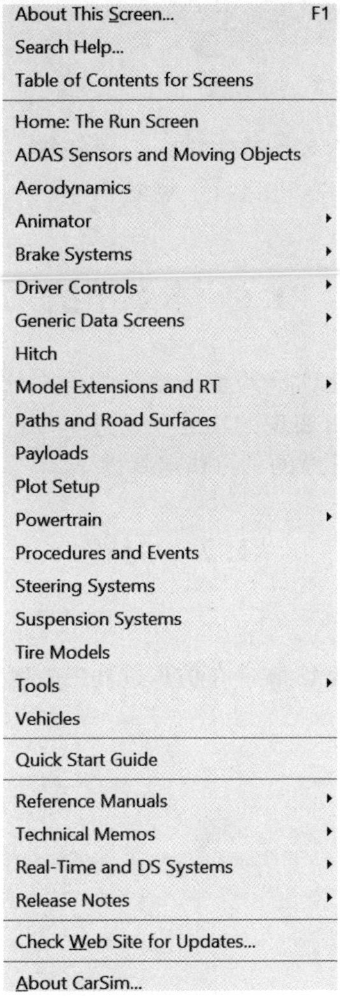

图 1-14　帮助菜单栏

要了解 CarSim，最简洁、快速的方法就是通过菜单栏中的 Help 或者“?”按键，在菜单栏中的 Help 可以查询有关 CarSim 的全部信息，“?”按键只出现有关此页面的全部信息。

如图 1-14 所示，单击菜单栏中的“Help”选项，有多种查询的方式，单击“About This Screen”选项，会出现有关 CarSim 所有信息的 PDF 文件，在这个文件里可以学习到各个参数的设置方法与原理。单击“Search Help”选项，输入关键字，会显示有关关键字的所有文档，这种有针对性的查询方式的特点是速度较快，所以用到的频率较高。Quick Start Guide 中主要介绍了 CarSim 的最基本内容，这是初学者必须学习的文档，通过学习此文档可以对 CarSim 的基本操作有一定的了解。其他的选项是针对某一部分的信息的介绍，包括悬架系统、转向系统、制动系统、动力学等。根据自己的需求，选择快捷的查询方式即可。

按“? Help”键，如图 1-15 所示，单击“?”按钮，弹出有关此页面的全部信息的 PDF 文档，在此文档里可以进行注释、涂改、转换等操作。

图 1-15　帮助子菜单

1.6　本章小结

本章主要介绍了基于参数化建模的整车动力学仿真软件 CarSim 的基本知识，包括软件的基本组成、特点、安装和可实现的功能。通过本章的介绍，可对 CarSim 软件有进一步的了解，并学会安装，为后几章的学习奠定基础。

1.7　习题

1. 归纳出 CarSim 软件的特点。
2. 总结 CarSim 软件与 ADAMS 软件在仿真过程中的区别。

第 2 章　菜单介绍

CarSim 软件操作过程比较简单，使用方便，具有良好的扩展性。该软件运行速度快，仿真结果准确，用途广泛。CarSim 作为将汽车性能参数化设置的动力仿真软件，简化了结构化软件建模调试和用户编程等复杂过程，用简单的图片展示了汽车开发仿真的过程，节省了使用者的时间。CarSim / Trucksim 包括车辆动力学模拟和观察结果所需的所有工具。MSC 使用先进的代码自动生成器生成稳定、可靠的仿真程序，比传统的软件开发手工编码方法要快得多。

学习 CarSim 软件，首先的任务是要学习该软件的操作界面，而操作界面之中首先要知道菜单栏的各部分作用以及它的操作方法。菜单栏是打开 CarSim 软件就可以看到的辅助性工具栏，在这里可以进行一些初始性的操作。菜单栏分为以下几个方面，它们依次是 File、Edit、Datasets、Libraries、Tools、View、Help 共 7 个菜单项。File 菜单实现有关文件的操作；Edit 菜单用于命令窗口的编辑操作；Datasets 菜单用于数据设置；Libraries 菜单用于调用库文件；Tools 菜单主要包含软件常用到的工具；View 菜单可以改变软件窗口的规格；Help 菜单可以为使用者提供一些帮助。这些菜单命令之下又分别具有各自的子项目，使用起来快捷方便。菜单栏如图 2-1 所示。

图 2-1　CarSim 菜单栏

以下分别对 CarSim 的菜单命令进行更详细的说明。

2.1　文件菜单

单击菜单中“File”按键后会弹出图 2-2 所示的子菜单选项。在子菜单项目中使用者可以选择自己需要的文件进行编辑。例如储存建立的模型、打开数据库、删除一个或多个数据库、锁定/解锁、保存数据、导入/导出的 Par 文件、查看 Par 文件、查看/删除记事本文件、最近打开的资料库窗口、退出等选项。

1. New Database

新建一个空白的资料库。在开始进行动力学仿真时，需要进行模型建立，建立的模型需要进行储存，选定一个储存的文件夹以及储存目录，如图 2-3 所示。

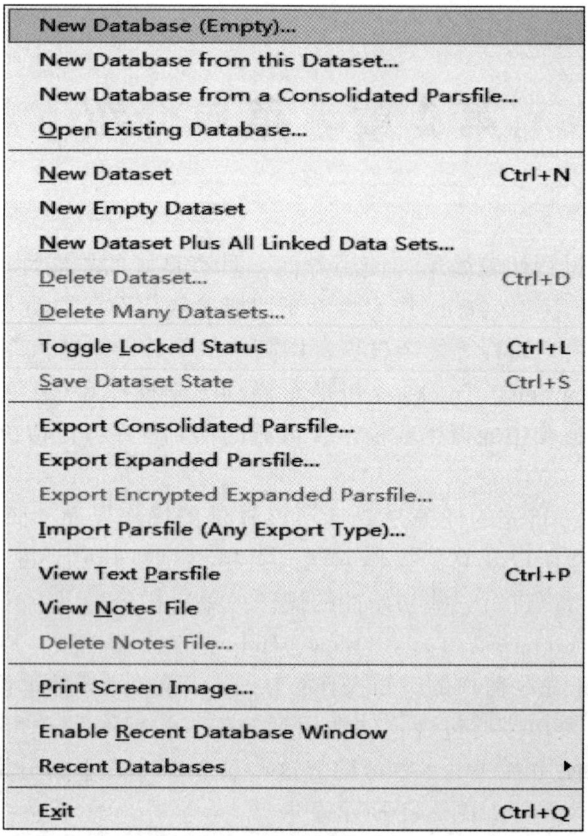

图 2-2　文件菜单的子菜单

图 2-3　新建一个空白的资料库

2. New Database from this Dataset

在当前数据库的基础上新建立一个资料库，如图 2-4 所示。

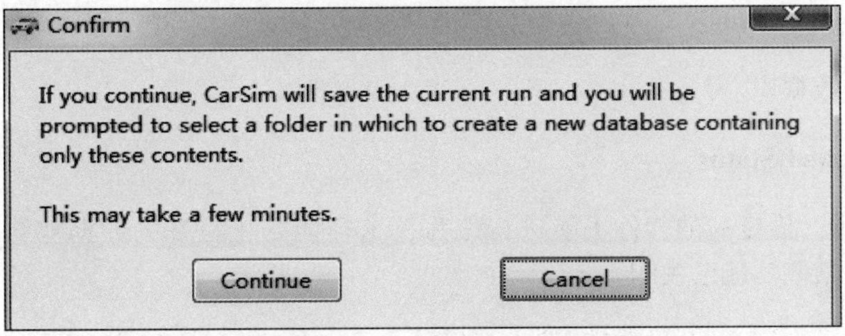

图 2-4 当前数据库的基础上新建立一个资料库

3. New Database from a Consolidated Parsfile

来自一个合并的 par 文件的资料库。选择一个合并的 par 文件，建立一个新的 CarSim 资料库的文件夹，这个资料库被初始化并且被处理，如图 2-5 所示。

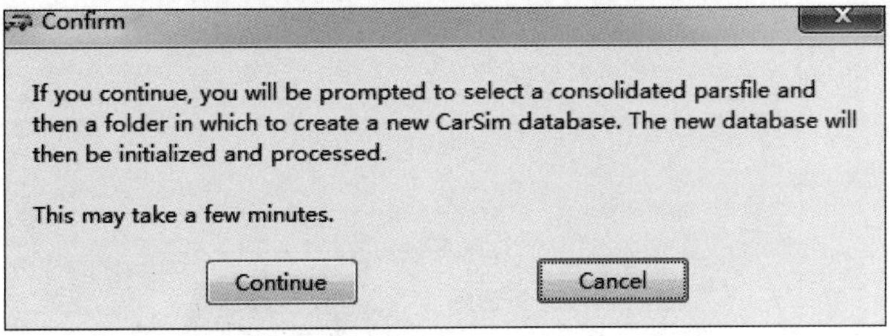

图 2-5 来自一个合并的 par 文件的资料库

4. Open Existing Database

打开保存的资料库。

5. New Dataset

新建数据库。

6. New Empty Dataset

新建一个空白的数据库。在此基础上，进行后述的操作。

7. New Dataset Plus All Linked Data Sets

新建的联系到数据库的数据。建立的数据都要和数据库联系起来，所有附加的数据都要进行说明。

8. Delete Dataset

删除数据库。

9. Delete Many Datasets

删除多个数据库。

10. Toggle Locked Status

锁定/解锁。锁定后的软件不能进行编写，这样能防止写好的数据被篡改。如图 2-6 所示，锁定中某些功能已关闭。

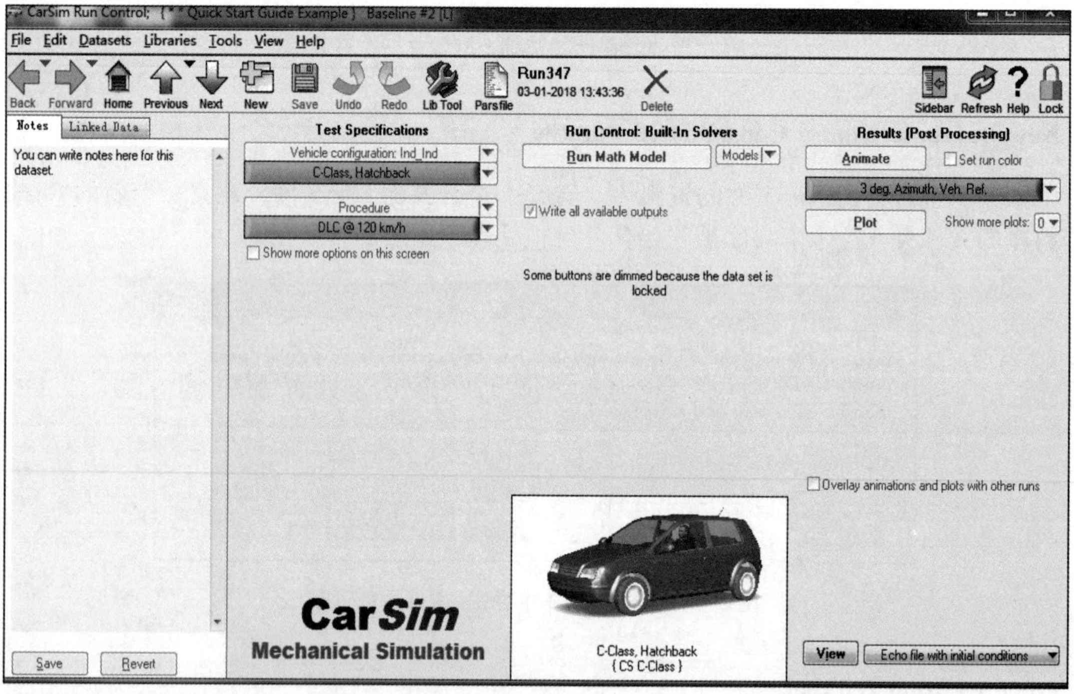

图 2-6　锁定/解锁

11. Save Dataset Status

保存数据。

12. Export Consolidated Parsfile

导出合并的 Par 文件。

13. Export Expanded Parsfile

导出展开的 Par 文件。

14. Export Encrypted Expanded Parsfile

导出加密展开的 Par 文件。

15. Import Parsfile (Any Export Type)

导入 Par 文件（任何导出格式）。

16. View Text Parsfile

查看 Par 文件如图 2-7 所示。

图 2-7　查看 Par 文件

17. View Notes File

查看记事本文件。

18. Delete Notes File

删除记事本文件。

19. Print Screen Image

打印屏幕图片，在此可以设置打印的要求等，如图 2-8 所示。

20. Enable Recent Database Window

最近打开的资料库窗口可用。

21. Recent Databases

最近打开的资料库。

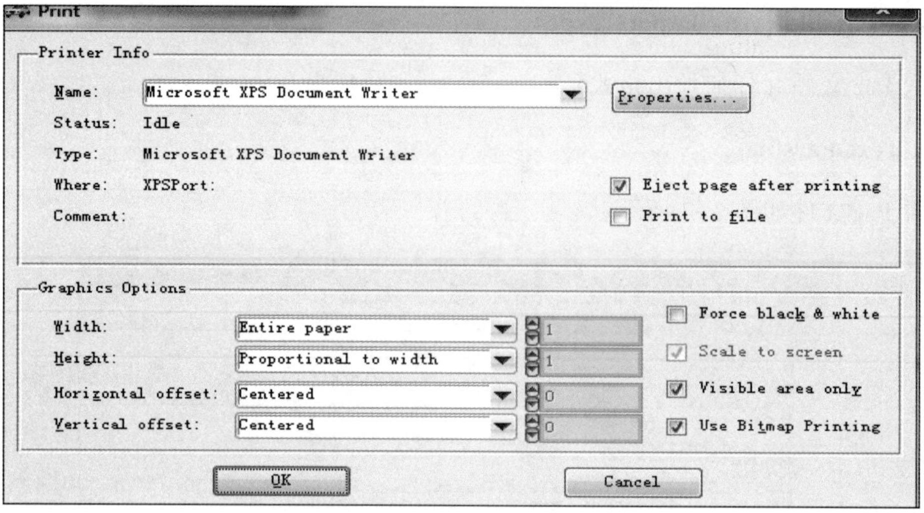

图 2-8　打印屏幕图片

22. Exit

退出。

2.2　编辑菜单

编辑菜单界面如图 2-9 所示，通过此页面可以进行撤销、复制等操作。

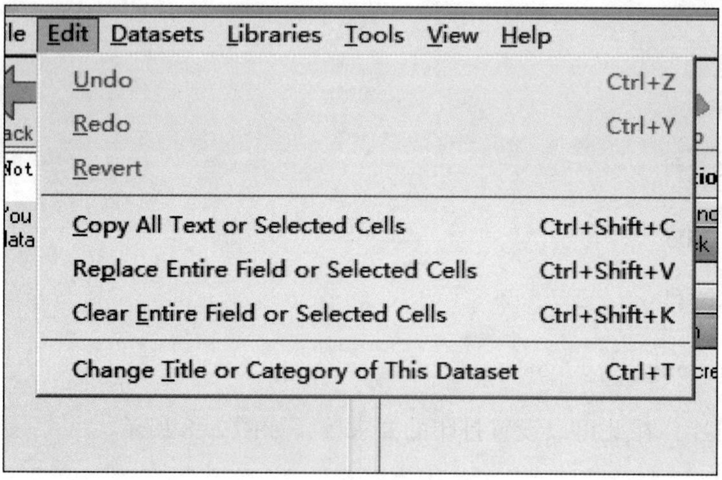

图 2-9　编辑菜单

（1）Undo：撤销。
（2）Redo：重做。
（3）Revert：恢复。

(4) Copy All Text or Selected Cells：复制所有文本或所选部分。

(5) Replace Entire Field or Selected Cells：替换整个部分或所选部分。

(6) Clear Entire Field or Selected Cells：清除整个字段或选定单元格。

(7) Change Title or Category of This Dataset：修改本数据库的标题或类目。

2.3 数据设置

数据设置菜单如图 2-10 所示。

图 2-10 数据设置菜单

(1) Preceding Dataset：前一个数据库。

(2) Next Dataset：下一个数据库。

CarSim 自带的数据模型，包括车身、底盘、发动机、轮胎等。用户可以再次直接调用模型，操作方便，大大减少了工作量。每个模型包括子模型，使用者可以重新进行参数设置，如图 2-11 所示。

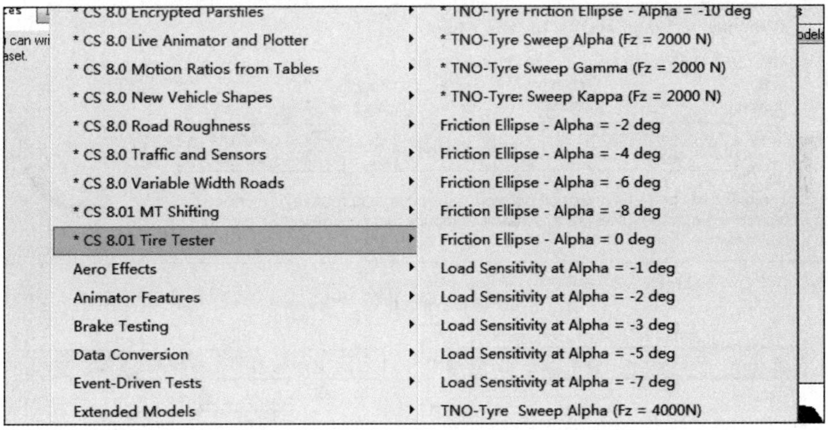

图 2-11 CarSim 自带的数据模型

注意：CarSim 自身带有数据模型，CarSim 自带数据库大大方便了用户的操作，可以满足不同测试的要求，如制动测试、操稳测试、平顺性测试、K&C 测试、稳定控制测试、转向测试、悬架测试等。

2.4 库菜单

库菜单是储存车辆各部分模型的一个单元，主要包括如下内容。

(1) Back：后退。

（2） Forward：前进。

（3） Next Library：下一个库文件。

除此之外，该菜单中还包括可选择的库文件，如制动系统模型、传动系统模型、转向系统模型、悬架系统模型、路面模型等模型文件。

上述操作界面如图 2-12 和图 2-13 所示。

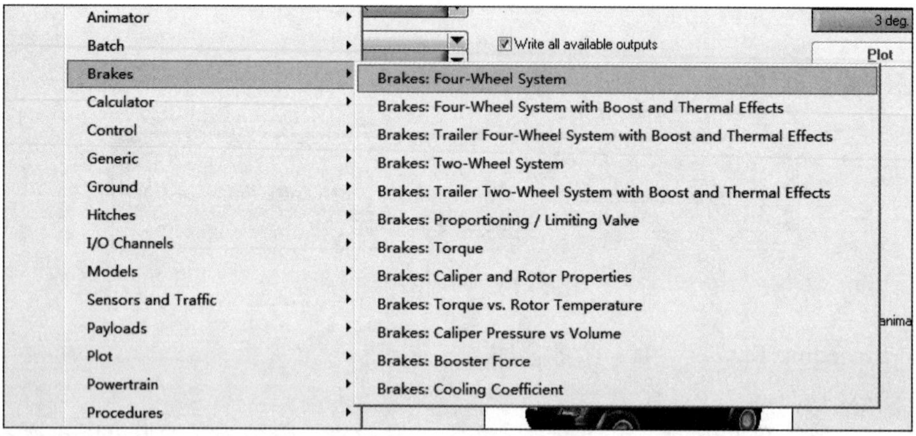

图 2-12　制动系统模型

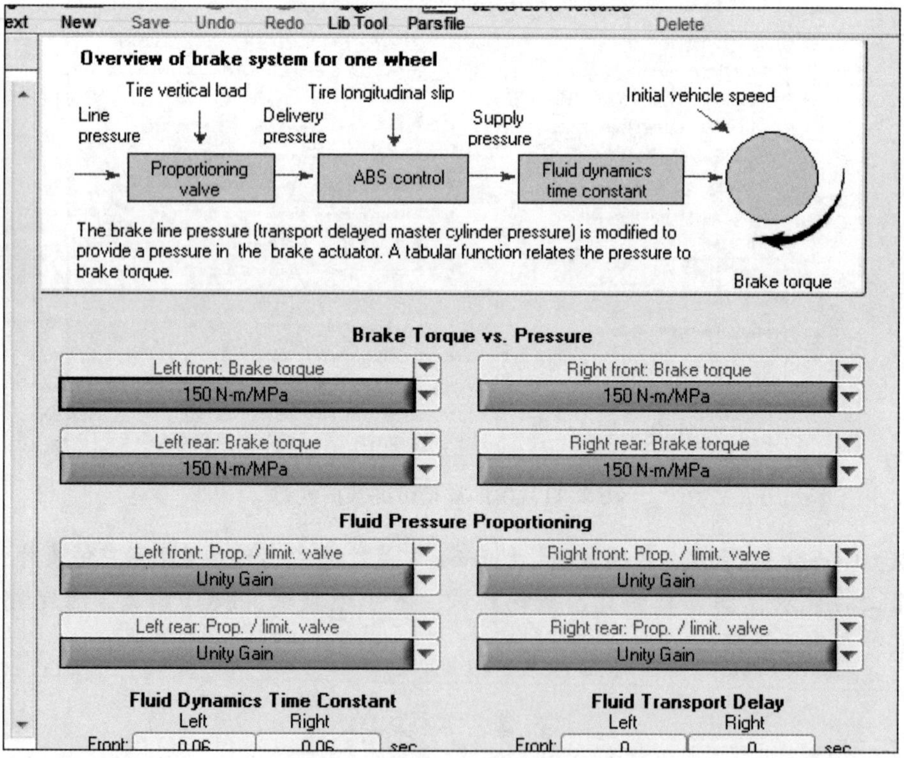

图 2-13　轮胎制动参数设置

2.5 工具菜单

工具菜单如图 2-14 所示。

图 2-14 工具菜单

（1） Library Tool：库工具，如图 2-15 所示。
（2） Calculator：计算，如图 2-16 所示。
（3） Batch Matrix：批处理矩阵。
（4） Batch Runs：批运行。
（5） Spectrum Analyzer：光谱分析仪。
（6） Create Shortcut to this Database：创建本资料库的快捷方式。
（7） Re-Index This Library：重新索引此库。
（8） Re-Index Entire Database：重新索引整个资料库。
（9） Re-Write This Library：重写此库。
（10） Re-Write Entire Database：重写整个资料库。
（11） Lock Everything：锁定所有，如图 2-17 所示。
（12） Un-Lock Everything：解锁所有。
（13） Decrypt Existing Encrypted Parsfile：解密存在的加密 Par 文件。
（14） License Settings：许可设置。
（15） Alternate Library Folder Locations：改变库文件夹位置。

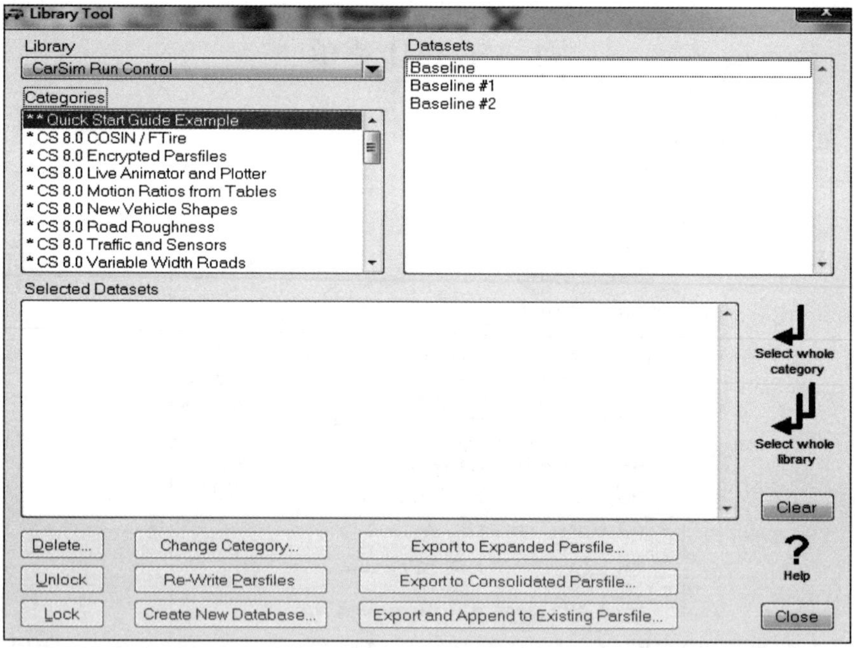

图 2-15　库工具

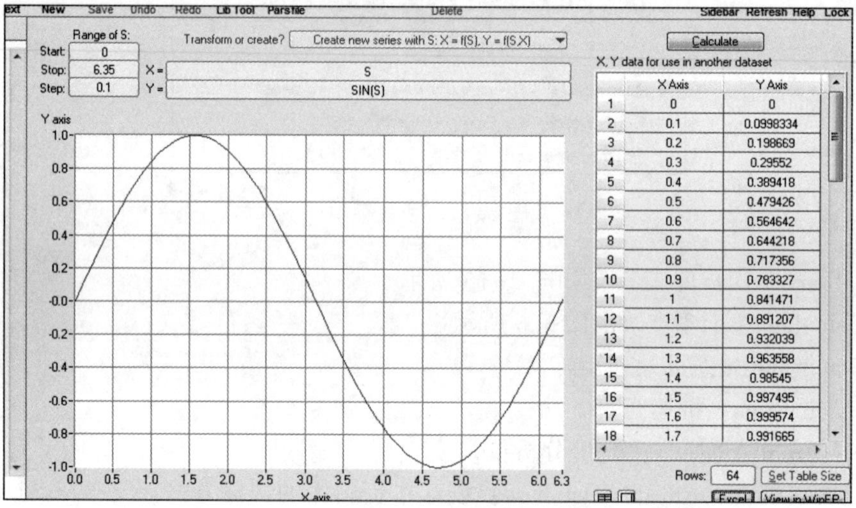

图 2-16　计算界面

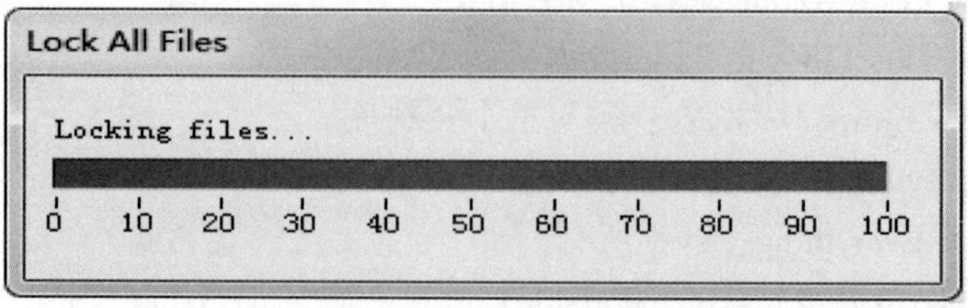

图 2-17　锁定所有

（16）Edit Text File For Help Menu：编辑帮助菜单的文本文件。
（17）Preferences：选项。

2.6　视图

视图窗口主要是为了调整用户观察的屏幕大小，以及软件中的布局信息，包括：
（1）Compact Window（800 wide）：充满窗口（宽 800）。
（2）Standard Window（1024 wide）：标准窗口（宽 1024）。
（3）Full-Width Window（1366 wide）：全屏窗口（宽 1366）。
（4）Show Button Toolbar：显示工具栏按钮。
（5）Label Buttons：工具栏按钮标签。
（6）Show Sidebar：显示侧边栏。
（7）Refresh：刷新。

2.7　帮助

帮助菜单栏如图 2-18 所示。在该菜单栏中，用户可以找到一些开发者提供的某些帮助。例如关于页面的介绍，包括设置页面、运行页面等；还包括汽车各个部分的页面帮助，比如设置发动机的参数、控制程序的编写。用户在联网的情况下也可以通过在网上搜索的途径，找到目前面临的问题的解决办法。

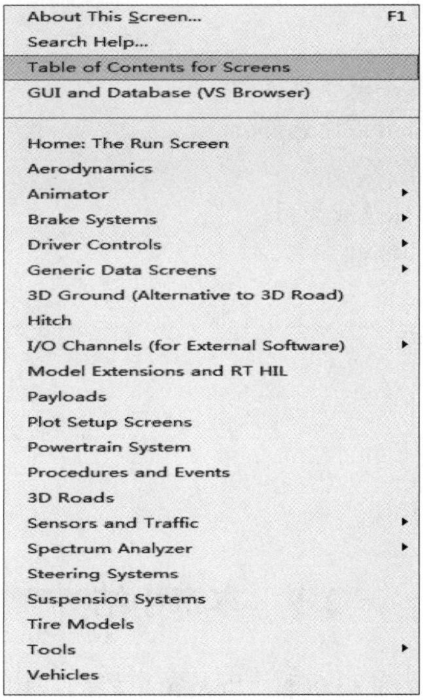

图 2-18　帮助菜单栏

2.8　快捷键

对于能熟练应用 CarSim 软件的用户，本软件设置了一些快捷键，这样用户在操作软件的时候可以进行快速的设置。快捷键菜单如图 2-19 所示。

图 2-19　快捷键菜单

快捷键可以在面板菜单栏的下方找到，也可以通过键盘上的按键进行快速编辑，具体方法如下所示。

（1）文件菜单的快捷键。

Ctrl+N：新建一个数据库。

Ctrl+D：删除数据库。

Ctrl+S：保存数据库。

Ctrl+L：锁定或解锁。

Ctrl+P：查看 Par 文件。

Ctrl+Q：退出。

（2）编辑菜单的快捷键。

Ctrl+Z：撤销。

Ctrl+Y：重做。

Ctrl+Shift+C：复制所有文本或所选部分。

Ctrl+Shift+V：替换整个部分或所选部分。

Ctrl+Shift+K：新建数据库。

Ctrl+T：修改本数据库的标题或类目。

（3）数据设置菜单下的快捷键。

Ctrl+Up：前一个数据库。

Ctrl+Down：下一个数据库。

（4）库文件下的快捷键。

Ctrl+Left：后退。

Ctrl+Right：前进。

Ctrl+PgDown：下一个库文件。

2.9　本章小结

本章介绍了 CarSim 软件的面板功能，以及菜单栏的应用。菜单栏包括文件选项、编辑选项、数据设置选项、库选项、工具选项、视图选项、帮助选项以及一些快捷键。本章内容为后面的软件仿真做了铺垫，属于入门章节，为接下来的学习打下基础。

2.10 习题

1. CarSim 的菜单栏分为哪几类，分别是什么？
2. 熟悉各菜单选项并进行实际操作。
3. 练习使用菜单的快捷键，对软件进行快速设置。

第 3 章　车辆配置

汽车的参数配置是进行 CarSim 软件仿真实验的第一步，在保证准确的前提下，熟练掌握参数填写与修改，可以大大缩短仿真实验的时间。车辆的配置包括车身、传动系、转向系、制动系、悬架等，在此基础上又有不同结构的车型，例如发动机前置前驱、后置后驱，独立悬架和非独立悬架等。掌握好参数的配置是进行仿真实验的第一步。

打开 CarSim 时，软件便链接了数据库文件，当进行实验时，可以根据用户的需要对参数进行针对性的修改，比如车型的选择、工况的设置等。在修改参数时，习惯性地会直接在系统自带的数据库上进行修改，这样的操作会破坏原有的数据文件，使数据库文件的完整性得不到保证，这是因为在原有数据库文件基础上进行修改，会改变之前的数据文件，正确的操作方式应该按照下面的步骤进行。

3.1　车身

3.1.1　簧载质量

汽车的簧载质量是指由悬架弹性元件支撑的所有部件的质量，即车身及固定在支架上的所有总成的质量。

在 CarSim 中簧载质量可以通过页面直接输入，如图 3-1 所示。

注意：理论和实践证明，簧载质量和非簧载质量的比例关系对汽车的振动起决定性的作用。减小非簧载质量可使车身振动频率降低，而车轮振动频率升高，这对减少共振和改善汽车的平顺性是有利的。

非簧载质量对平顺性的影响常用非簧载质量和簧载质量之比 n 进行评价，如公式（3-1）所示。

$$n = M/m \tag{3-1}$$

式中，m 为汽车簧载质量，M 为非簧载质量，比值 n 越小，越是可以提高汽车的平顺性。

双击 Vehicle Body 的蓝色菜单栏，可以设置参数，如图 3-2 所示。

图 3-2 中，加粗方框处即为簧上质量设置区域，用户可以通过理论计算或经验得出质量，修改参数值即可。如图 3-2 所示，悬挂质量为 1020kg，以此为例可以依次设置：滚动惯量、节距惯性、偏航惯量、回转半径等参数。

车身结构参数设置如图 3-3 所示。1 表示簧上质量的质心距前轴的距离；2 表示簧上质量的质心距地面的高度；3 表示轴距；4 表示质心的横向偏移量；5 表示簧载质量；6 表示对坐标轴的惯性矩和极惯性矩；7 表示整车高度；8 表示整车宽度。用户可以根据实际情况进行填写。

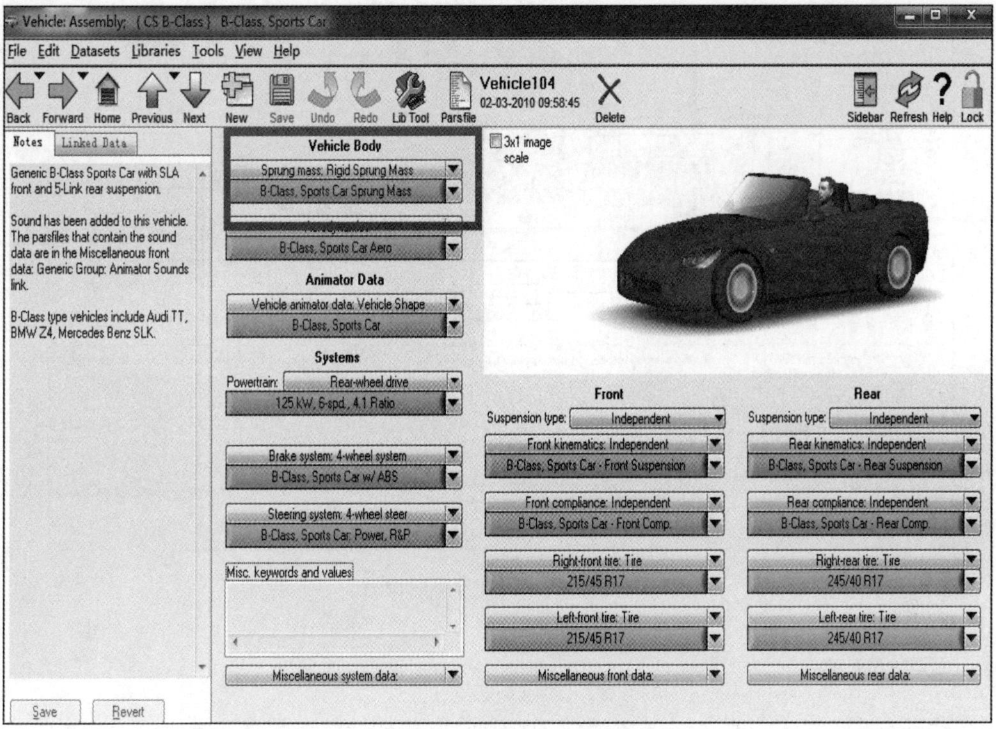

图 3-1　簧载质量设置

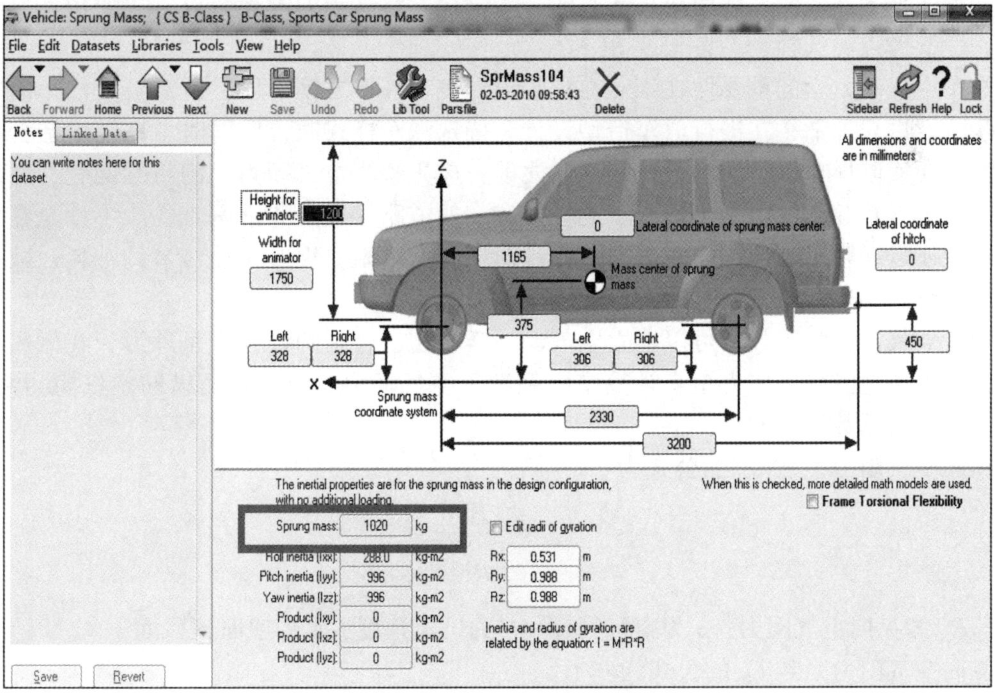

图 3-2　汽车动力参数配置菜单

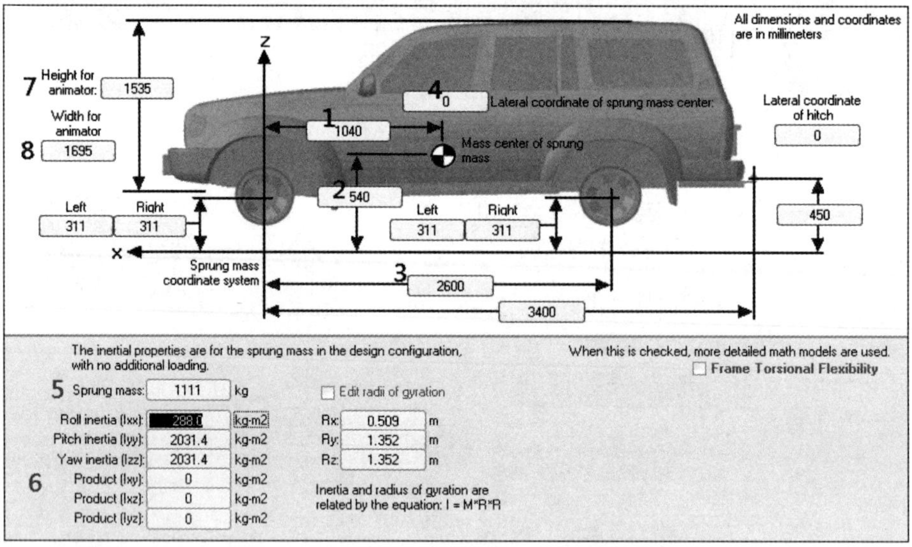

图 3-3　车身结构参数设置

3.1.2　空气动力学

空气动力学是流体力学的一个分支，它主要研究物体在同气体做相对运动情况下的受力特性、气体流动规律和伴随发生的物理化学变化。它是在流体力学的基础上，随着航空工业和喷气推进技术的发展而成长起来的一个学科。空气动力学参数设置主要包括汽车迎风面积、参考点的选择、参考长度等。

汽车空气动力学的重要性在于：在初步设计汽车外形方案阶段，就需要对汽车的空气动力学特性进行评估，在进行汽车造型设计和确定汽车样式时，应同时考虑艺术造型和气动造型，在实验样车进行结构设计和试制之前，应先解决空气动力学的特性问题，并在全尺寸模型上进行验证，否则预估汽车的性能和一般道路特性是非常困难的。不论是在民用汽车领域还是在赛车领域，空气动力学设计对于降低风阻、提升车速、节约油耗、减少噪声和增强行驶稳定性等方面都非常重要。

通过空气动力学参数，可以建立空气动力学模型，合理的设计汽车外形。在做风洞试验时，可以通过测量力或力矩来计算空阻系数等空气动力参数，包括纵向空气阻力系数、侧向空气阻力系数等。

纵向空气阻力系数 C_D 的公式为：

$$C_D = \frac{F_w}{\frac{1}{2}\rho V^2 A} \tag{3-2}$$

式中，F_w 为纵向空气阻力；ρ 为空气密度；V 为气流速度；A 为迎面迎风面积。

侧向空气阻力系数 C_Y 的公式为：

$$C_Y = \frac{F_{CY}}{\frac{1}{2}\rho V^2 A_Y} \tag{3-3}$$

式中，F_{CY}为侧向力；ρ为空气密度；V为气流速度；A_Y为侧面迎风面积。

空气动力学因为讨论的状况接近真实流体，考虑了真实流体的黏滞性、可压缩性、三维运动等特点，所以得到的计算方程式比较复杂，通常为非线性的偏微分方程式形式。这种方程在绝大多数的情况下都难以求得解析解，加之早期计算技术还比较落后，所以当时大多是以实验的方式来求得所需的数据。

随着计算机技术的迅速发展，使用计算机进行大量数值运算来求解空气动力学方程式成为可能。利用数值法以及计算流体力学方法，可以求出非线性偏微分方程的数值解，得到所需要的各种数据，从而省去了大量的实验成本。由于数学模型的不断完善，以及计算机计算能力的不断提高，已经可以采用计算机模拟流场的方式来取代部分空气动力学实验。汽车空气动力学主要研究汽车的空气动力性能、行驶稳定性、操纵性和气动噪声等问题。

1. 气动原理及伯努利定律

空气动力学简称气动力学，一般而言划分为高速气动力学和低速气动力学，对于汽车而言，其属于低速气动力学范畴，这个部分主要研究空气的流动性及其作用。对于普通家用车而言，拥有优秀气动设计的汽车会更安静、更省油，速度更快。空气流动的本质就是分子移动，在不受到外力的状态下（称平衡状态），气体分子是呈自由运动的，运动方向不一，彼此间时不时会出现碰撞，但当受到外力作用，空气分子就会向某一个方向运动，这正是流动的空气，或者简称气流生成的原因。但空气分子即使向同一方向运动，仍然会受到各种各样外部力量的影响，空气流动会产生压力与流速两个特性，对上述两个特性的研究，正是气动力学的基础之一。

瑞士物理学家伯努利设想了一个中间宽、两头窄的圆形容器，让空气流过这个容器，经过计算得出了这样的结论：在直径越小的区域，流速加快，压力减低；在直径越大的区域，流速减慢，压力增加。这条结论就是空气动力学中著名的伯努利定律。也就是说，当空气经过越狭窄的区域，压力减少、流速加快，而通过较宽敞的区域时，压力会增加、流速会减慢。需要注意的是，由于伯努利方程是由机械能守恒推导出的，所以它仅适用于黏度可以忽略、不可被压缩的理想流体。后来，有一位叫欧拉的数学家将这个定律转化为精确的数学公式，人们才第一次可以精确计算气流特性，这个方程称为欧拉方程。

2. 汽车升力与下压力

当气流遇到固体，例如汽车车身时，流线会发生变化，同时，附近的流场也会有变化。根据伯努利定律，在凸起的物体上方，在流场缩小的情况下，压力减低、流速加快，因此会在物体上方出现一个低压区。由于大气压作用，这个固体会被下方较大的气压抬起，这就是升力的产生机制。下压力是汽车在行进中空气在车辆上下流速不同产生的，使空气的总压力指向地面从而增加车的抓地力。

3. 汽车空气阻力

车辆的行驶阻力通常主要是空气阻力和滚动阻力（就是车轮与地面接触产生的摩擦力），当一辆汽车以80km/h的速度行驶时，约有60%的阻力来自空气。而当速度攀升至

200km/h 时，空气阻力几乎占所有行车阻力的 85%。足以可见，车辆克服空气阻力的重要性。

当今乘用车的风阻系数一般在 0.28～0.40，而风阻系数（Coefficient of Drag，C_D）就是衡量空气阻力大小的一个数值。现代 F1 赛车的风阻系数为 0.70～1.1，当然，还得根据不同的赛道特性从而做出不同的调校，有时为了获得更大的下压力，甚至可以高达 1.3，F1 空气动力学的主要作用体现在两个方面：产生下压力和减小空气阻力。当然，空气阻力的大小也并非只由风阻系数来决定。汽车空气阻力的计算公式如式（3-4）所示。

$$F_w = \frac{\rho V^2 A C_D}{2} \tag{3-4}$$

式中，ρ 为空气密度；V 为行车速度（m/s）；A 为汽车横截面面积（m^2）；C_D 为风阻系数。由公式可以看出，当车速为定值时，还有一个因素也决定了空气阻力的大小，即常说的 C_D 值。

4. 空气动力学设计

优秀的空气动力学设计就要做到对汽车空气阻力和升力的完美平衡。根据经验，现有已被证实有效的设计有：气帘设计、前扰流唇设计、可升降尾翼设计。另外，目前新兴的技术还有高效的热管理和水管理。

以气动设计堪称完美的保时捷 911 为例，前大灯进风口和后轮罩旁进风口即为所谓的气帘，并且对前后刹车盘有冷却作用。前扰流唇与汽车底盘水平的安装在车身头部下方，可根据车速自动调整伸缩量并使汽车的接近角增大，防止底盘被触碰的危险。保时捷 911 采用的可升降尾翼设计，可以为其在高速或弯道时提供足够的抓地力，即下压力。

在 CarSim 中进行空气动力学参数设置，具体操作步骤如下：

双击图 3-4 中加粗矩形框处，进入子界面，如图 3-5 所示。

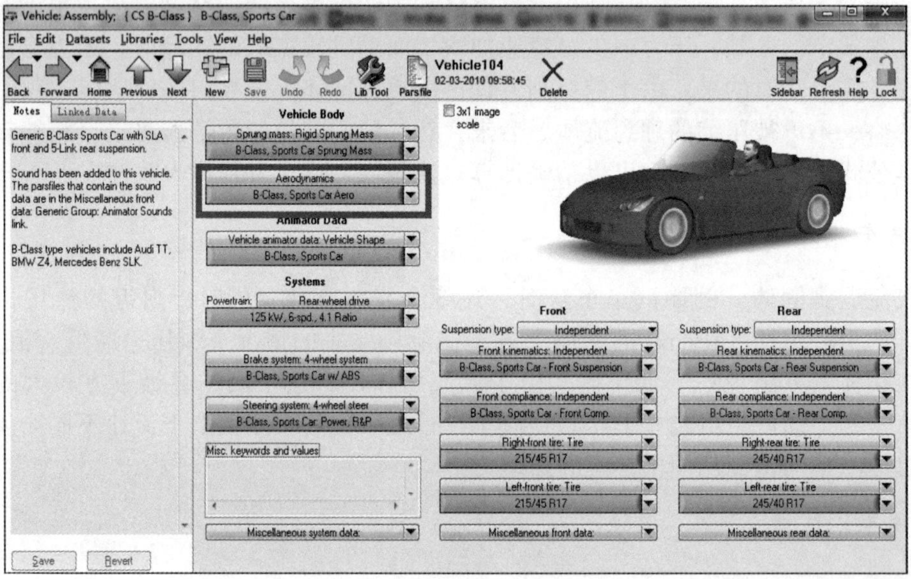

图 3-4　空气动力学选项

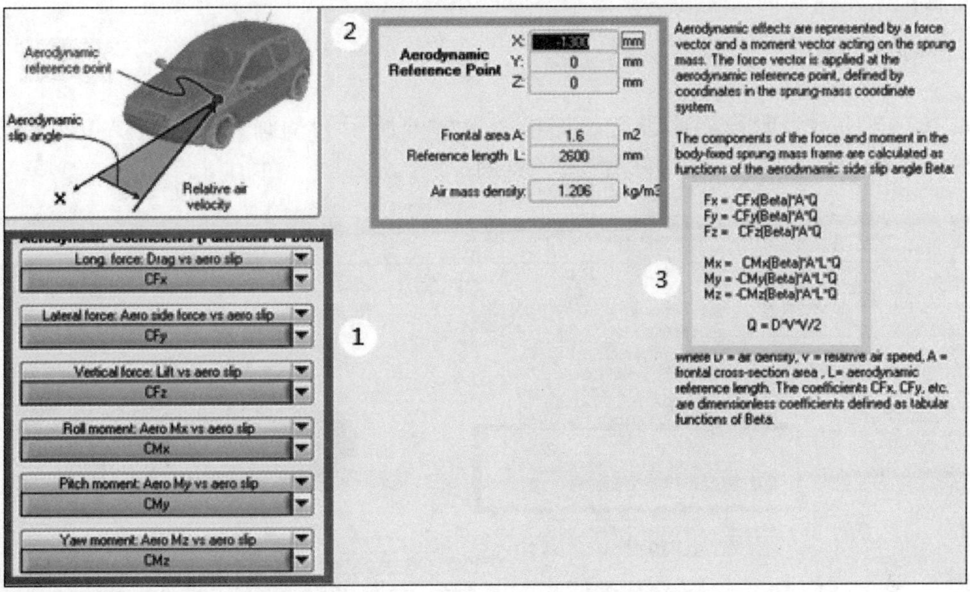

图 3-5　空气动力学子界面

图 3-5 中，①框处表示的是一些空气动力学系数和行车速度方向与空气流动方向夹角的关系；②框中表示的分别为空气动力学参考点的坐标、迎风面积、空气动力学参考长度、空气密度，可以通过数据修改，满足不同情况下的要求；③框中表示的是空气动力学的计算公式，此处不再赘述。

3.2　外观及声音参数配置

3.2.1　外观

车身模型如图 3-6 所示，可以设置车辆有关的外观尺寸参数，如在整备质量坐标系下的车身高度、车身宽度、轮距、轮毂中心距 X 轴的距离、底盘距 X 轴距离、车身质心距 Z 轴距离、车身后部距 Z 轴距离等。

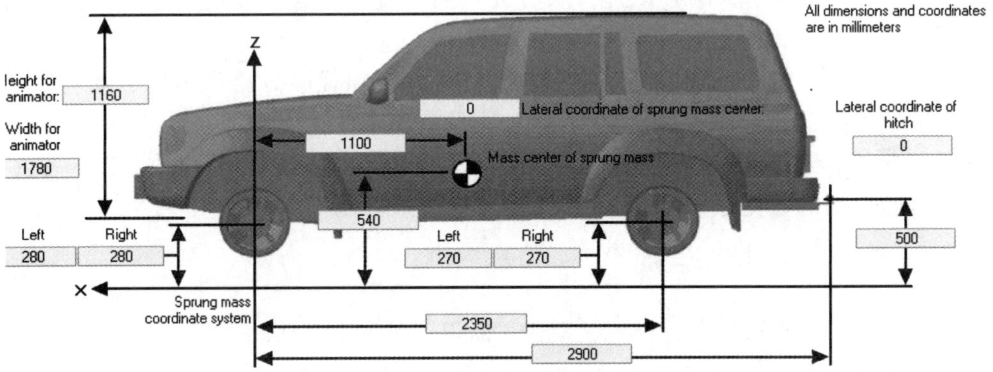

图 3-6　车身外观参数

注意：此处提及的尺寸都以毫米为单位。

3.2.2　阴影

如图 3-7 所示为阴影界面设置。加粗矩形框处所示为动画数据，主要包括阴影、声音、制动灯和动画视图。双击可以进入子界面。

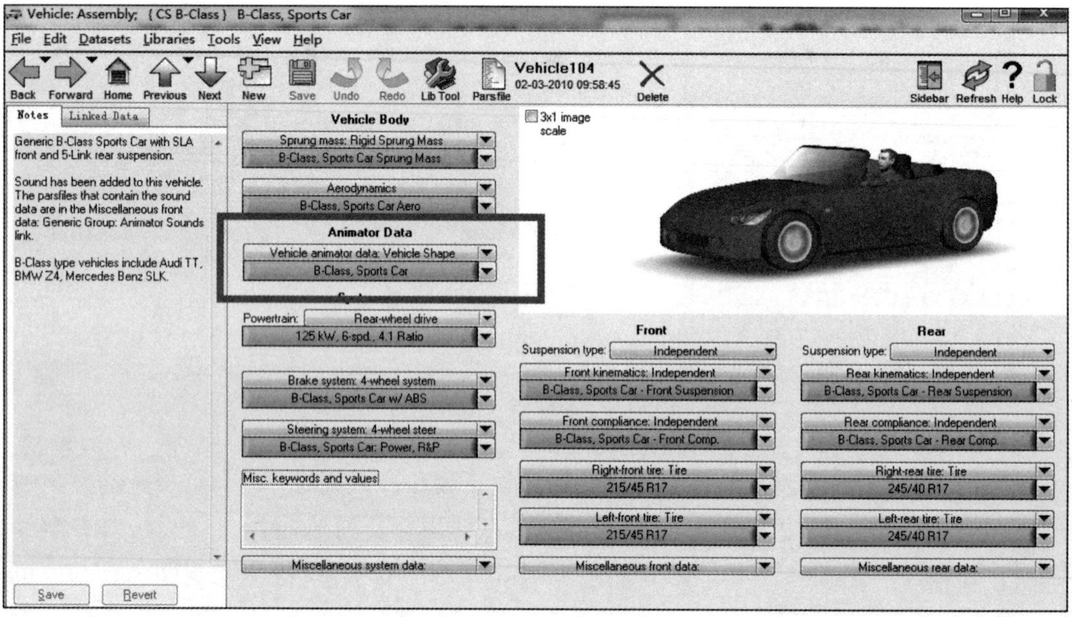

图 3-7　阴影设置界面

如图 3-8 所示，使用者可以通过选择车身的形状组和形状文件选项，来设置缩放体和阴影，之后选择用于缩放将要设置动画的交通工具或对象的尺寸。如果此数集链接到模拟车辆上，就可以通过序号 5 处 4 个参数值设置选项，来改变车辆的尺寸。它们依次是长度、宽度、高度以及对象的垂直偏移。再往下是选择包括交通工具轮胎和动画预览，其中包括车轮中心间距、轴的参数、轮距、车轮中心高度、车轮显示比例等轮胎参数，除此以外还可以指定轴的详细信息。

图 3-8 中，1 处所示为阴影设置，双击进入阴影设置界面，在此处进行参数设置，如图 3-9 所示。

在这个界面中，首先选择三维动画形状文件的保存路径名。路径名的下面可以看到的是关于阴影颜色的配比选项、透明度值、禁用烟雾效果，动态阴影还有对 X、Y、Z 坐标系的位置和方向的偏移。这些选项的数值可以根据使用者的需求自行更改。图 3-9 右侧的栏分别是附加数据的数据栏。

3.2.3　声音

图 3-8 中，2 处所示为声音设置，双击 Gasoline Engine Vehicle 进入子页面，可以看到一组目标的声音样本。例如发动机和车辆的风噪声或轮胎的横向和纵向打滑声音。每一个示例包含一个音频文件和有关动画动态修改示例的信息。

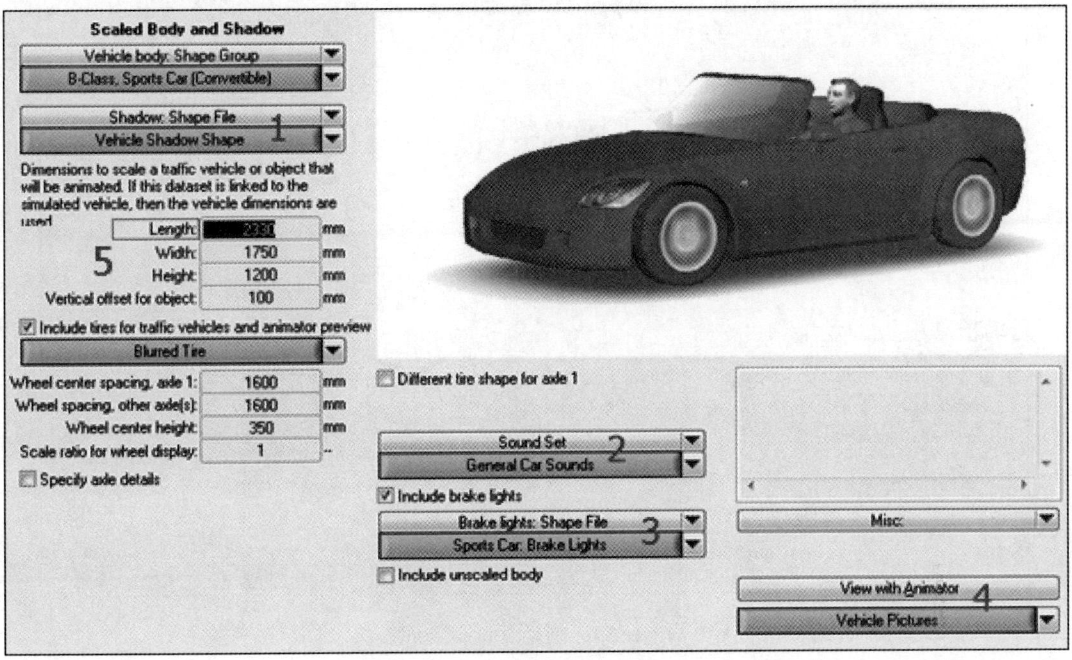

图 3-8　阴影设置界面子界面

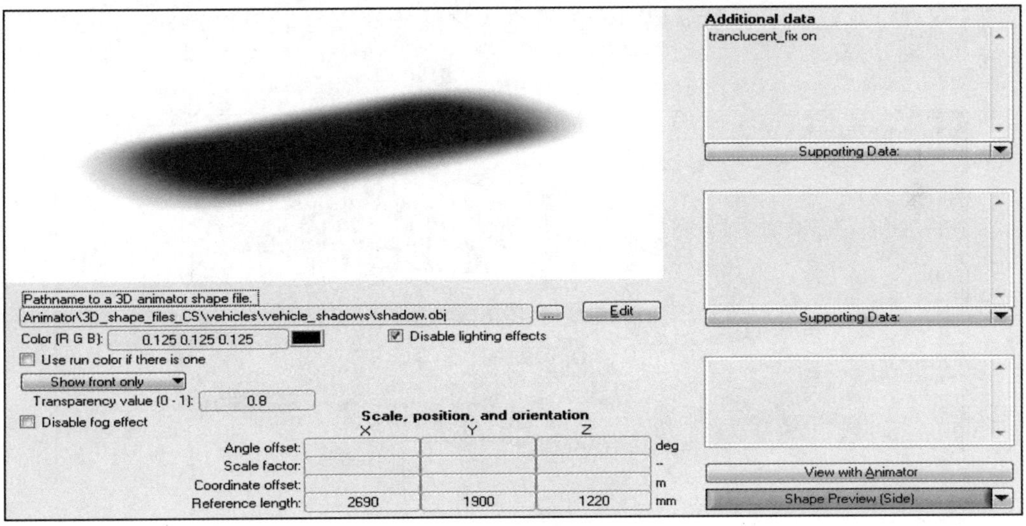

图 3-9　阴影设置界面

3.2.4　制动灯

图 3-8 中，3 处所示为制动灯设置，单击进入，如图 3-10 所示。

与阴影设置选项相同，首先选择三维动画形状文件的保存路径名。下面可以看到的是关于阴影颜色的配比选项、透明度值、禁用烟雾效果，可以对制动灯的位置等信息进行设置。

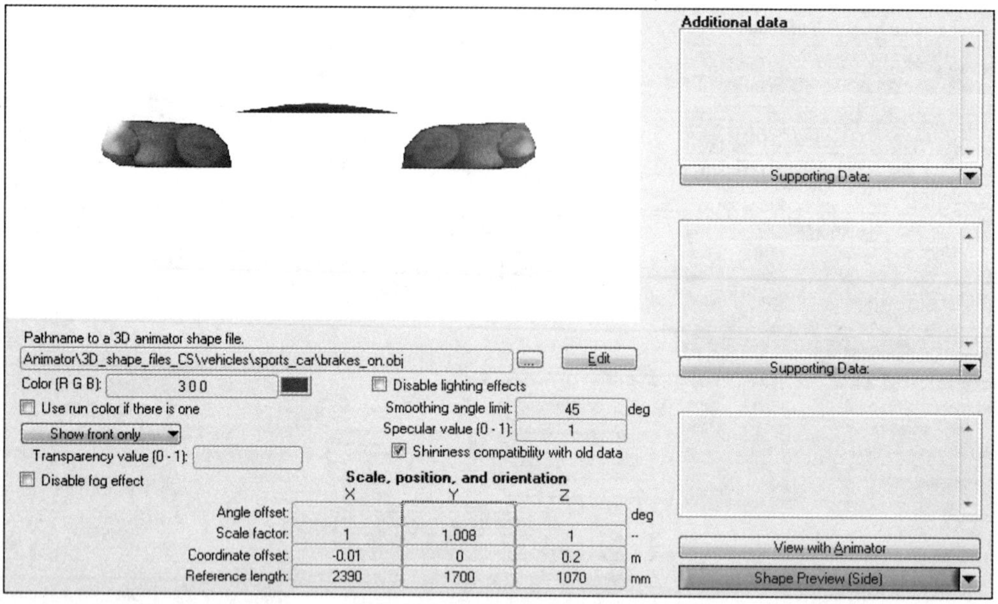

图 3-10　制动灯选项界面

3.2.5　动画视图

图 3-8 中，4 处所示为动画视图。单击进入之后，汽车会以 360°旋转，以 3D 模型展示播放，如图 3-11 所示。

图 3-11　动画视图

3.3　系统

系统的参数设置主要包括传动系（发动机、离合器、变速器、差速器等）、制动系、转向系、悬架和轮胎。

3.3.1 传动系统

汽车发动机与驱动轮之间的动力传递装置称为汽车的传动系。它应保证汽车具有在各种行驶条件下所必需的牵引力、车速，以及保证牵引力与车速之间协调变化等功能，使汽车具有良好的动力性和燃油经济性；还应保证汽车能倒车，以及左、右驱动轮能适应差速要求，并使动力传递能根据需要而平稳地结合或彻底、迅速地分离。

车辆的传动系统设置包括发动机、液力耦合器（离合器）、变速器、分动器、前轴差速器和后轴差速器，如图3-12所示。发动机的设置分为3种情况，分别为前轮驱动、后轮驱动和四轮驱动。其基本功用是将发动机发出的动力传给汽车的驱动车轮，产生驱动力，使汽车能按照一定车速行驶。

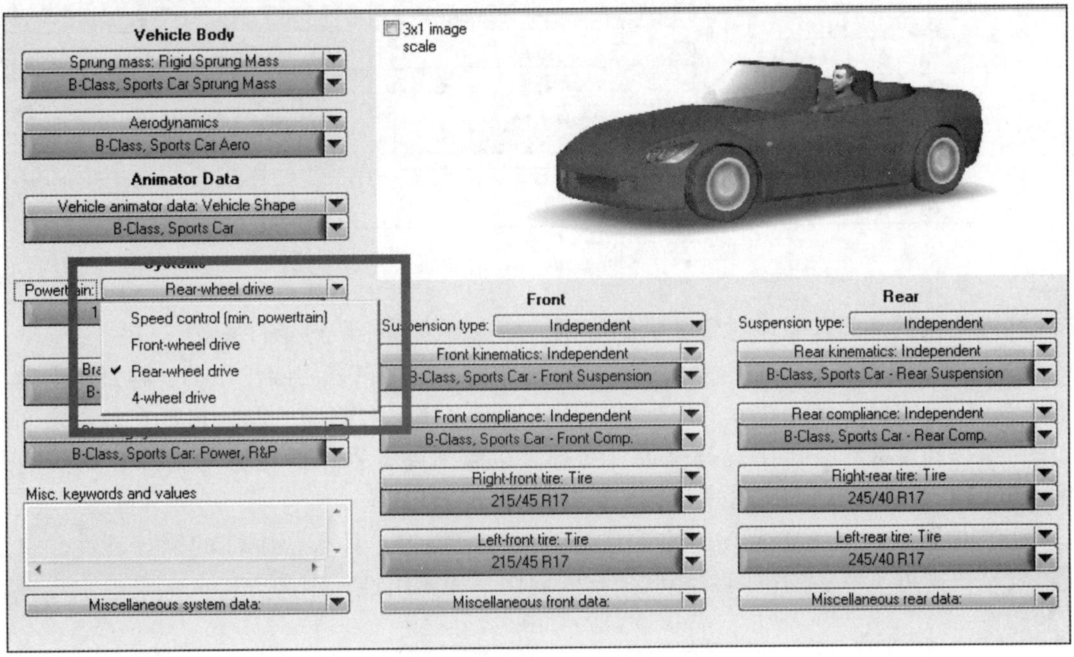

图3-12 驱动系统的设置选项

用户可以在此界面中选择汽车的驱动形式。从上至下依次是速度控制（最小动力传动系）、前轮驱动、后轮驱动、四轮驱动、AVL巡航动力传动系（本示例选择后轮驱动）。双击其下方的加粗选项方框，就可以进入它的详细设置子界面，如图3-13所示。

（1）前置前驱——FF：发动机前置、前轮驱动。这种形式操纵机构简单、发动机散热条件好。但上坡时汽车质量后移，使前驱动轮的附着质量减小，驱动轮易打滑；下坡制动时，由于汽车质量前移，前轮负荷过重，高速时易发生翻车。

（2）前置后驱——FR：FR的优点是附着力大，易获得足够的驱动力，整车的前后重量比较均衡，操控稳定性较好。缺点是传动部件多、传动系统质量大，贯穿乘坐舱的传动轴占据了舱内的地台空间。

（3）后置后驱——RR：发动机后置，使前轴不易过载，并能更充分地利用车厢面积，还可以有效地降低车身地板的高度，或充分利用汽车中部地板下的空间安置行李，也有利

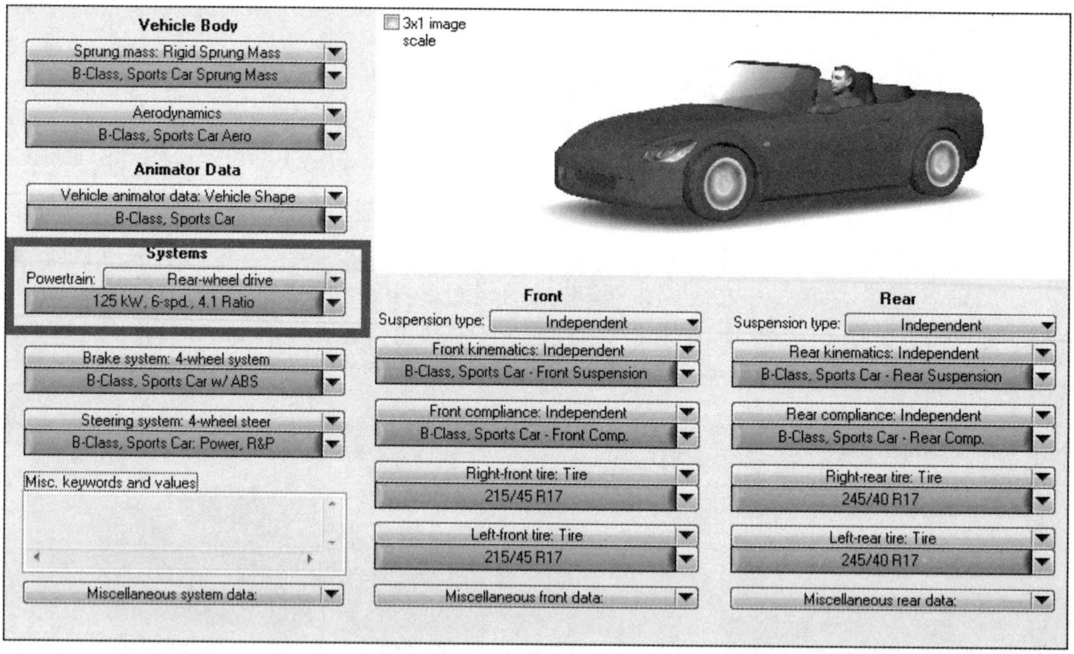

图 3-13　子界面

于减轻发动机的高温和噪声对驾驶员的影响。缺点是发动机散热条件差。

（4）四轮驱动——4WD：无论前述的哪种布局，都可以采用四轮驱动，越野车上应用的最多。随着限滑差速器技术的发展和应用，四驱系统已能精确地调配扭矩在各轮之间的分配，所以高性能跑车出于提高操控性考虑，也越来越多采用四轮驱动。4WD 的优点是四个车轮均有动力，地面附着率最大，通过性和动力性好。

（5）中置后驱——MR：MR 的优点是轴荷分配均匀，具有很中性的操控特性。缺点是：发动机占据了座舱的空间，降低了空间利用率和实用性，因此 MR 大都是追求操控表现的跑车。

双击图 3-13 中加粗矩形框区域的菜单栏进入子界面，当汽车采用后轮驱动时，如图 3-14 所示。

图 3-14 中，1 处为内置发动机模型，双击菜单栏可以进行编辑，该选项包括内部模型和外部模型，图 3-15 所示为发动机内部模型。

图 3-15 中，1 处为发动机 Map 图，横坐标为发动机转速，纵坐标为发动机转矩；2 处为发动机 Map 图数据；3 处为燃油消耗率；4 处为曲轴转动惯量；5 处为发动机怠速转速。使用者可以根据自己的需求，自行对上述数据进行调整，进而得到满意的模型曲线。

发动机最大扭矩 T_{emax} 的公式为：

$$T_{emax} = 9550 \times \frac{P_{emax}}{n_p} \tag{3-5}$$

式中，P_{emax} 为发动机最大功率（kW）；n_p 为最大功率转速（r/min）。

注意：发动机在各种工况下所需的点火控制曲线图，称为 Map 图。通过一系列传感器，如发动机转速传感器、进气管真空度传感器（发动机负荷传感器）、节气门位置传感

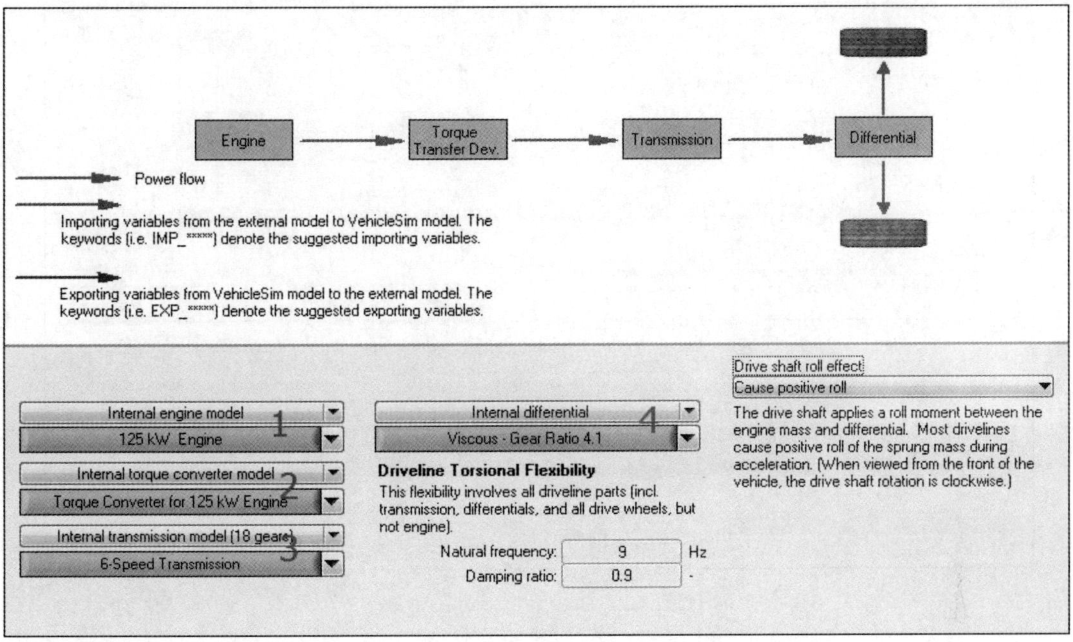

图 3-14 后轮驱动

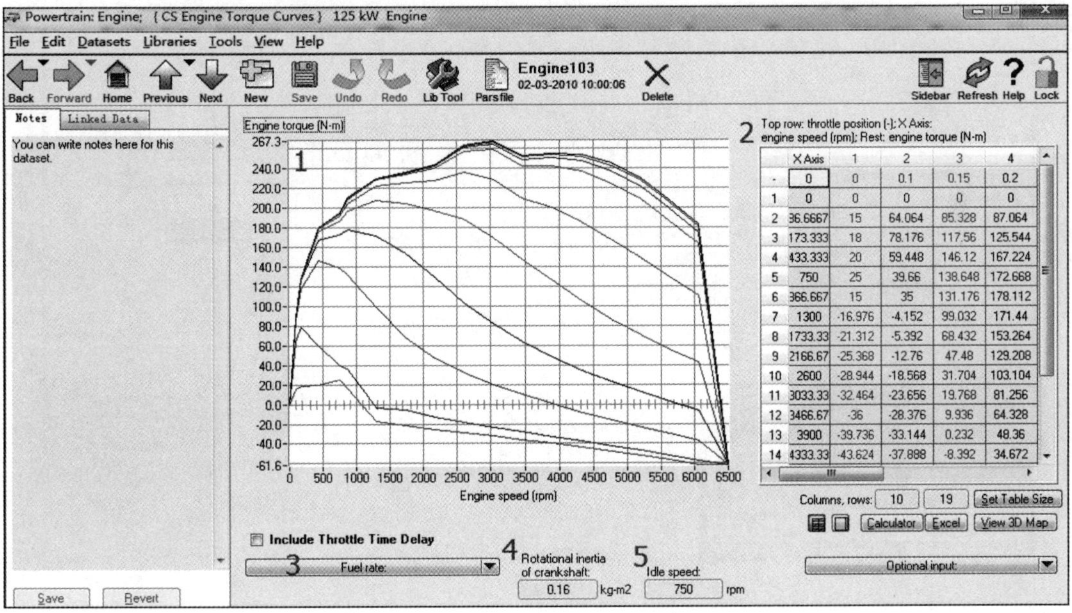

图 3-15 发动机内部模型

器、曲轴位置传感器等来判断发动机的工作状态，在 Map 图上找出发动机在此工作状态下所需的点火提前角，按此要求进行点火。然后，根据爆震传感器信号对上述点火要求进行修正，使发动机工作在最佳点火时刻。

图 3-16 为外置发动机布置形式。

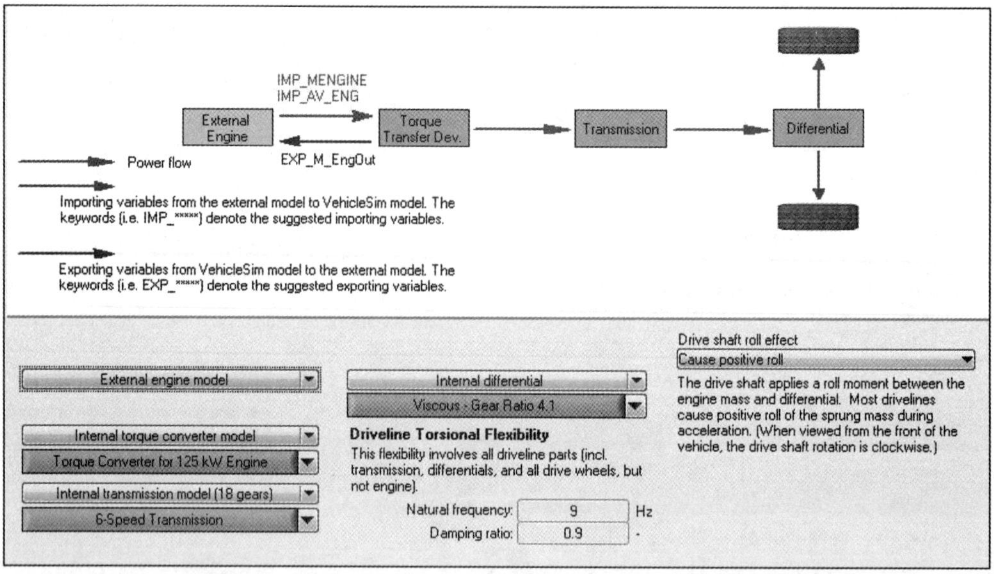

图 3-16　外置发动机布置形式

图 3-17 为液力耦合器的参数设置。图中加粗矩形框为选定内外液力耦合器，当选择内置液力耦合器时，子界面的液力耦合器 Map 图如图 3-18 所示。

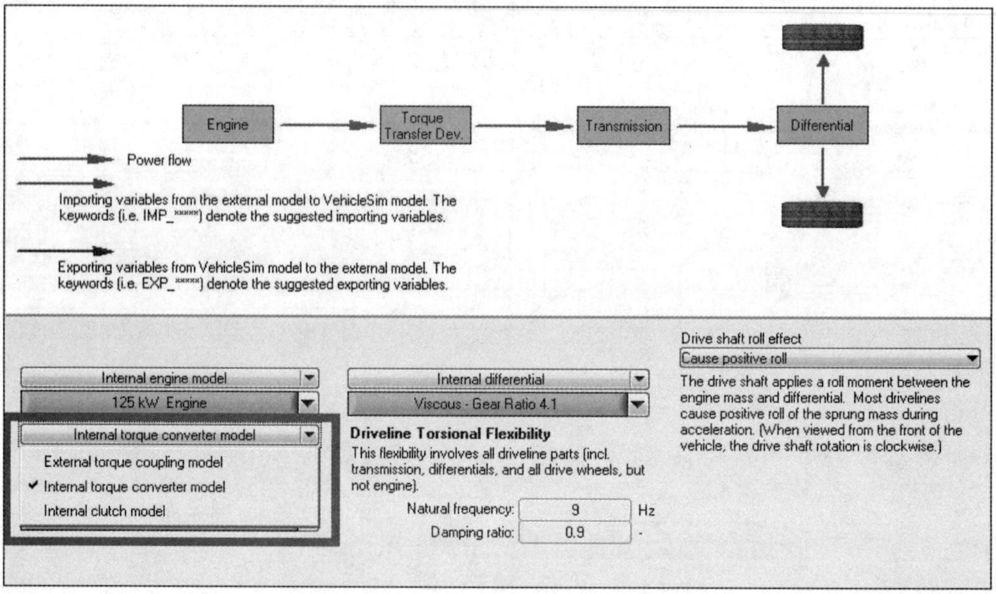

图 3-17　液力耦合器形式

图 3-18 中，1 处显示的为液力耦合器的参数与速度比；2 处显示的是扭矩和速度比；3 处表示输入和输出轴的转动惯量。

注意：AT 传动系统的结构与手动挡相比，在结构和使用上有很大的不同。手动挡主要由齿轮和轴组成，通过不同的齿轮组合产生变速变矩；而 AT 传动系统是由液力变矩器、

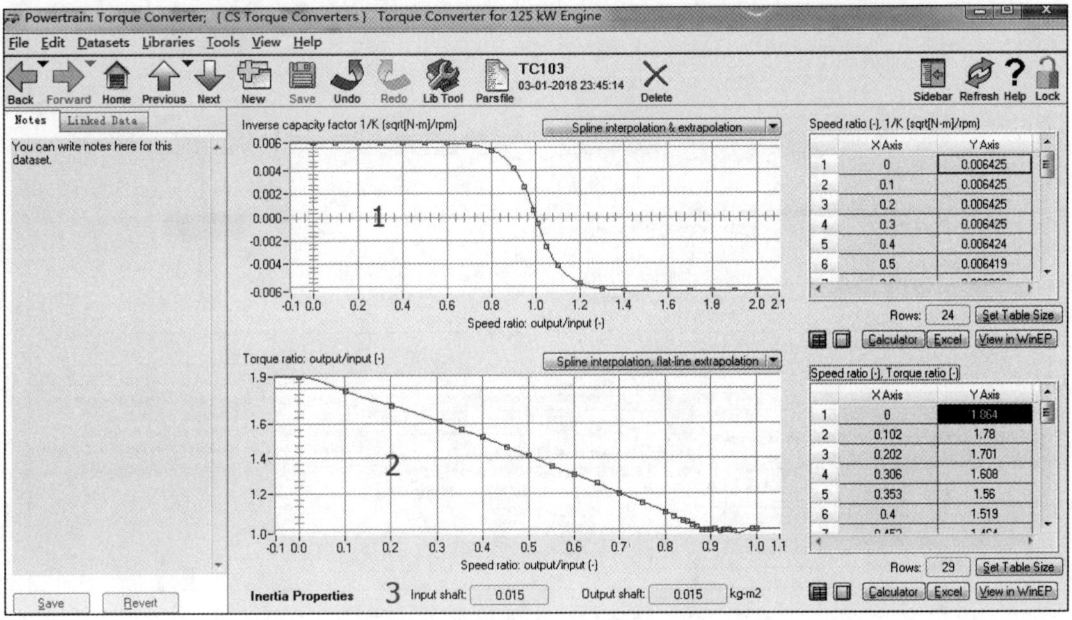

图 3-18　液力耦合器 Map 图数据

行星齿轮和液压操纵系统组成，通过液力传递和齿轮组合的方式来达到变速变矩。液力变矩器是 AT 传动系统最具特点的部件，它由泵轮、涡轮和导轮等构件组成，直接输入发动机动力并传递转矩，同时具有离合作用。泵轮和涡轮是一对工作组合，它们就好似相对放置的两台风扇，一台风扇吹出的风力会带动另一台风扇的叶片旋转，风力成了动能传递的媒介，如果用液体代替空气成为传递动能的媒介，泵轮就会通过液体带动涡轮旋转，再在泵轮和涡轮之间加上导轮，通过反作用力使泵轮和涡轮之间实现转速差，就可以实现变速变矩了。由于液力变矩器自动变速变矩范围不够大，因此在涡轮后面再串联几排行星齿轮提高效率，液压操纵系统会随发动机工作变化自行操纵行星齿轮，从而实现自动变速变矩。辅助机构自动换位不能满足行驶上的多种需要，例如停泊、后退等，所以还设有干预装置，即手动拨杆，标志 P（停泊）、R（倒车位）、N（空位）、D（前进位），另外在前进位中还设有“2”和“1”的附加挡位，用以起步或上斜坡之用。由于将其变速区域分成若干个变速比区段，只有在规定的变速区段内才是无级的，因此 AT 传动系统实际上是一种介于有级和无级之间的自动变速器。

液力自动变速器通常有两种类型：一种为前置后驱动液力自动变速器；另一种为前置前驱动液力自动变速器。液力自动变速器电子控制通过动力传动控制模块，接收来自汽车上各种传感器的电信号输入，根据汽车的使用工况，对这些信息处理来决定液力自动变速器运行工况。按照这些工况，动力传动控制模块给执行机构发出指令，并实现下述功能：变速器的升位和降位；一般通过操纵一对电子换位电磁阀，在通/断两种状态中转换；通过电控压力控制电磁阀，用以调整管路油压。

自动变速器主要是根据车速传感器、节气门位置传感器以及驾驶员踩下加速踏板的程度，进行升位和降位控制。

接下来，进行离合器的设置，设置界面如图 3-19 所示。

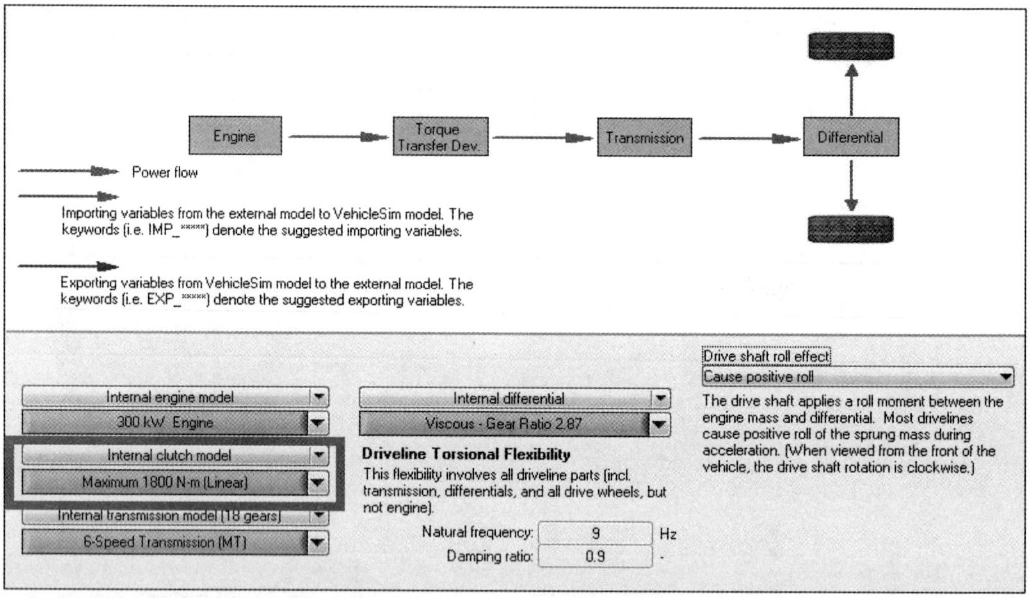

图 3-19　离合器设置

进入子界面，如图 3-20 所示。

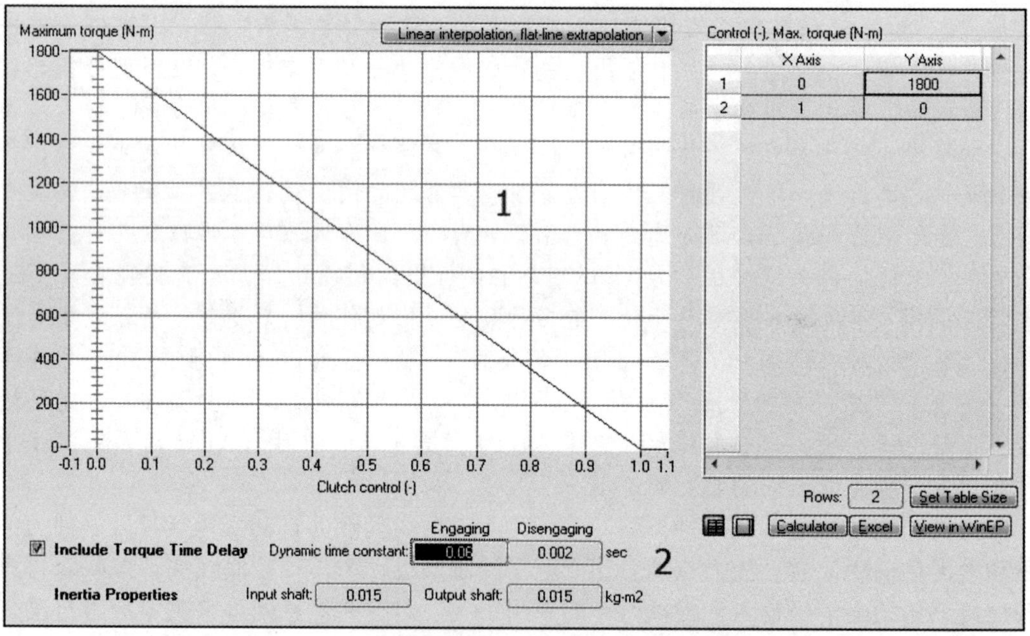

图 3-20　输出的最大扭矩与离合器结合程度的关系

图 3-20 中，序号 1 表示输出的最大扭矩与离合器结合程度的关系（数字 1 表示完全分离，数字 0 表示完全接合），序号 2 表示离合器的接合或分离迟滞时间。离合器的静摩擦力矩 T_c 的公式为：

$$T_c = fFZR_c \tag{3-6}$$

式中，f 为摩擦面间的静摩擦系数，一般取值为 0.25 ~ 0.30；F 为压盘施加在摩擦面上的工作压力；R_c 为摩擦片的平均摩擦半径；Z 为摩擦面数，单盘 Z 为 2，双盘 Z 为 4。

图 3-21 为变速器的设置界面。

双击图 3-21 矩形框中的菜单栏，进入变速器的子界面，如图 3-22 所示。

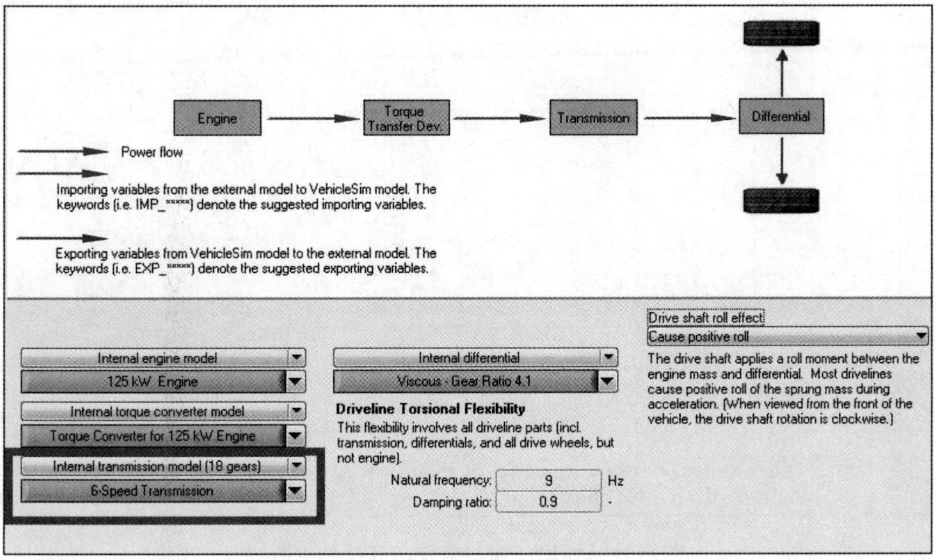

图 3-21 变速器的设置界面

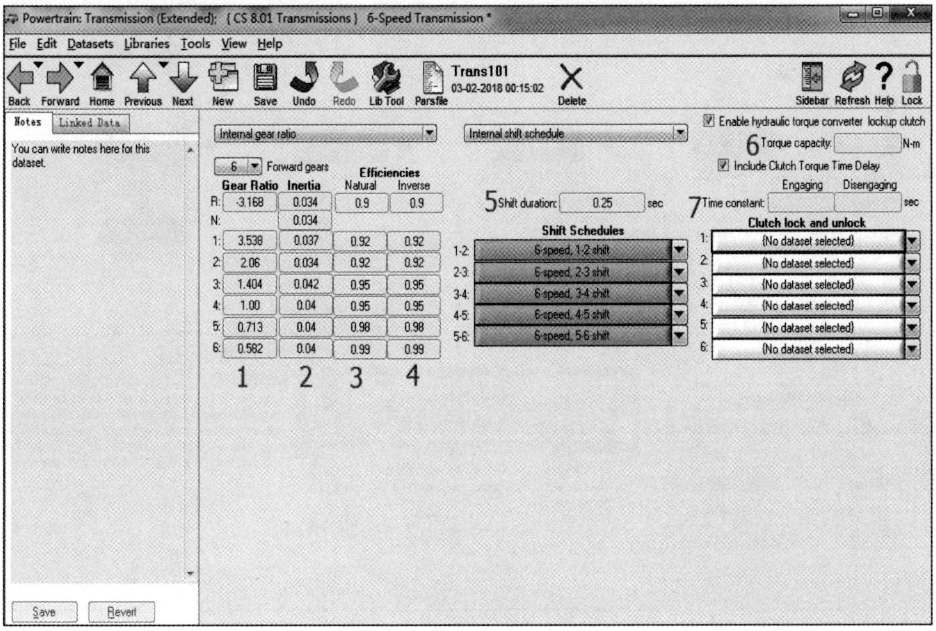

图 3-22 变速器的子界面

图 3-22 中，1 表示各个挡位的传动比；2 表示转动惯量；3 表示正向传动效率；4 表示逆向传动效率；5 表示换挡时间；6 表示离合器锁止时传递的最大效率；7 表示离合器

分离锁止时间。双击图 3-22 中 Shift Schedules，显示图 3-23 所示的各挡位中低速齿轮的输出转速与节气门开口位置的关系，以 1 挡升 2 挡为例。

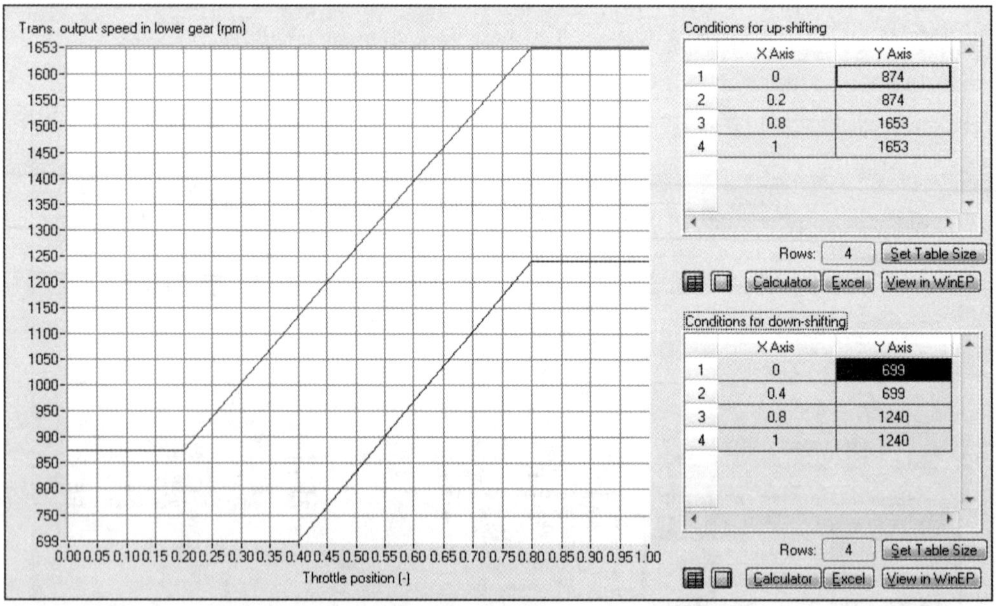

图 3-23　输出转速与节气门开口位置曲线

接下来，说明差速器的设置，如图 3-24 所示。

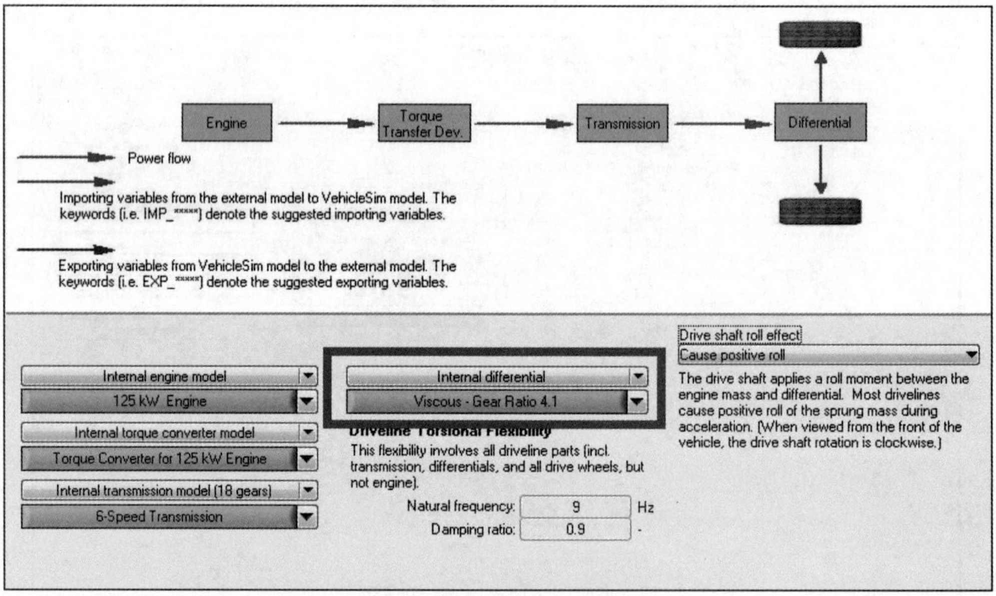

图 3-24　差速器设置界面

双击图 3-24 的加粗矩形框的菜单栏，进入差速器子界面，如图 3-25 和图 3-26 所示。普通差速器由行星齿轮、行星轮架（差速器壳）、半轴齿轮等零件组成。发动机的动力经传动轴进入差速器，直接驱动行星轮架，再由行星轮带动左、右两根半轴，分别驱动左、右车轮。

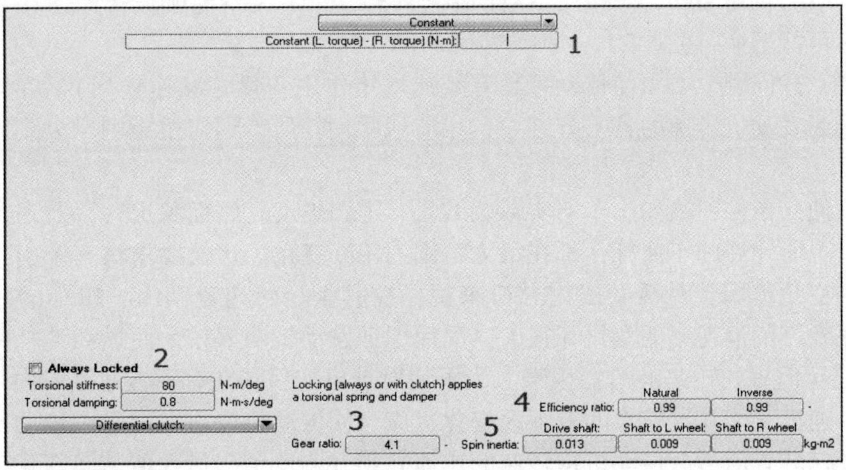

图 3-25 差速器子界面

图 3-25 中，1 为左右车轮扭矩差与车轮速度差的关系；2 为刚度和阻尼；3 为传动比；4 为正逆向效率；5 为驱动轴、左右半轴转动惯量。参数的设置可以根据实际进行修改。

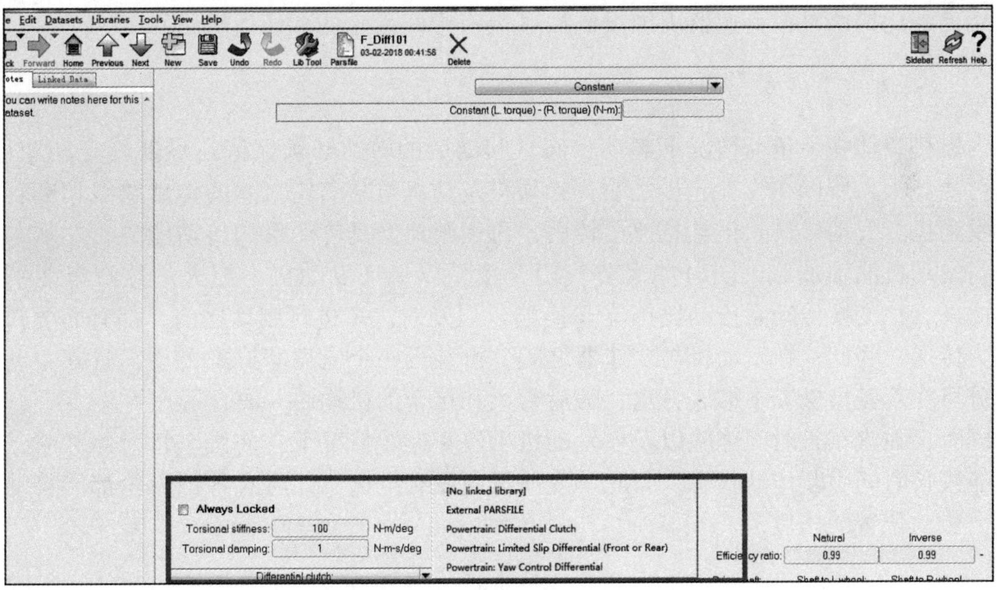

图 3-26 差速器子界面

只有当作用在驱动轮上的牵引力足以克服外界对汽车的阻力时，汽车才能起步和正常行驶。由实验可知，即使汽车在平直的沥青路面上以低速匀速行驶，也需要克服数值约相当于 1.5% 汽车总重力的滚动阻力。以东风风行汽车为例，该车满载总质量为 1700kg（总重力为 16660N），其最小滚动阻力约为 270N。若要求满载汽车能在坡度为 30% 的道路上匀速上坡行驶，则所要克服的上坡阻力即达 270N。东风风行汽车的发动机，所能产生的最大扭矩为 200N · m（1200 ~ 1400r/min），假设将扭矩全部直接传给驱动轮，则驱动轮可能得到的牵引力仅为 200N。显然，在此情况下，汽车不仅不能爬坡，即使在平直的良好路面上也不可能匀速行驶。

为解决上述问题，必须使传动系具有减速增矩作用（简称减速作用），亦即使驱动轮的转速降低为发动机转速的若干分之一，相应地驱动轮所得到的扭矩则增大到发动机扭矩的若干倍。

汽车的使用条件，诸如汽车的实际装载量、道路坡度、路面状况，以及道路宽度和曲率、交通情况所允许的车速等，都在很大范围内不断变化。这就要求汽车牵引力和速度也有相当大的变化范围。对活塞式内燃机来说，在其整个转速范围内，扭矩的变化范围不大，而功率及燃油消耗率的变化却很大，因而保证发动机功率较大而燃油消耗率较低的曲轴转速范围（即有利转速范围）很窄。为了使发动机能保持在有利转速范围内工作，而汽车牵引力和速度又能在足够大的范围内变化，应当使传动系传动比（所谓传动比是指汽车传动系中变速装置前后两传动机构转速的比值）能在最小值与最大值之间变化，即传动系应起变速作用。

1. 实现汽车倒驶

汽车在某些情况下，需要倒车行驶。然而，内燃机是不能反向旋转的，故与内燃机共同工作的传动系，必须保证在发动机旋转方向不变的情况下，能够使驱动轮反向旋转，通常采用的结构措施是在变速器内加设倒挡（具有中间齿轮的减速齿轮副）。

2. 必要时中断传动

内燃机只能在无负荷情况下起动，而且起动后的转速必须保持在最低稳定转速以上，否则可能熄火，所以在汽车起步之前，必须将发动机与驱动轮之间的传动路线切断，以便起动发动机。发动机进入正常怠速运转后，再逐渐地恢复传动系的传动能力，即从零开始逐渐对发动机曲轴加载，同时加大节气门开度，以保证发动机不熄火，且汽车能平稳起步。此外，在变换传动系传动比挡位（换挡）以及对汽车进行制动之前，都有必要暂时中断动力传递。为此，在发动机与变速器之间，可装设一个依靠摩擦来传动，且其主动和从动部分可在驾驶员操纵下彻底分离，随后再柔和接合的机构——离合器。

同时，在汽车长时间停驻以及在发动机不停止运转情况下，使汽车暂时停驻时，传动系应能较长时间中断传动状态。为此，变速器应设有空挡，即所有各挡齿轮都能自动保持在脱离传动位置的挡位。

3. 差速作用

当汽车转弯行驶时，左右车轮在同一时间内滚过的距离不同，如果两侧驱动轮仅用一根刚性轴驱动，则二者角速度必然相同，因而在汽车转弯时必然产生车轮相对于地面滑动的现象。这将使转向困难、汽车的动力消耗增加、传动系内某些零件和轮胎加速磨损。所以，需要在驱动桥内装置具有差速作用的部件——差速器，使左右两驱动轮可以不同的角速度旋转。

3.3.2 制动系统

制动系统分为复杂制动系统和简单制动系统，复杂制动系统是考虑到助力与热衰退的因素。CarSim 软件中的制动系统界面如图 3-27 所示。

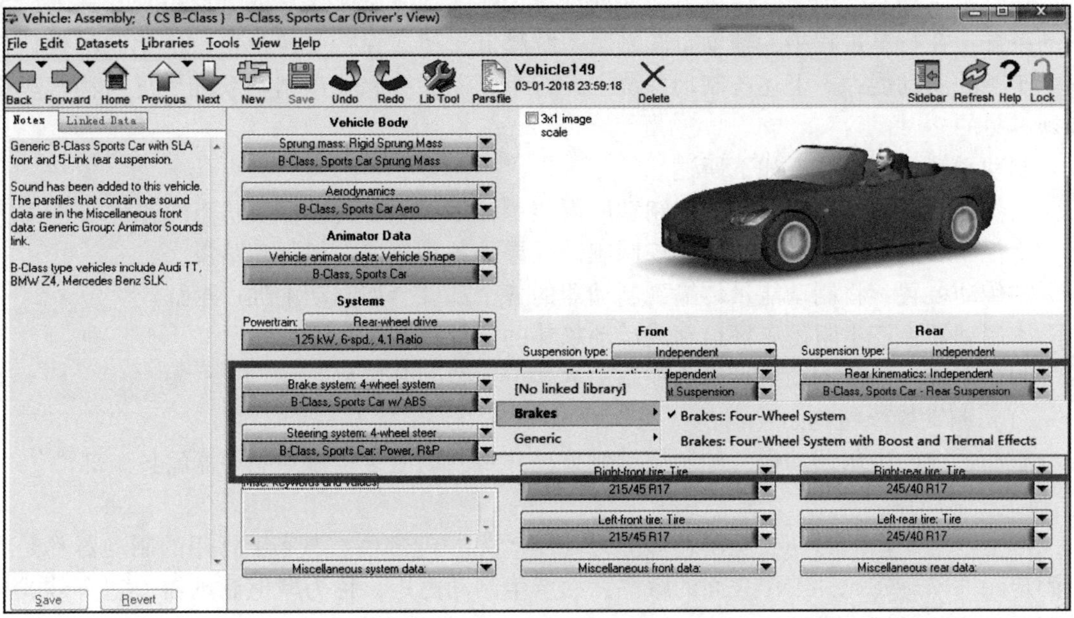

图 3-27 制动系统界面

制动系统是使汽车的行驶速度可以强制降低的一系列专门装置。制动系统主要由供能装置、控制装置、传动装置和制动器 4 部分组成。制动系统的主要功用是使行驶中的汽车减速甚至停车、使下坡行驶的汽车速度保持稳定、使已停驶的汽车保持不动。用以使行驶中的汽车降低速度甚至停车的制动系统称为行车制动系统；用以使已停驶的汽车驻留原地不动的制动系统则称为驻车制动系统。

注意：

（1）按功用分：行车制动系、驻车制动系和辅助制动系统。

1）行车制动系：是由驾驶员用脚来操纵的，故又称脚制动系。它的功用是使正在行驶中的汽车减速或在最短的距离内停车。

2）驻车制动系：它的功用是使已经停在各种路面上的汽车驻留原地不动，避免自动滑动的制动系统。

3）第二制动系：在行车制动系失效的情况下，保证汽车仍能实现减速或停车的一套装置。在许多国家的制动法规中规定，第二制动系也是汽车必须具备的。

4）辅助制动系：经常在山区行驶的汽车以及某些特殊用途的汽车，为了提高行车的安全性，和减轻行车制动系性能的衰退及制动器的磨损，用于在下坡时稳定车速。

（2）按制动能量传输分：机械式、液压式、气压式、电磁式、组合式。

（3）按回路数量分：单回路制动系、双回路制动系。

（4）按操纵能源分：人力制动系、动力制动系、伺服制动系。

1）人力制动系：以驾驶员的肌体作为唯一的制动能源的制动系。

2）动力制动系：完全靠由发动机的动力转化而成的气压或液压形式的势能，进行制动的制动系。

3）伺服制动系：兼用人力和发动机动力作为制动能源的制动系统。

在行车制动系统失效的情况下，保证汽车仍能实现减速或停车的制动系统，称为应急制动系统；在行车过程中，辅助行车制动系统降低车速或保持车速稳定、优化制动操作过程中车辆的制动能力。上述各制动系统中，行车制动系统和驻车制动系统是每一辆汽车都必须具备的。

制动系统的组成装置如下所述。

①供能装置：包括供给、调节制动所需能量，以及改善传动介质状态的各种部件。

②控制装置：产生制动动作和控制制动效果的各种部件，如制动踏板。

③传动装置：将制动能量传输到制动器的各个部件，如制动主缸、轮缸。

④制动器：产生阻碍车辆运动或运动趋势的部件。

制动系统一般由制动操纵机构和制动器两个主要部分组成。

（1）制动操纵机构。

制动系统产生制动动作、控制制动效果，并将制动能量传输到制动器的各个部件。

（2）制动器。

产生阻碍车辆的运动或运动趋势的力（制动力）的部件。汽车上常用的制动器都是利用固定元件与旋转元件工作表面的摩擦，而产生制动力矩，称为摩擦制动器。它有鼓式制动器和盘式制动器两种结构形式。

制动系统的一般工作原理是，利用与车身（或车架）相连的非旋转元件和与车轮（或传动轴）相连的旋转元件之间的相互摩擦，来阻止车轮的转动或转动的趋势。

1）制动系不工作时蹄鼓间有间隙，车轮和制动鼓可自由旋转。

2）制动时要实现汽车减速，脚踏下制动器踏板，通过推杆和主缸使主缸油液在一定压力下流入轮缸，并通过两轮缸活塞推动，使制动蹄绕支承销转动，上端向两边分开，而以其摩擦片压紧在制动鼓的内圆面上。不转的制动蹄对旋转制动鼓产生摩擦力矩，从而产生制动力。

3）当放开制动踏板时回位，即将制动蹄拉回原位，制动力消失。

为了保证汽车行驶安全，发挥高速行驶的能力，制动系必须满足下列要求：

①制动效能好。评价汽车制动效能的指标有：制动距离、制动减速度、制动时间。

②操纵轻便，制动时的方向稳定性好。制动时，前后车轮制动力分配合理，左右车轮上的制动力应基本相等，以免汽车制动时发生跑偏和侧滑。

③制动平顺性好。制动时应柔和、平稳；解除时应迅速、彻底。

④散热性好，调整方便。这要求制动蹄摩擦片抗高温能力强，潮湿后恢复能力快，磨损后间隙能够调整，并能够防尘、防油。

⑤带挂车时，能使挂车先于主车产生制动，后于主车解除制动；挂车自行脱挂时能自行进行制动。

对于简单制动系统，用户单击进入子界面，如图 3-28 所示。

图 3-28 中，1 处表示制动力矩与车轮气缸压力的关系，分为左前轮、右前轮、左后

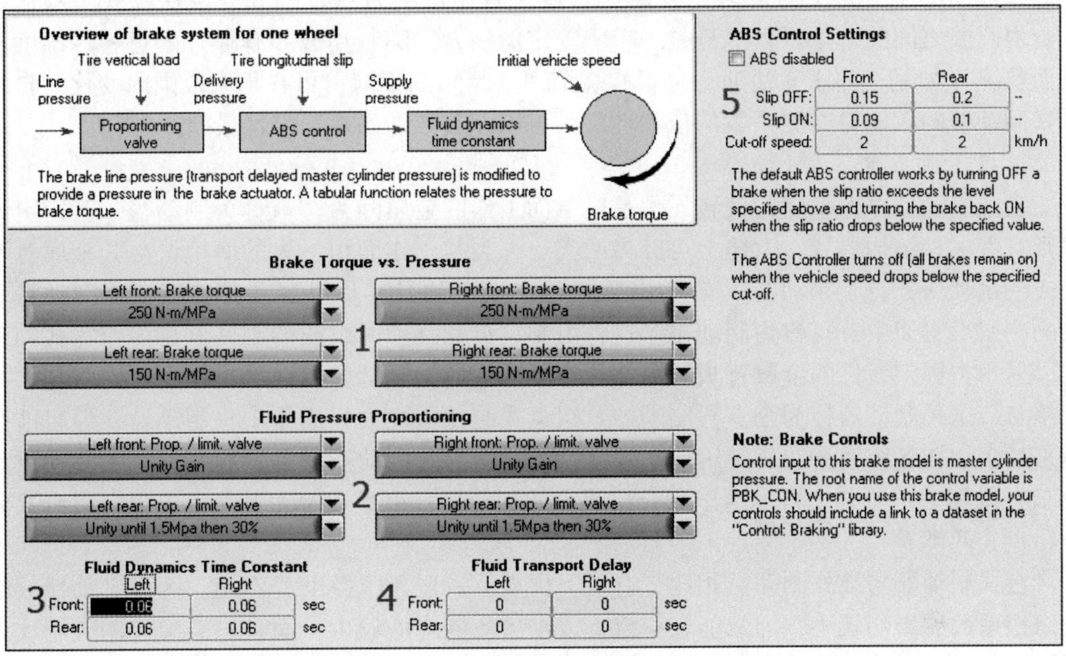

图 3-28 简单制动系统界面

轮、右后轮，通常为一个比例常数；2 处表示比例阀之后的管路压力与其输入压力的关系，通常也为一个比例常数；3 处为流体动力学时间常数；4 处为流体迟滞；5 处为 ABS 工作截止的最低速度。地面制动力 F_{xb} 的求解公式如下：

$$F_{xb} = \frac{T_u}{r} \tag{3-7}$$

式中，T_u 为车轮制动器中摩擦片与制动鼓或盘相对滑转时的摩擦力矩；r 为车轮半径。地面制动力受附着条件的限制，不可能大于附着力 F_φ，即：

$$F_{xb} \leqslant F_\varphi = F_Z \cdot \varphi \tag{3-8}$$

式中，φ 为轮胎与地面间的附着系数；F_Z 为地面对车轮的法向反力。

制动器制动力 F_μ 求解公式如下：

$$F_\mu = \frac{T_\mu}{r} \tag{3-9}$$

式中，T_μ 为制动器的摩擦力矩；r 为车轮半径。

· 鼓式制动器。

一般制动器都是通过其中的固定元件对旋转元件施加制动力矩，使后者的旋转角速度降低，同时依靠车轮与地面的附着作用，产生路面对车轮的制动力以使汽车减速。凡利用固定元件与旋转元件工作表面的摩擦，而产生制动力矩的制动器都称为摩擦制动器。旋转元件固装在车轮或半轴上，即制动力矩直接作用于两侧车轮上的制动器称为车轮制动器。旋转元件固装在传动系的传动轴上，其制动力矩经过驱动桥再分配到两侧车轮上的制动器称为中央制动器。

对制动效能而言，在基本结构参数和轮缸工作压力相同的条件下，自增力式制动器由于对摩擦助势作用利用的最为充分而居首位，后述依次为双领蹄式、领从蹄式、双从蹄式。但蹄鼓之间的摩擦系数本身是一个不稳定的因素，随制动鼓和摩擦片的材料、温度和表面状况（如是否沾水、沾油，是否有烧结现象等）的不同，可在很大范围内变化。自增力式制动器的效能对摩擦系数的依赖性最大，因而其效能的热稳定性最差。

· 盘式制动器。

盘式制动器摩擦副中的旋转元件是以端面工作的金属圆盘，被称为制动盘。其固定元件则有着多种结构形式，大体上可分为两类。一类是工作面积不大的摩擦块与其金属背板组成的制动块，每个制动器中有 2～4 个。这些制动块及其促动装置都装在横跨制动盘两侧的夹钳形支架中，总称为制动钳。这种由制动盘和制动钳组成的制动器称为钳盘式制动器。另一类固定元件的金属背板和摩擦片也呈圆盘形，制动盘的全部工作面可同时与摩擦片接触，这种制动器称为全盘式制动器。钳盘式制动器过去只用作中央制动器，但目前则越来越多地被各级轿车和货车用作车轮制动器。全盘式制动器只有少数汽车（主要是重型汽车）采用为车轮制动器。这里只介绍钳盘式制动器，钳盘式制动器又可分为定钳盘式和浮钳盘式两类。

盘式制动器与鼓式制动器相比，有以下优点：一般无摩擦助势作用，因而制动器效能受摩擦系数的影响较小，即效能较稳定；浸水后效能降低较少，而且只需经一两次制动即可恢复正常；在输出制动力矩相同的情况下，尺寸和质量一般较小；制动盘沿厚度方向的热膨胀量极小，不会像制动鼓的热膨胀那样使制动器间隙明显增加，而导致制动踏板行程过大，较容易实现间隙自动调整。对于钳盘式制动器，因为制动盘外露，还有散热良好的优点。盘式制动器不足之处是效能较低，故用于液压制动系统时所需制动促动管路压力较高，一般要用伺服装置。

目前，盘式制动器已广泛应用于轿车，在货车上盘式制动器也有采用，但离普及还有相当距离。CarSim 中进入制动设置的界面，如图 3-29 所示。

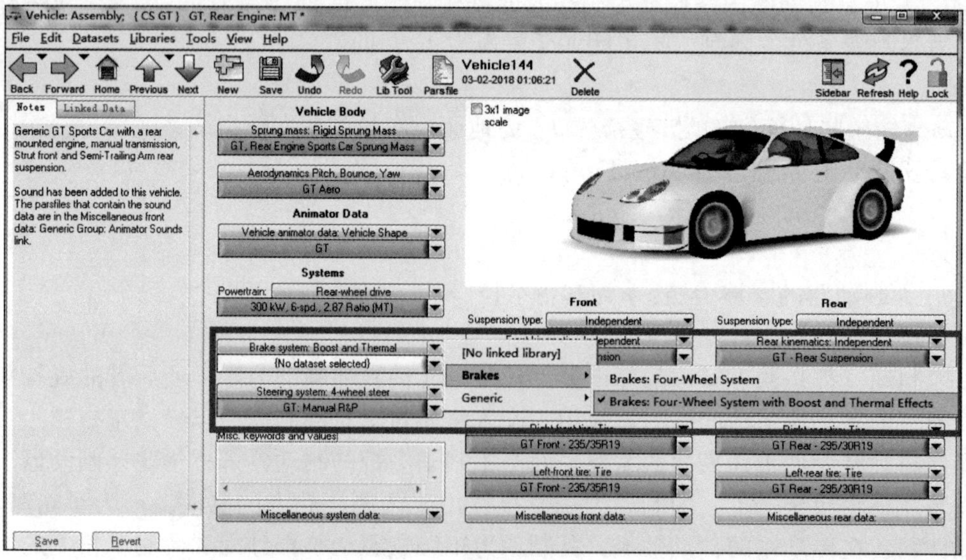

图 3-29　制动界面

进入子界面之后为制动子界面，如图 3-30 所示。图 3-30 中，1 为 4 个车轮分配的流体压力比例，2 为卡钳压力和制动的力矩。

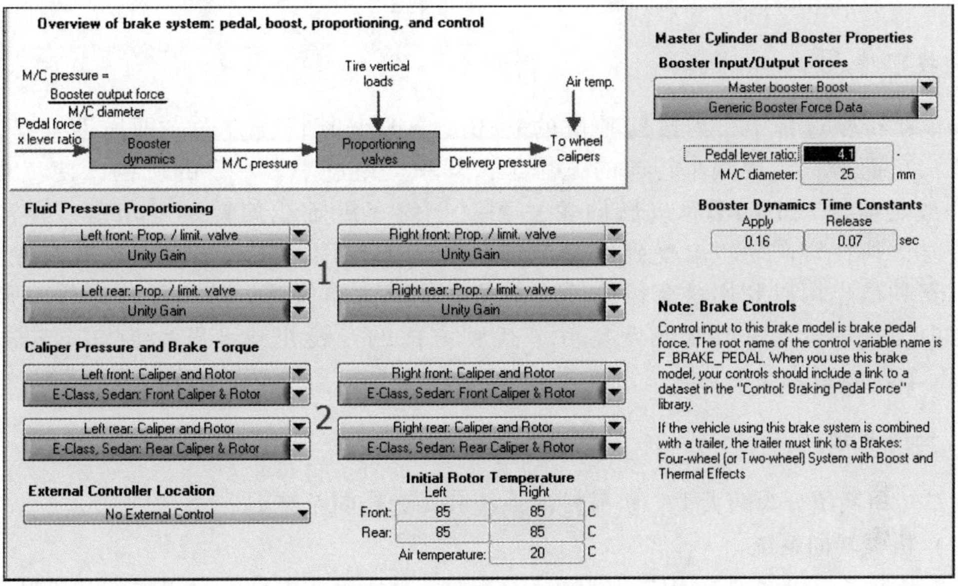

图 3-30 制动子界面

图 3-31 为卡钳压力和制动的力矩，1 为制动盘的质量；2 为 0℃ 制动盘的比热和单位温度升高比热的变化量；3 为制动钳压力与制动钳体积的关系；4 为制动钳气缸中单位流量所产生的压力；5 为冷却系数（1/s）与车辆速度（km/h）的关系；6 为不同制动盘温度下，制动力矩与制动轮缸压力（MPa）的关系。

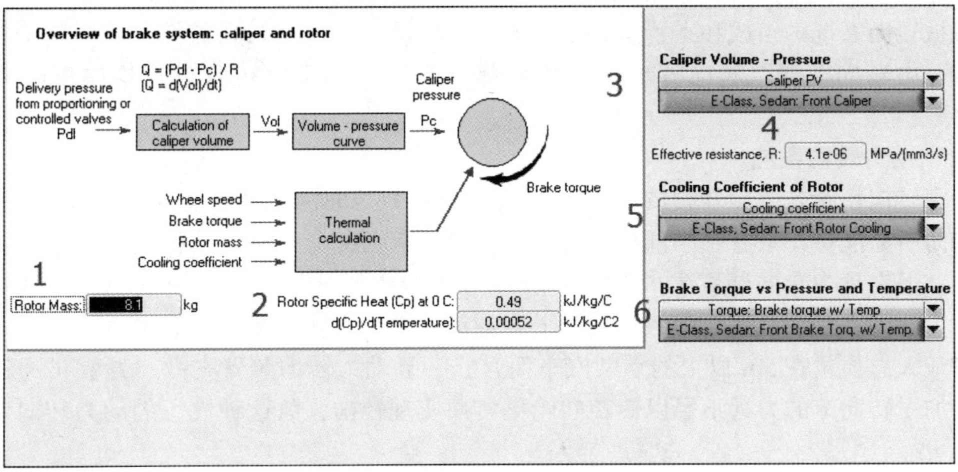

图 3-31 卡钳压力和制动力矩

3.3.3 转向系统

用来改变或保持汽车行驶或倒退方向的一系列装置，称为汽车转向系统（Steering system)。汽车转向系统的功能就是按照驾驶员的意愿控制汽车的行驶方向。汽车转向系统对汽车的行驶安全至关重要，汽车转向系统和制动系统都是汽车安全必须要重视的两个系统。

1. 技术特点

汽车在行驶过程中，需按驾驶员的意志经常改变其行驶方向，即所谓汽车转向。就轮式汽车而言，实现汽车转向的方法是，驾驶员通过一套专设的机构，使汽车转向桥（一般是前桥）上的车轮（转向轮）相对于汽车纵轴线偏转一定角度。在汽车直线行驶时，往往转向轮也会受到路面侧向干扰力的作用，自动偏转而改变行驶方向。此时，驾驶员也可以利用这套机构使转向轮向相反方向偏转，从而使汽车恢复原来的行驶方向。这一套用来改变或恢复汽车行驶方向的专设机构，即称为汽车转向系统(俗称汽车转向系)。

2. 构造原理

汽车转向系统分为两大类：机械转向系统和动力转向系统。

(1) 机械转向系统。

机械转向系统以驾驶员的体力作为转向能源，其所有传力件都是机械的。机械转向系由转向操纵机构、转向器和转向传动机构 3 大部分组成。当汽车转向时，驾驶员对方向盘施加一个转向力矩。该力矩通过转向轴、转向万向节和转向传动轴输入转向器。经转向器放大后的力矩和减速后的运动传到转向摇臂，再经过转向直拉杆传给固定于左转向节上的转向节臂，使左转向节和它所支承的左转向轮偏转。为使右转向节及其支承的右转向轮随之偏转相应角度，还设置了转向梯形。转向梯形由固定在左、右转向节上的梯形臂和两端与梯形臂作球铰链连接的转向横拉杆组成。

机械转向系统的组成和布置从方向盘到转向传动轴，这一系列部件和零件属于转向操纵机构。由转向摇臂至转向梯形这一系列部件和零件（不含转向节）均属于转向传动机构。

(2) 动力转向系统。

动力转向系统是兼用驾驶员体力和发动机动力为转向能源的转向系。在正常情况下，汽车转向所需能量，只有一小部分由驾驶员提供，而大部分是由发动机通过动力转向装置提供的。但在动力转向装置失效时，一般还应当能由驾驶员独立承担汽车转向任务。因此，动力转向系是在机械转向系的基础上，加设一套动力转向装置而形成的。

对最大总质量在 50t 以上的重型汽车而言，一旦动力转向装置失效，驾驶员通过机械传动系加于转向节的力远不足以使转向轮偏转而实现转向，故这种汽车的动力转向装置应当特别可靠。

以液压动力转向系的组成和液压动力转向装置的管路布置为例，属于动力转向装置的部件是：转向油罐、转向油泵、转向控制阀和转向动力缸。当驾驶员逆时针转动方向盘(左转向）时，转向摇臂带动转向直拉杆前移。直拉杆的拉力作用于转向节臂，并依次传到梯形臂和转向横拉杆，使之右移。与此同时，转向直拉杆还带动转向控制阀中的滑阀，使转向动力缸的右腔接通液面压力为零的转向油罐。油泵的高压油进入转向动力缸的左腔，于是转向动力缸的活塞将受到向右的液压作用力，经推杆施加在转向横拉杆上，也使之右移。因此，驾驶员施于方向盘上很小的转向力矩，便可克服地面作用于转向轮上的转向阻力矩。

汽车的转向系统分为简单和复杂的两种情况。前者如图 3-32 所示。

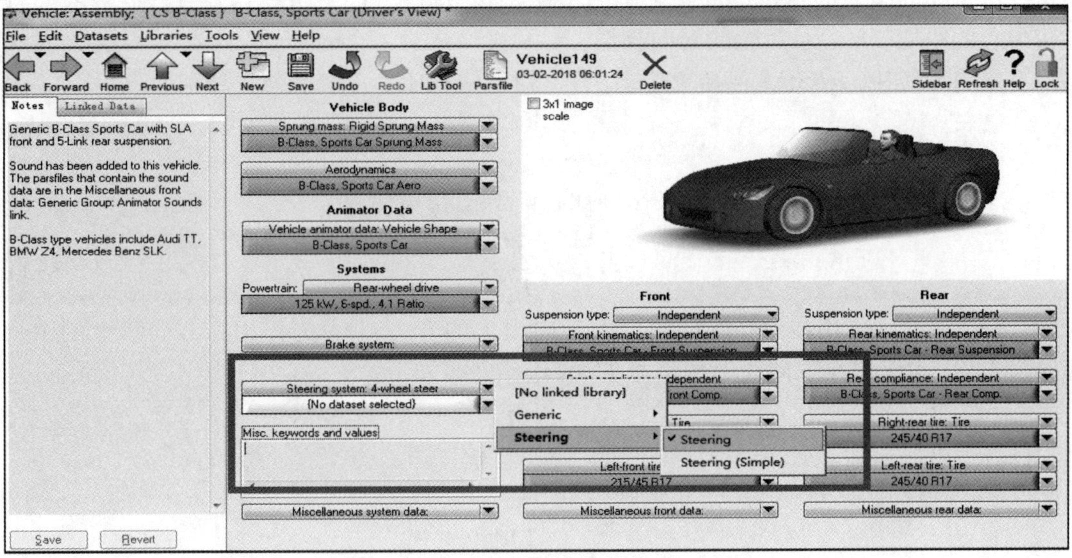

图 3-32　简单转向系统

进入简单转向系统的子界面，如图 3-33 所示。

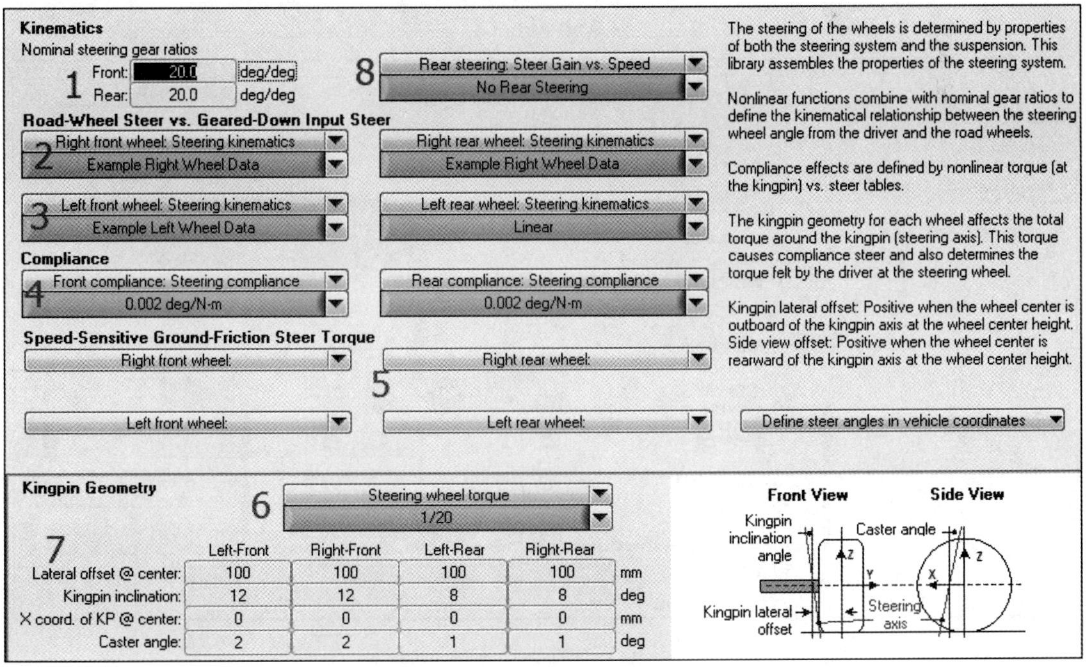

图 3-33　简单转向系统子界面

图 3-33 中，1 表示转向传动比；2 表示转向轮和齿轮输入转向的关系；3 表示转向轮的转向运动学；4 表示因转向系统柔性所引起的转向角随主销力矩的关系，主销力矩为左右主销力矩之和；5 表示地面摩擦力带来的转向力矩；6 表示转向轮的力矩；7 分别表示汽车前进方向投影，主销轴线与半轴轴线的交点距车轮中心的距离、主销内倾角、主销后倾角，水平路面行驶时汽车侧面投影中的车轮质心所行驶过的直线，与主销轴线相交点距车轮中心的距离；8 表示后轮的转向补偿。

在转向系统中，传动比包括角传动比 $i_{\omega 0}$ 和力传动比 i_p，求解公式分别如下：

$$i_{\omega 0} = \frac{\omega_w}{\omega_k} \tag{3-10}$$

式中，ω_w 为方向盘转动角速度，ω_k 为同侧转向节偏转角速度。

$$i_p = \frac{2F_w}{F_h} \tag{3-11}$$

式中，$2F_w$ 为地面作用在两个转向轮上的转向阻力的合力；F_h 为作用在方向盘上的手力。转向阻力 F_w 和作用在方向盘上的手力 F_h 的计算公式如下：

$$F_w = \frac{M_r}{a} \tag{3-12}$$

式中，M_r 为转向阻力矩；a 为主销偏移距。

$$F_h = \frac{2M_h}{D} \tag{3-13}$$

式中，M_h 为作用在方向盘上的力矩；D 为方向盘直径。

对于复杂的转向系统来说，其设置界面如图 3-34 所示。

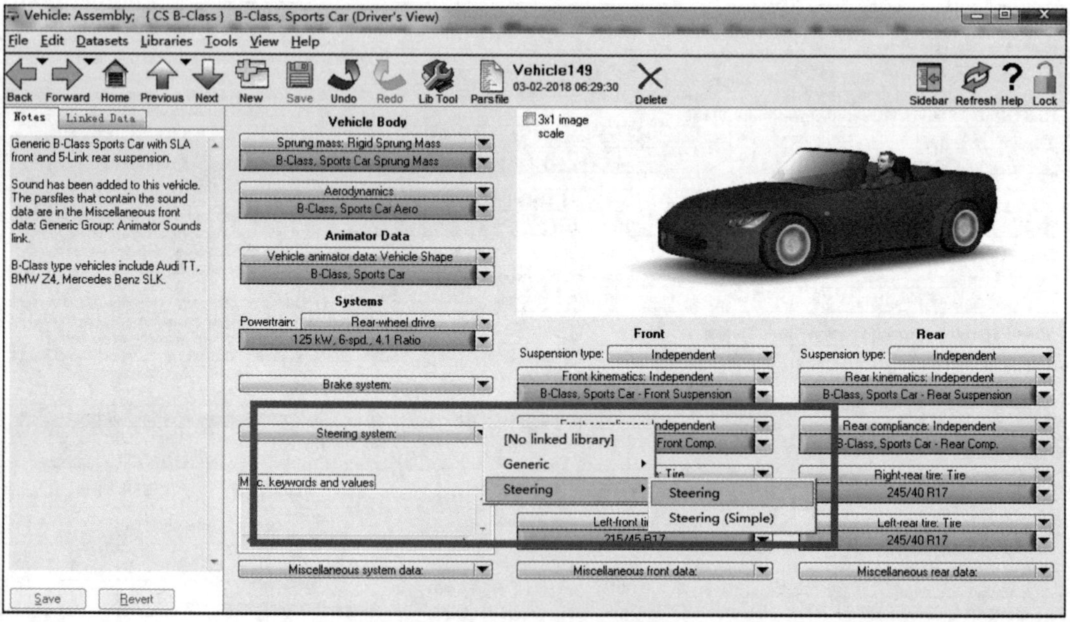

图 3-34　复杂转向系统界面

进入子界面后，如图 3-35 所示。

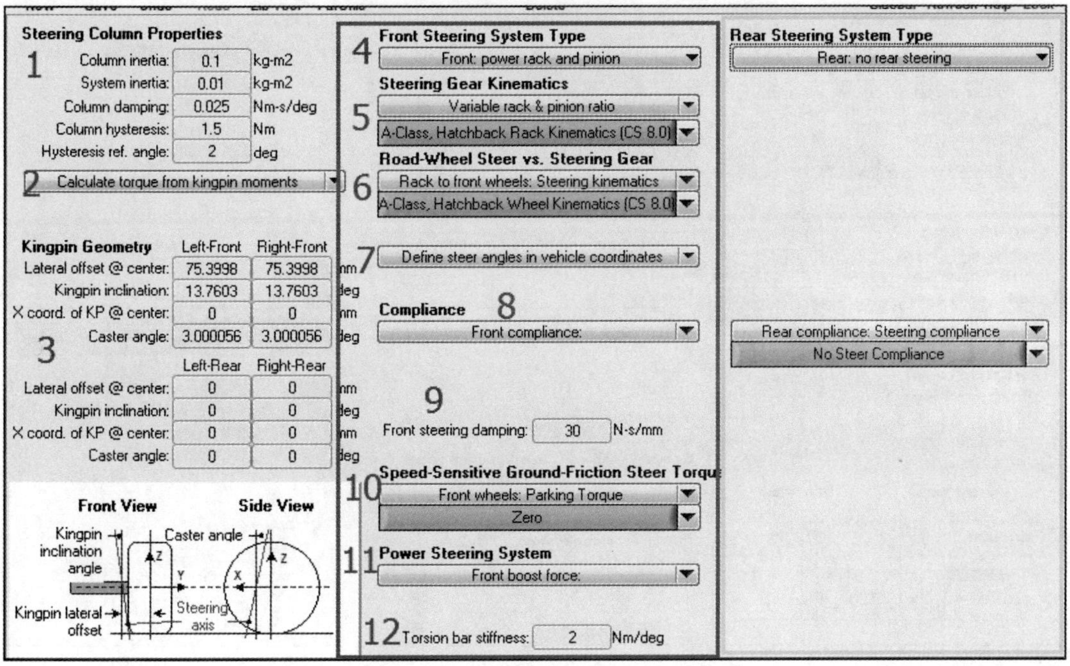

图 3-35 复杂转向系统子界面

图 3-35 所示为助力式齿轮齿条的转向系统，中间加粗方框区域为前轮转向，右侧区域为后轮转向，这里讨论前轮转向的情况。1 表示的分别是转向柱管的惯性、转向系统的惯量、转向柱管阻尼、方向盘自由角行程；2 表示的是选择转向力矩计算方式：计算或者查表；3 分别表示汽车前进方向投影，4 个车轮主销轴线与半轴轴线的交点距车轮中心的距离、主销内倾角、主销后倾角，水平路面行驶时，汽车侧面投影中的车轮质心所行驶过的直线，与主销轴线相交点距车轮中心的距离；4 表示的是选择转向器，包括齿条齿轮式和循环球式；5 表示的是齿条的行程与齿轮转角的关系；6 表示的是左右转向轮转角与齿条的行程的关系；7 表示定义汽车转角的方式，分别为在车辆坐标系中定义以及用主销转角定义两种；8 表示的是转向时，左右主销滞后方向盘的参考角；9 表示的是转向阻尼；10 表示的是不同载荷下驻车时，转向阻力矩随速度的关系；11 表示的是在某一车速下，系统助力与扭杆力矩的关系；12 表示的是扭杆刚度。另外，非助力式的齿轮齿条转向系统没有 11、12 选项。

图 3-36 为循环球式的转向系统参数设置界面。此系统和齿轮齿条式的转向系统设置原理基本相同，不同的是图 3-35 中的选项 5 表示的是转向垂臂的转角与齿轮箱输入角度的关系；6 表示的是左右车轮转角与转向垂臂角度的关系；11 表示的是辅助力矩与扭杆力矩的关系。同理，非助力式的循环球转向系统没有 12 选项。典型的循环球齿条齿扇式转向器的角传动比计算公式为：

$$i_w = \frac{2\pi r}{P} \tag{3-14}$$

式中，r 为齿扇节圆啮合半径，P 为螺母螺距。

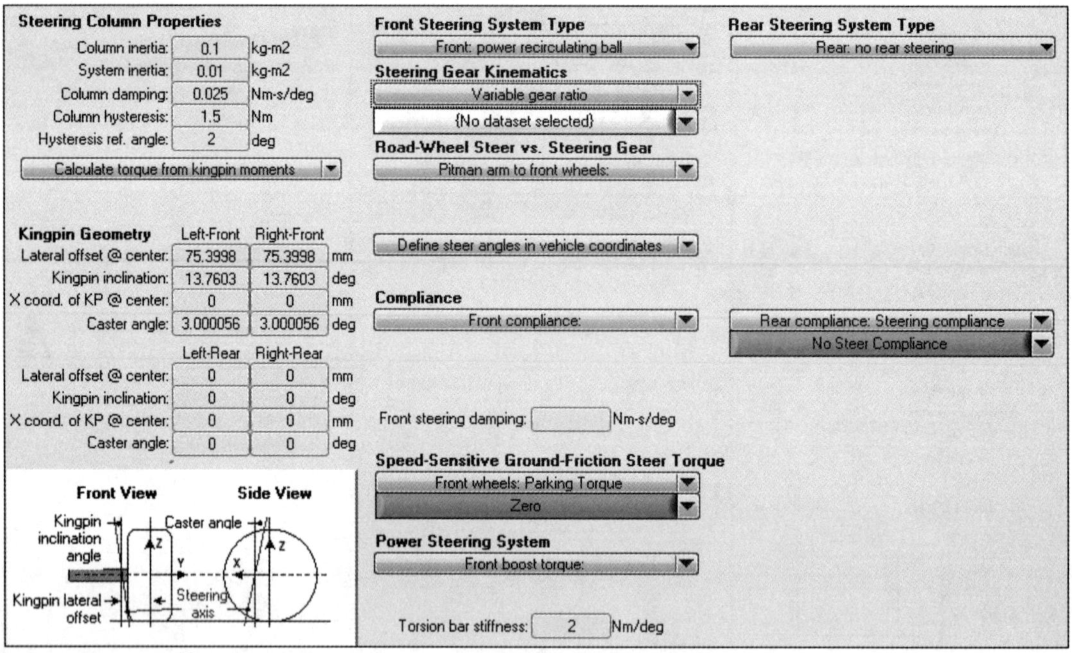

图 3-36　循环球式的转向系统参数设置

3.4　前、后悬架

3.4.1　运动学

悬架是车架与车桥之间的一切传力连接装置的总称。汽车悬架包括弹性元件、减振器和传力装置三部分。这三部分分别起缓冲、减振和力的传递作用。悬架系统分为简单非独立悬架、复杂非独立悬架、简单独立悬架、复杂独立悬架，可以通过初始界面上的选项按钮来选择。轿车的前悬挂一般为麦弗逊式悬挂（Macphersan），麦弗逊式是当今最为流行的独立悬挂之一，一般用于轿车的前轮。四连杆前悬挂系统多用于豪华轿车，它通过运动学原理巧妙地将牵引力、制动力和转向力分离，同时赋予车辆精确的转向控制。四连杆式悬挂系统在奥迪 A4、A6 以及中华轿车上都可以看到。后悬架系统的种类要比前悬架多，原因是驱动方式的不同决定着后车轴的有无，并与车身重量有关，主要有连杆式和摆臂式两种，如图 3-37 所示。

前后悬架的运动学模型如图 3-38 所示，先讨论的是最常用的复杂独立悬架，图中加粗方框内为前后悬架的动力学选项，单击进入子页面，如图 3-39 所示。

图 3-39 中，选项 1 表示的是转向部分的非簧载质量；2 表示的是左右车轮的转动惯量；3 表示的是轮距；4 表示的是轮心距地面的高度，即静载半径；5 表示的是悬架中心相对于侧倾中心的横向位移；6 表示的是前左右车轮的外倾角与前束角；7 表示的是左右车轮后倾角随车轮轮心跳动量的变化关系，后倾角向前倾为正；8 表示的是左右车轮轮心在 X 轴方向上的位移关系；9 表示的是左右车轮外倾角与轮跳的变化关系，外倾为正；10

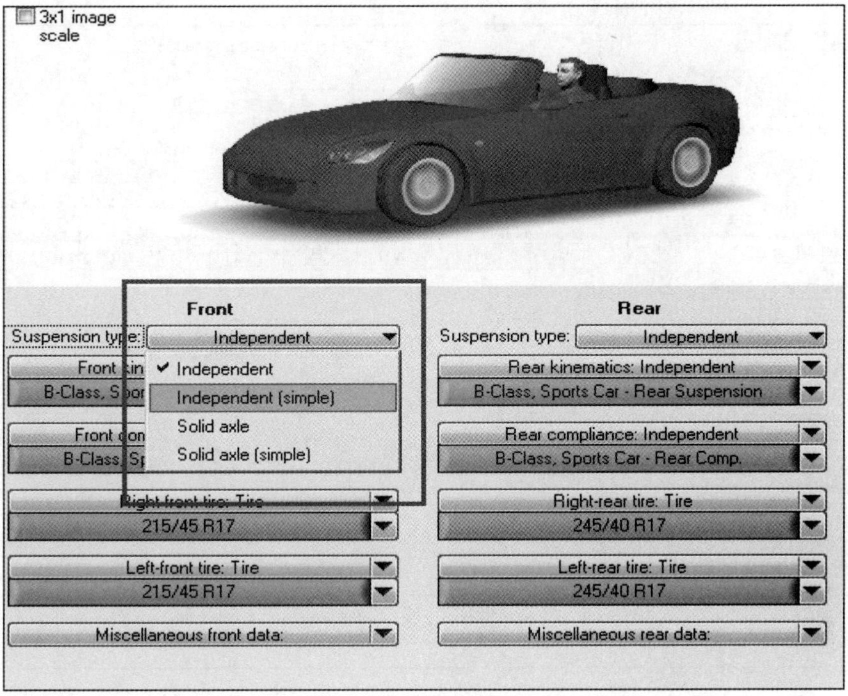

图 3-37 悬挂系统分类

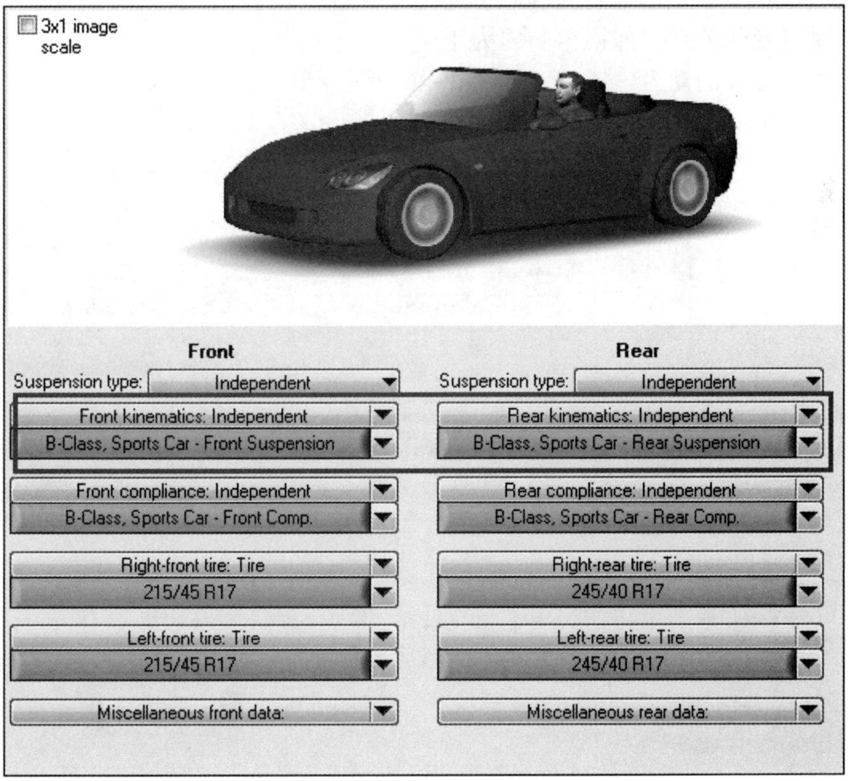

图 3-38 悬架的运动学模型

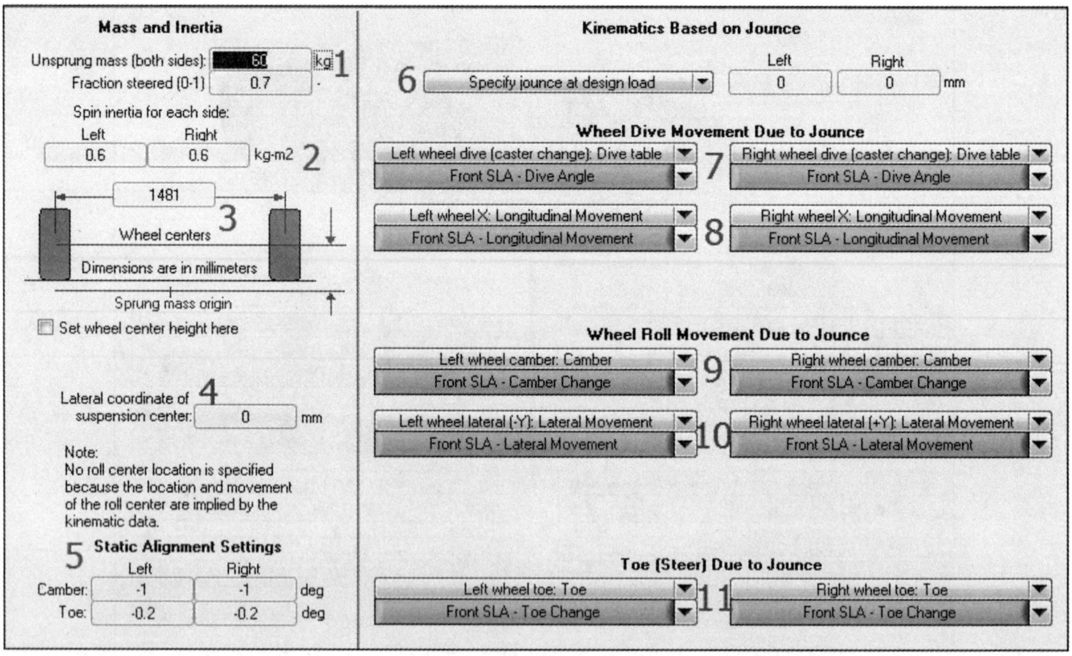

图 3-39　前后悬架的动力学子页面

表示的是左右车轮侧向位移轮跳的变化关系，侧向位移向内为正；11 表示的是左右车轮前束角与轮跳的变化关系，前束角向内为正。

复杂非独立悬架的动力学模型，如图 3-40 所示。

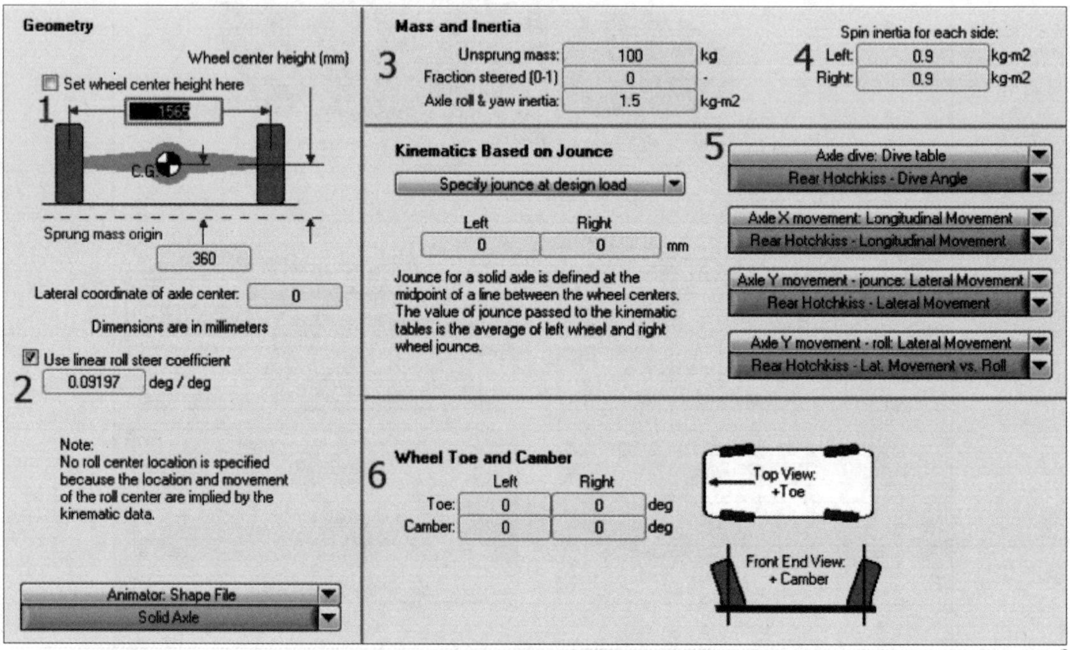

图 3-40　复杂非独立悬架

图3-40中，选项1表示的分别是轮距、前轴质心的高度、悬架中心相对于侧倾中心的横向位移；2表示的是侧倾转向系数，即相对车轴的侧倾角与车轴转向角的关系；3表示的是非簧载质量转向摩擦力和前轴的侧倾转动惯量；4表示的是前左和前右车轮的转动惯量；5表示的是后倾角随车轮轮心跳动量的关系、轮心在X方向上的位移与轮跳的关系、侧向位移与轮跳的关系、侧向位移与侧倾角的关系；6表示的是前左右车轮的外倾角与前束角的关系。

1. 独立悬架

(1) 麦弗逊悬架一般用在前轮，是当今使用最多的悬架形式。从低端车到高端车普遍采用麦弗逊悬架。

优点：拥有良好的响应性和操控性，而且结构简单、占用空间小、成本低、重量轻。

缺点：在不平路面行驶时，车轮容易自动转向，当受到剧烈冲击时，滑柱更易弯曲，稳定性差，抗侧倾和制动点头能力弱。

(2) 多连杆独立悬架（四连杆、五连杆独立悬架）不仅可以保证拥有一定的舒适性，而且由于连杆较多，可以使车轮和地面尽最大可能保持垂直，尽最大可能减小车身的倾斜。最大可能维持轮胎的贴地性。

优点：舒适性良好、支撑性不错、提高了车辆的控制性能，减少转向不足的情况。

缺点：体积较大、空间占有量大、成本高。

(3) 双叉臂悬架拥有上下两个叉臂，由上下两根不等长V字形或A字形控制臂，以及支柱式液压减震器构成，通常上控制臂短于下控制臂。

优点：横向刚度大、抗侧倾性能优异、抓地性能好、路感清晰。

缺点：制造成本高、悬架定位参数设定复杂。同时维修保养时的复杂程度高，在定位悬架及四轮定位时，参数也比较难以确定。

2. 非独立悬架

(1) 扭力梁式非独立悬架（瓦特连杆悬架）通过一个扭力梁来平衡左右车轮的上下跳动，以减小车辆的摇晃，保持车辆的平稳。

优点：承载力大、成本低、容易维修、占用空间小。

缺点：操控性和舒适性较差。

(2) 拖曳臂式悬架本身具有非独立悬架存在的缺点，但同时也兼有独立悬架的优点，拖曳臂式悬架的最大优点是左右两轮的空间较大，而且车身的外倾角没有变化。拖曳臂式悬架的舒适性和操控性均有限，当其刹车时除了车头较重会往下沉外，拖曳臂悬架的后轮也会往下沉平衡车身，无法提供精准的几何控制。

优点：结构简单实用、占用空间最小、成本低。

缺点：承载性能差、抗侧倾能力较弱、减震性能差、舒适性有限。

3.4.2 弹性运动学

运动弹性静力分析（kineto-elastostatic analysis，KES）也称准静态分析（quasistatic analysis），把机构作为一个运动着的弹性系统，研究把外力和刚体惯性力假想为静载荷情况下系统的变形，并在此基础上求出机构的位移、速度、加速度、应力、应变等运动学和动力学参数。

运动弹性动力分析（kineto- elastodynamic analysis，KED）把机构作为一个运动着的弹性系统，研究其在外力和刚体惯性力激励下的振动，并在此基础上求出机构的位移、速度、加速度、应力、应变等运动学和动力学参数。KED 研究的一个主要目的是在给定机构名义运动（即机构刚体运动）规律的前提下，确定机构的弹性运动响应。因此，在 KED 分析中均采用了机构弹性运动不影响机构名义运动的基本假设。由于忽略了弹性振动对大范围刚体运动的影响，KED 方法也是一种近似分析方法，它适合于运行速度不太高、柔度较小的机构弹性动力学建模，对高速运行的大柔度机构则会产生大的误差。

图 3-41 为汽车复杂独立悬架的弹性特性，单击进入子界面进行设置，如图 3-42 所示。

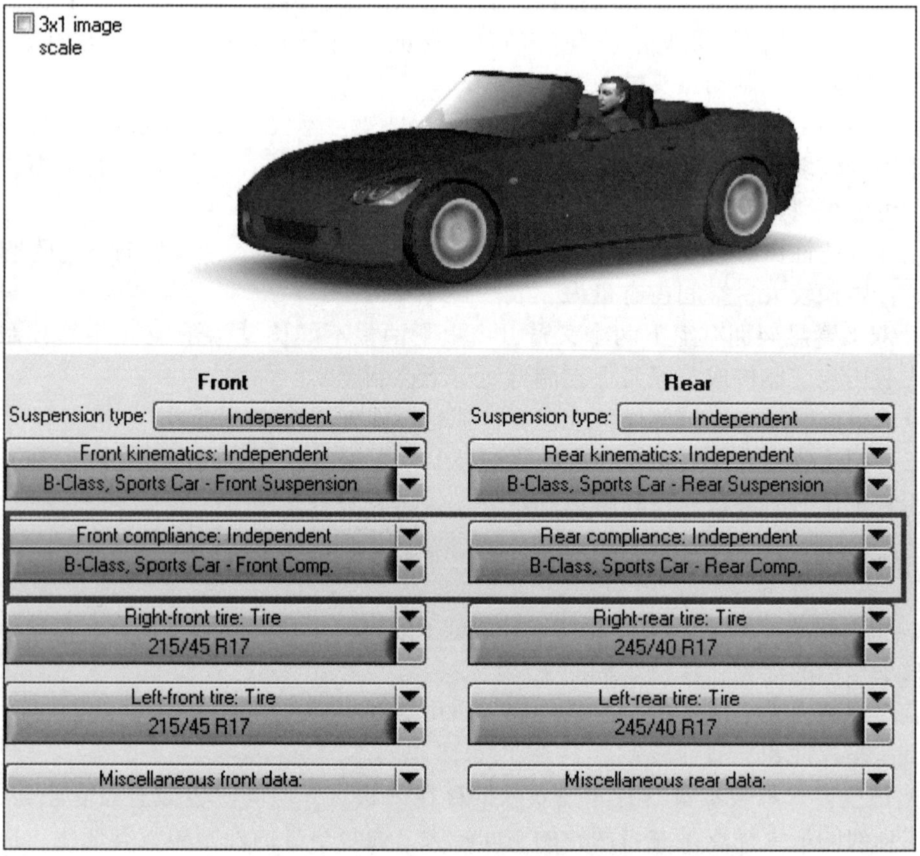

图 3-41　汽车复杂独立悬架的弹性特性

图 3-42 中，选项 1 表示左右弹簧刚度（N/mm），分为加载和卸载两种工况；2 表示的是左右外部弹簧的初始压力、上弹簧座调整量；3 表示的是左右减震器特性，即力随压缩速度的变化关系；4 表示的是上限位块力与其压缩位移的关系，和下限位块力与其压缩位移的关系；5 表示的分别是左右车轮单位轮跳引起的弹簧垂直高度的变化量，左右车轮单位轮跳引起的减震器垂直高度的变化量，左右车轮单位轮跳引起的上限位块垂直高度的变化量，左右车轮单位轮跳引起的下限位块垂直高度的变化量；6 表示的是横向稳定杆的刚度和除横拉

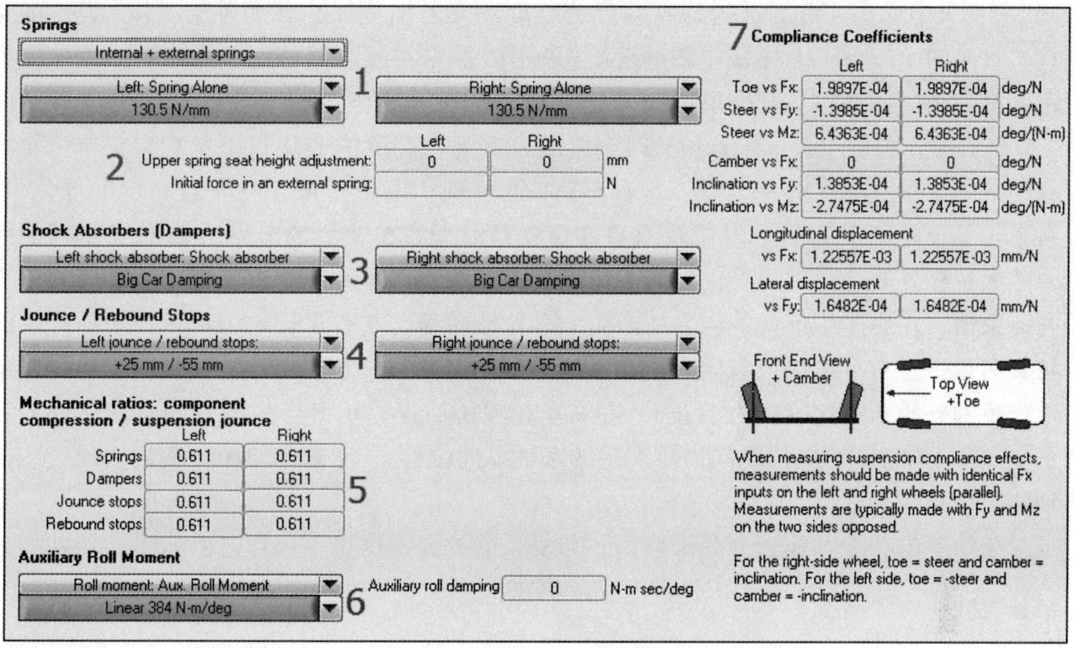

图 3-42 汽车复杂独立悬架的弹性特性子界面

杆外其他部件的辅助侧倾力矩阻尼；7 表示的是左右车轮单位纵向力所产生的前束角，左右车轮单位侧向力所产生的车轮转向角，左右车轮单位回正力矩所产生的车轮转向角，左右车轮单位纵向力所产生的外倾角变化（外倾为正），左右车轮单位侧向力所产生的外倾角变化（向右为正），左右车轮单位回正力矩所产生的外倾角变化（向右为正）。

汽车复杂非独立悬架的弹性运动学参数设置，如图 3-43 所示。

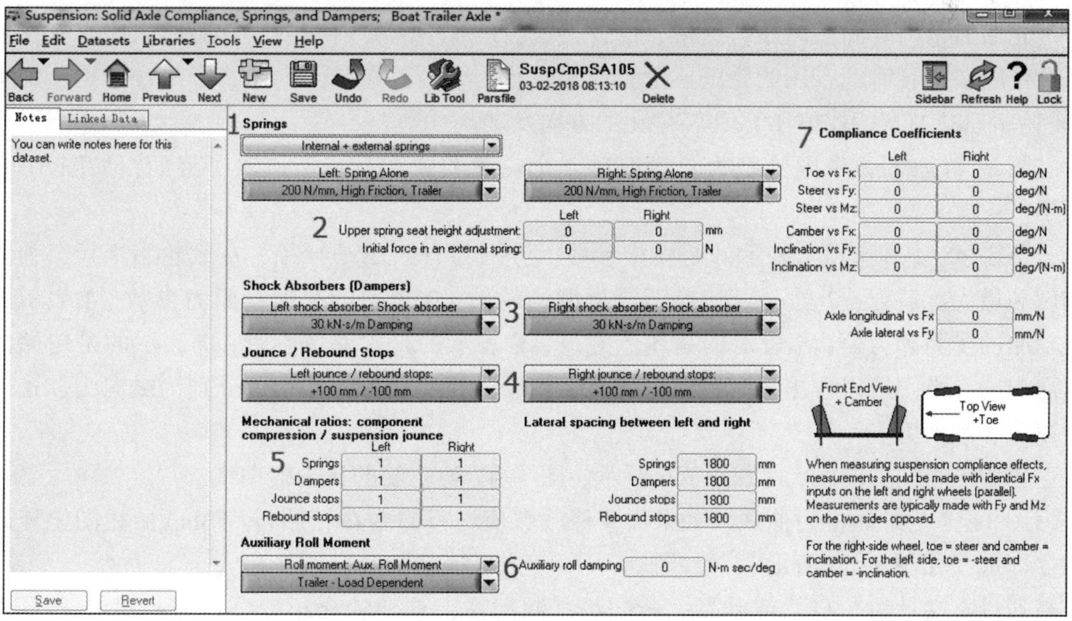

图 3-43 非独立悬架的弹性运动学参数设置

图 3-43 中，选项 1 表示的是左右弹簧刚度，分为加载和卸载两种工况；2 表示的是左右弹簧的初始压力、上弹簧座调整量；3 表示的是左右减震器特性，即力随压缩速度的变化关系；4 表示的是上限位块力与其压缩位移的关系，下限位块力与其压缩位移的关系；5 表示的分别是左右车轮单位轮跳引起的弹簧垂直高度的变化量，左右车轮单位轮跳引起的减震器垂直高度的变化量，左右车轮单位轮跳引起的上限位块垂直高度的变化量，左右车轮单位轮跳引起的下限位块垂直高度的变化量；6 表示的分别为横向稳定杆的刚度，除横拉杆外其他部件的辅助侧倾力矩阻尼；7 表示的分别是左右车轮单位纵向力所产生的前束角，左右车轮单位侧向力所产生的车轮转向角，左右车轮单位回正力矩所产生的车轮转向角，左右车轮单位纵向力所产生的外倾角变化（外倾为正），左右车轮单位侧向力所产生的外倾角变化（向右为正），左右车轮单位回正力矩所产生的外倾角变化（向右为正），以及左右车轮单位纵向力所产生的车轴纵向位移，左右车轮单位侧向力所产生的车轴侧向位移。

对于简单的独立和非独立悬架模型，与复杂的类似，这里不再作过多陈述。

3.4.3　轮胎

轮胎常在复杂和苛刻的条件下使用，它在行驶时承受着各种变形、负荷、力以及高低温作用，因此必须具有较高的承载性能、牵引性能、缓冲性能。同时，还要求具备高耐磨性和耐屈挠性，以及低的滚动阻力与生热性。

近年来，中国逐步发展成为世界轮胎工业生产大国，已建成各种规格齐全的完整工业体系。我国载重子午胎经过了高速、高载的考验，已达到世界先进水平；轿车子午胎已实现无内胎、宽断面、扁平化、高速化。紧跟国际潮流的安全、节能、环保轮胎也已稳步推向国际市场并获得认可。

轮胎通常由外胎、内胎、垫带 3 部分组成，也有不需要内胎的，其胎体内层有气密性好的橡胶层，且需配专用的轮辋。世界各国轮胎的结构，都向无内胎、子午线结构、扁平（轮胎断面高与宽的比值小）和轻量化的方向发展。

图 3-44 加粗方框内分别为车辆前后 4 个轮胎的模型，单击进入子界面，如图 3-45 所示。

图 3-45 中，选项 1 表示的是模型参数，分别为有效滚动半径、空载轮胎半径、弹簧刚度和最大承载力；2 处可以切换不同类型的轮胎；3 表示的是滚动阻力参数；4 表示的是轮胎的受力和力矩；5 表示的是轮胎宽度；6 表示的是轮胎的惯性；7 表示的是轮胎的迟滞损失。由图可以看出，车辆在行驶时，轮胎受到 3 种力的作用，分别为纵向力、正向力以及外倾推力。

轮胎的纵向力曲线，如图 3-46 所示。图 3-47 为轮胎的正力矩曲线。

图 3-48 为外倾推力曲线。如果需要修改数值，只需要在轮胎特性 Map 曲线图上修改数据即可，如图 3-49 所示。

通过上文针对车身、传动系、转向系、制动系、悬架的介绍，可以完成对 CarSim 仿真中的车辆尺寸等信息的设定，为实现整车的性能仿真奠定基础。

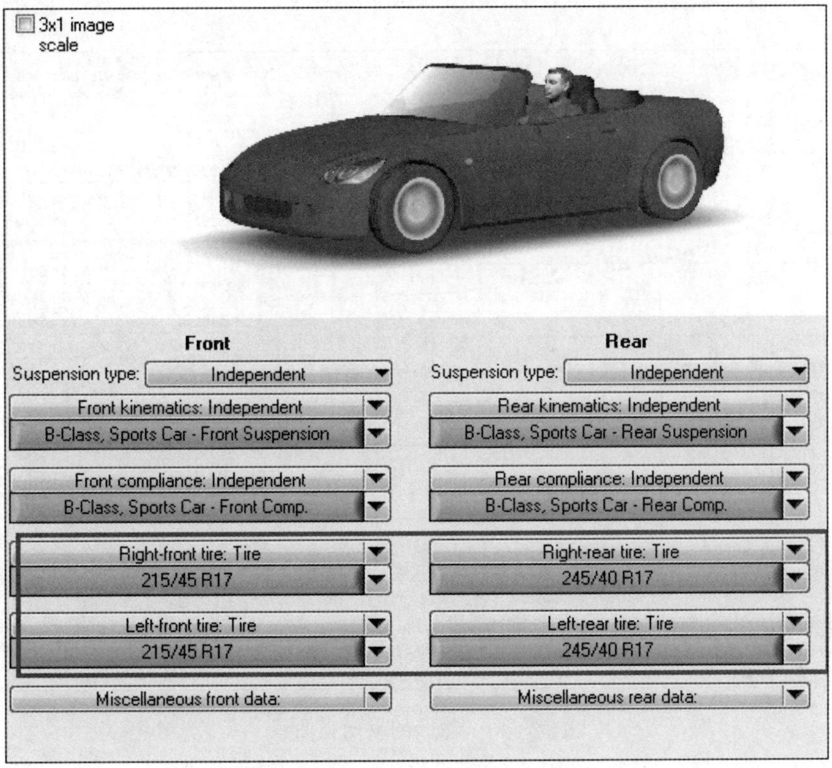

图 3-44 轮胎模型

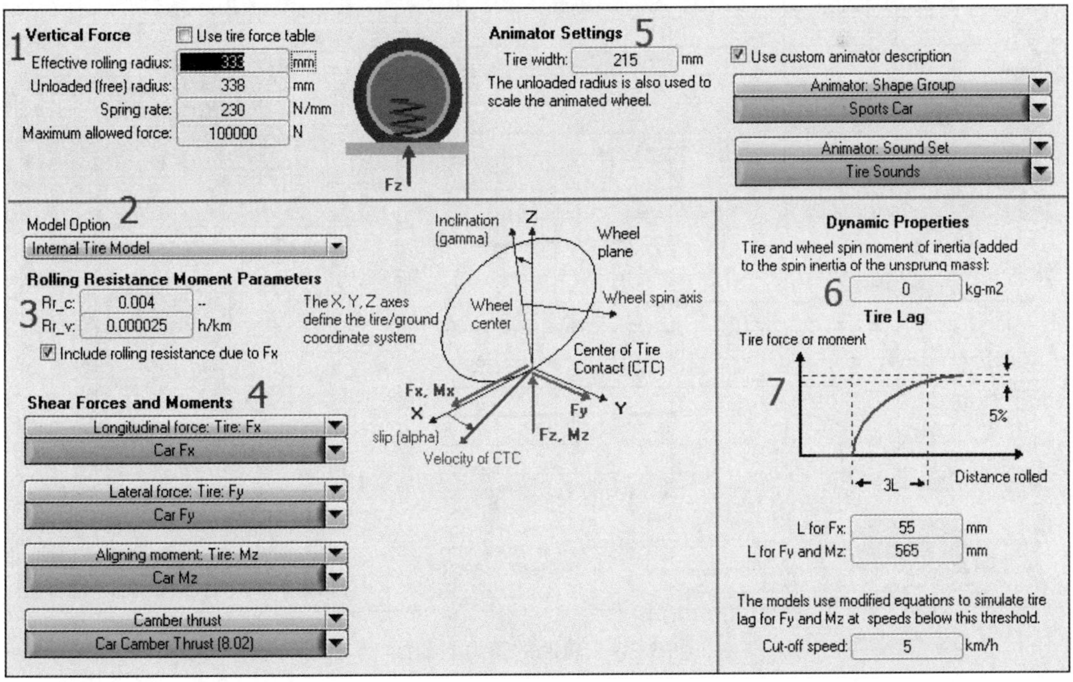

图 3-45 轮胎模型子界面

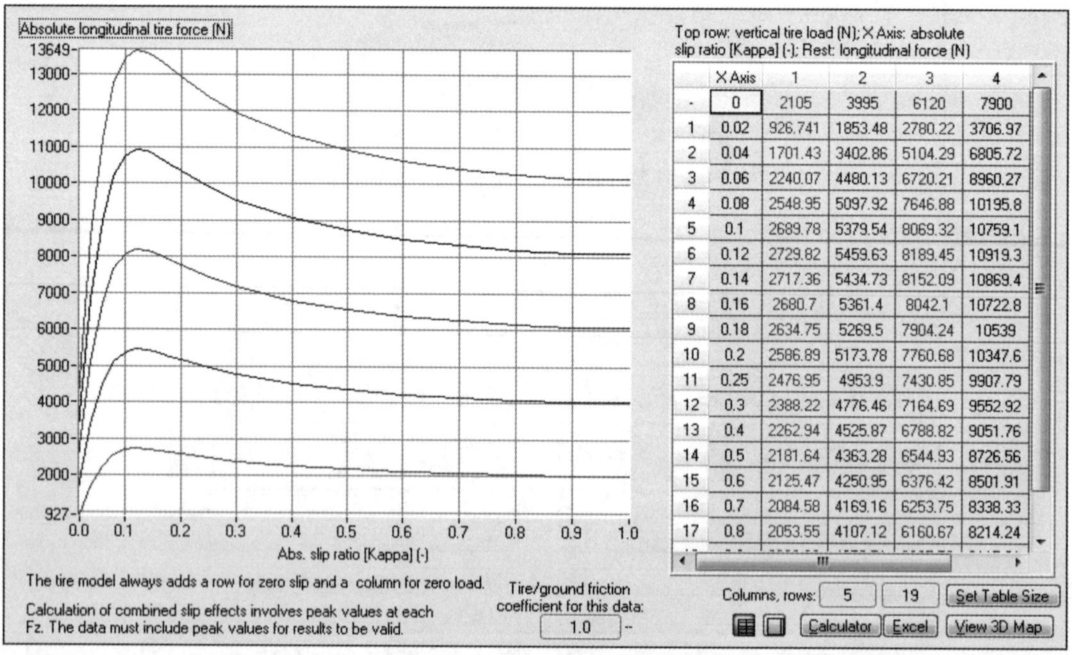

图 3-46　轮胎的纵向力曲线

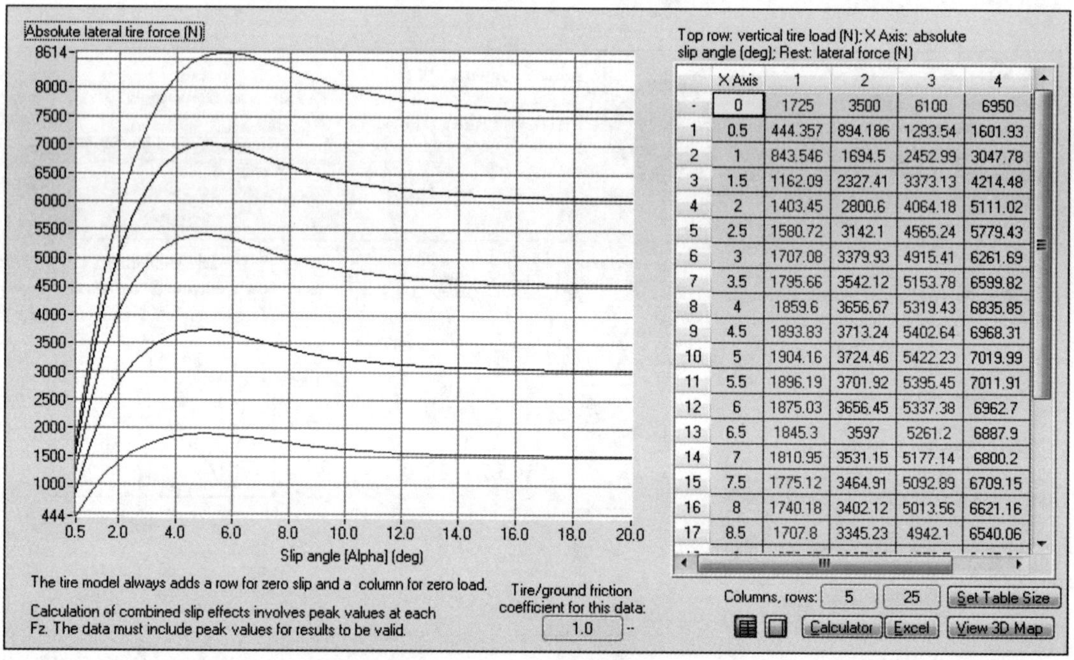

图 3-47　轮胎的正力矩曲线

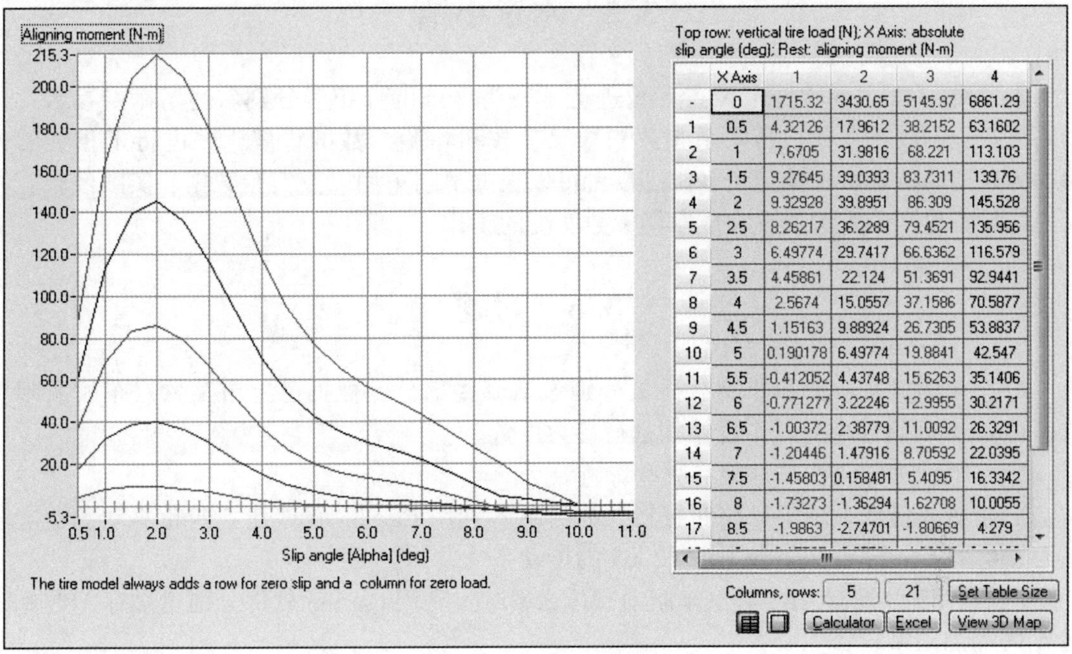

图 3-48 外倾推力曲线

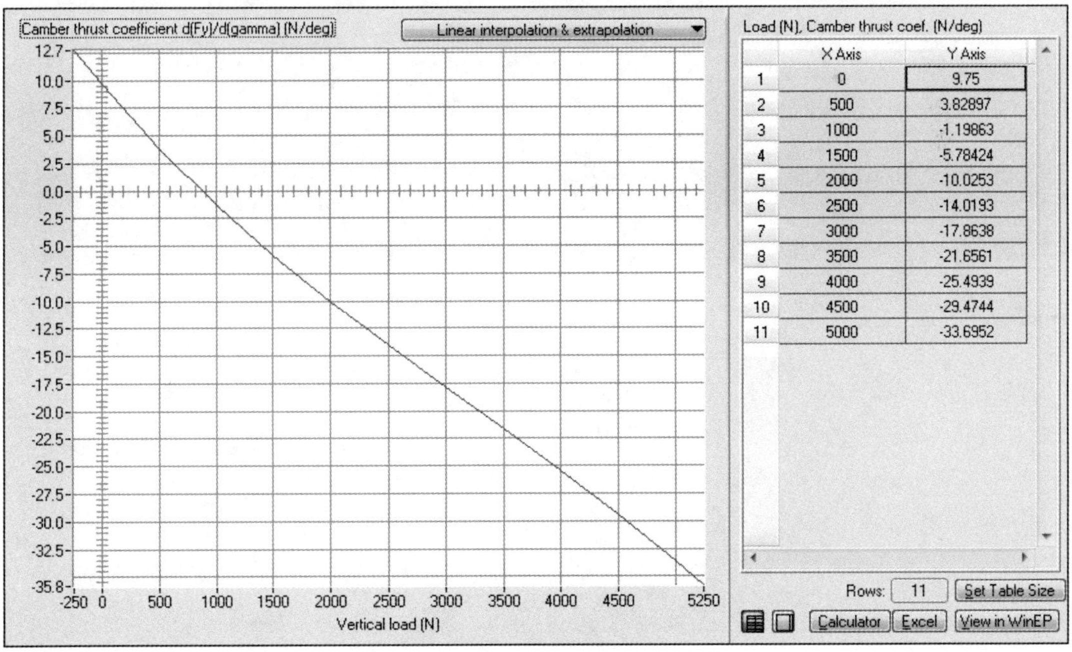

图 3-49 轮胎特性 Map 曲线

3.5　本章小结

本章对在 CarSim 软件中设置参数进行了较为详细的介绍。分别叙述了车身参数、传动系参数、制动系参数、转向系参数、悬架参数和轮胎参数的设置，并进行了相关的说明，为后述的仿真实验奠定了基础。读者可以根据不同车型以及实验数据、实践经验，在对应的设置界面录入参数，完成车辆参数匹配的工作。

3.6　习题

1. 汽车的簧载质量和非簧载质量分别包括哪些部分？根据已上市某款汽车的实际参数，在 CarSim 软件中对其车身结构进行参数设置。

2. 空气动力学对汽车性能有哪些影响？

3. 机械式传动系统常见的布置形式有哪些？利用 CarSim 软件建立四轮驱动、额定功率为 250kW、6 个挡位、传动比为 2.65 的传动系统。

4. 有 ABS 和没有 ABS 对汽车制动有什么影响？利用 CarSim 软件分别建立有 ABS 和没有 ABS 的制动系统。

5. 独立式悬架与非独立式悬架分别有哪些特点？

第 4 章　车辆操作与运行环境

车辆操作是对车辆的速度、制动、换挡、转向的控制。运行环境包括路面设置、风力设置、周围车辆设置等。

进入车辆操作界面，需要进行以下步骤：

首先，单击 CarSim 软件的首页测试详述的第二栏的第一个下拉菜单，选择 Procedures。Procedure 数据库集合包含模拟测试过程的信息，包括驾驶员控制、启动和停止条件、相关绘图描述以及可能与某种过程类型相关的其他信息，如图 4-1 所示。

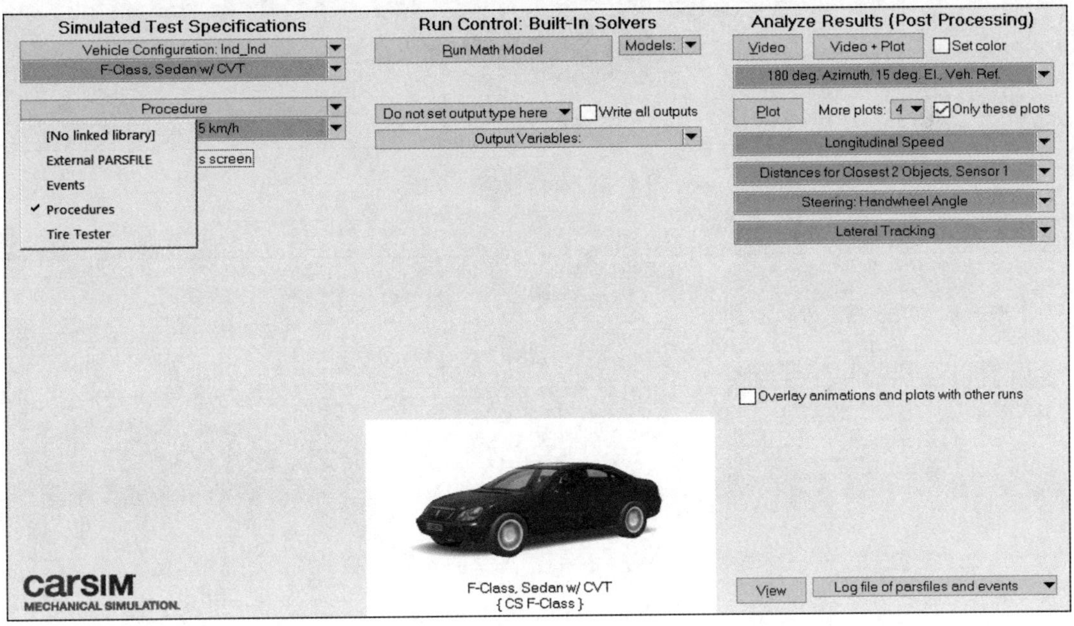

图 4-1　CarSim 软件的首页

然后，单击第二栏中的第二个下拉菜单，有 ADAS、ACC 等多种软件已有的库可供选择，根据自己的需求选择其中的某一项，也可以重新创建一个库，如图 4-2 所示。

最后，单击图 4-3 所示的加粗方框中的浅蓝色长条，进入车辆操作与运行环境。

车辆操作与运行环境页面如图 4-4 所示。

图 4-4 所示的页面集合了多种条件设置，例如驾驶员控制设置，驾驶员控制包括转向、制动、节气门、道路条件设置和用于定义测试的其他数据集。它可以提供所有信息，用于设置任何已存在车辆的运行。

单击图 4-4 “Driver Controls” 中的第一个下拉菜单，包含很多控制车速的选项，如果所选的选项暗示需要更多的信息，则还会显示黄色字段和蓝色链接，或只出现蓝色链接。如果为非恒定的目标速度选择闭环节气门控制，则会显示一个链接，用于链接库中与非恒

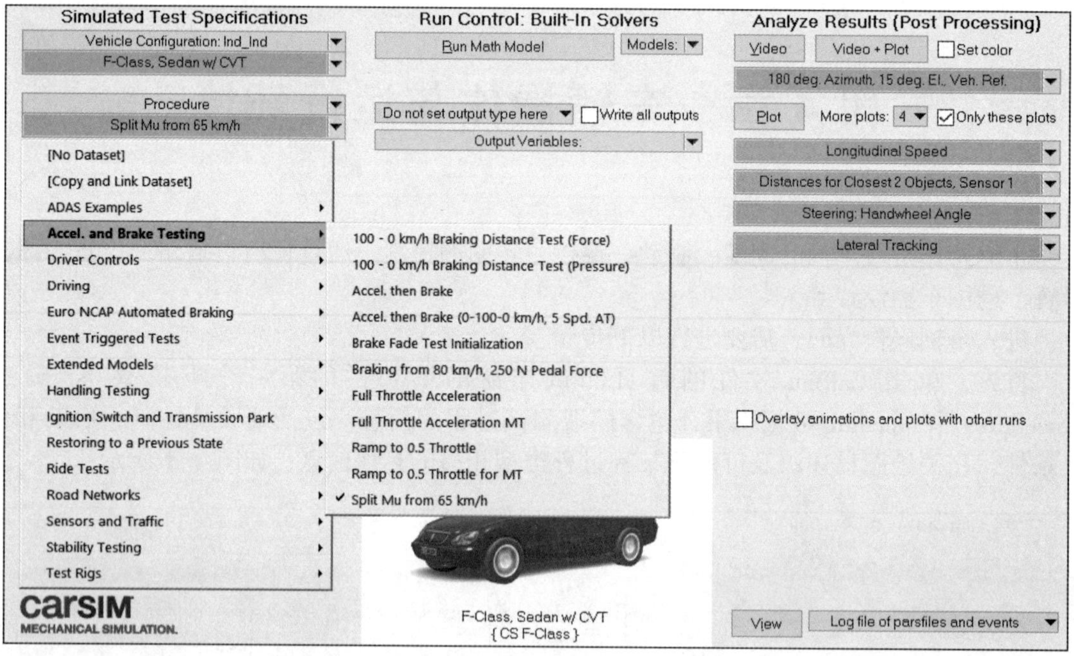

图 4-2　重新创建一个库

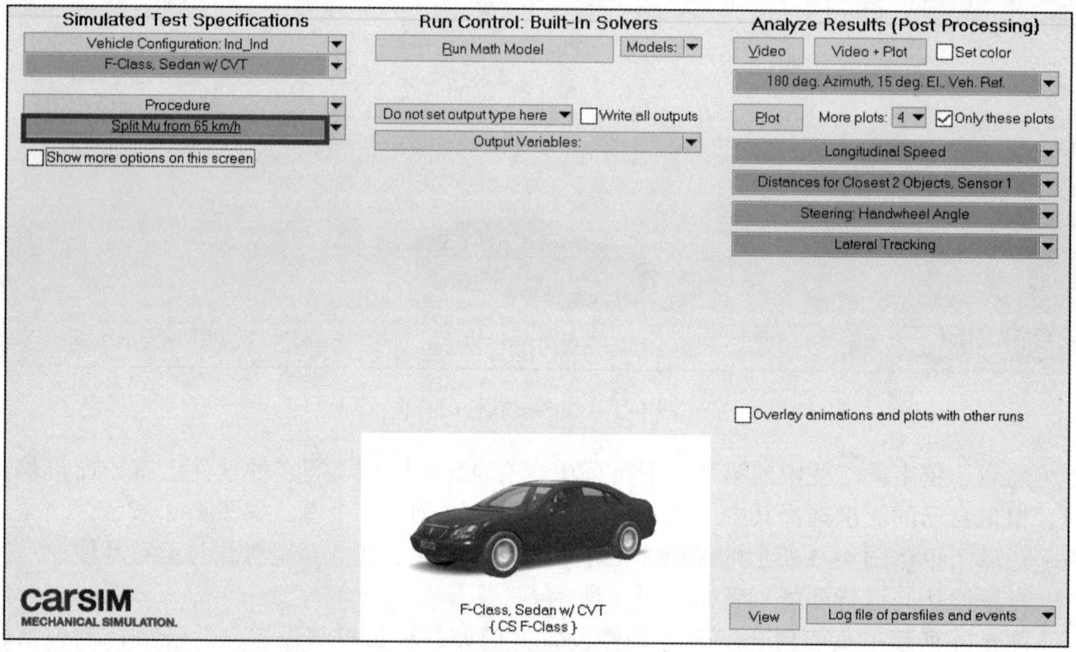

图 4-3　车辆操作与运行环境

定的目标速度闭环节气门控制关联的数据库。如果相关联的初始速度选择开环控制，则使用黄色字段设置初始速度，并显示连接到开环节气门控制的数据集的链接。如果选择了一个恒定的速度，则会显示一个黄色字段来指定该速度，如图 4-5 所示。

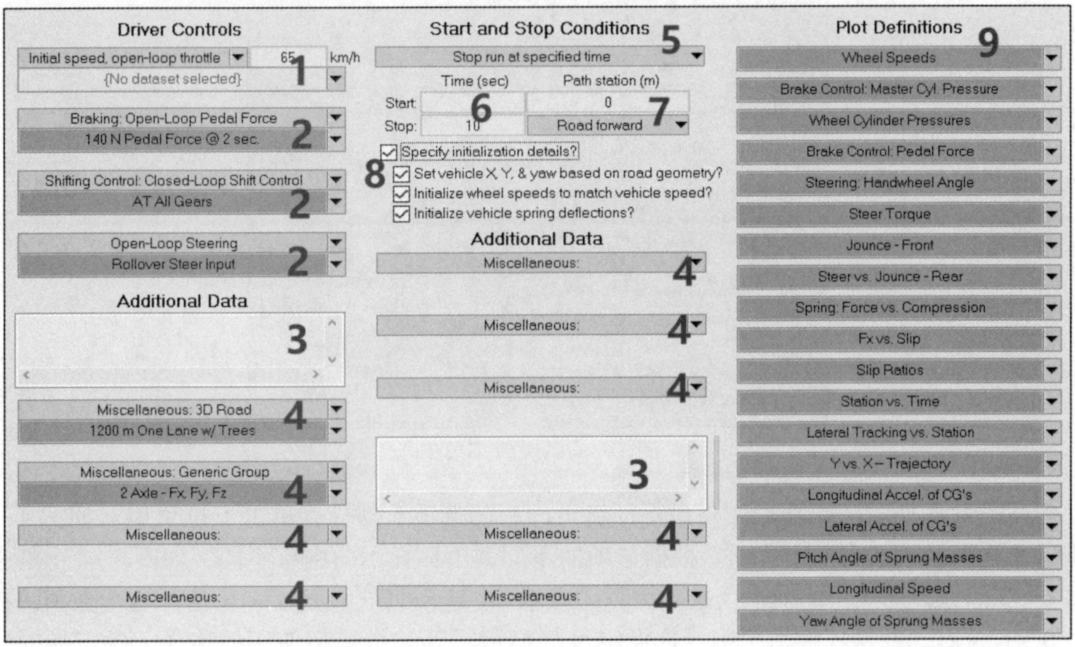

图 4-4　车辆操作与运行环境页面

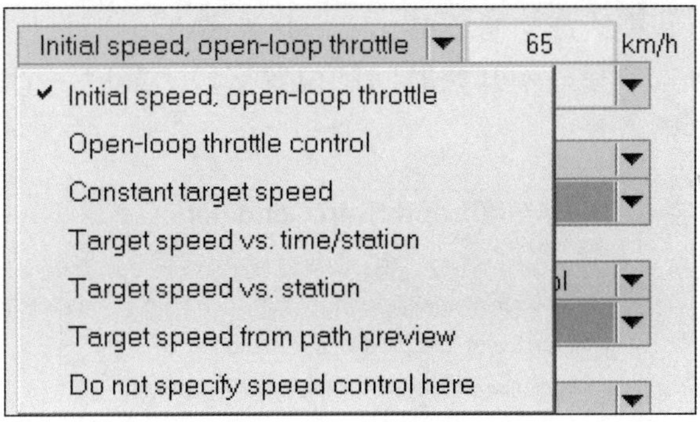

图 4-5　控制车速的选项

在图 4-4 所示的车辆操作与运行环境页面中的选项 2 部分，可以用来设置驾驶员控制部分的制动、换挡和转向，这些是激活各种驾驶员控制选项的数据集的链接。

在图 4-4 所示的车辆操作与运行环境页面中的选项 3 部分的“Additional Data”，指的是各种各样的数据字段，这些字段可以包含 VS 求解程序可以识别的任何文本。它们可以用于为模型中数百个参数中的任意一个参数分配新值。要查看参数名称，请转到 Run Control 界面，应使用右下角的 View 按钮查看电子表格或 Echo 文件。这两种文件都列出了参数及其描述。每行文本的格式应该包括一个参数名，随后是一个空格，最后是参数值或公式。有关详细信息，请阅读 VS 解决程序手册和 VS 命令手册。

在图 4-4 所示的车辆操作与运行环境页面中的选项 4 部分的这些链接，可以链接到许多 VS 浏览器库中的数据集，一些大众的链接是 VS 命令、事件、路况和额外的动画设置，例如图 4-6 显示轮胎受力的动画箭头。

图 4-6　行驶汽车模型

在图 4-4 所示的车辆操作与运行环境页面中的选项 5 部分，单击下拉菜单，如图 4-7 所示，这个列表共有 5 个选项。根据选项的不同，下面显示的内容不同，如图 4-4 中的选项 6、7 部分。列表中的前 3 个选项为系统参数 OPT_SSTOP 设置了一个值，这个数值可以是 0、1 或-1。在这 3 种情况中，数据字段都显示了驾驶员模型使用的路径上的起始时间（如选项 6 部分）和起始位置（如选项 7 部分）。车辆相对于路径的行驶方向，可以通过使用下拉控件直接设置来确定，也可以通过比较起始和终止位置的数值来确定。第 4 个和第 5 个选项没有指定停止模式或初始方向，它们是为高级用户设计的，高级用户将在其他地方设置参数。第 4 个选项只显示开始时间和位置字段。最后一个选项隐藏了相关设置，对车辆操作模拟没有影响。

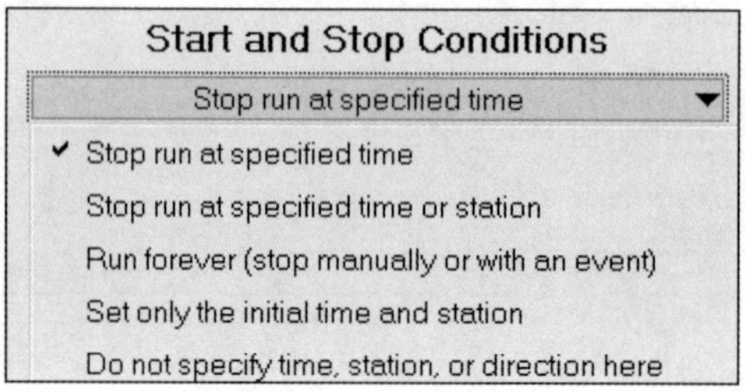

图 4-7　开始和停止

在图 4-4 所示的车辆操作与运行环境页面中的选项 6 部分，是用来设置开始和停止的时间数值。当运行开始时，时间设置为此处指定的数值，通常设置为 0，但也可以根据需求设置其他数值。（注：一些实时系统要求启动的时间始终为 0，如果正在运行这些实时系统中的一个，开始的时间将被忽略）。如果选择 Run forever，设置停止时间的字段是隐藏的，并且自动编写一个 TSTOP 为-1 来支持外部程序，例如 Simulink，使用负值表示仿真应该运行到某个自定义条件停止为止。如果选择 “Set only the initial time and station” 或 “Do not specify time，station，or direction here”，则停止时间字段将被隐藏，并且没有使用关键字 TSTOP 将任何内容写入 parsfile 中（注：运行将在几种条件下停止，包括事件或 VS 命令指定的用户定义条件）。

在图 4-4 所示的车辆操作与运行环境页面中的选项 7 部分，是设置车辆在参考路径上的初始位置和方向。

在图 4-4 所示的车辆操作与运行环境页面中的选项 8 部分，选中“Specify initialization details”，允许高级用户指定一些初始化选项。如果没有选中，将使用 VS 求解器中车辆数学模型的默认初始化条件。

在图 4-4 所示的车辆操作与运行环境页面中的选项 9 部分，用来设置绘制结果曲线。

4.1 驾驶员控制

CarSim 和 Trucksim 为驾驶员提供了所有的控制，如转向、制动、节气门、齿轮变换、离合器控制等。每种控制可以是闭环的，也可以是开环的。对应于驾驶员控制来说，车辆仿真模型应该提供真实的车辆仿真。但是该模型并不是理想型的，如带有心理、策略、路径规划等的驾驶员是仿真不出来的。闭环控制器通常用来模仿典型的驾驶员行为，该行为是在合适的转向、节气门、制动、换挡和可能的离合控制下，车辆以给定的速度遵循某条路线行驶。

4.1.1 速度设置

以汽车最高车速计算为例：车辆最高车速是由车辆功率平衡方程确定的。各挡额定车速计算公式如下所示：

$$V_i = 0.377\frac{n_b r_k}{i_g i_0} \tag{4-1}$$

式中，n_b 为发动机最高转速；r_k 为车轮滚动半径；V_i 为发动机最高转速 n_b 对应的车速；i_g 为变速箱各挡速比；i_0 为后桥主减速比。

汽车各挡牵引力为：

$$F_{ti} = \frac{T_{ti} i_g i_0}{r_k}\eta_t \tag{4-2}$$

式中，T_{ti} 为对应不同车速下的发动机输出扭矩；η_t 为传动效率。

空气阻力：

$$F_w = \frac{C_D A V_a^2}{21.15} \tag{4-3}$$

式中，F_w 为空气阻力；C_D 为空气阻力系数；A 为汽车迎风面积。

汽车滚动阻力：

$$F_f = G_a f \tag{4-4}$$

式中，F_f 为空气阻力；G_a 为满载或空载汽车总重；f 为滚动阻力系数。

汽车的行驶阻力之和：

$$F_r = F_f + F_w \tag{4-5}$$

根据最高挡驱动力与行驶阻力平衡方程，求解 V_a：

$$F_{t.\,\mathrm{highest}}(V_a) = F_r(V_a) \tag{4-6}$$

式中，求解 V_a 时需要舍去 V_a 的负值或非实数和超过额定车速的值，若还有剩余值，则选择其中最大的一个作为最高车速，否则以最高挡额定车速 V_a 作为最高车速 $V_{\max}$。

1. 初速度、开环节气门

在“Driver Controls”的选项 1 处，单击下拉菜单，选择初速度、开环节气门。初速度可以根据使用者的需求进行设置，如图 4-8 所示。

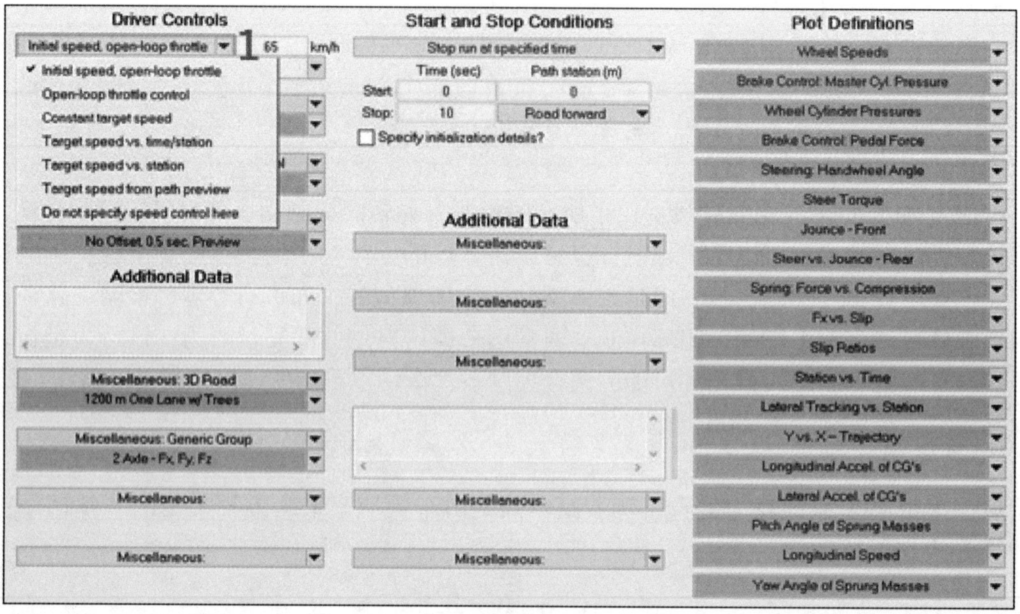

图 4-8　初速度、开环节气门

单击选项 2 处的下拉菜单，主要包括无开环节气门开度、常量加速度、变量加速度选项，根据行车速度变化的要求选择适当的选项即可，如图 4-9 所示。

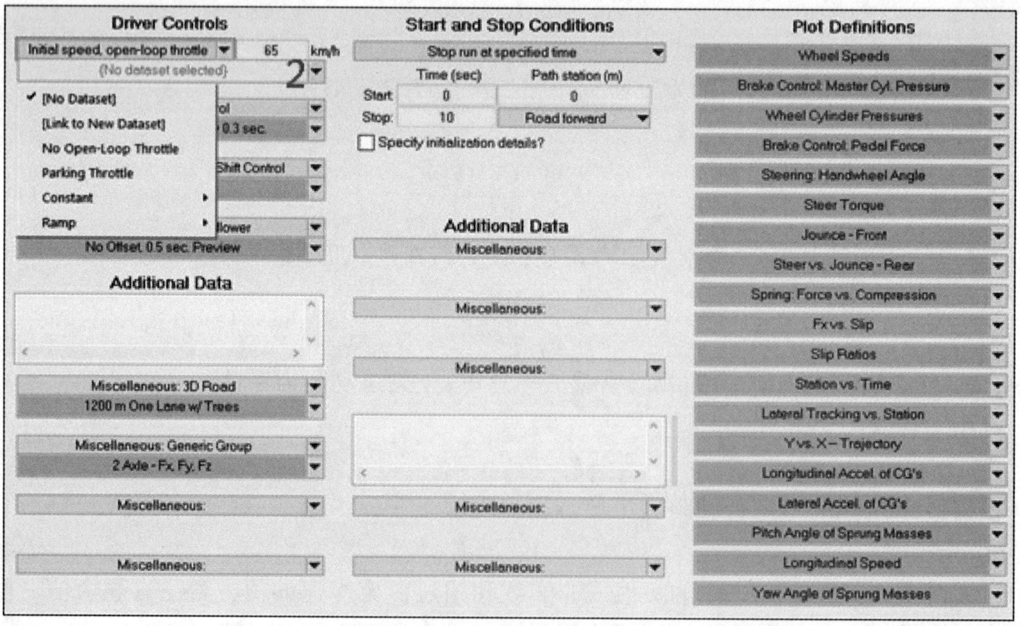

图 4-9　速度加速度选项

以变量加速度为例，选择 Ramp 中的“Ramp to 0.1 in 5 sec”选项，如图 4-10 所示。

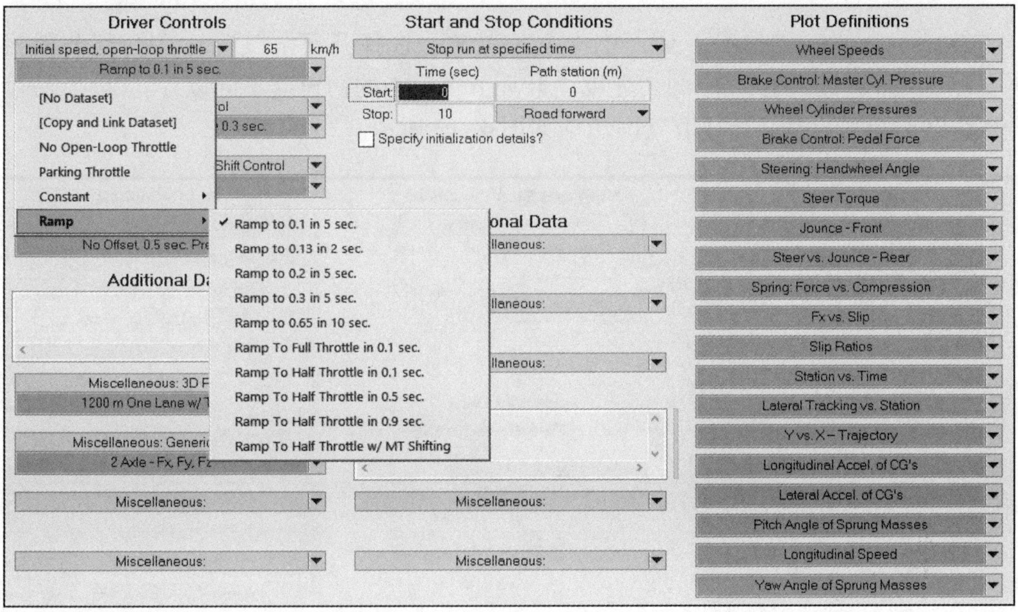

图 4-10 变量加速度选项

单击 Ramp to 0.1 in 5 sec 菜单栏，进入变量加速度设置，如图 4-11 所示。图中左侧方框内是曲线图，横坐标是时间，纵坐标是节气门开度。右侧方框内是表格，表格的行数可以进行增减，数值可以根据需求进行填写。曲线图是通过表格数据进行绘制的。图 4-11 表示的具体含义是：在 0s 时，节气门开度为 0；当时间为 5s 时，节气门开度为 10%；在 5s 以后，节气门开度一直保持在 10%。

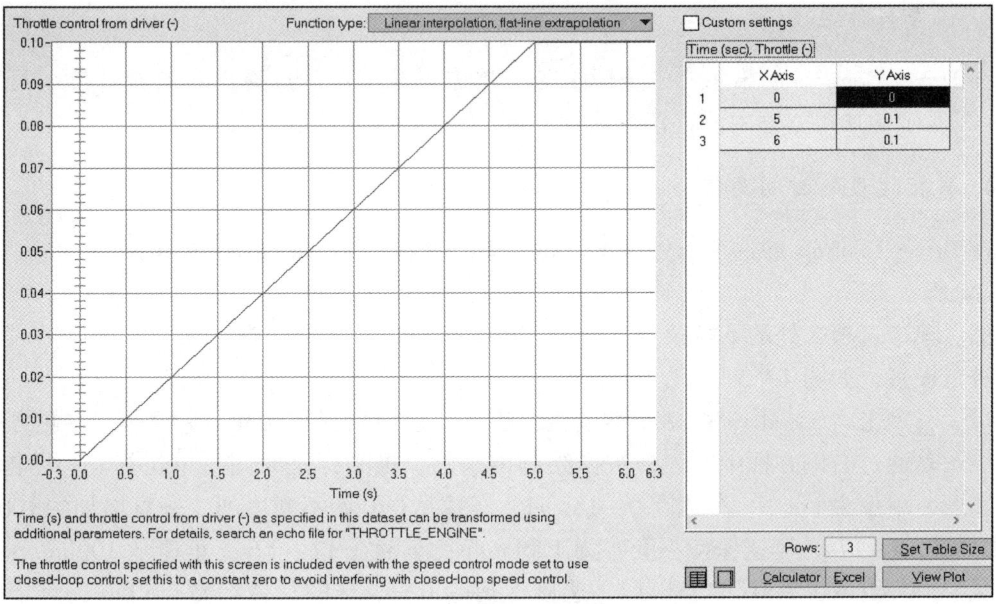

图 4-11 变量加速度设置

2. 开环节气门

在 Driver Controls 的选项 1 处，单击下拉菜单，选择开环节气门。在开环节气门中，初速度为 0，除了与上述 1. 中的初速度、开环节气门中的初速度不同以外，其余设置均相同，在这里不详细介绍。开环节气门选项如图 4-12 所示。

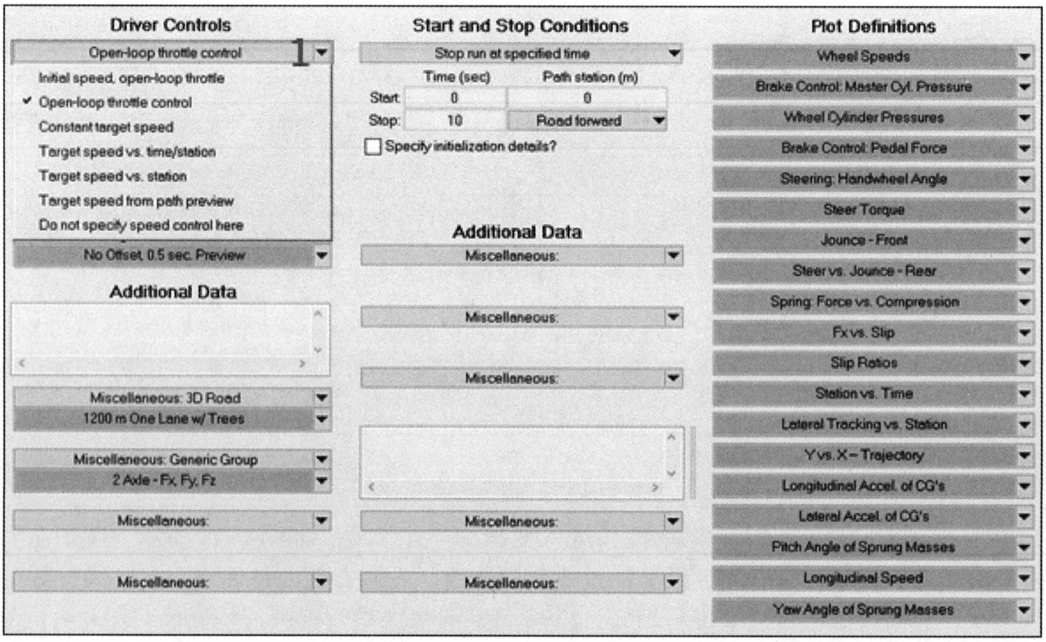

图 4-12　开环节气门选项

3. 恒定目标速度

在 Driver Controls 的第一栏中选项 1 处，单击下拉菜单，选择恒定目标速度。可以在图 4-13 所示的加粗方框中设置任意速度。

4. 目标速度随时间变化

在 Driver Controls 的选项 1 处单击下拉菜单，选择“Target speed vs. Time/Station”，如图 4-14 所示。

然后单击选项 2 处的下拉菜单，选择“Speed vs Time”中任意一项，对速度随时间的变化进行设置，如图 4-15 所示。

最后，单击“Speed vs Time”菜单栏，进入速度设置，如图 4-16 所示，左侧方框中的曲线图是通过右侧方框中的表格数据绘制出来的，横坐标是时间，单位为 s，纵坐标是目标速度，单位为 km/h。车辆在 0～15s 时，车速从 0 开始不断增加，一直增加到 100km/h；车辆在 15～17s，车速保持不变，为 100km/h；车辆在 17～27s，车速从 100km/h 开始不断减少，一直减少到 0；27s 以后，速度保持为 0。表格的行数与数据可以任意增加与修改。

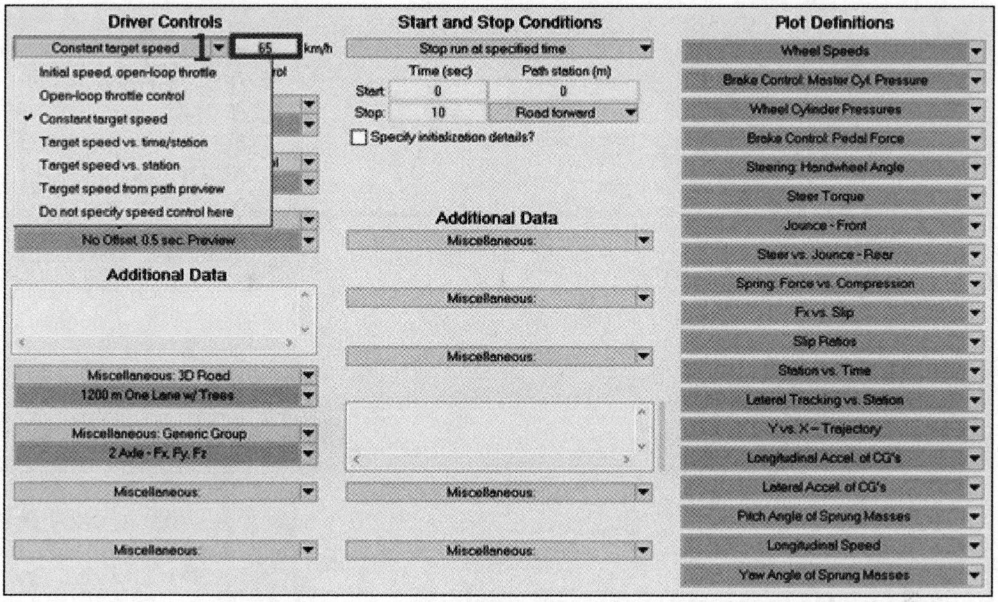

图 4-13　恒定目标速度选项

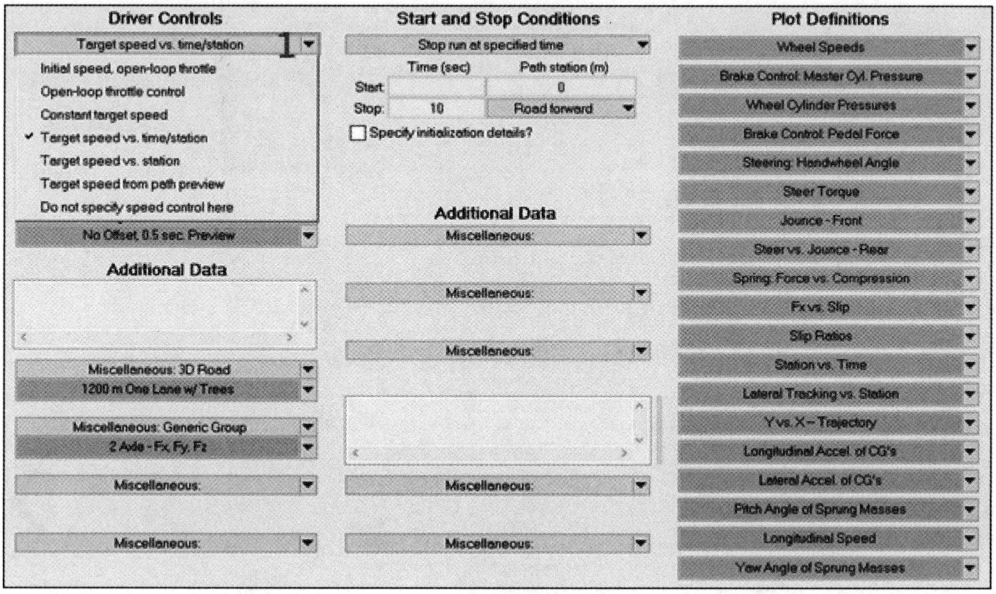

图 4-14　目标速度随时间变化

5. 速度随位置变化

在 Driver Controls 的选项 1 处，单击下拉菜单，选择“Target speed vs. Station”，如图 4-17 所示。

然后，单击选项 2 处的下拉菜单，选择其中任意一项，对速度随位置的变化进行设置，如图 4-18 所示。

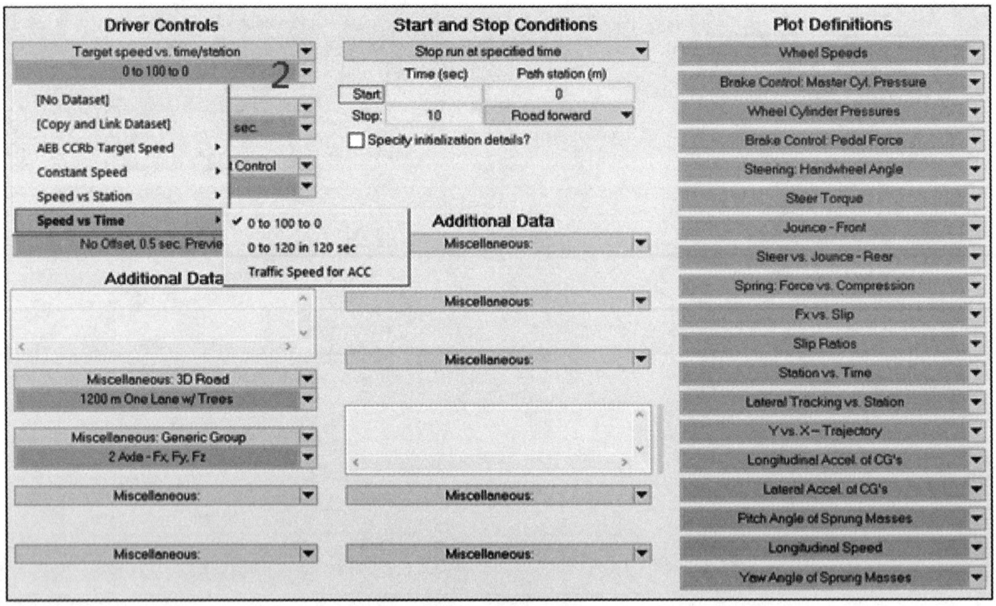

图 4-15　速度随时间变化的设置

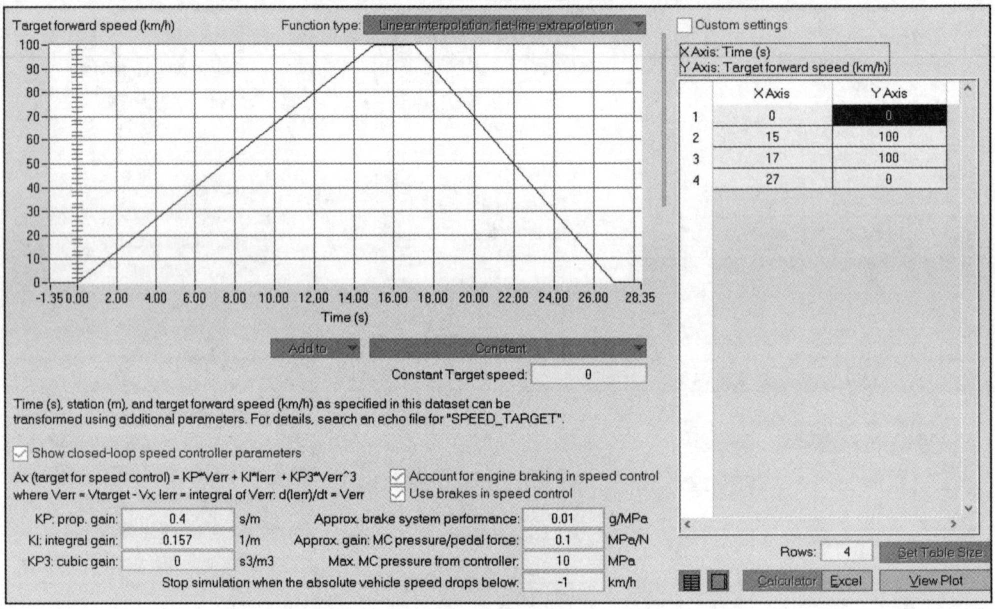

图 4-16　速度设置

最后，单击选项 2 下拉菜单对应的菜单栏，进入速度设置，如图 4-19 所示，左侧方框中的曲线图是通过右侧方框中的表格数据绘制出来的。横坐标是位置，单位为 m，纵坐标是速度，单位为 km/h。当车辆所在位置为 0 时，车辆的速度为 125km/h；当车辆所在位置为 50 时，车辆的速度为 100km/h；当车辆所在位置在 520 以后时，车辆的速度一直保持为 125km/h。图中右侧表格的行数与数据可以根据需要增加与修改。

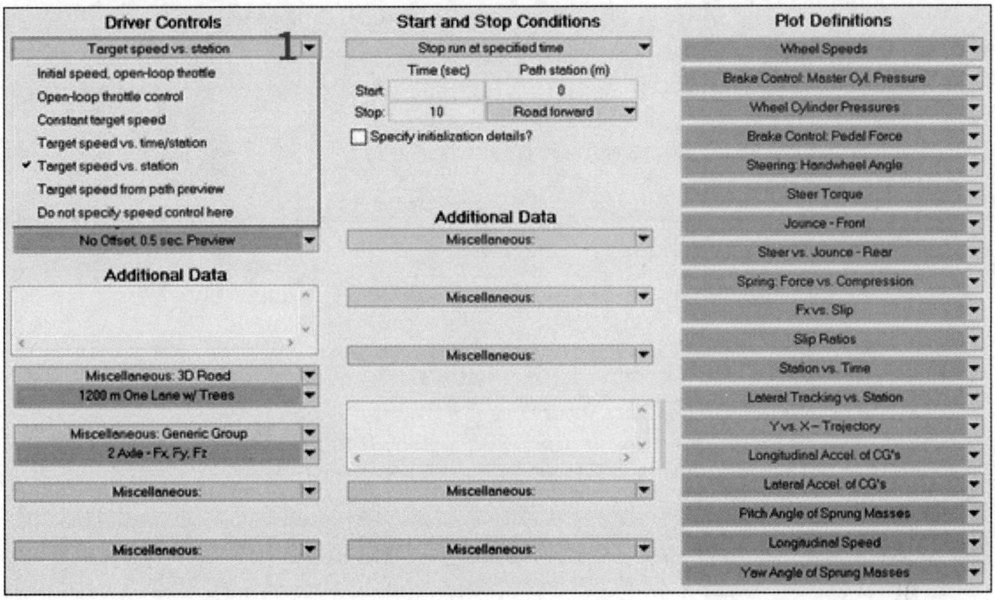

图 4-17　速度随位置变化菜单

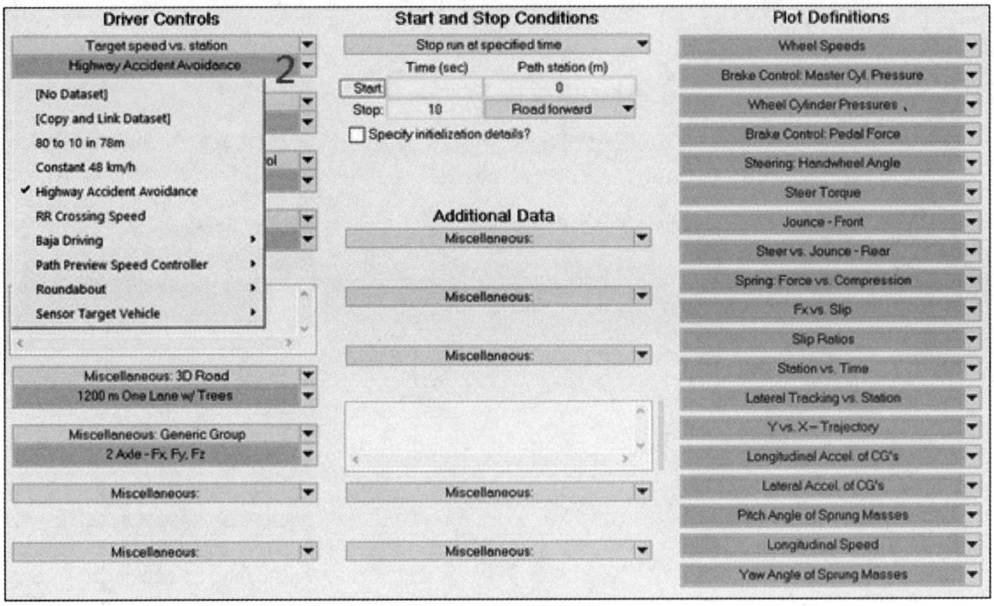

图 4-18　设置速度随位置的变化

6. 路径预览的目标速度

在 Driver Controls 的选项 1 处，单击下拉菜单，选择“Target speed from path preview”，如图 4-20 所示。

然后，单击选项 2 处下拉菜单，选择其中任意一项进行设置，如图 4-21 所示。单击

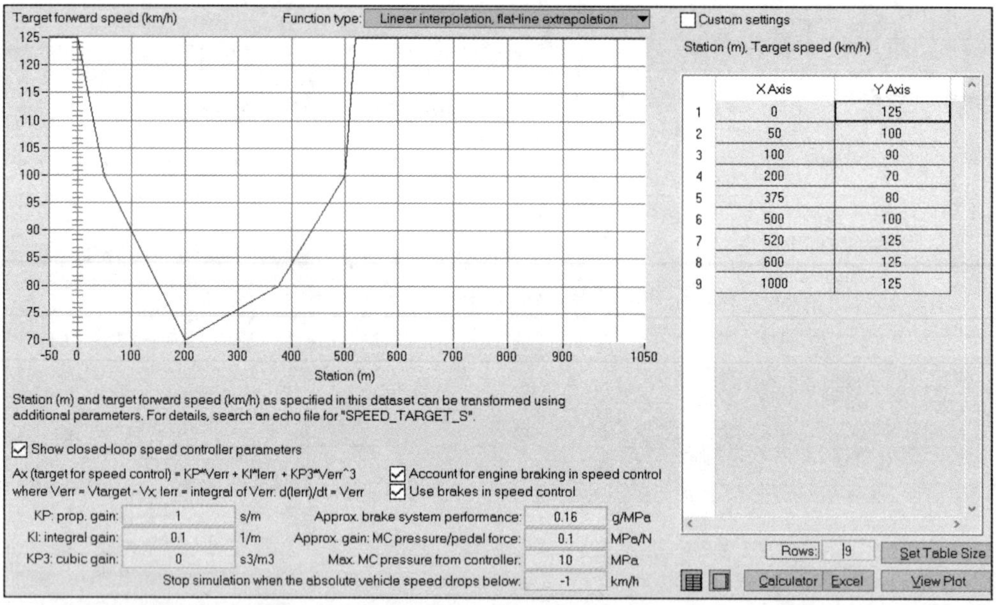

	X Axis	Y Axis
1	0	125
2	50	100
3	100	90
4	200	70
5	375	80
6	500	100
7	520	125
8	600	125
9	1000	125

图 4-19　速度设置界面

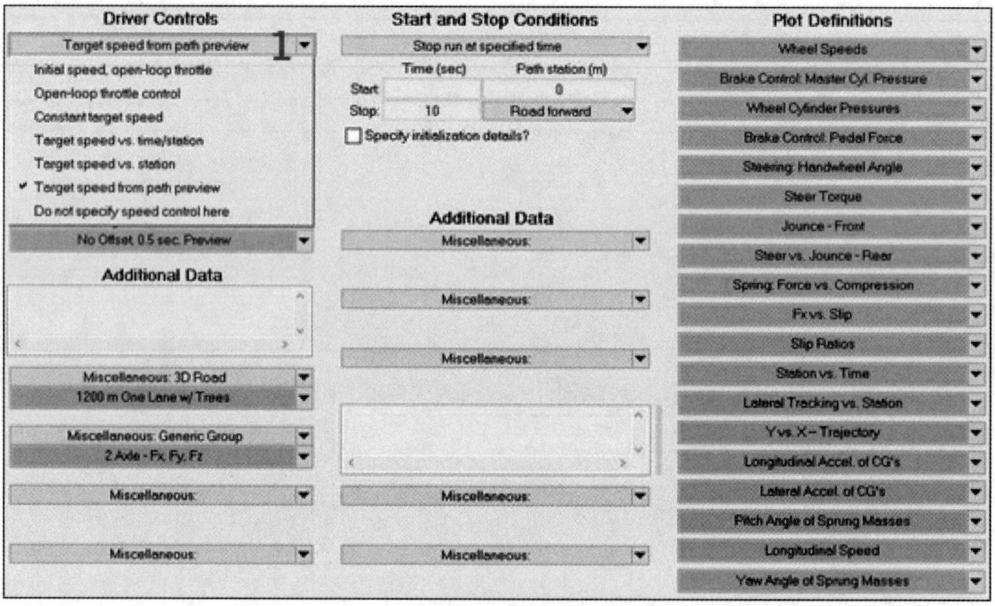

图 4-20　路径预览的目标速度

序号 2 下拉菜单对应的菜单栏，进入设置页面，如图 4-22(a) 所示。左侧可以设置节气门、制动、左轮与右轮的最大加速度数值；右侧可以设置路径预览的长度，中间部分的二维图是根据目标车速调节纵向加速度和侧向加速度得到的实际加速度。单击图右侧 Upper Speed Limit 下的 Baja Speedlimits 蓝色长条，进入设置目标速度页面。图 4-22(b) 左侧方框中的曲线图，是通过右侧方框中的表格数据绘制出来的。当车辆所在位置为 0 时，车辆的速度为 100km/h；当车辆所在位置为 330 时，车辆的速度为 70km/h；当车辆所在位置在 373.1 以后时，车辆的速度一直为 125km/h。

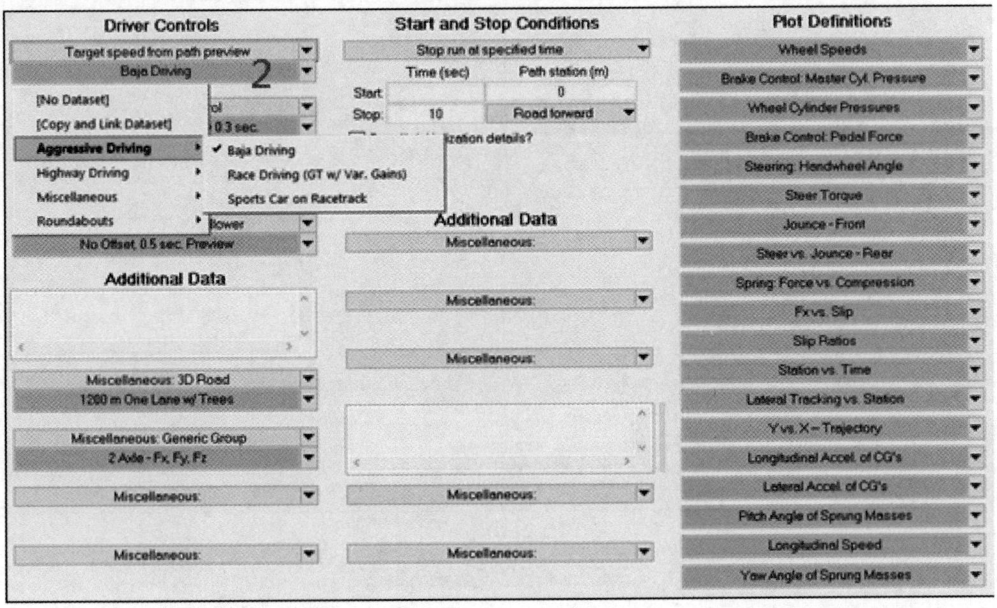

图 4-21 路径预览的目标速度设置

4.1.2 制动控制

在轮胎周缘为了克服制动器摩擦力矩所需的力称为制动器制动力，以符号 F_μ 表示。它相当于把汽车架离地面，并踩住制动踏板，在轮胎周缘沿切线方向推动车轮直至它能转动所需的力，如公式（4-7）所示。

$$F_\mu = \frac{T_\mu}{r} \tag{4-7}$$

式中，T_μ 为制动器的摩擦力矩。由公式（4-7）可知，制动器制动力仅由制动器结构参数所决定，即取决于制动器的形式、结构尺寸、制动器摩擦副的摩擦因数以及车轮半径，并与制动踏板力，即制动系的液压或空气压力成正比。

1. 制动踏板力控制

在 Driver Controls 的选项 3 处，单击下拉菜单，选择开环的制动踏板力，如图 4-23 所示。

然后单击选项 4 处的下拉菜单，选择任意一项，如图 4-24 所示。

以菜单“140 N Pedal Force@2 sec”为例，双击该菜单栏，进行踏板力设置。如图 4-25 所示，左侧方框中曲线图是通过右侧方框中的表格数据绘制出来的。横坐标是时间，纵坐标是踏板力（单位 N）。从图中可以看出，0～1.99s 的时间内，制动踏板力一直为 0MPa；1.99～2.0s 的时间内，制动踏板力从 0MPa 增加到 140MPa；2.0s 以后，制动踏板力一直保持为 140MPa。图 4-25 表格的行数与数据可以根据需要增加与修改。

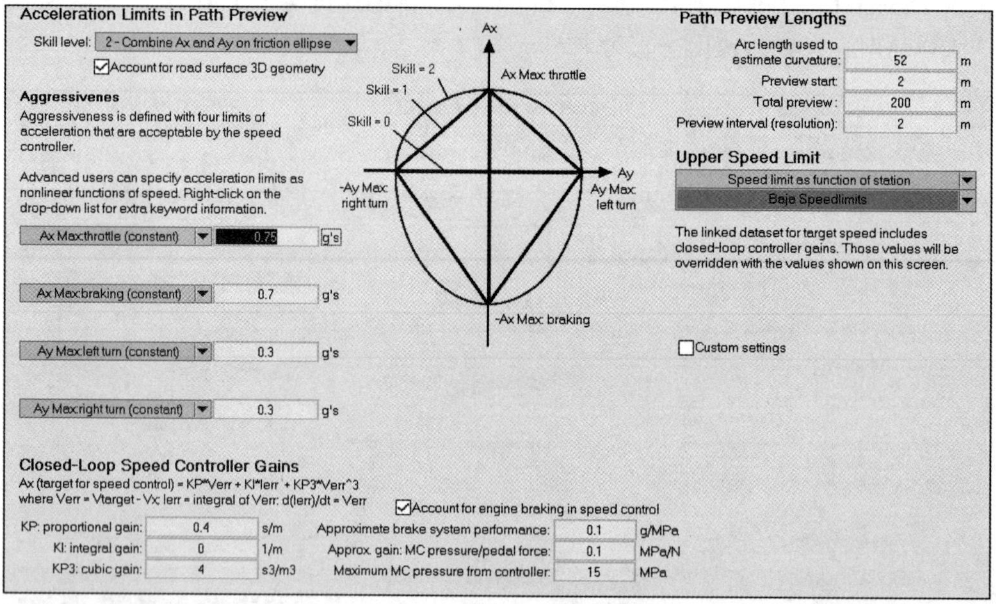

(a)

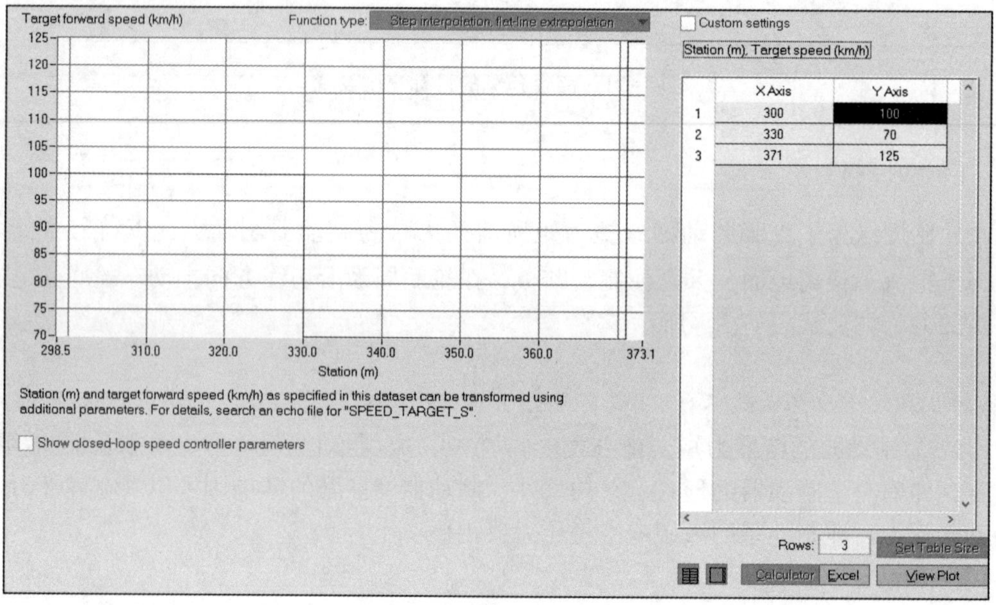

(b)

图 4-22　参数设置界面

2. 主缸制动控制

在 Driver Controls 的选项 3 处，单击下拉菜单，选择开环的主缸制动，如图 4-26 所示。

然后，单击选项 4 处的下拉菜单，如图 4-27 所示，主要包括有无开环制动压力、常量制动压力、变量制动压力等菜单，根据试验要求可以选择其中的任何一项。

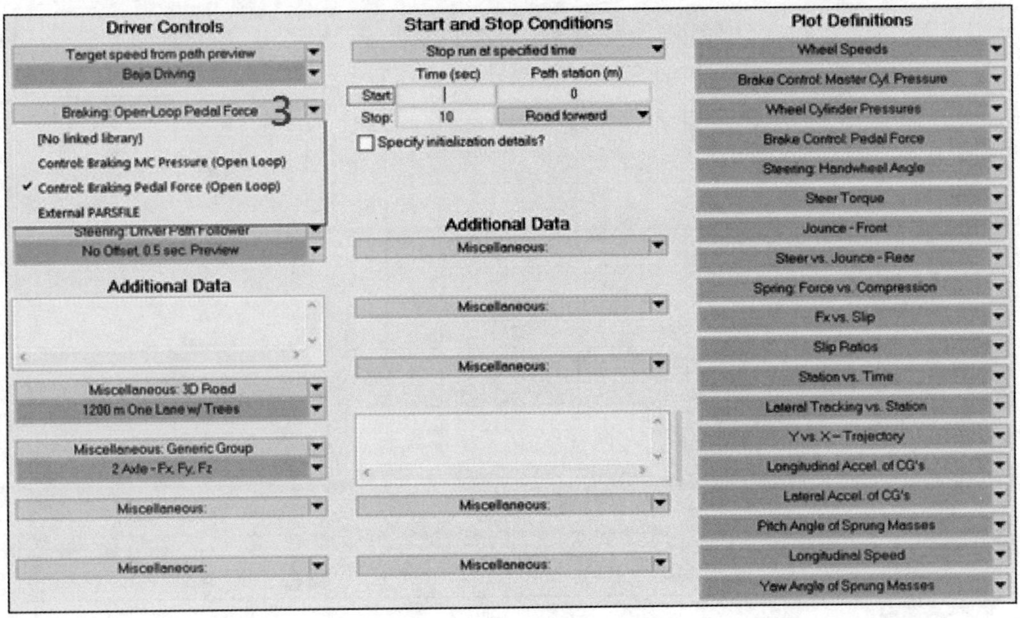

图 4-23　制动控制

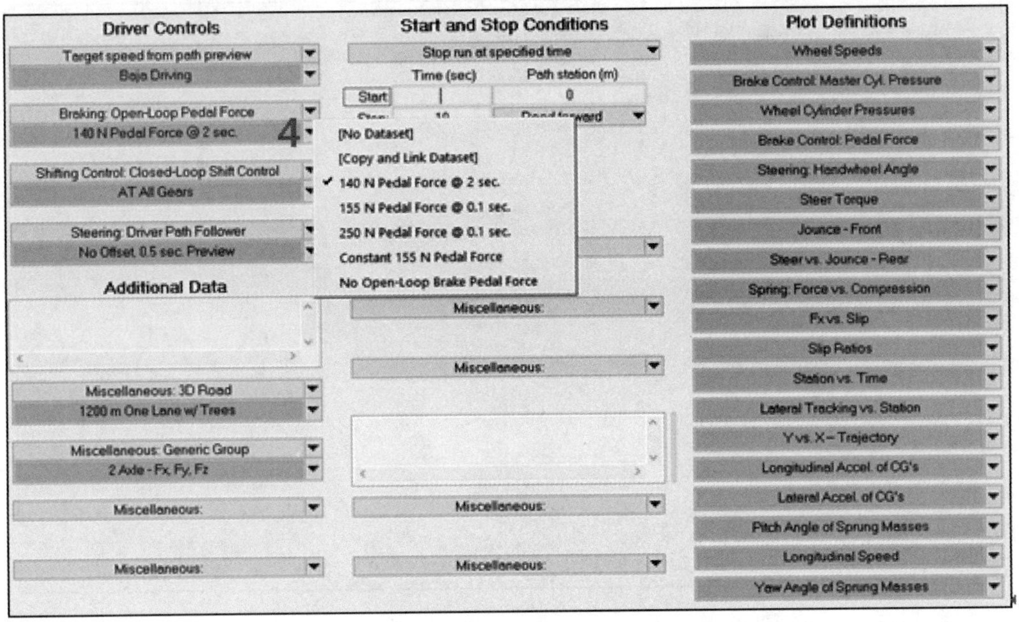

图 4-24　任一选项

最后，单击图 4-27 选项 4 处的菜单栏，进入主缸压力设置，如图 4-28 所示，左侧方框中的曲线图是通过右侧方框中的表格数据绘制出来的。横坐标是时间（单位为 s），纵坐标是主缸压力（单位为 MPa）。从图中可以看出，0～2s 的时间内，主缸压力保持为 0MPa；2～3s 的时间内，制动缸压力从 0MPa 增加到 4MPa；3.0s 以后，制动缸压力保持为 4MPa。图 4-28 中表格的行数与数据，可以根据需要增加与修改。

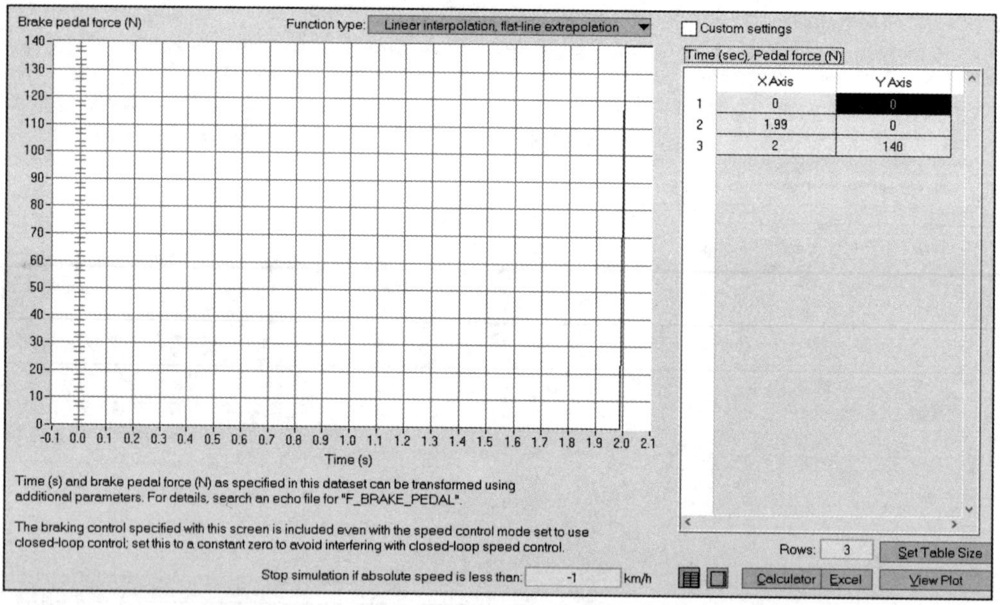

图 4-25　踏板力设置

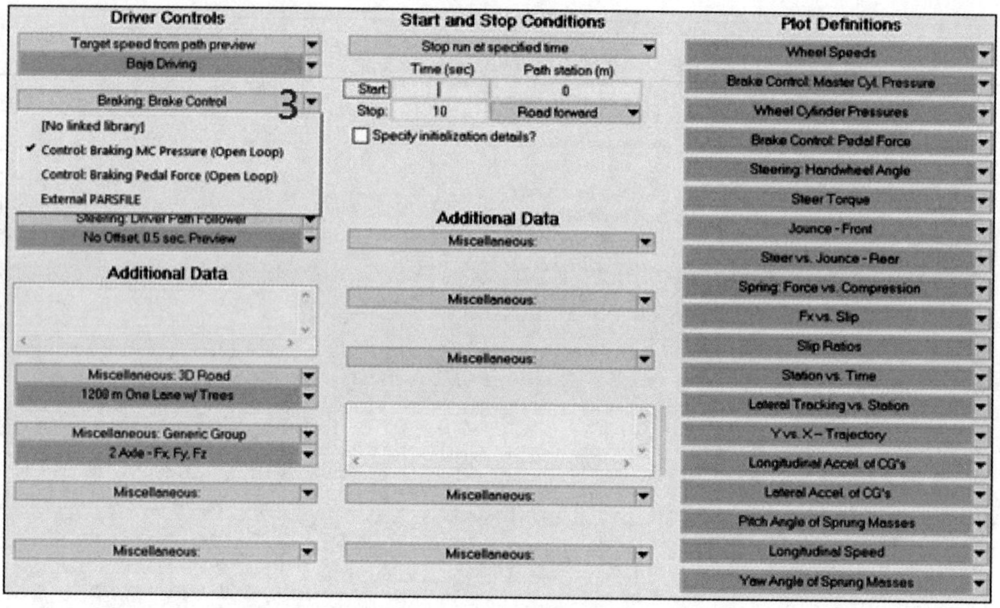

图 4-26　主缸制动控制

4.1.3　换挡控制

变速器各挡的速度特性：

$$V_{ai} = 0.377\frac{r_k n_e}{i_g i_0} \tag{4-8}$$

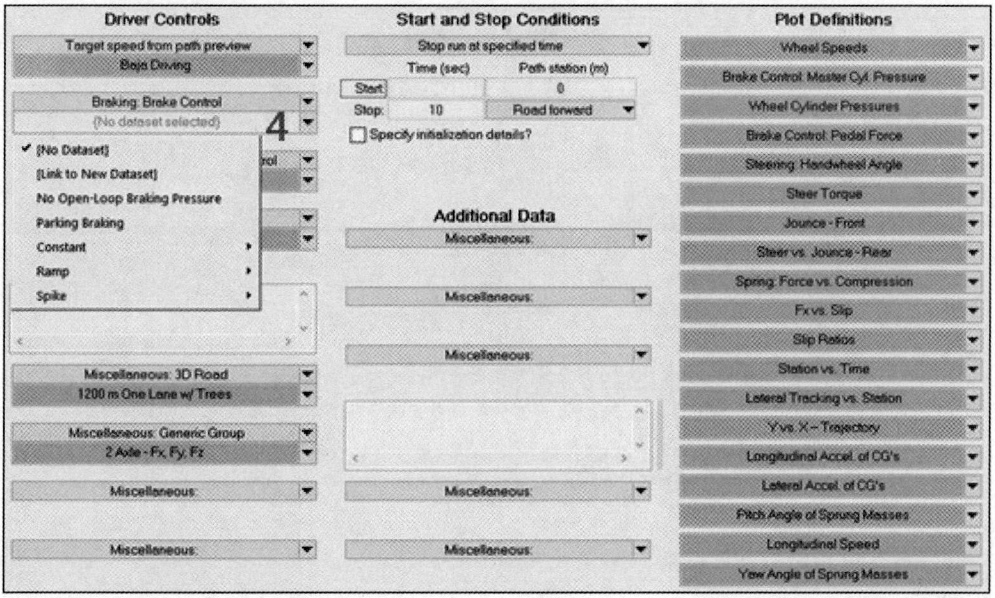

图 4-27　压力选项

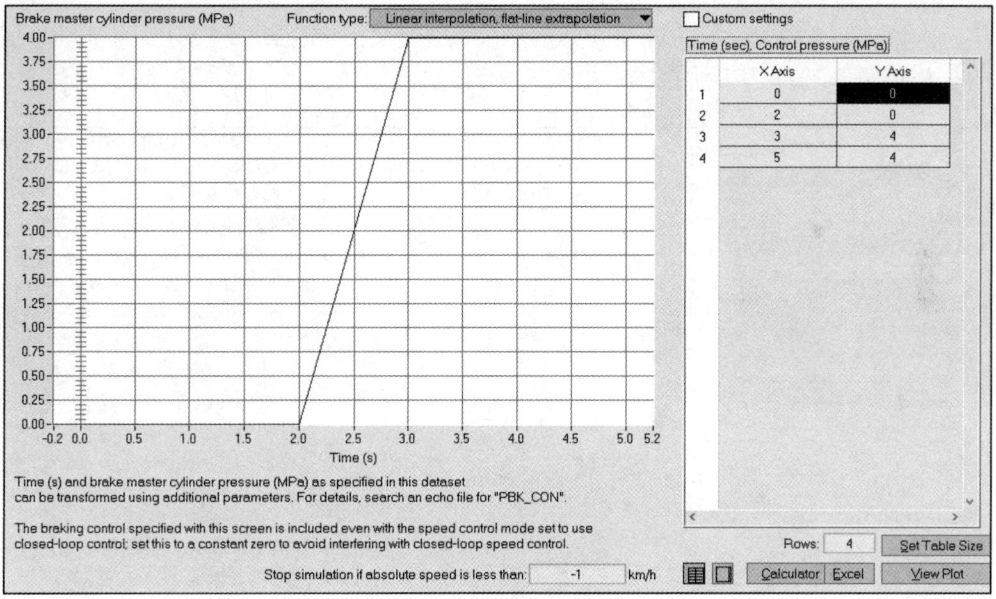

图 4-28　主缸压力设置

式中，n_e 为对应各挡位的发动机转速；r_k 为轮胎的滚动半径。

$$r_k = 0.0254\left[\frac{d}{2} + b(1-\lambda)\right] \tag{4-9}$$

式中，d 为轮辋直径；b 为轮胎断面宽度；λ 为轮胎变形系数。

1. 开环换挡

在 Driver Controls 的选项 5 处，单击下拉菜单，选择开环换挡控制，如图 4-29 所示。

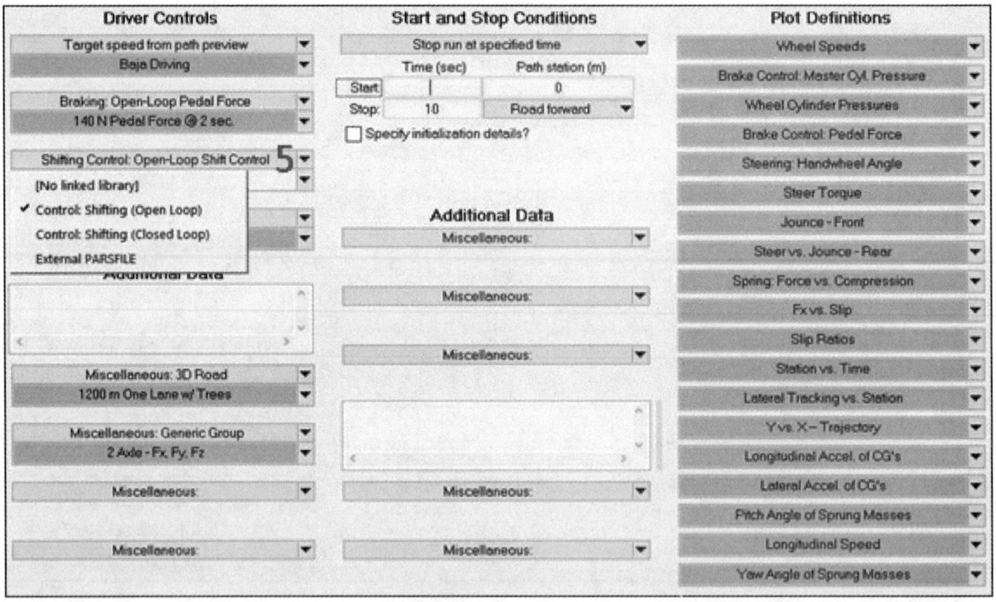

图 4-29　开环换挡控制

然后，单击图 4-30 所示的选项 6 处的下拉菜单，选项包括“1 挡升到 6 挡”“恒定 1 挡”等，根据需求选择适当的选项。

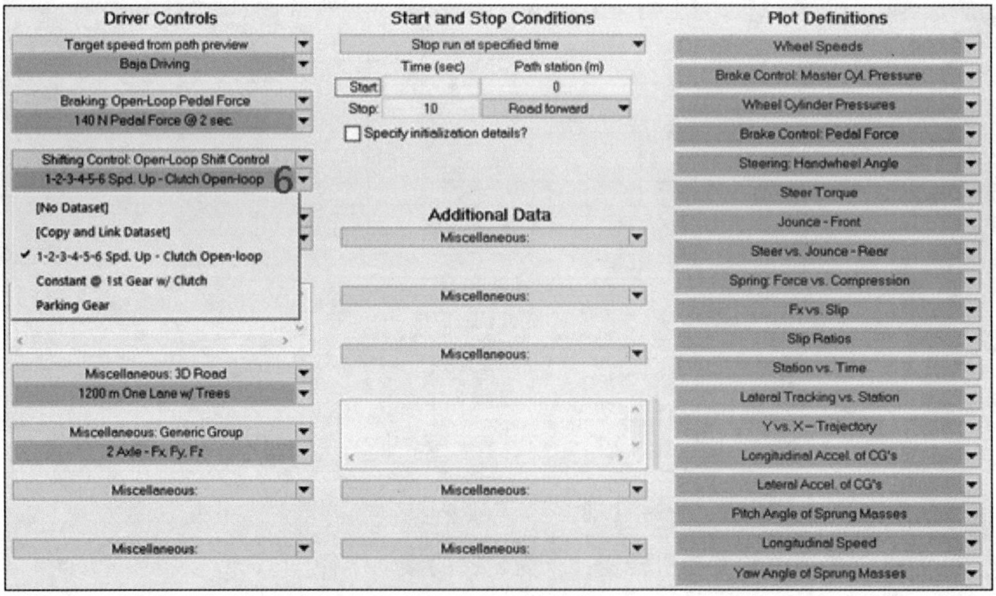

图 4-30　选择界面

选择图 4-30 所示的“1-2-3-4-5-6 Spd. Up-Clutch Open-loop”后，单击该菜单栏，进入挡位设置，如图 4-31 所示，左侧方框中的曲线图是通过右侧方框中的表格数据绘制出来的，横坐标是时间，纵坐标是挡位。此曲线图一共有 6 个挡位，在 0 ~ 4s 是一挡，4~9.5s 是二挡，9.5~15s 是三挡，15~20s 是四挡，20~25s 是五挡，25s 之后保持六挡。

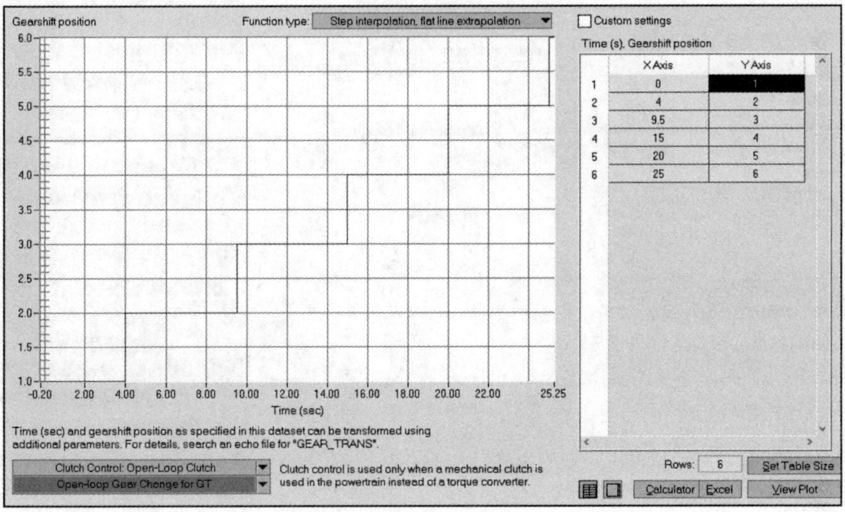

图 4-31 挡位设置

单击图 4-30 选项 6 的下拉菜单时，可以选择“Constant @ 1st Gear w/Clutch”，将恒定的挡位设置为 1，如图 4-32 所示。

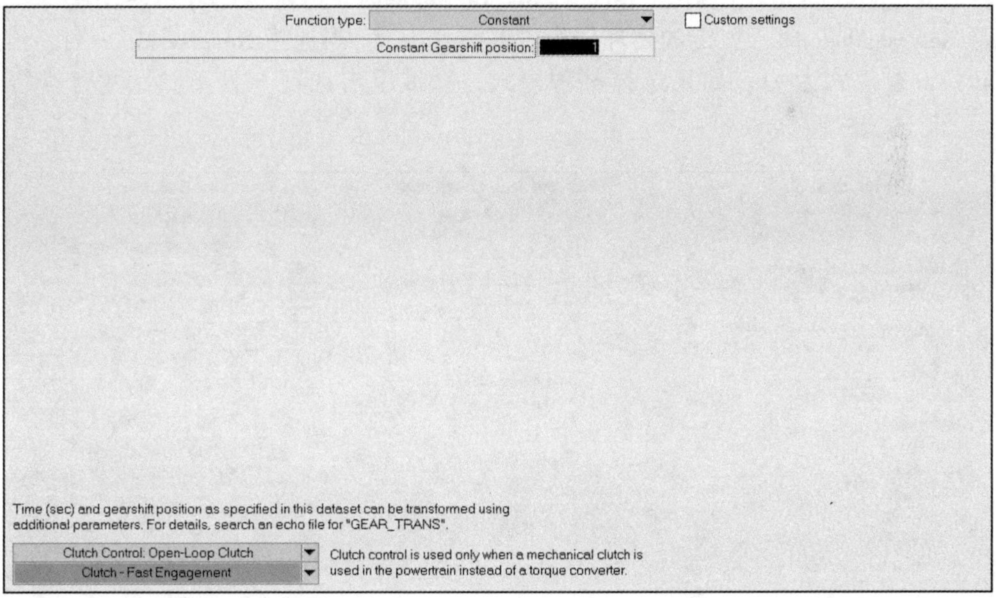

图 4-32 恒定齿轮设置

2. 闭环换挡

在 Driver Controls 的选项 5 处，单击下拉菜单，选择闭环换挡控制，如图 4-33 所示。

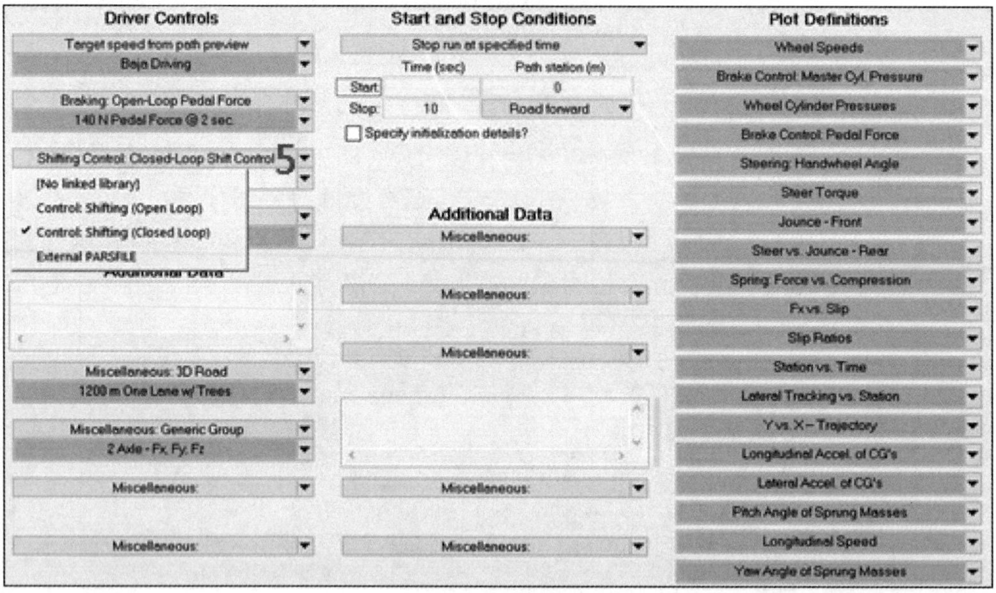

图 4-33　闭环换挡

单击 Driver Controls 的选项 6 的下拉菜单，有多种情况的挡位可供选择，如图 4-34 所示。当选择 AT 5th Mode 时，恒定的闭环转换设置模式为 5；当选择 AT All Mode 时，恒定的闭环转换设置模式为 NGEARS；当选择 MT 1st Mode 时，恒定的闭环转换设置模式为 1；当选择 Neutral Mode 时，恒定的闭环转换设置模式为 0；当选择 Reverse Mode 时，恒定的闭环转换设置模式为-1。如果选择某种模式，直接单击选项 6 处下拉菜单，进行选择即可。

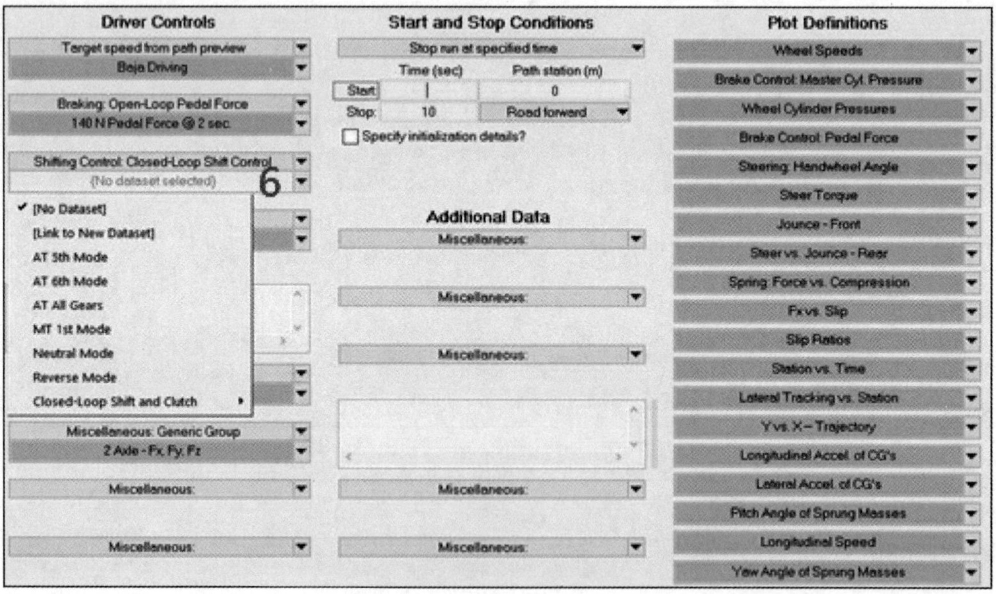

图 4-34　选择某种模式

以 AT All Gears 为例，进入子页面，如图 4-35 所示。

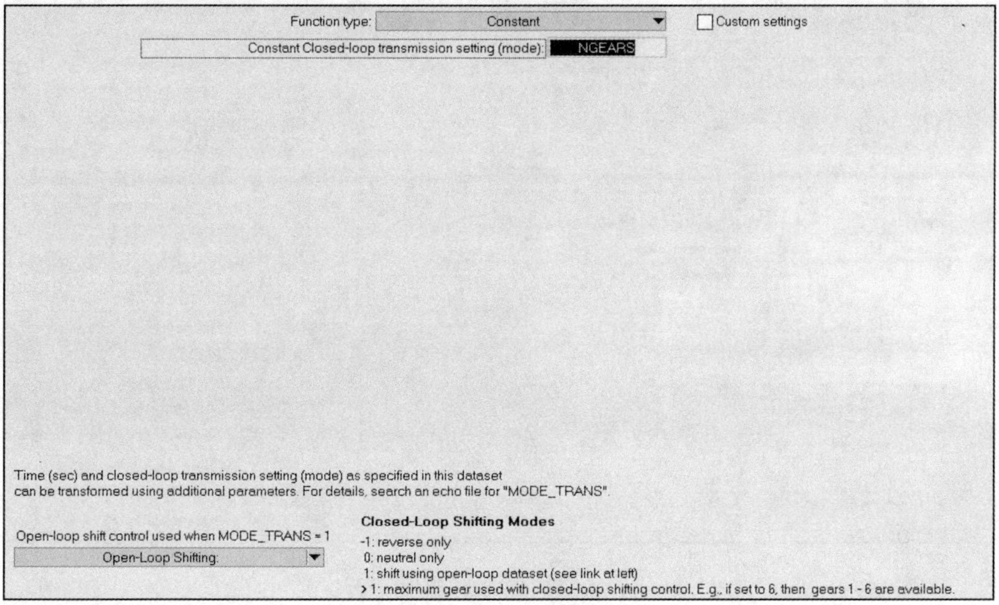

图 4-35　子页面

4.1.4　转向控制

转向系的效率：因功率输入来源不同，转向器的效率有正、逆效率之分。功率由转向轴输入，经转向摇臂输出所求得的效率称为正效率，用符号 $\eta+$表示，反之称为逆效率，用符号 $\eta-$表示。

$$\eta + = \frac{\tan \alpha}{\tan(\alpha + \beta)} \tag{4-10}$$

$$\eta - = \frac{\tan(\alpha - \beta)}{\tan \alpha} \tag{4-11}$$

式中，α 为齿轮的螺旋角；β 为摩擦角。

1. 闭环转向控制

如图 4-36 所示，在 Driver Controls 的选项 7 处单击下拉菜单，选择闭环转向。

然后，单击图中选项 8 处的下拉菜单，有多种设置可供选择，根据需求选择适当的选项，单击该菜单栏，进入转向设置页面进行设置。以双移线为例，选择 “Double Lane Change”，单击菜单栏进入子页面，如图 4-37 所示。

图 4-37 左侧的曲线图由右侧表格数据绘制，表格的行数可以任意增减。左下角①框中，可以设置驾驶员预瞄时间和驾驶员时滞时间；②框中可以设置动态低速限制、最大转向车轮转动角度、最大转向车轮角速率；③框中可以设置动画中线的宽度、长度、更新的频率、颜色等。

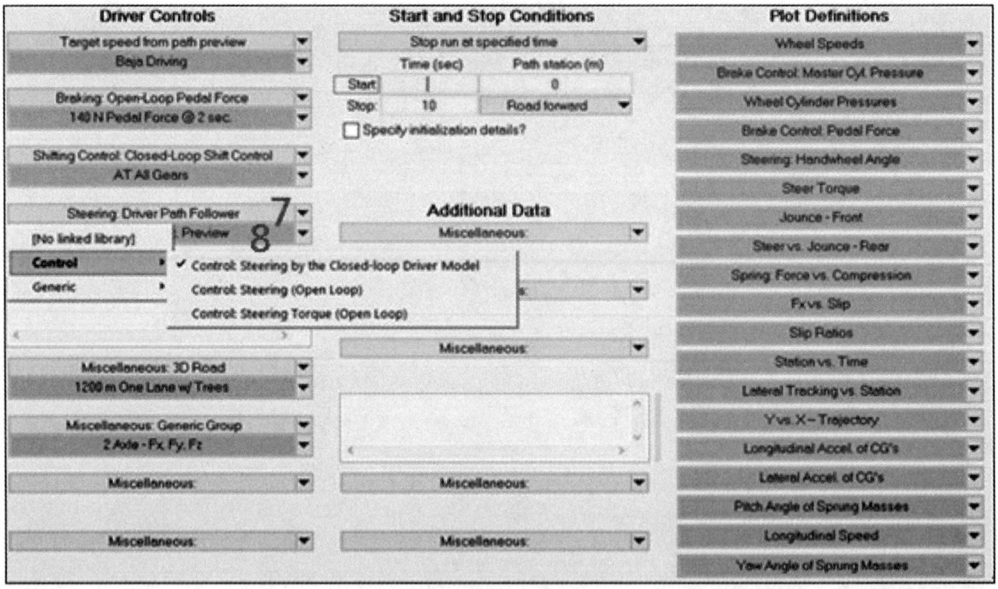

图 4-36　闭环转向控制

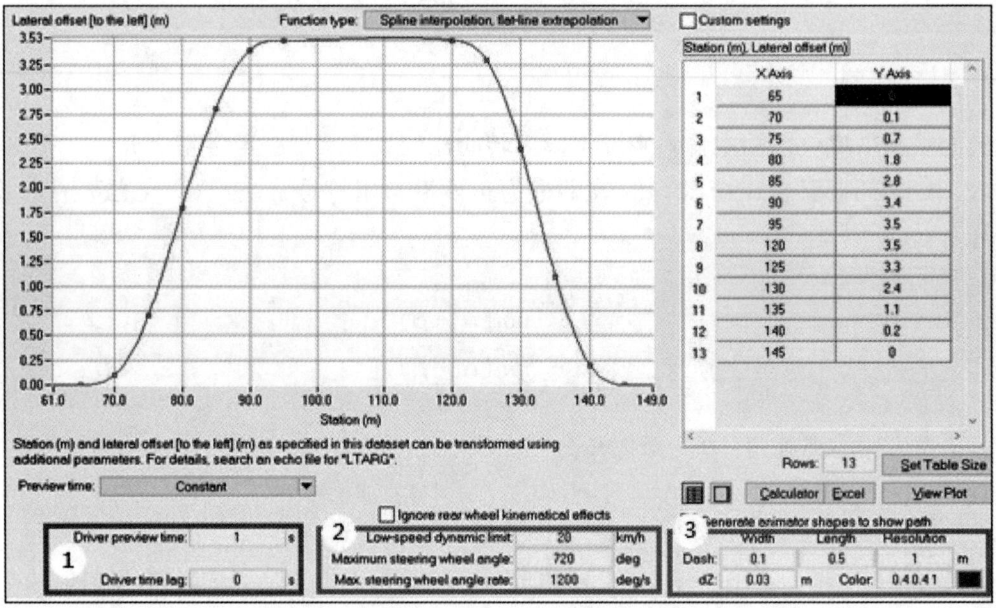

图 4-37　子页面

2. 开环转向控制

如图 4-38 所示，在 Driver Controls 的选项 7 处单击下拉菜单，选择开环转向。

然后，单击选项 8 处的下拉菜单，根据需求选择合适的选项，单击该菜单栏，可以进行转向设置，如图 4-39 所示。

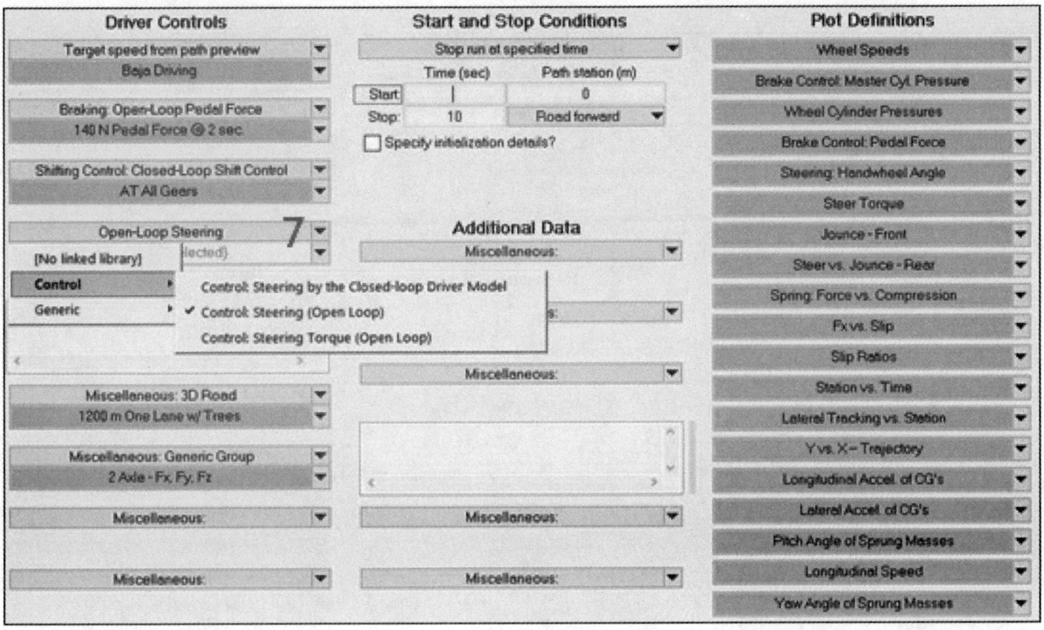

图 4-38 开环转向控制

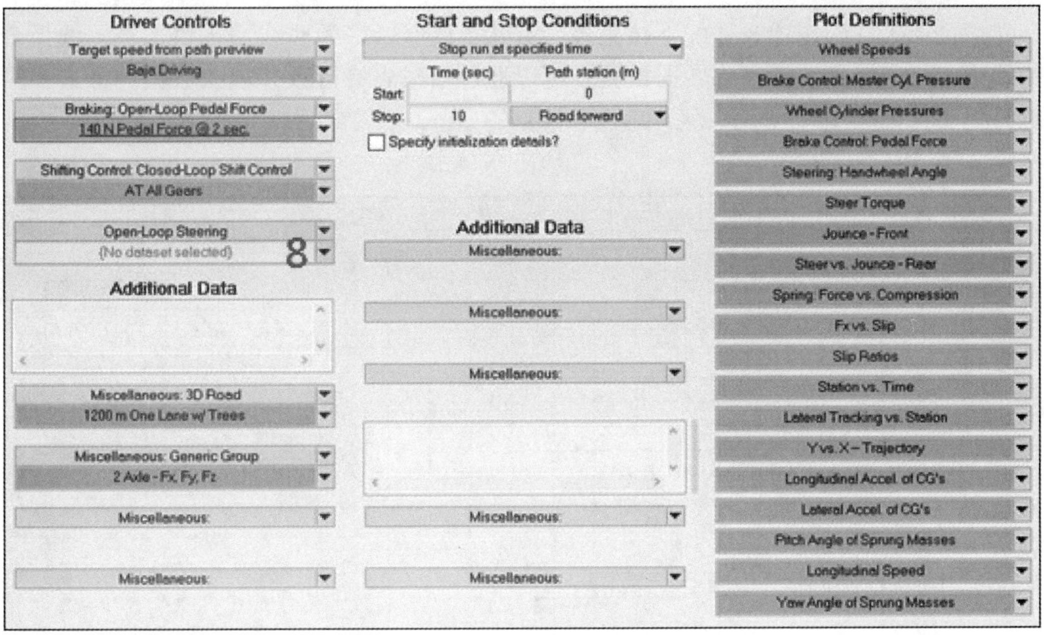

图 4-39 转向设置

3. 开环转向扭矩

在 Driver Controls 的选项 7 处，单击下拉菜单，选择开环转向扭矩，如图 4-40 所示。

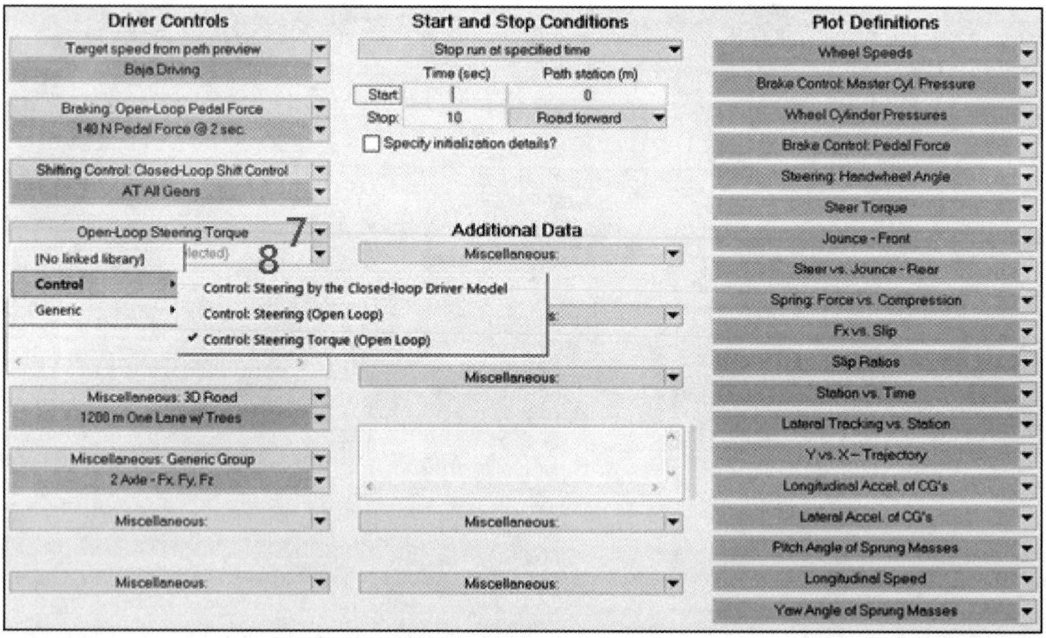

图 4-40　开环转向扭矩

然后，单击图中选项 8 处的下拉菜单，有几个已经做好的曲线图可供选择，选择合适的曲线图，单击该菜单栏进入转向设置，可以通过增减表格行数并填入数据的方式，对曲线进行更改，如图 4-41 所示。

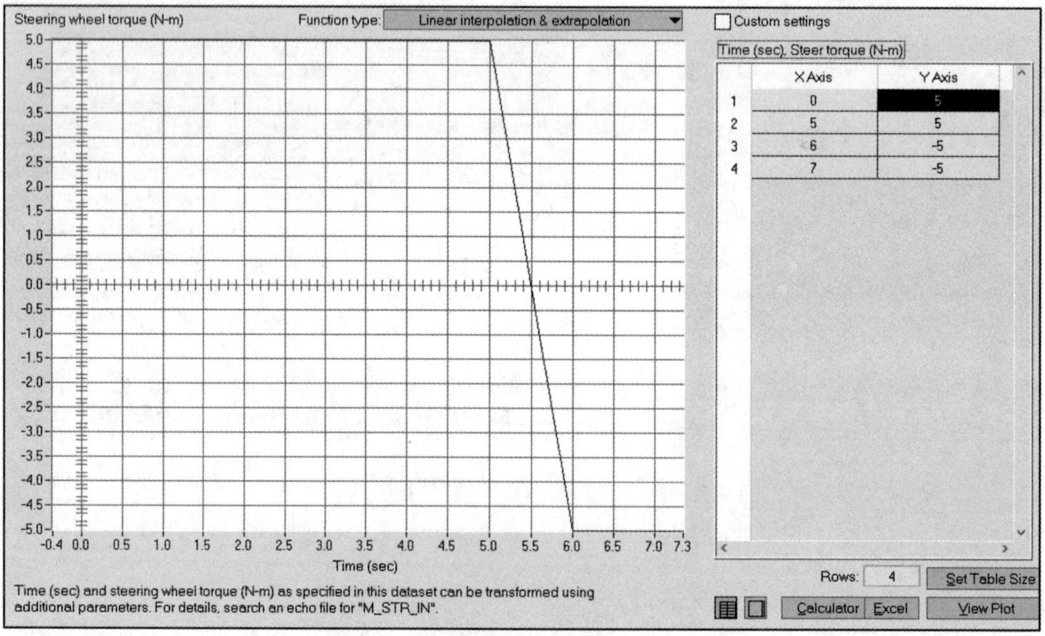

图 4-41　曲线图

4.2　开始与结束条件

选择在特定时间停止运行时，时间以秒为单位，如图 4-42 所示。

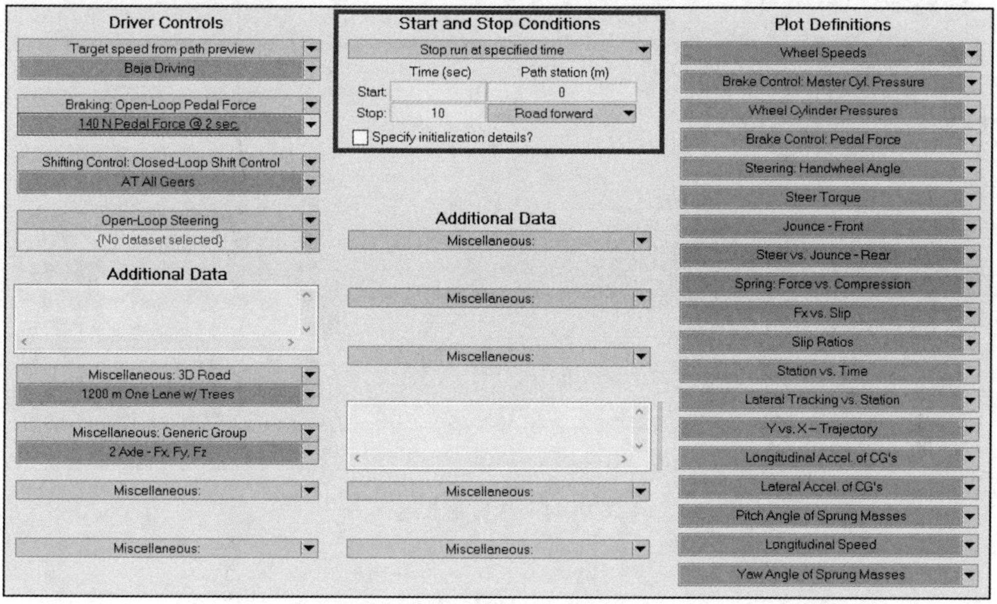

图 4-42　选择在特定时间停止运行

选择在特定的时间或路径停止运行，如图 4-43 所示。

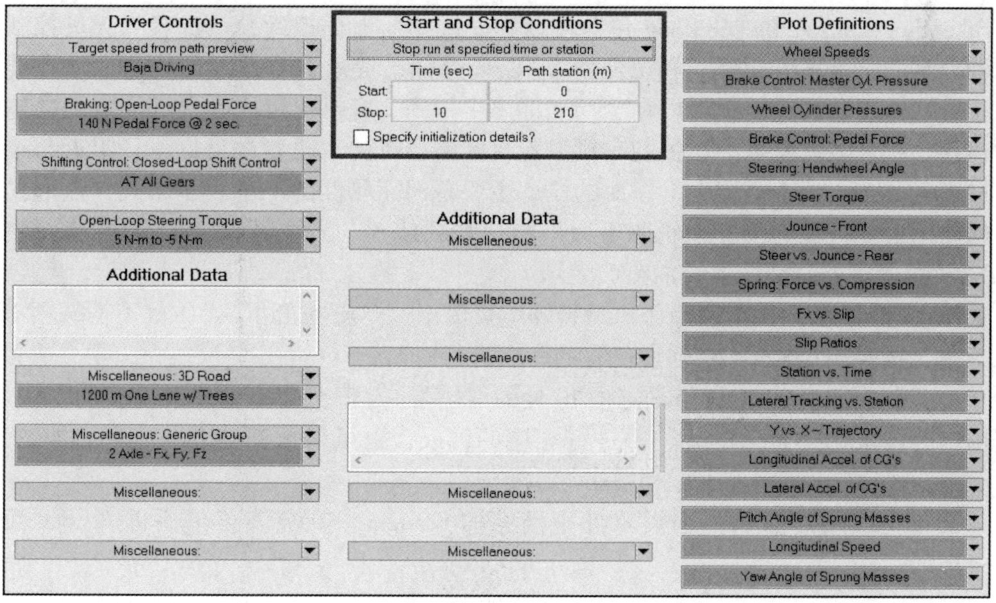

图 4-43　在特定的时间或路径停止运行

选择永久运行，如图 4-44 所示。

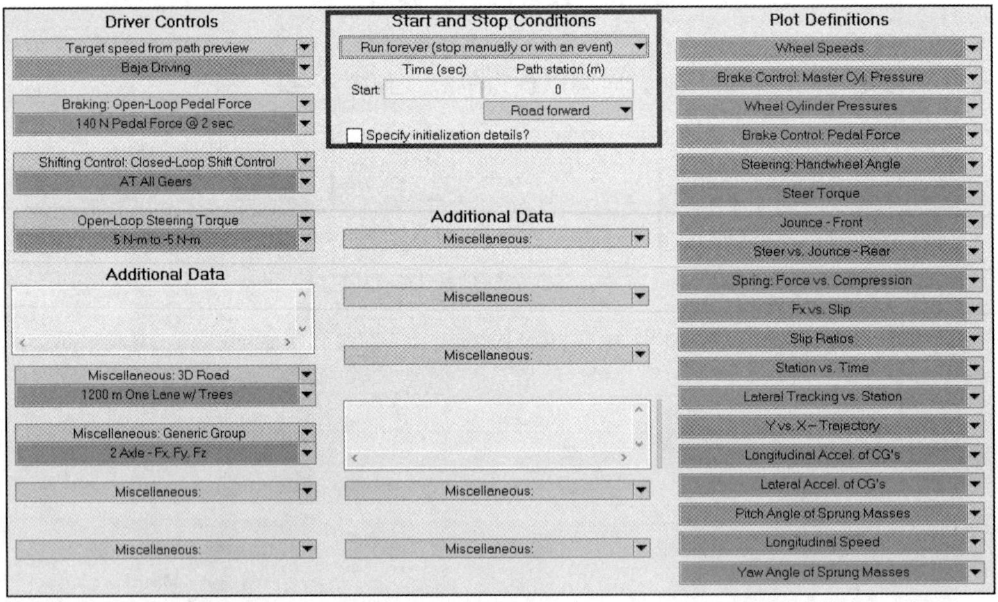

图 4-44　选择永久运行

4.3　其他配置

4.3.1　路面设置

BikeSim、CarSim 和 TruckSim 包含可以在三维路面上模拟驾驶员或者驾驶员控制下的车辆动力学的三维多体模型。利用全局 X-Y-Z 坐标，建立数学模型的物理运动方程。所有的位置、速度和加速度都可以在全局坐标系中得到，有时也可以在局部固定的物体坐标系中得到。在大多数模拟中，控制车辆沿着目标路径行驶，轮胎在目标路径附近与地面接触。在 VehicleSim 数学模型中，路面的概念主要是地面属性的一种表示形式，该形式定义了车辆轮胎可能行驶的位置和轮胎不太可能行驶的地方。为了做到这点，VS 路面使用基于 2D VS 参考路径的坐标系统的路面表示。

如图 4-45 所示，在车辆操作与运行环境页面中，单击 Additional Data 下面选项 9 处的下拉菜单，选择 3D 路面，在软件已有的库中进行修改。

单击图中 Additional Data 下面选项 10 处的下拉菜单，软件中有很多已经做好的库，可以根据用户的需求选择合适的库，并进行相应的修改，也可以重新建立一个库，如图 4-46 所示。

以设置直线路面为例，选择软件中已有的 Straight，单击该菜单栏进入子页面，如图 4-47 所示。

1. 几何学

（1）道路及路面设置。

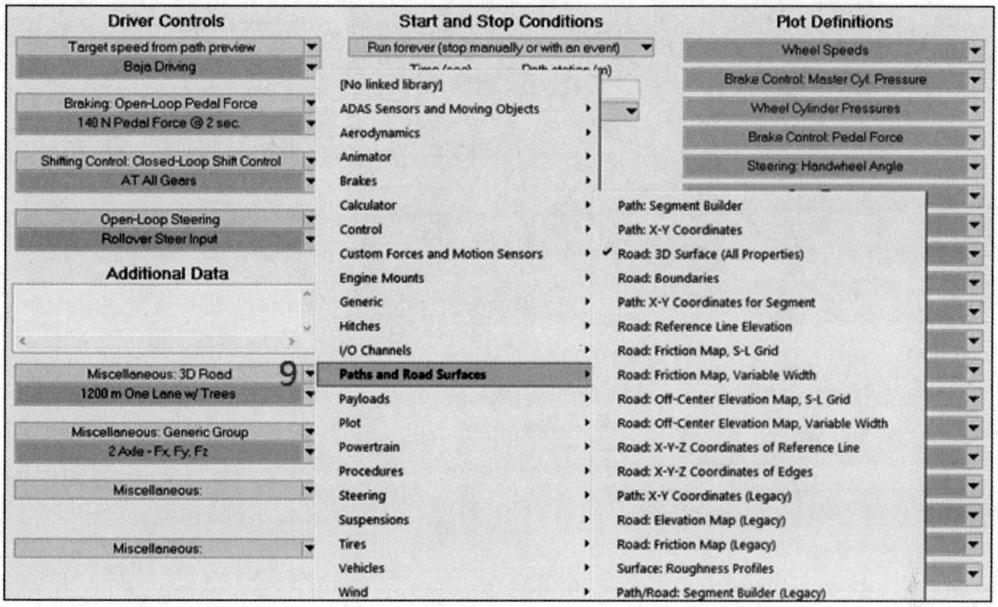

图 4-45　路面设置

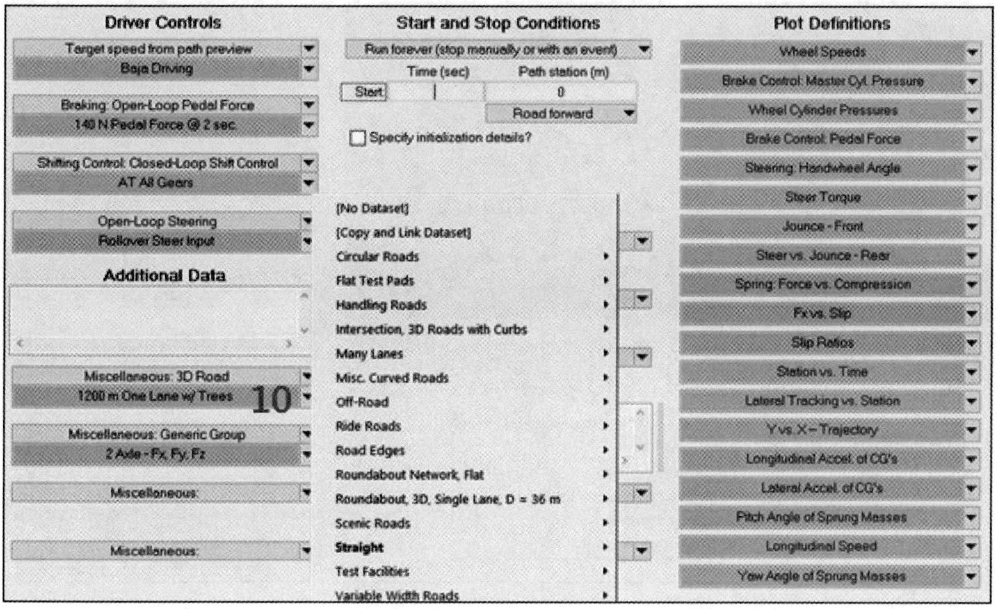

图 4-46　重新创建一个库

如图 4-48 所示，单击 Geometry 下面矩形框内下拉菜单，选择“Path and Road Surfaces”，有 5 个数据库可供选择，每一个数据库都可以提供参考路径，来定义道路的 S-L 坐标系，每一个数据库提供了不同的附加属性组合，以简化对可用的常见形式道路数据的使用。

如图 4-49 所示，单击 Geometry 下面矩形框内的第二个下拉菜单，有圆弧、直线等多

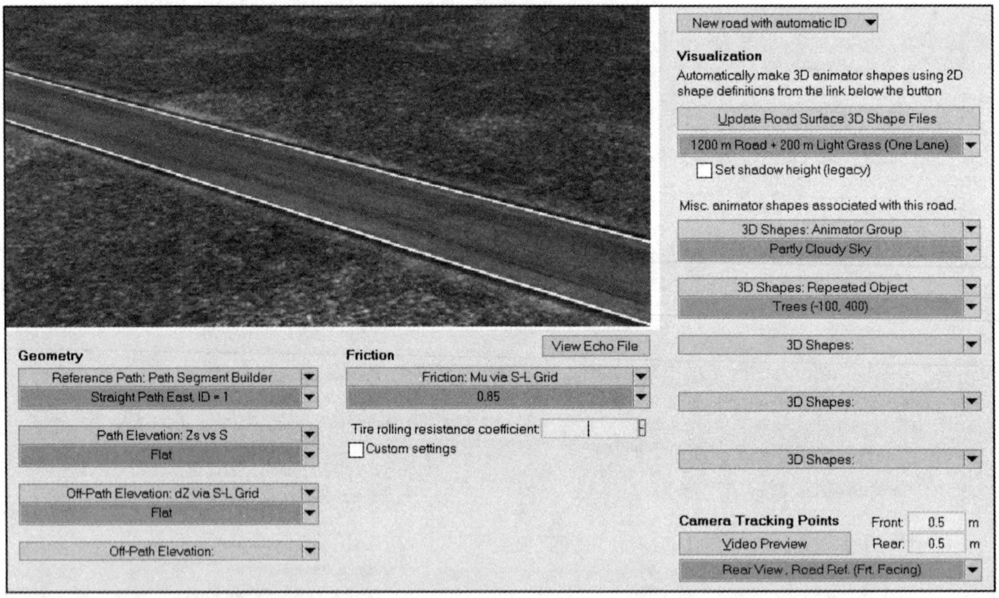

图 4-47　子页面

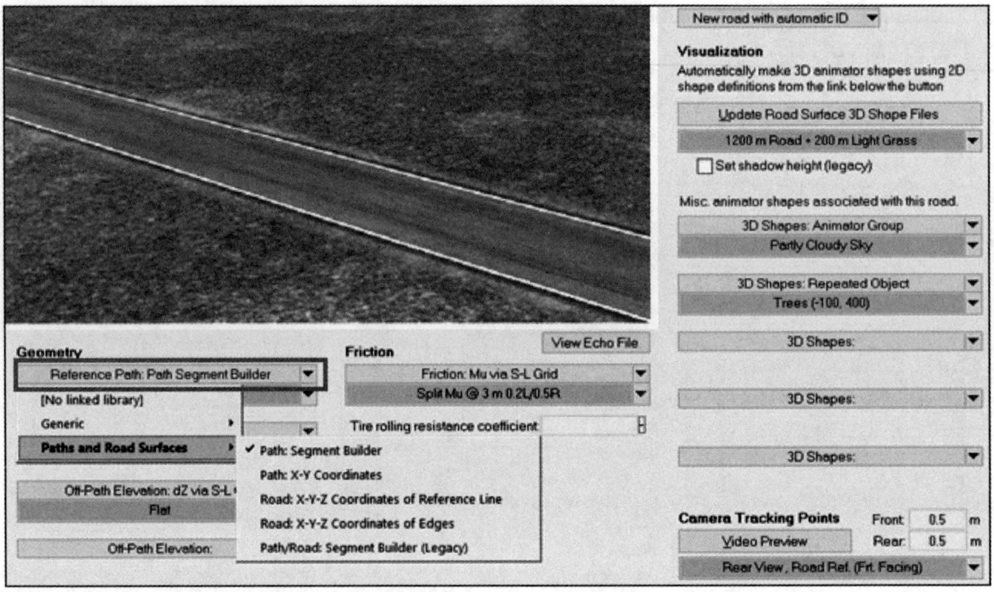

图 4-48　道路及路面设置

个设置道路的方式可供选择，根据试验道路可选择适当的选项，图中选择以直线道路设置为例。

单击图 4-49 的加粗矩形框内的菜单栏，进入子页面，如图 4-50 所示，图中的①框为道路 ID 设置，可以自行更改；②框为开始位置设置，选中后可以设置车辆在路面上的开始位置；③框为道路参数的设置。

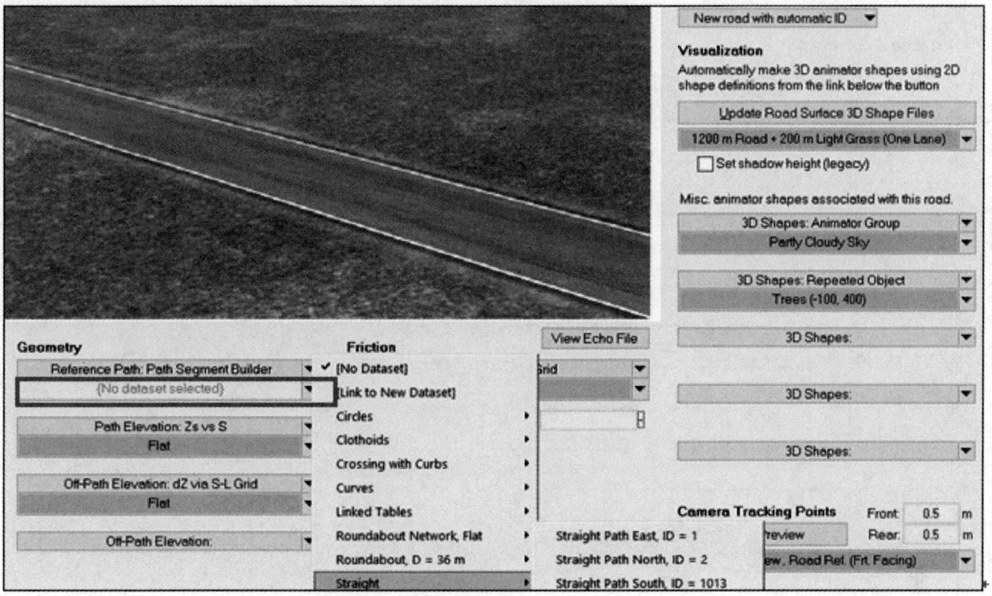

图 4-49 直线道路设置

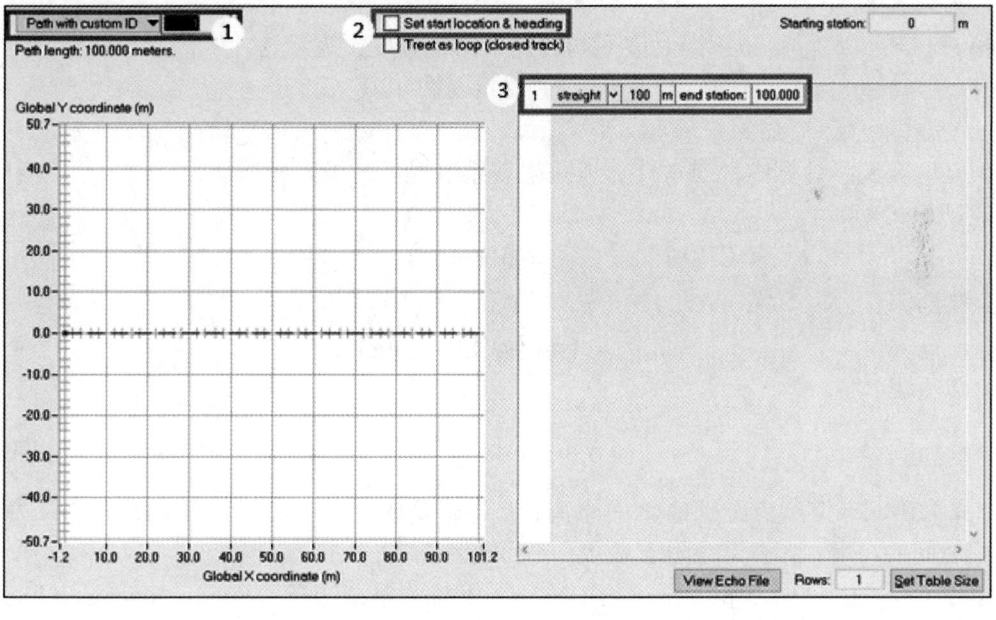

图 4-50 子页面

在道路参数设置中，单击 straight 旁边的下拉菜单，可以选择道路的类型，选择 straight 可以构建直线路面；选择 radius 可以构建一个一部分为圆的路面，包括半径和角度的设置；选择 curvature 可以构建一个曲线路面，曲率与圆的半径为导数关系，也可以设置曲线角度；选择 table 相当于连接了一个 x_y 表格，表格的参数可以任意添加；选择 clothoid 可以设置回旋曲线，可以设置其长度，如图 4-51 所示。

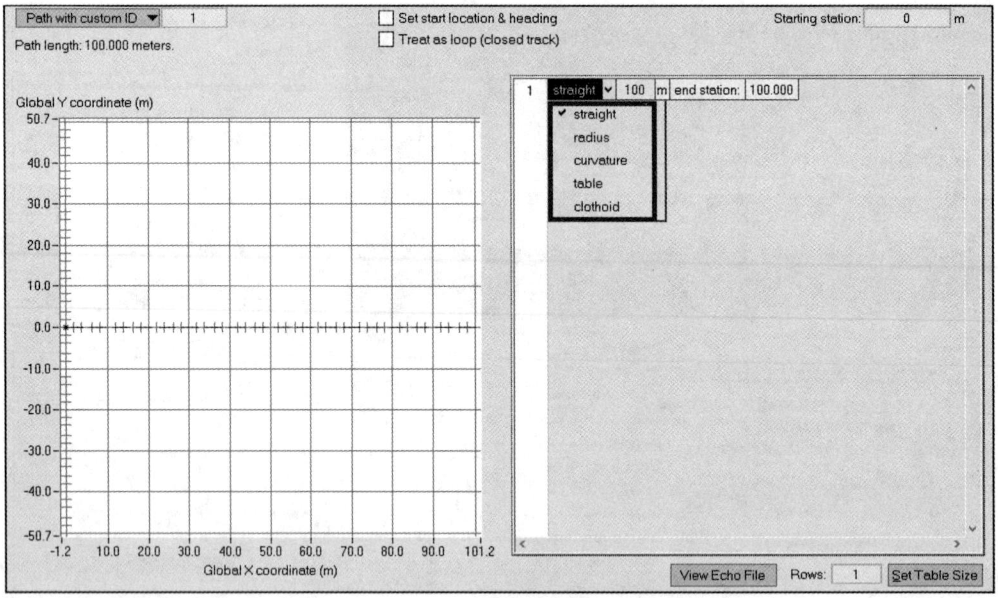

图 4-51　设置回旋曲线

（2）坡度设置。

第 i（$i=1, 2, \cdots, p$）挡对应不同转速下的爬坡度，表示为：

$$a_i = \arcsin\left[\frac{F_{ti}\mu_a - (F_f + F_w)}{G_a}\right] \tag{4-12}$$

但是，在实际计算中，通常计算道路附着系数提供的极限爬坡能力。

驱动形式 4×4：

$$a_i = \arctan\varphi \tag{4-13}$$

4×2 前驱：

$$a_i = \arctan[b\varphi/(L + \varphi hg)] \tag{4-14}$$

4×2 后驱：

$$a_i = \arctan\left(\frac{a\varphi}{L - \varphi hg}\right) \tag{4-15}$$

式中，a 为满载或空载质心到前轴的距离；b 为满载或空载质心到后轴的距离；h 为汽车质心到地面的高度；φ 为道路附着系数；L 为轴距。

单击 Geometry 下面加粗矩形框内的第一个下拉菜单，选择“Road：Reference line Elevation”，进行坡度设置，如图 4-52 所示。

单击 Geometry 下方加粗矩形框内第二个下拉菜单，有多种软件中已建立好的坡度库可供选择，选择较合适的库根据所需的坡度信息进行更改，也可以重新建立库。选择完成后，单击浅蓝色长条，进入子页面，如图 4-53 所示，坡度可以通过修改右侧的表格进行调节。

（3）超高的设置。

如图 4-54 所示，可以在加粗矩形框区域内对超高进行设置，也就是路面左右两侧高

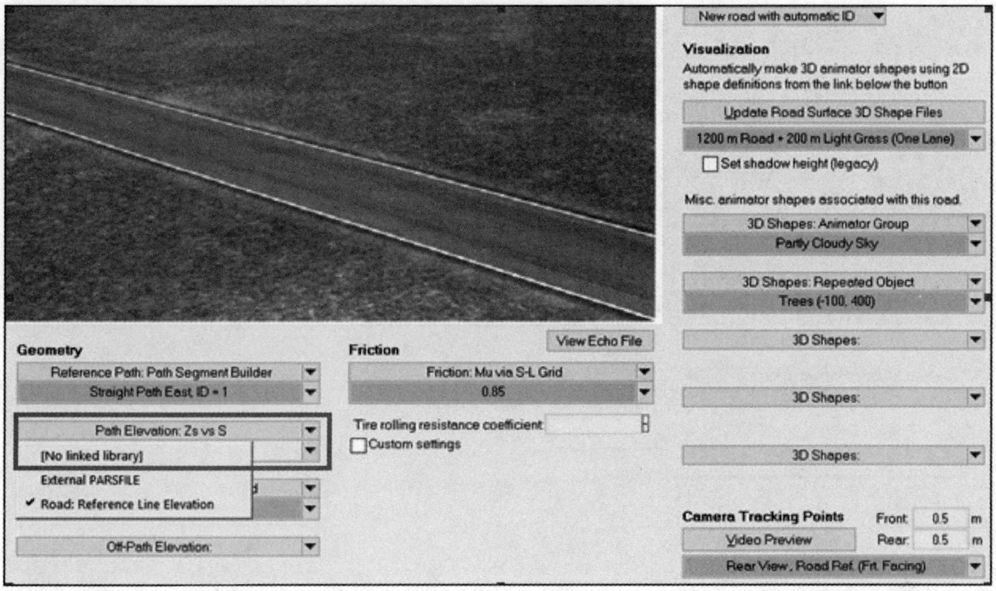

图 4-52 坡度设置

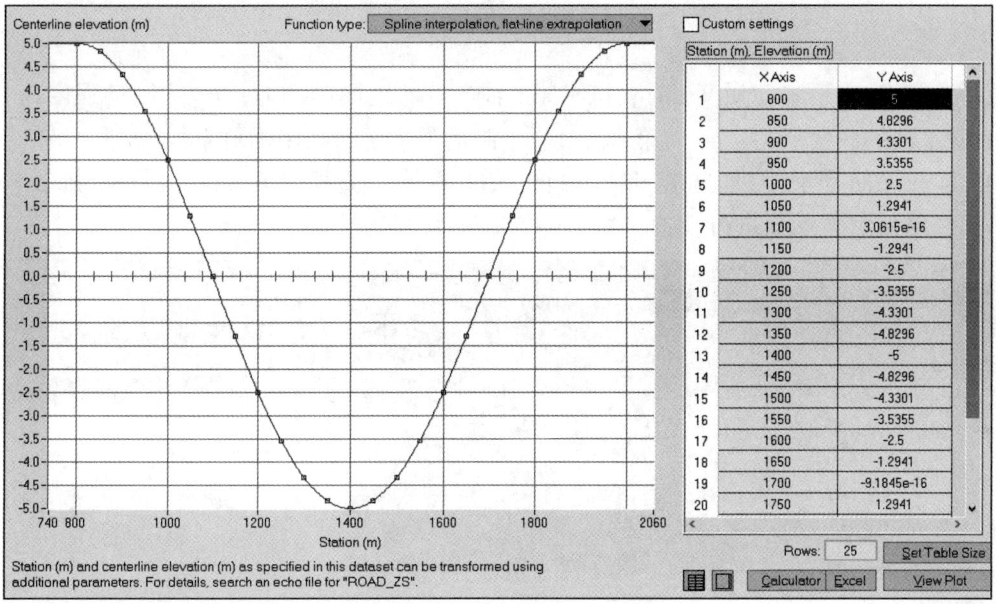

图 4-53 重新建立库

度的设置。一般为了保证车辆行驶的离心力，在曲线路面使用的较多，这里不做详细介绍。

2. 道路附着系数

道路附着系数又称为被利用的附着系数，其定义为：

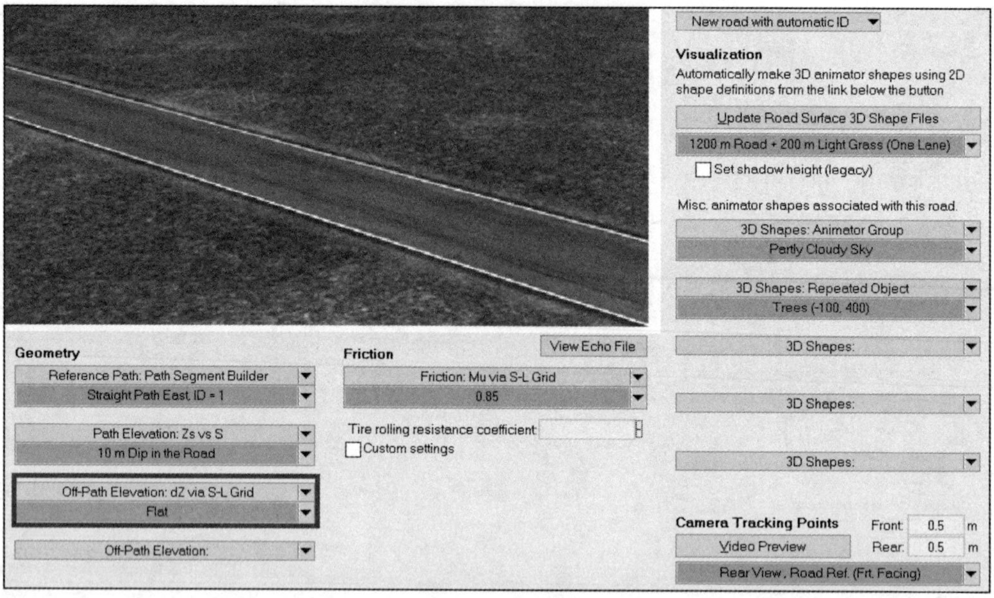

图 4-54　超高设置界面

$$\varphi_i = \frac{F_{Xbi}}{F_{zi}} \tag{4-16}$$

式中，F_{Xbi} 为对应于制动强度 z 时，汽车第 i 轴产生的地面制动力；F_{zi} 为制动强度为 z 时，地面对第 i 轴的法向反力；φ_i 为第 i 轴对应于制动强度 z 的利用附着系数。

单击 Friction 下面的加粗矩形框内的下拉菜单，选择“Road：Friction Map，S-L Grid”，对路面附着系数进行设置，如图 4-55 所示。

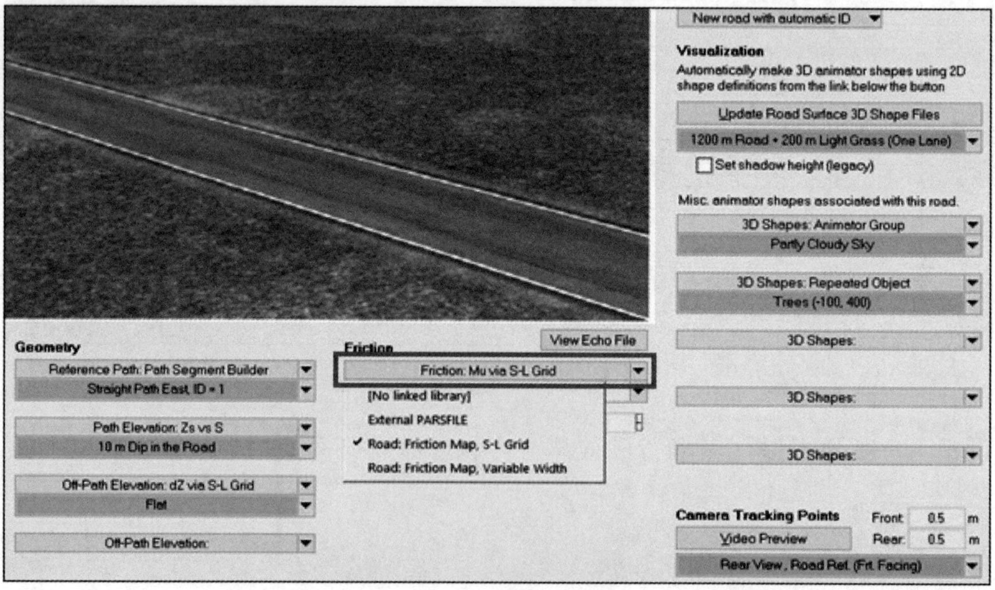

图 4-55　路面附着系数选项

单击 Friction 下面加粗矩形框内的下拉菜单，有几种路面附着系数设置的方法，可以设置为常量，也可以设置为变量等，如图 4-56 所示。

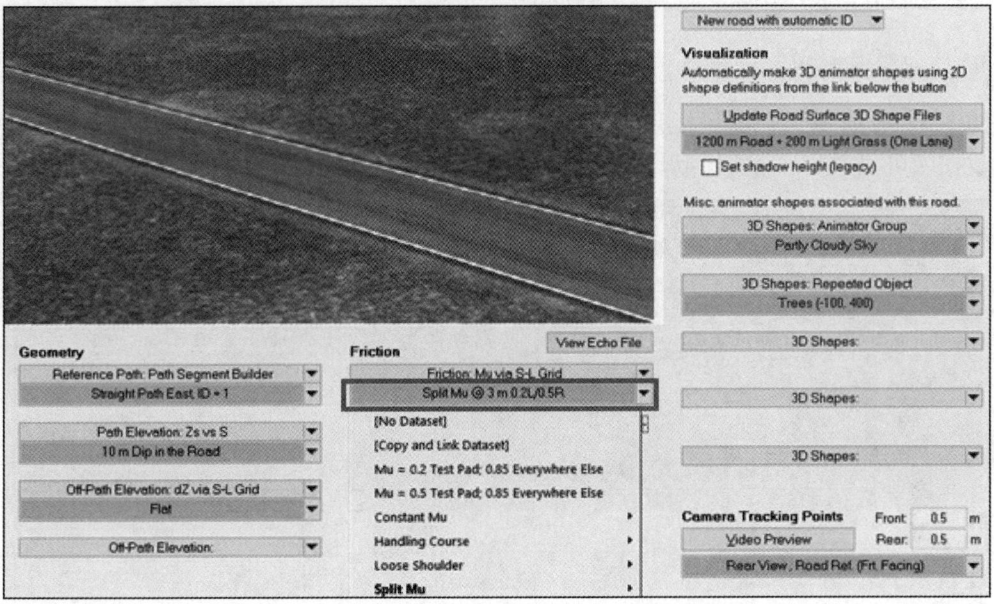

图 4-56　路面附着系数设置

以变量路面附着系数为例，选择“Spilt Mu”，单击加粗浅蓝色长条，进入子页面，如图 4-57 所示，左侧 a 处是曲线图，右侧 b 处是表格，c 处为通过本部分设置出来的道路示意图，以供读者理解表格中的数据，表格数据可以根据需要更改。表格第一行①为道路宽度的坐标，表示道路下边界线的纵坐标为-5，道路上边界线的纵坐标为 5.1；表格从第二行②开

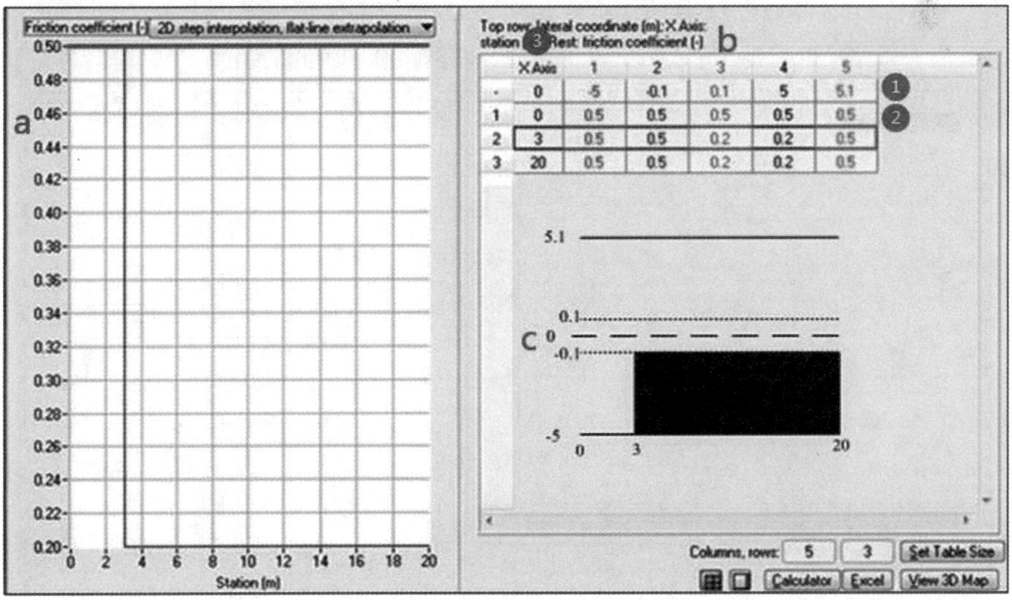

图 4-57　变量路面附着系数子页面

始表征路面附着系数的变化情况，其中 0.5 和 0.2 表示道路的相应附着系数，二者分别对应道路示意图中的非阴影区和阴影区；第一列③表示的是道路起始点横坐标为 0，终点坐标为 20；将各点的数据表示出来，就可以得到实际的变道路附着系数的仿真路况。

3. 路面事物设置

如图 4-58 所示，在加粗矩形框区域部分，单击下拉菜单，软件中有多种已设置好的道路数据库可供选择，根据所设计的路面信息选择适当的选项。

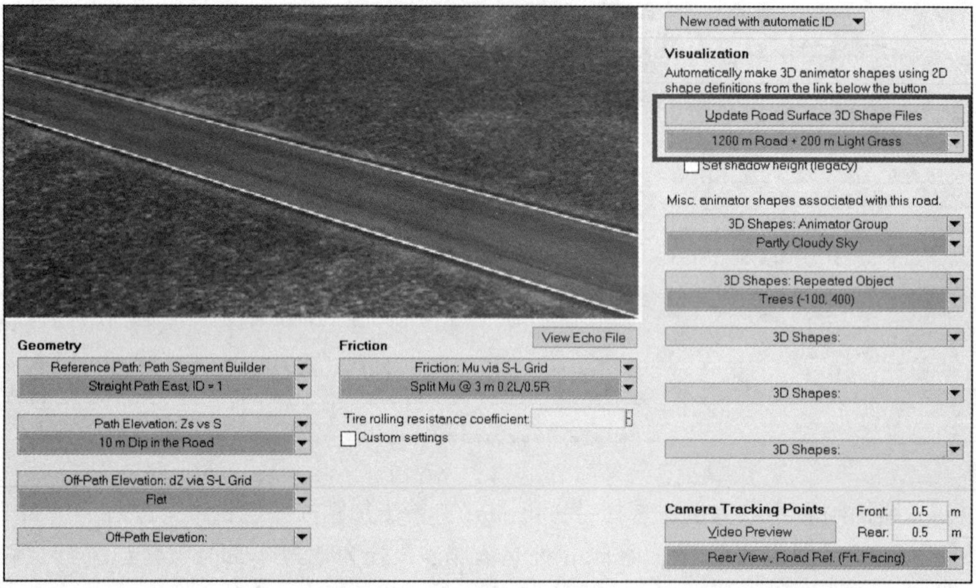

图 4-58　路面事物设置

以“1200 m Road+200 m Light Grass”为例，选好后单击该菜单栏进入子页面，如图 4-59 所示，建立一条路最少需要 5 个部分，两侧草地、两侧路基和中间的路面。

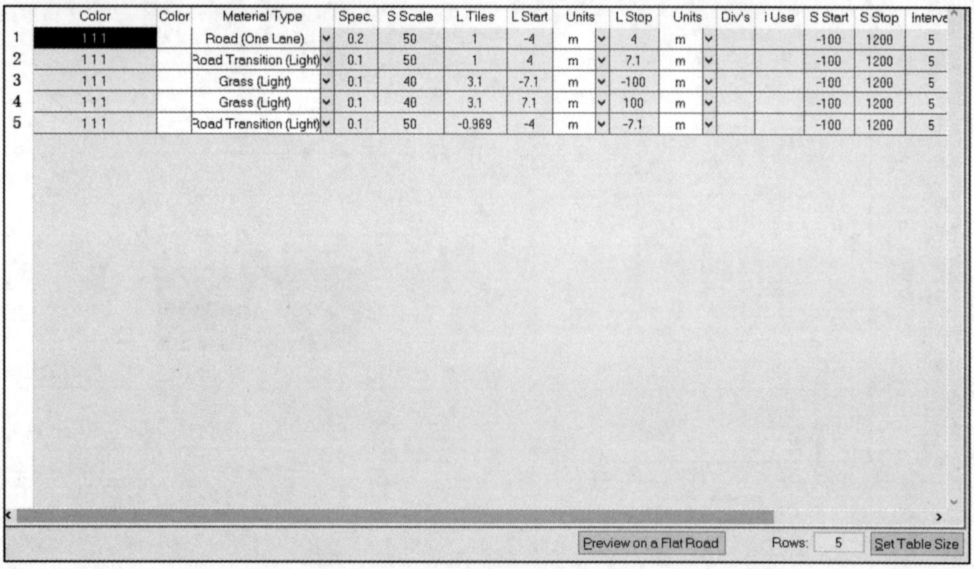

	Color	Color	Material Type	Spec.	S Scale	L Tiles	L Start	Units	L Stop	Units	Div's	i Use	S Start	S Stop	Interva
1	1 1 1		Road (One Lane)	0.2	50	1	-4	m	4	m			-100	1200	5
2	1 1 1		Road Transition (Light)	0.1	50	1	4	m	7.1	m			-100	1200	5
3	1 1 1		Grass (Light)	0.1	40	3.1	-7.1	m	-100	m			-100	1200	5
4	1 1 1		Grass (Light)	0.1	40	3.1	7.1	m	100	m			-100	1200	5
5	1 1 1		Road Transition (Light)	0.1	50	-0.969	-4	m	-7.1	m			-100	1200	5

图 4-59　路面事物设置子界面

Color 用来设置各个部分的颜色。首先，单击 Color 下面的空白处，出现小窗口，再单击小窗口里的 Color 右侧的空白处，可以对颜色进行设置，如图 4-60 所示。

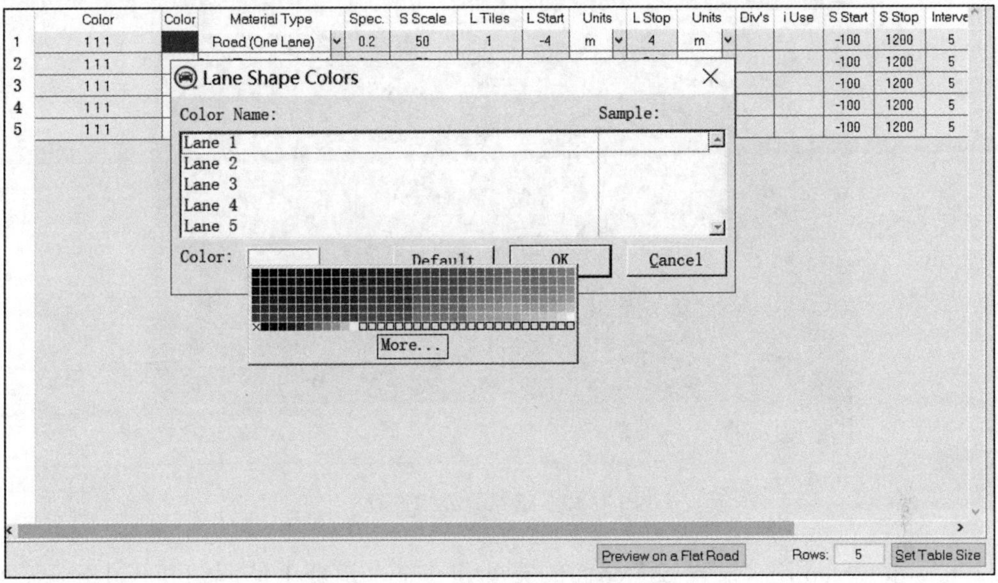

图 4-60 颜色设置

Material Type 用来设置路面的材料，路面的材料有很多种，可以选择为冰面、雪面等，如图 4-61 所示。

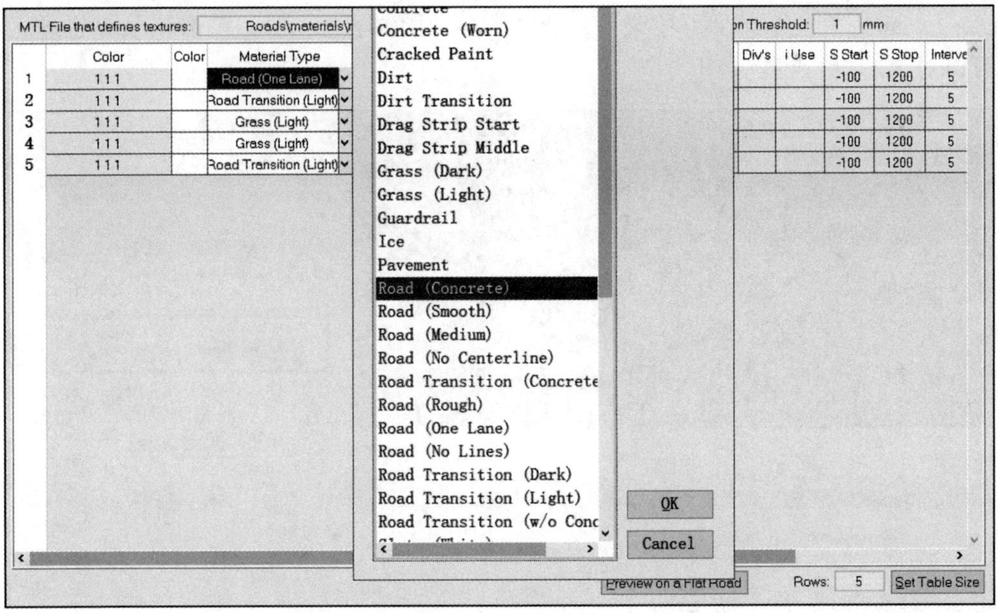

图 4-61 路面信息

L Tiles 对于不同材料的路作用不同。以 Road（one line）为例，当 L Tiles 的数值由 1 改为 2 时，路面的中线由一条变为相邻的两条，如图 4-62 所示。

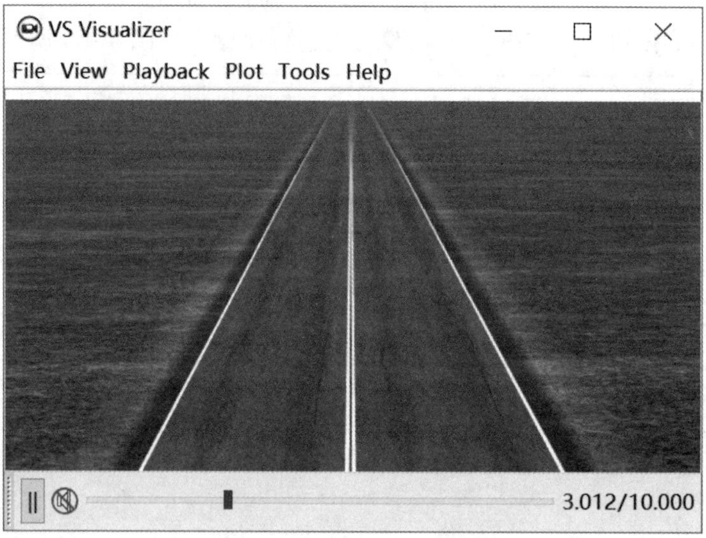

图 4-62　道路分界线设置

L Start 和 L Stop 用来设置各个路面的宽度和在整个道路上的起始和终止坐标；Units 用来设置 L Start 和 L Stop 的单位。

4. 周围环境设置

云彩的设置步骤为：在图 4-63 所示的加粗矩形框图内，单击第一个下拉菜单，选择 Animator Group，单击第二个下拉菜单，选择 Skies 中的任意一项，单击该菜单栏进入子页面，可以对云彩进行设置。

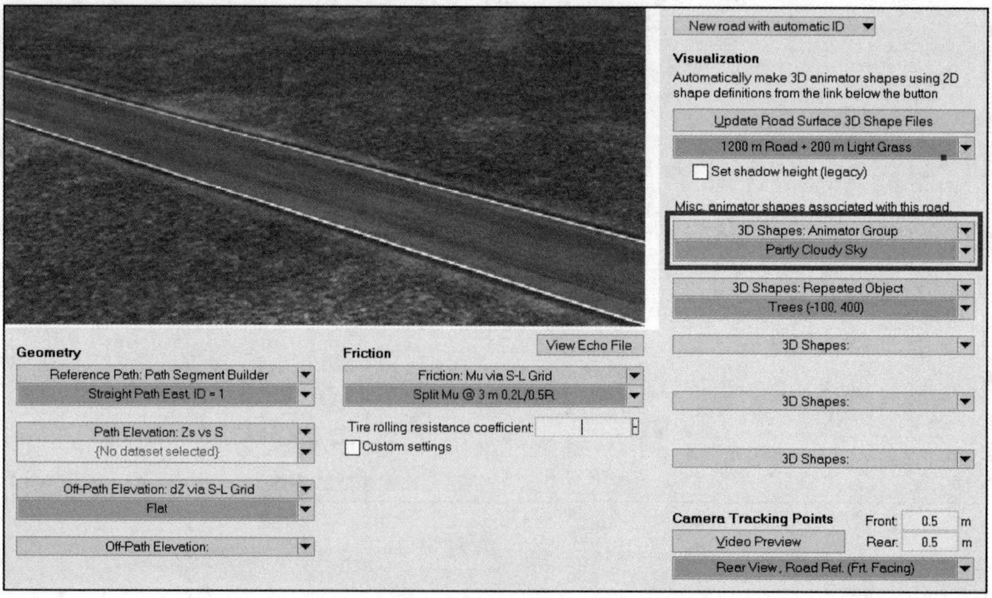

图 4-63　云彩设置

路桩、树木、房屋等其他事物的设置。单击图4-63所示的第一个下拉菜单，选择Paths and Road Surfaces后，单击第二个下拉菜单，列表中有树木、路桩、房屋等，根据设计路面的需求，选择相对应的选项，进入子页面进行设置，如图4-64所示。

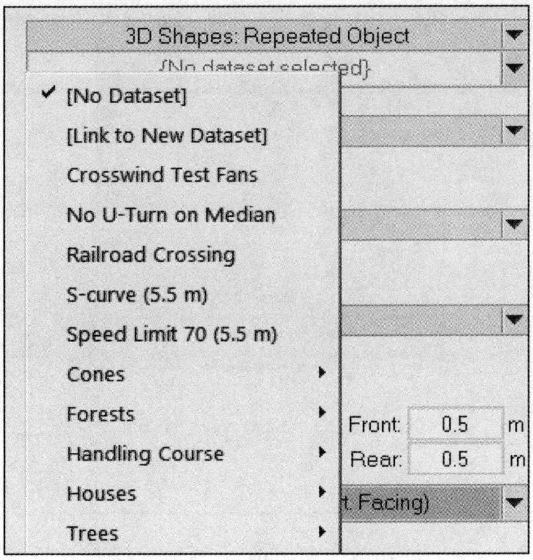

图4-64 周围环境设置

5. 滚动阻力系数

当充气轮胎在理想路面（通常指平坦的干、硬路面）上直线滚动时，其外缘中心对称面与车轮滚动方向一致，所受到的与滚动方向相反的阻力即为轮胎滚动阻力。滚动阻力由轮胎变形、路面变形、轮胎与路面的摩擦3部分形成。滚动阻力的计算公式为：

$$F_f = fG_a = \frac{T_f}{r} \tag{4-17}$$

式中，f为滚动阻力系数；G_a为车辆总重力；T_f为滚动阻力偶矩，其计算见式（4-18）。

$$T_f = F_z a \tag{4-18}$$

式中，a为车辆加速度。

如图4-65所示，在图中的加粗矩形框区域内，可以设置滚动阻力系数。

4.3.2 风的设置

空气阻力系数用C_D来表示，C_D与车型有关，高级跑车的C_D小于等于0.1；一般跑车的C_D=0.1~0.2；高级轿车的C_D=0.2~0.3；一般轿车的C_D=0.3~0.45；厢式小客车的C_D=0.45~0.6；大客车的C_D=0.7~08；小货车的C_D=0.8~0.9；大货车的C_D=0.8~1.0。

1. 风速

空气速度大小的尺度，可以用雷诺数“*Re*”来表示：

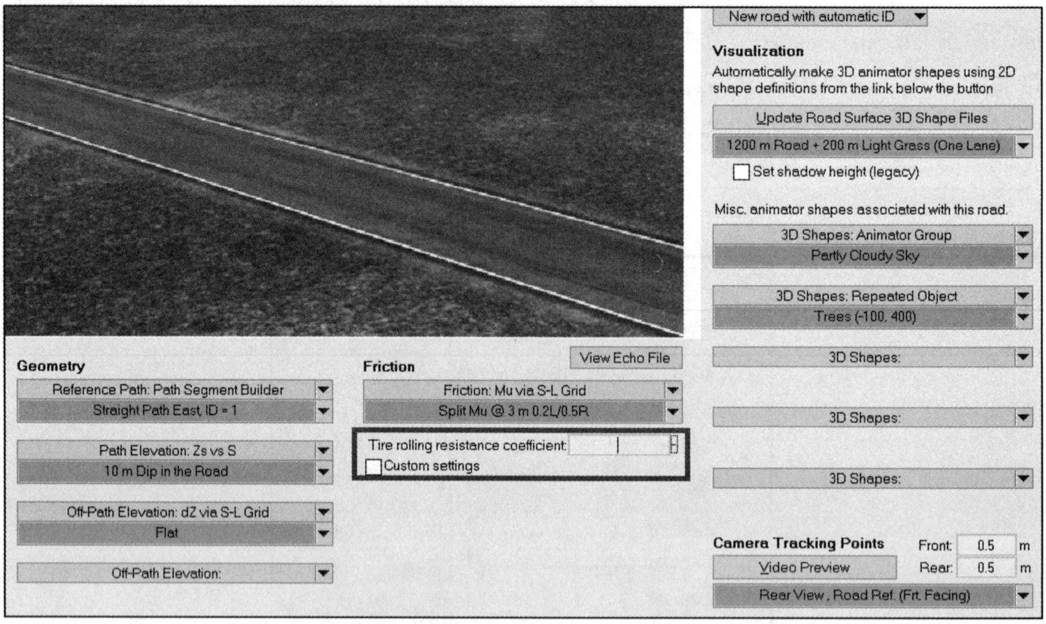

图 4-65　滚动阻力系数设置

$$Re = \frac{\mu V l}{\rho} \tag{4-19}$$

式中，μ 为空气黏性系数；l 为整个模型的长；V 为车速；ρ 为空气密度。

如图 4-66 所示，在“Additional Data”对应的选项 11 处，单击下拉菜单，选择风中的风的振幅。

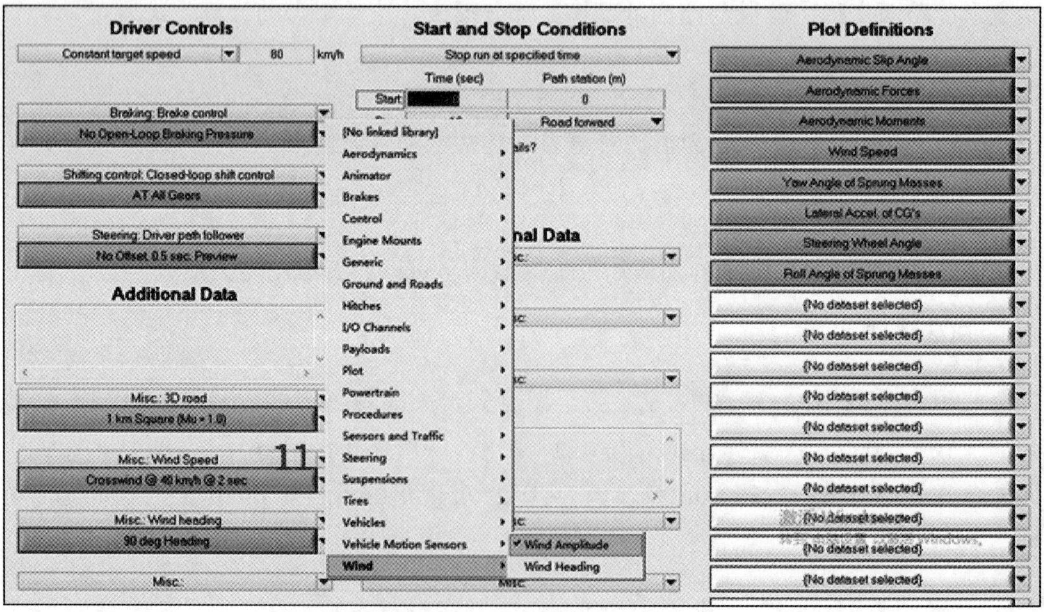

图 4-66　风速初始界面

然后，单击选项 12 处的下拉菜单，选择“Crosswind @ 40 km/h @ 2 sec”，如图 4-67 所示。

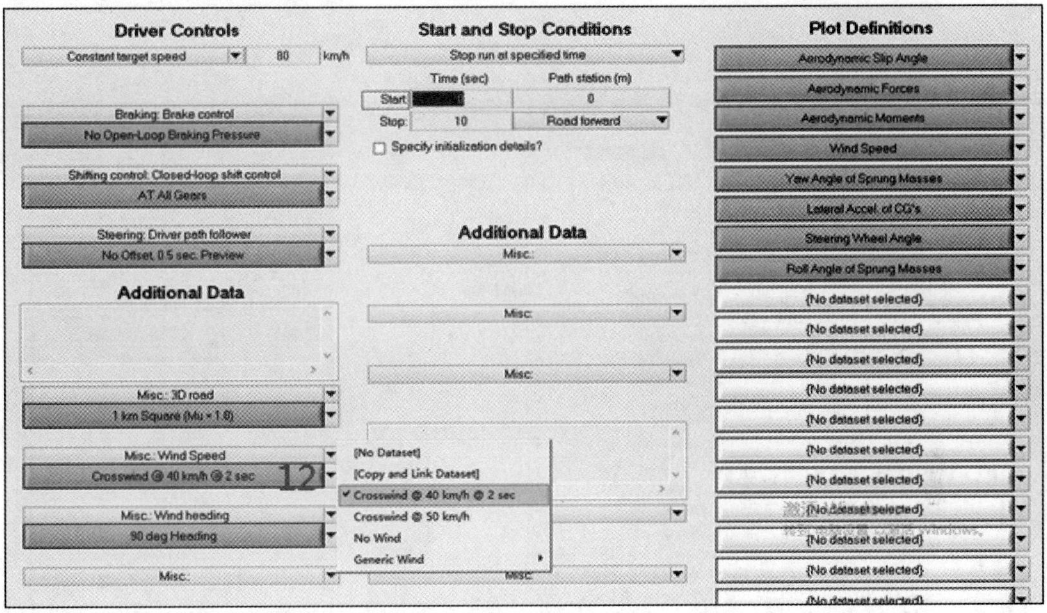

图 4-67 风速子界面

最后，进行风的振幅的设置，如图 4-68 所示。

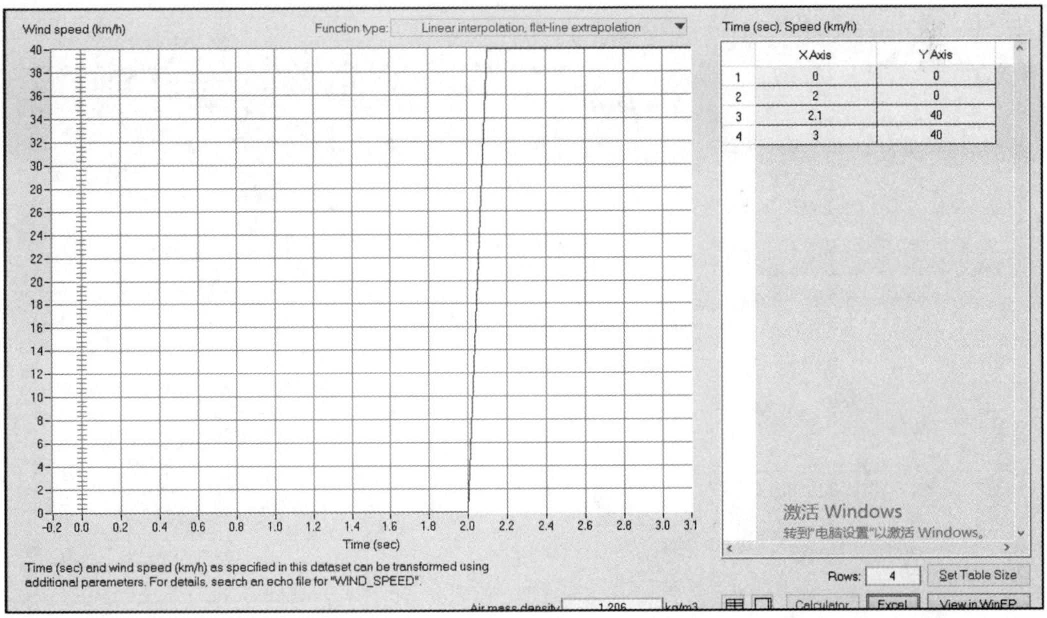

图 4-68 风的振幅设置

2. 风向

如图 4-69 所示，在“Additional Data”对应的选项 13 中，单击下拉菜单，选择风中的风向。

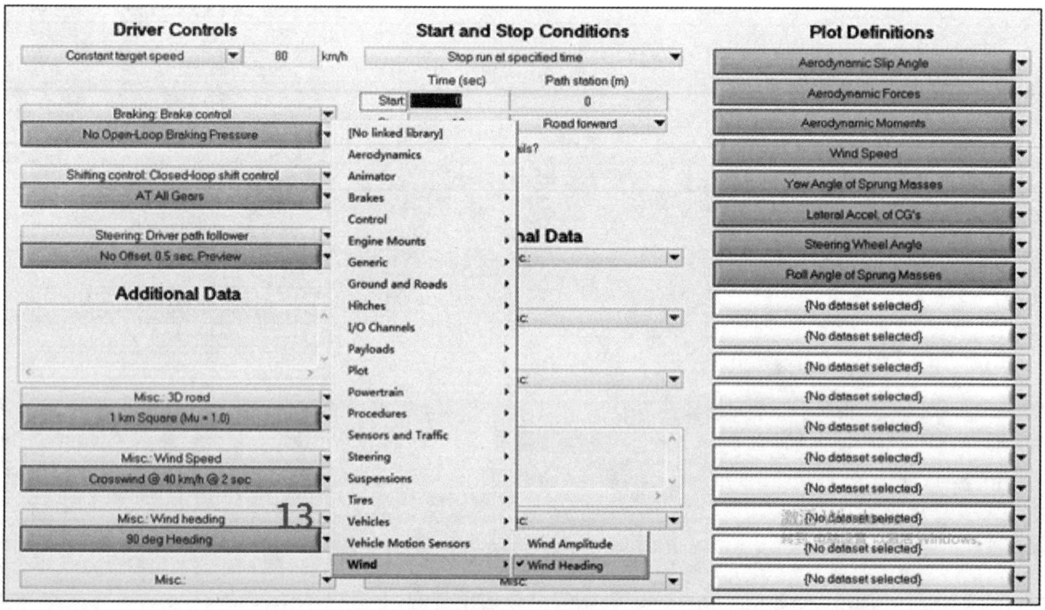

图 4-69　风向选择界面

单击选项 14 处的下拉菜单，选择“90 deg heading”，如图 4-70 所示。

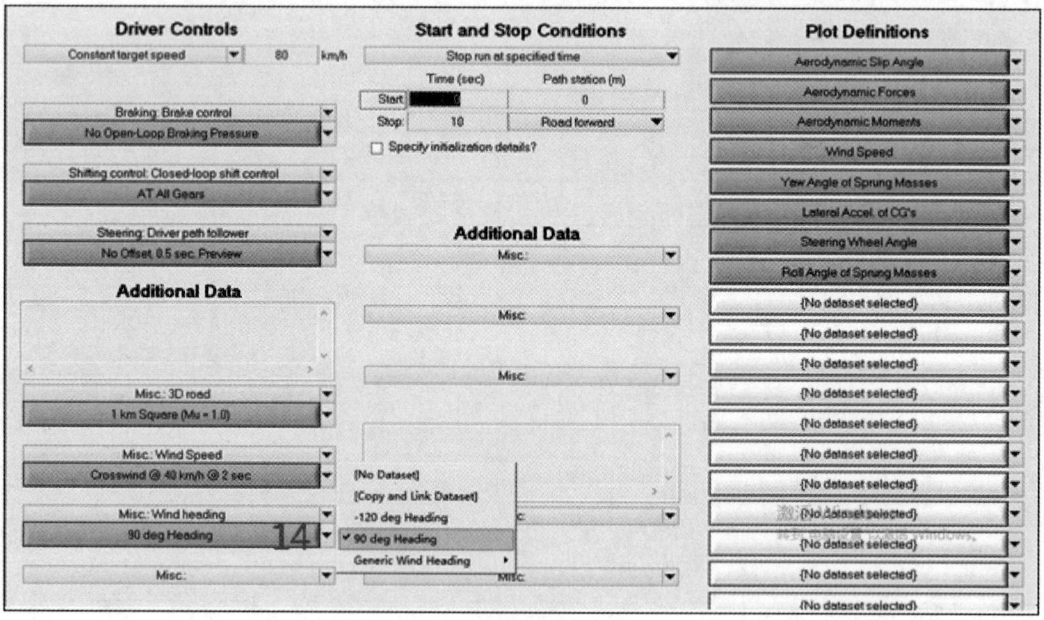

图 4-70　风向设置

通过上文针对整车速度、制动、转向等的介绍和参数设置，可以对 CarSim 仿真中的车辆操作环境进行设置，为后述实现车辆叠加仿真以及联合仿真奠定基础。

4.4　本章小结

本章主要对工况设置做了详细的介绍，包括车辆操作设置和运行环境设置。主要对驾驶员控制中的车辆的速度、制动、换挡、转向的参数设置方法进行了介绍，对运行环境中的路面设置、风力设置进行了详细的介绍。

4.5　习题

1. 设置以 120km/h 匀速行驶、主缸压力为 0.3MPa 的制动压力、闭环转换模式为 NGEARS 的换挡控制、以双移线为闭环驾驶员模型的转向控制的驾驶员控制参数。
2. 在 CarSim 中设置以 10s 为停止运行时间的停止条件。
3. 在 CarSim 中建立一条车道冰雪路面环境，其中包括两侧雪地、两侧路基和中间的冰路面，路面附着系数为 0.1。
4. 在建立的冰雪路面环境基础上，道路中间建立一个障碍物。
5. 简述风阻对汽车性能的影响。

第 5 章　CarSim 典型汽车试验

汽车是一种大批量生产、产品性能质量要求高、结构复杂、使用条件多变的产品。影响汽车质量的因素多，所涉及的技术领域广泛。任何设计制造缺陷都可能造成严重的后果，即使在设计和制造上考虑得非常周密，也都必须经过试验来检验。通过试验可以发现汽车在制造和使用过程中的缺陷及薄弱环节，深入了解汽车在实际使用中各种现象的本质及其规律，保证产品性能，提高汽车的品质和市场竞争力，并推动其技术进步。可见，汽车试验对于汽车制造业、检测维修服务业具有举足轻重的作用。但现实生活中，并非所有的汽车试验都可以进行实际测试操作，更多的是利用仿真的形式，减少汽车研发过程中成本的不必要浪费。因此，本章就 CarSim 软件中常用的汽车仿真试验进行说明。

在前面已经介绍了在 CarSim 软件中进行仿真的基本设置，本章进行车辆行驶过程中工况的一些设置。

车辆分阶段行驶是指汽车以不同的运动状态进行行驶，汽车在构造上是由两大机构、五大系统组成，而两大机构、五大系统包含了发动机、离合器、变速箱、转向系、制动系等，所以汽车在实际运动过程中会出现多种行驶工况，这在理论学习和仿真应用中需要综合考虑，本章主要针对不同的行驶工况的设置进行说明。

在开始车辆分阶段行驶设定前，首先需要确定利用 CarSim 软件进行何种工况的仿真，确定了仿真工况的内容后，再依次进行参数的设置。如图 5-1 所示，单击整车参数配置这部分中的第二个工具栏右侧的下拉菜单，会弹出子页面。

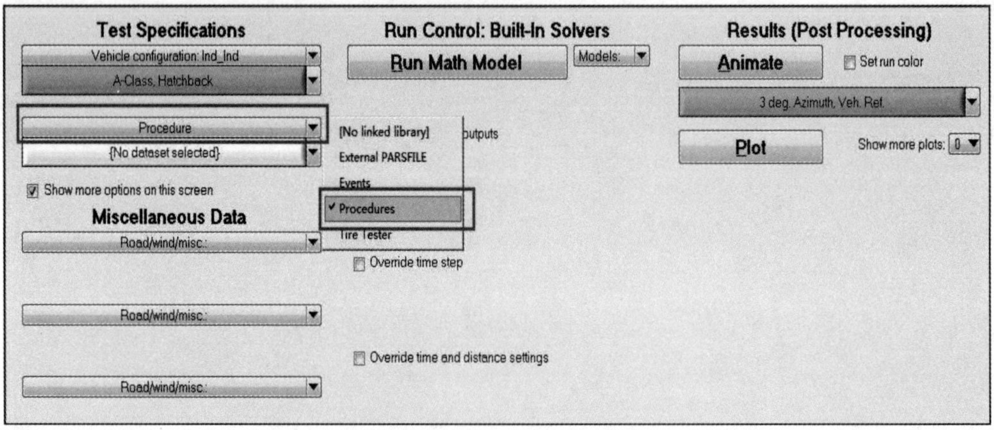

图 5-1　CarSim 主界面

本章讨论的是不同工况下的行驶仿真分析，所以选择程序选项（Procedures）。External PARSSFILE 是外部变量的意思，它的用途为：当 CarSim 与外部软件联合使用时，进行变量之间的连接调用等功能；events 代表事件，是在仿真过程中满足一定的条件才会触发；Procedures 代表程序，在这里可以进行分阶段行驶的一些设定；Tire Tester 代表轮胎测试，同字面意思一样，主要进行轮胎部分的一些检测仿真项目。选中之后会发现，程序选项的下面行驶设置子项目中是没有数据设置的，所以在仿真之前，每一步都需要建立相应的数据库。这里以车辆从 120km/h 的速度减速为例（其他工况项目，同理需要建立需要的数据库），单击进入具体的参数设置，如图 5-2 所示。

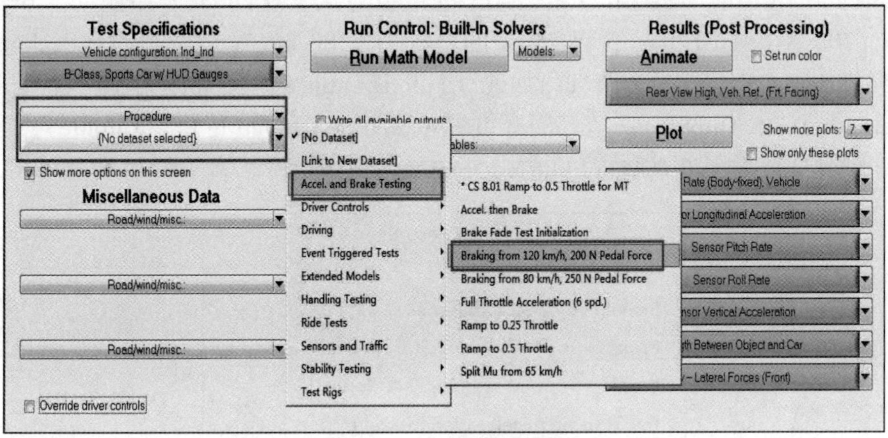

图 5-2　建立制动新数据库

单击图 5-2 程序选项下方子项目右侧的下拉菜单，会出现图 5-3 所示的界面，可以看到行驶工况设置子项目包含许多的可供选择的加载项目：加速与制动测试（Accel and Brake Testing）、驾驶员控制选项（Driver Controls）、驾驶选项（Driving）、触发类事件测试（Event Triggered Tests）、延伸模型（Extended Models）、控制测试（Handling Testing）、道路测试（Ride Tests）、传感器和交通（Sensors and Traffic）、稳定性测试（Stability Testing）、装备测试（Test Rigs）。可以根据需求选择相应的模块进行仿真分析。

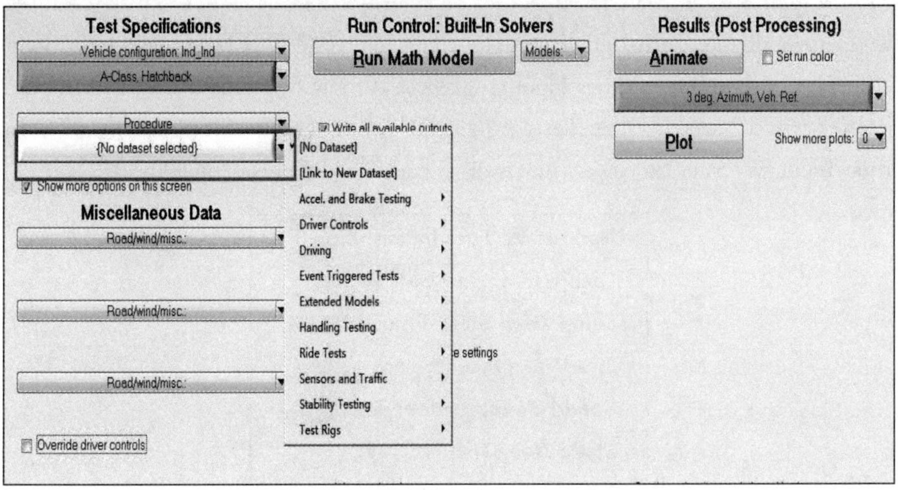

图 5-3　行驶工况子项目

下面以 CarSim 软件自带的程序为例，对以上 10 种测试进行说明。

1. 加速与制动测试（Accel and Brake Testing）

加速与制动测试是针对汽车行驶时的加速和制动减速两种行驶方式，进行需要的设置。如图5-4所示，在软件自带的程序中可以看到包含的项目有：手动挡节气门开度从0～0.5（CS 8.01 Ramp to 0.5 Throttle for MT）；先加速再制动（Accel，then Brake）；制动衰减试验（Brake Fade Test Initialization）；以200N的踏板力从120 km/h开始制动（Braking from 120 km/h，200 N Pedal Force）；以250N的踏板力从80 km/h开始制动（Braking from 80 km/h，250 N Pedal Force）；全节气门加速（Full Throttle Acceleration）；节气门开度递增到0.25（Ramp to 0.25 Throttle）；节气门开度递增到0.5（Ramp to 0.5 Throttle）；车速为65 km/h的时候改变地面附着系数（Split Mu from 65 km/h）。

* CS 8.01 Ramp to 0.5 Throttle for MT
Accel. then Brake
Brake Fade Test Initialization
Braking from 120 km/h, 200 N Pedal Force
Braking from 80 km/h, 250 N Pedal Force
Full Throttle Acceleration (6 spd.)
Ramp to 0.25 Throttle
Ramp to 0.5 Throttle
Split Mu from 65 km/h

图5-4　加速与制动测试项目

2. 驾驶员控制选项（Driver Controls）

驾驶员控制选项主要是指驾驶员在驾驶汽车过程中，能够实时控制的一些命令，最基本的包括汽车转向及转矩输出等，如图5-5所示。在软件自带的程序中可以看到包含的项目有：手刹转向初始化（Handbrake Turn Initialization）；公路上的领路车（Leading Car on Road Course）；正弦扫描转向输入（Sine Sweep Steer Input）；正弦波转向输入（Sine Wave Steer Input）；不同速度的转向测试（Speed Variable Steer Test）；静态转向测试（Static Steer Test）；转矩输入和停止转向（Torque Input w/ Steer Stops）；转矩脉冲输入（Torque Pulse Input）。

Handbrake Turn Initialization
Leading Car on Road Course
Sine Sweep Steer Input
Sine Wave Steer Input
Speed Variable Steer Test
Static Steer Test
Torque Input w/ Steer Stops
Torque Pulse Input

图5-5　驾驶员控制选项

3. 驾驶选项（Driving）

驾驶选项是指驾驶员在驾驶汽车的过程中，进行的一些带有消极色彩的操作选项，如图 5-6 所示。在软件自带的程序中可以看到包含的项目有：避免事故驾驶（Accident Avoidance Driving）；驾驶员控制的额外定速行驶（Constant Speed for Ext，Driver Control）；路面粗糙决定的匀速行驶（Constant Speed，Road w/ Roughness）；注意力分散的驾驶员（Distracted Driver）；草地行驶（Grassy Field）；高速公路合流（Highway Merge）；避免高速公路合流（Highway Merge Avoidance）；铁路穿越（Railroad Track Crossing）；遇见小而尖的凸起（Small，Sharp Bump）；凹地行驶（Trough Wander）。

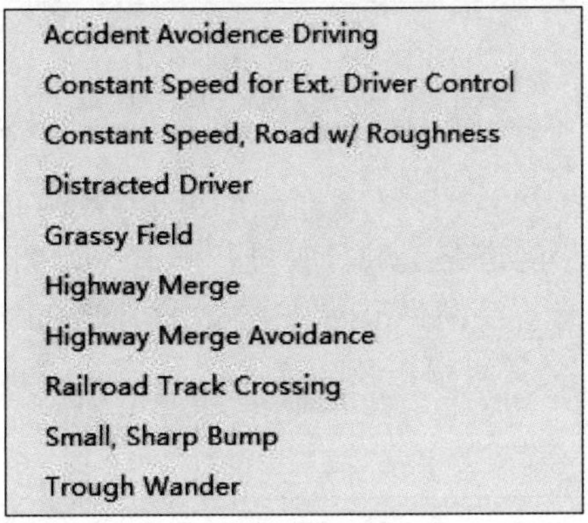

图 5-6　驾驶选项

4. 触发类事件测试（Event Triggered Tests）

触发类事件测试是指在进行的仿真测试需要触发一定条件，达到某种转折的情况。在软件自带的程序中可以看到，包括有：两轮变四轮驱动（2WD to 4WD）；反向旋转（Reverse Spin）；拖车反向运行（Trailer Reversing），如图 5-7 所示。

图 5-7　触发类事件测试

5. 延伸模型（Extended Models）

延伸模型是指额外附加的模型。

6. 控制测试（Handling Testing）

控制测试是指人为地进行的某种测试，如图 5-8 所示。在软件自带的程序中，可以看到包含的项目有：自带车辆 120 km/h 行驶测试（DLC@ 120 km/h）；自带车辆低摩擦阻力 120 km/h 行驶测试［DLC @ 120 km/h（Low Mu Surface）］；自带车辆的控制单元测试（DLC，CU）；瞬态响应测试（Transient Response Test）；环形路段转向不足试验（Understeer Test on Circle）。

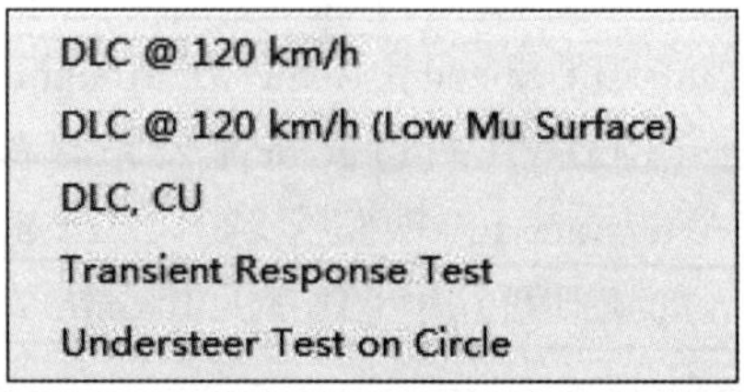

图 5-8　控制测试项目

7. 道路测试（Ride Tests）

道路测试是指对汽车在不同道路上的行驶进行测试，如图 5-9 所示。在软件自带的程序中，可以看到包含的项目有：反跳跃正弦扫描试验（Bounce Sine Sweep Test）；双波形道路（Chassis Twist Road）；交叉斜率正弦扫描测试（Cross Slope Sine Sweep Test）；大缓坡行驶（Large Smooth Bump）。

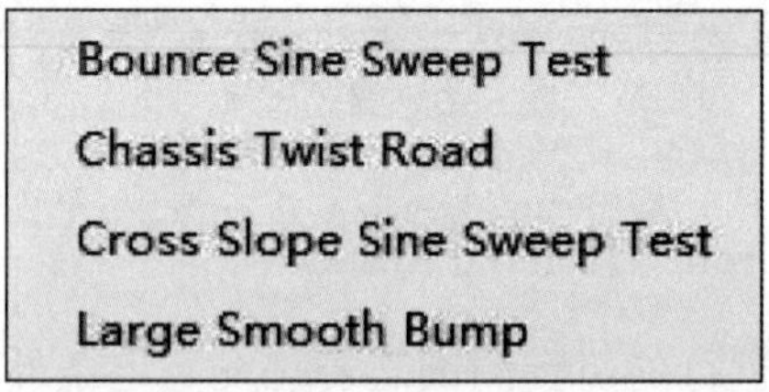

图 5-9　道路测试

8. 传感器和交通（Sensors and Traffic）

传感器和交通是指针对汽车上的传感器及汽车行驶在交通道路上的测试，如图 5-10 所示。在软件自带的程序中，可以看到包含的项目有：24 个目标车辆和物体（24 Target Vehicles and Objects）；7 个目标车辆（7 Target Vehicles）；1 个传感器 2 个目标车辆（One Sensor，Two Target Vehicles）；停靠的车辆（Parked Cars）；第一辆车雷达主动巡航控制（Radar Active Cruise Control；First Car）；第二辆车雷达主动巡航控制（Radar Active Cruise Control；Second Car）；第一辆车传感器输入雷达主动巡航控制［Radar Active Cruise；First Car（lnt. Sen.）］；第二辆车传感器输入雷达主动巡航控制［Radar Active Cruise；Second Car（lnt. Sen.）］；交通循环（Traffic Loop）；两个传感器，两个目标车辆（Two Sensors，Two Target Vehicles）。

9. 稳定性测试（Stability Testing）

稳定性测试是指汽车在行驶过程中受到来自环境的因素，能否保持车身稳定性的测

24 Target Vehicles and Objects
7 Target Vehicles
One Sensor, Two Target Vehicles
Parked Cars
Radar Active Cruise Control: First Car
Radar Active Cruise Control: Second Car
Radar Active Cruise: First Car (Int. Sen.)
Radar Active Cruise: Second Car (Int. Sen.)
Traffic Loop
Two Sensors, Two Target Vehicles

图 5-10　传感器和交通

试，如图 5-11 所示。在软件自带的程序中，可以看到包含的项目有：侧风翻滚测试（Crosswind and Tripped Rollover）；侧风测试（Crosswind Test）；带有轻微转向的侧风测试（Crosswind Test; Simple w/ Steering）；鱼钩测试（Fishhook）；第 126 条联邦机动车安全标准测试（FMVSS 126）。

Crosswind and Tripped Rollover
Crosswind Test
Crosswind Test; Simple w/ Steering
Fishhook
FMVSS 126

图 5-11　稳定性测试

10. 装备测试（Test Rigs）

装备测试主要针对的是汽车悬架进行的 K&C 特性分析，如图 5-12 所示。在软件自带的程序中可以看到包含的项目有：悬架参数弹跳测试（K&C Bounce Test）；悬架参数滚转测试（K&C Roll Test）。

K & C Bounce Test
K & C Roll Test

图 5-12　装备测试

以上是针对车辆分阶段行驶的前期的一些设置项目说明。在本章接下来的内容中，对汽车分阶段行驶的具体工况设置进行说明。

5.1　自动变道

目前，我国道路交通事故年死亡人数仍高居世界第二位，严重影响了人民正常的生活，遏制道路交通事故高发、降低交通事故的伤害是亟待解决的一大难题。据统计，车车事故的交通事故占总事故的 52.3%，实际情况中，大部分事故原因为车辆无故加塞、车辆间车距过近或者相对车速过高。若能有足够时间给驾驶员采取措施，约有 4/5 的交通事故能够得以避免。由事故原因分析可以得知，车辆变道时非常容易发生事故。

汽车行驶的工况可以分为城市工况和非城市工况。变道是指汽车在路上行驶过程中，驾驶员根据对路况及周围车辆信息的实时判断，平稳转向、驶往所需车道的过程。例如，汽车行驶时发生需要超车、避让、减速、转弯或者道路变窄变宽等情况，从而对汽车的行驶路线进行调整，在确定后方无车辆超越，准备驶入的车道留有一定的安全距离，在不妨碍该车道内车辆正常行驶的情况下，汽车进行不同车道的变换。变更车道时，应避免突然急转方向盘驶入相邻的车道，防止与正常行驶的车辆相碰撞或因路面光滑引起车辆侧滑。但在向左或向右变换车道时不宜过于缓慢，长距离压线行驶会影响其他车辆行驶，变更车道的持续时间一般应保持在 10s 之内完成。

当利用 CarSim 软件模拟车辆变道时，需要在保证安全变道的前提下进行参数的设置。对于 CarSim 软件中变道的设置，实际上就是改变行驶过程中的方向盘转角的输入。以控制测试为例进行变道说明，具体方法如下。

先在整车参数配置第一栏中设置车的完整参数后，单击第二栏程序下方子项目的下拉菜单，在弹出的子项目次级页面中选择新建一个车辆的数据库（Link to New Dataset），如图 5-13 所示。这里也可以选择在 CarSim 软件中自带的程序中修改，为了不破坏软件中自带的数据库，本章采用新建数据库的形式。

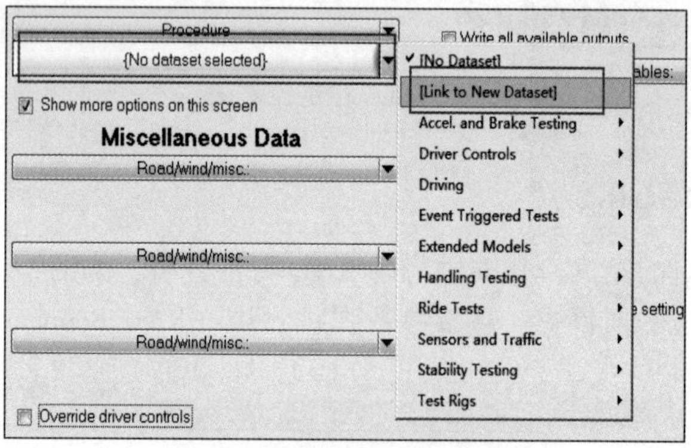

图 5-13　新建变道数据库

在弹出的命令窗口中，单击新数据库栏右侧的下拉菜单，选择控制测试选项，如图 5-14 所示。这里也可以选择其他测试选项，对后面的变道仿真没有影响，选择好了要建立的测试类型之后，在新数据库命名栏中给新的数据库起一个名字。为了方便读者学习，以 change line 对新的数据库命名，在上述内容完成以后，单击 Create and Link，此时变道仿真的数据库建立完成，如图 5-15 所示。

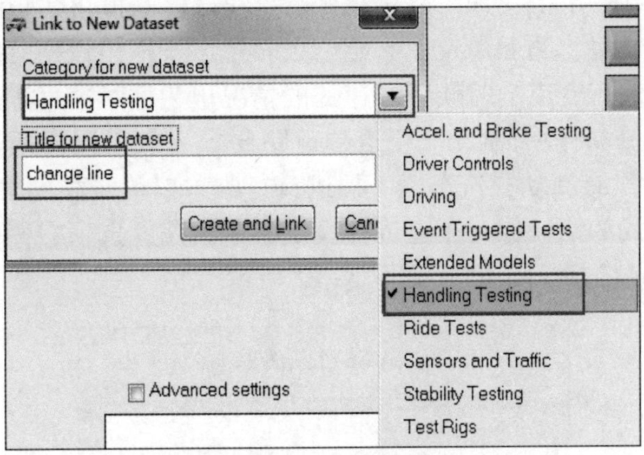

图 5-14　控制测试选项

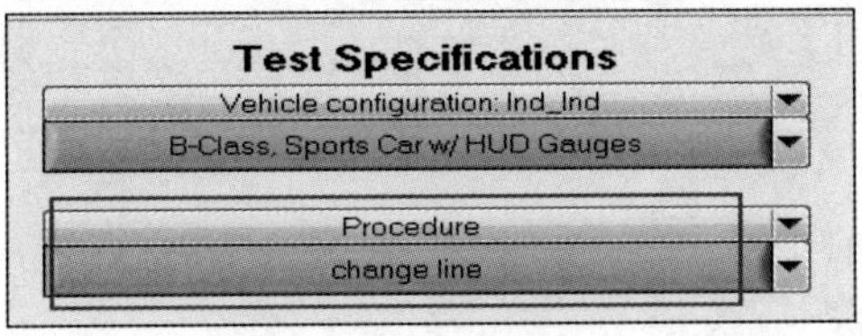

图 5-15　新建数据库

上述工作完成之后，单击新建好的 change line 项目进入编辑界面。新的数据库建立好后是空白的，如图 5-16 所示，需要使用者对 change line 的参数设置页面进行编辑。

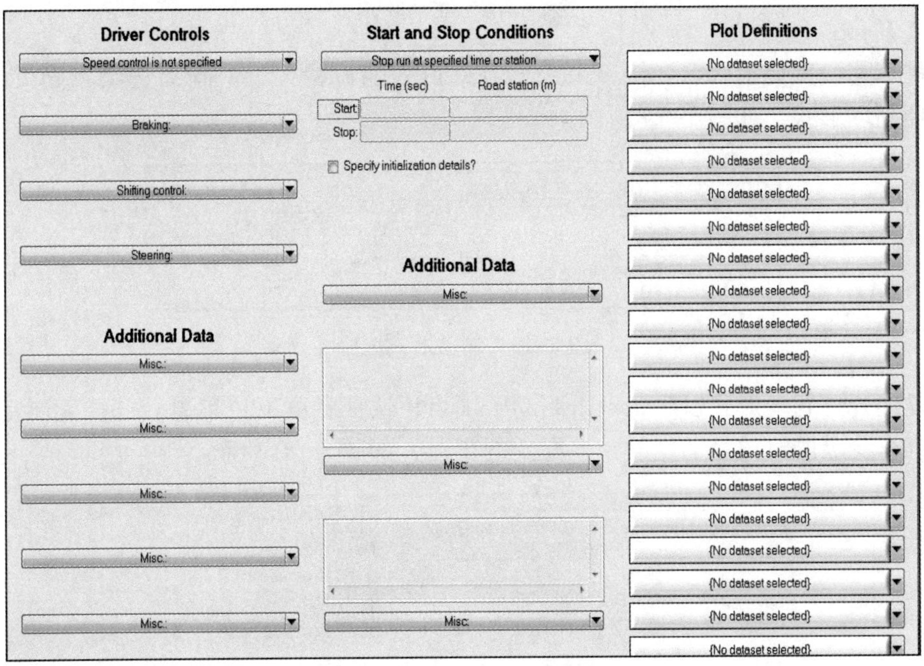

图 5-16　空白数据库

编辑界面如图 5-16 所示，使用者需要设置驾驶员控制模块，包括车速设定、制动设定、挡位设定、转向设定、路面设定、起始结束设定以及输出设定等。这里根据汽车实际行驶的情况，在汽车进行变道的时候，车速一般情况下为低车速（加速超车情况暂时不考虑在内），并且变道的同时没有制动，变道的道路要求一般为同向两车道。这里车速选择 60km/h，制动形式为没有制动，汽车以 4 挡进行行驶，以单向双车道进行变道。

在驾驶员控制模式的第一栏对车速进行设定，单击速度选项右侧的下拉菜单，选择车速为常数值（Constant target speed），如图 5-17 所示。

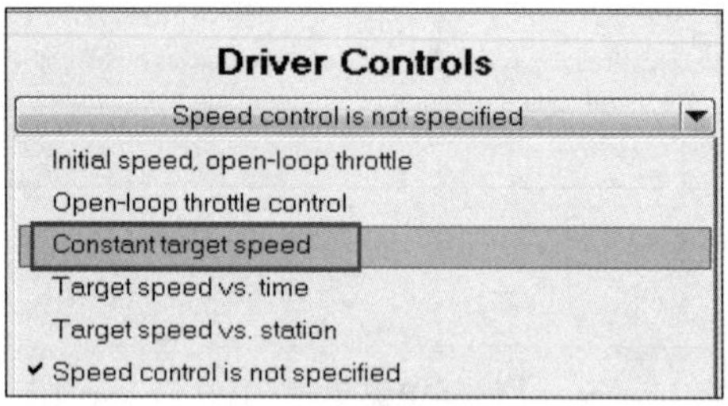

图 5-17　速度控制

设置好常数值车速的前提后，将车速设置为符合实际变道情况的 60km/h，如图 5-18 所示。到此，速度设置完成。

图 5-18　车速设置

在将车速设置完成以后，接下来进行制动形式的设置，单击制动选项右侧下拉菜单，选择开环制动形式，如图 5-19 所示。

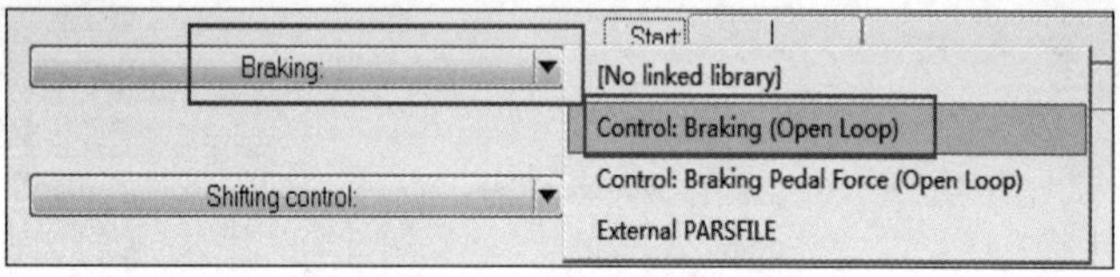

图 5-19　制动形式选择

设置完开环制动形式以后，单击制动子项目栏选项右侧下拉菜单，选择无制动，表示在进行汽车变道的时候是平稳的驶入要变的车道，如图 5-20 所示。

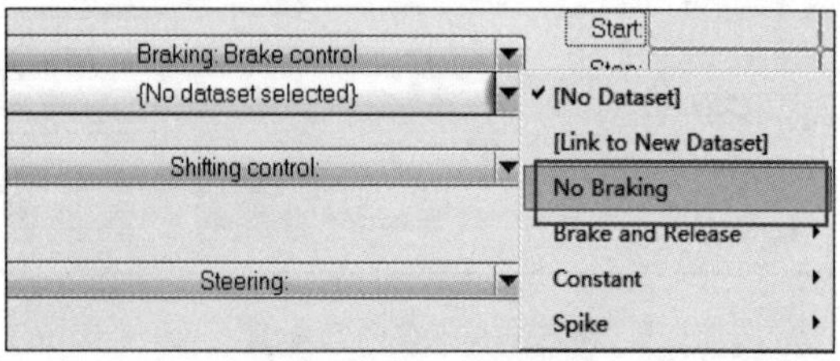

图 5-20　制动力的选择

单击无制动选项进入制动力子页面，如图 5-21 所示。可以看到，此时制动力为常数值 0N，到此制动设置完成。

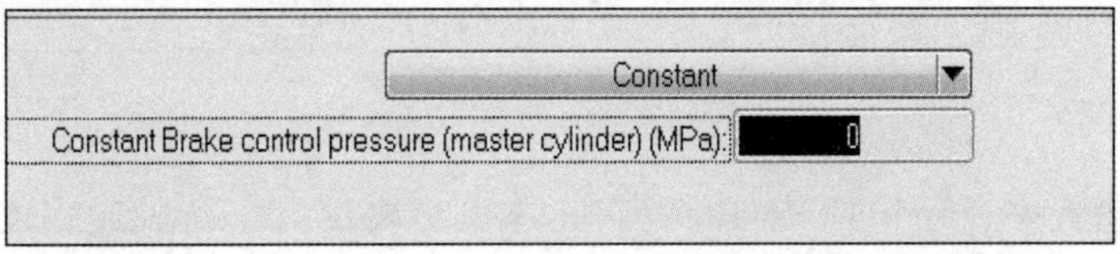

图 5-21　制动力子页面

接下来，进行挡位的设置。根据法律法规，汽车变道的同时不允许挡位的变化，同时 4 挡的挡位能满足车速为 60km/h 的设定，因此将挡位设定为 4 挡模式，符合要求。单击变速器选项右侧下拉菜单，选择闭环挡位控制，这里也可以设置为开环控制，由于进行的是变道的仿真，未对变速器进行单独的研究，因此设置为闭环控制，如图 5-22 所示。

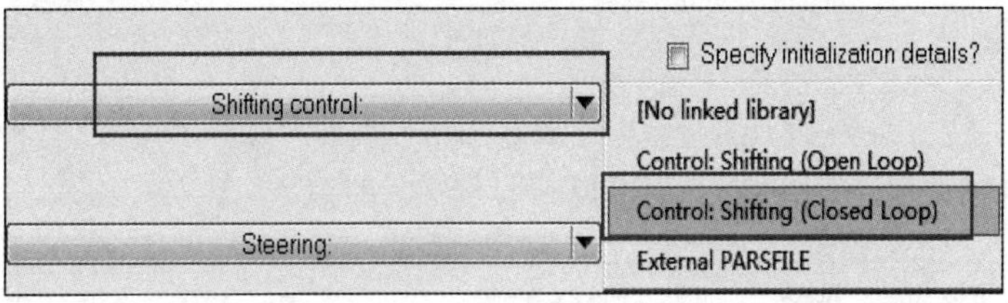

图 5-22　挡位形式选择

在设置完变速器为闭环控制以后，单击变速器子项目选项右侧下拉菜单，在弹出的次级页面中选择 4 挡模式（AT 4th Mode），如图 5-23 所示。

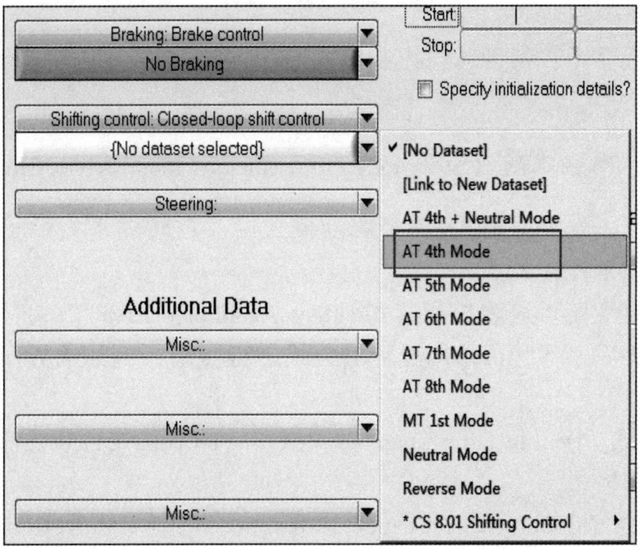

图 5-23　挡位选择

单击 4 挡模式进入页面，显示为闭环常数值变速器且设定为 4 挡模式，证明前期的挡位设定是正确的，如图 5-24 所示。至此，挡位（变速器）设置完成。

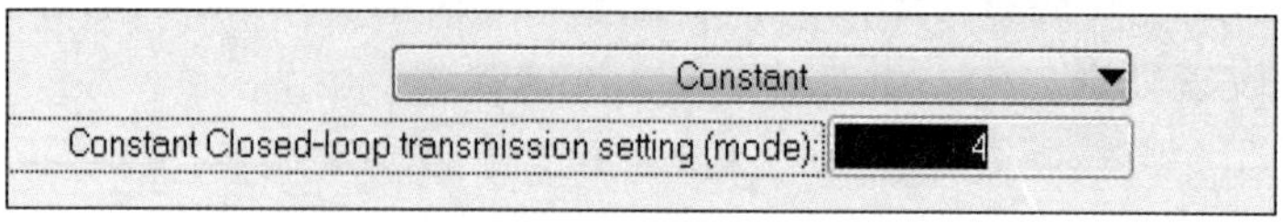

图 5-24　变速器子页面

在基本参数设置中，还包括转向的设定，这也是决定汽车行驶过程能否顺利完成变道的重要因素。单击转向控制选项右侧下拉菜单，这里弹出的命令窗口显示有两种，如图 5-25 所示，其中 Generic 为外部输入的控制，所以这里选择控制选项（Control）。

图 5-25　转向形式选择

单击控制选项后，会在弹出的次级目录中，出现图 5-26 所示的三种控制模式。分别为驾驶员模式-路径跟随、开环转角控制和开环转矩控制。

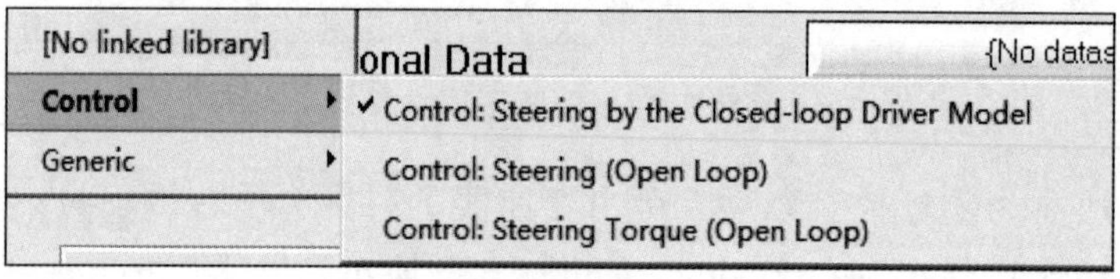

图 5-26　转向角选择

在系统自带的程序中，每种转向控制模式下都有相应的一些实际应用，下面对三种转向控制进行说明：

1. 驾驶员模式-路径跟随（Steering by the Closed-loop Driver Model）

当转向控制选择了驾驶员模式-路径跟随模式后，在转向下方的子项目栏选项右侧下拉菜单中，会出现以下几种模式。

（1）（事故规避路径）避障控制（Accident Avoidance Path）。它是指汽车在行驶过程中出现不确定因素之后，驾驶员采用避障的方式进行转向，例如前方出现落石、坍塌、事故等情形。

（2）双移线行驶（Double Lane Change）。汽车转向双移线行驶是汽车在进行操纵稳定性双移线控制的转向输入。

（3）双移线控制（Double Lane Change（Prev，0.7s））。和双移线控制一致，只是添加了反馈的时间。

（4）左右漂移（Drifts to the Left/ Drifts to the Right）。左右漂移，仿真驾驶员出现问题的时候使用。

（5）驾驶员过度反应（Driver Over-reacts）。驾驶员过度反应测试。

（6）固定位置控制（Constant Position）。固定位置控制，表示汽车在固定设置好的位置进行转向，与触发式事件仿真类似，仿真时使用的较多。

（7）DLC；CU。该控制为标准情况下右转控制。

（8）Highway Merge。该控制是指高速公路车辆合流的时候的转向控制。

（9）赛车场（Racetrack）。该转向控制为赛车场的转向控制。

2. 开环转角控制（Steering Open-loop）

开环转角控制的下拉菜单选项中，包括以下 8 种转向控制模式。

（1）1s 内转角由 0°~180°/1s 内转角由 0°~750°（0~180 deg. in 1 sec/0~750 deg. in 1 sec）。该转向控制表示的是，汽车的转向轮在 1s 内转角由 0°均匀增大到 180°，或者由 0°均匀增大到 750°。

（2）1rad 的转角（1 Radian Step Steer）。该转向控制表示的是汽车的转向轮转角由 0rad 变到 1rad。

（3）无转向（No Steer）。该转向控制表示的是汽车的转向轮无转向输入。

（4）由 750°减小到 0°（Return 750 deg，to Zero）。该转向控制表示的是，汽车的转向轮角度由 750°均匀减小到 0°。

（5）FMVSS 126 / Fishhook / Reverse Spin。这三个转向控制表示的是，汽车进行第 126 条联邦机动车安全标准测试、鱼钩测试和反转测试时的转向输入。

（6）拉起手刹时的转向 Handbrake Turn。该转向控制表示的是汽车在拉起手刹之后的转向。

（7）正弦波（Sine Wave）。该转向控制表示的是汽车的转向输入为正弦波输入。

（8）瞬态反应时间（Transient Response Times）。该转向控制表示的是汽车的瞬态反应时间，主要可以进行汽车转向灵敏度的仿真实验。

3. 开环转矩控制（Steering Torque Open-loop）

与开环转角控制唯一的区别就是：前者为角输入，而后者为力矩输入。

在汽车进行变道的仿真过程中，由于是人为的进行方向盘转角的输入，这里选择驾驶员控制模式，如图 5-27 所示。

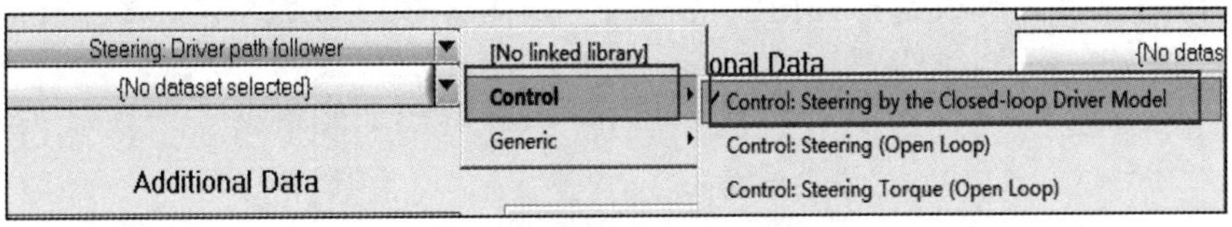

图 5-27 驾驶员控制模式

单击转向栏下方的子项目栏中，选项右侧的下拉菜单，新建一个数据库用来进行变道的转向设置。选择固定位置控制，在新数据库命名栏中，给新的数据库起一个名字。为了方便读者学习，以 change line steering 对新的数据库命名，在上述内容完成以后，单击 Create and Link 按钮，此时变道仿真转向数据库建立完成，如图 5-28 所示。

上述工作完成之后，单击新建好的 change line steering 项目进入编辑界面。新建好的

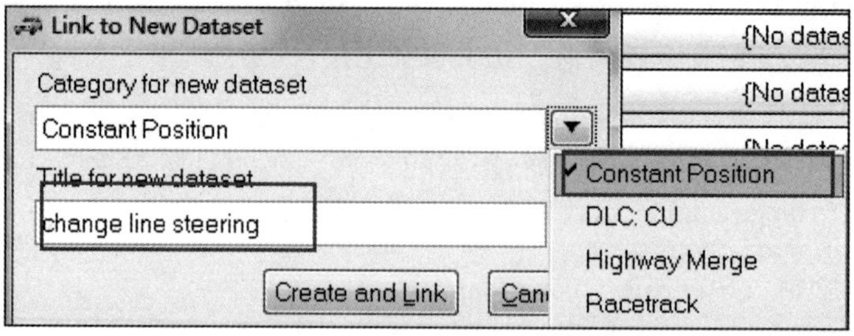

图 5-28　新建转向数据库

数据库是空白的，如图 5-29 所示，需要使用者对 change line 的参数设置页面进行编辑，使用者需要设置曲线特征、曲线坐标、转向辅助信息等。

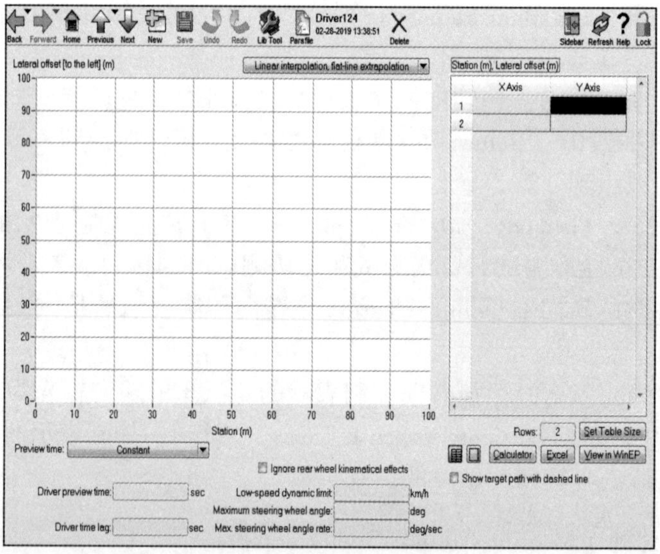

图 5-29　转向空白数据库

接下来，以汽车行驶变道到邻近道路之后行驶一段距离，再变回原来的道路为例，类似于超车模拟，后者在于有速度的改变，对汽车转向控制进行设定说明。

首先，在曲线特性选项选择插值线性输入，如图 5-30 所示。

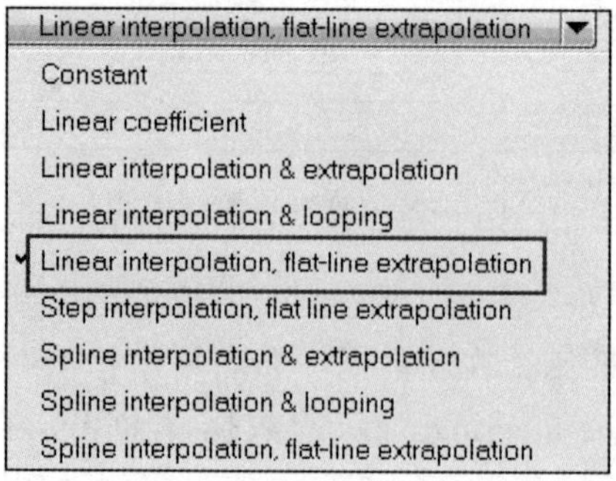

图 5-30　曲线特性选项

从图 5-31 所示的初始编辑界面可以看出，初始编辑界面的坐标表格数为两个，这里修改为 15 个坐标点，并在坐标下方的表格中输入变道时转角和时间的关系坐标。

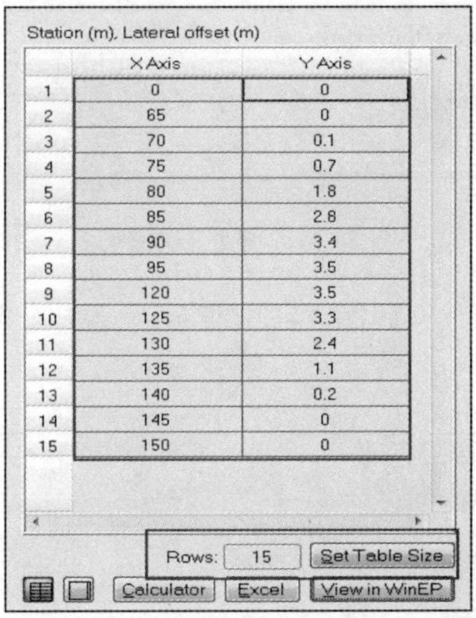

图 5-31 初始编辑界面

建立好的坐标会出现在左侧的坐标系中，单击“View in WinEP”，会将建立的坐标图像进行细节放大，方便使用者对曲线进行观察，如图 5-32 所示。

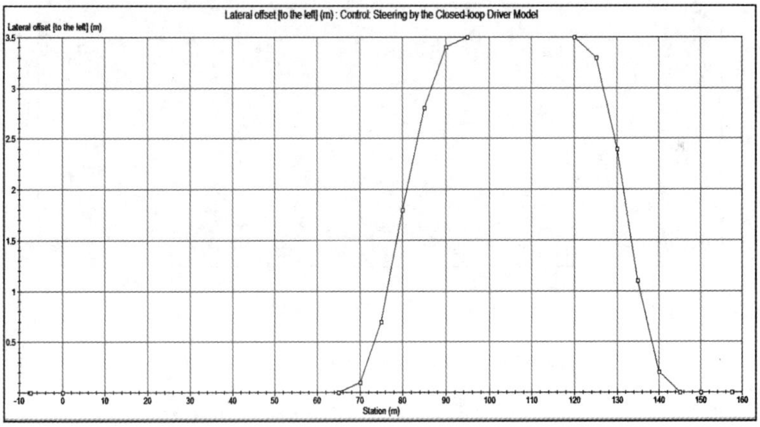

图 5-32 转向曲线

接下来，进行转向辅助信息的设置，包括：程序运行提前延迟时间、低速动态限制和转向轮最大转角及角速度。具体设置如图 5-33 所示。

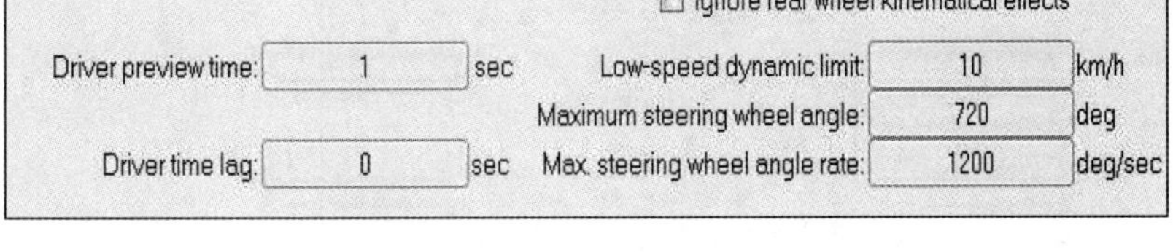

图 5-33 转向辅助信息设置

为了清晰地观察汽车的运行轨迹，需要将显示目标轨迹这一选项勾选，在选项的下方设置好轨迹线的特征，如图 5-34 所示。

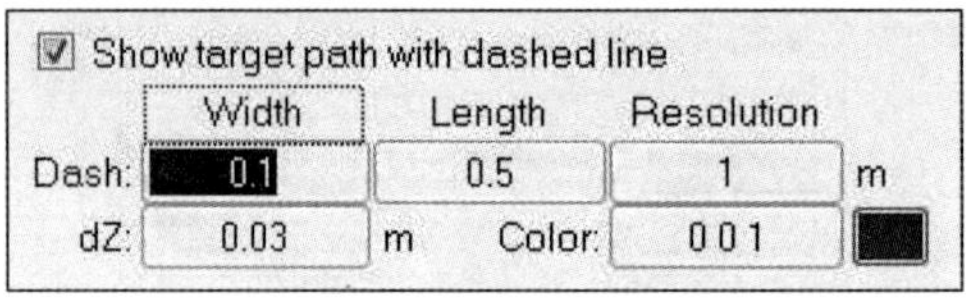

图 5-34　显示目标轨迹

设置好的变道转向参数界面，如图 5-35 所示。单击“保存”按钮，至此转向控制设置完成。

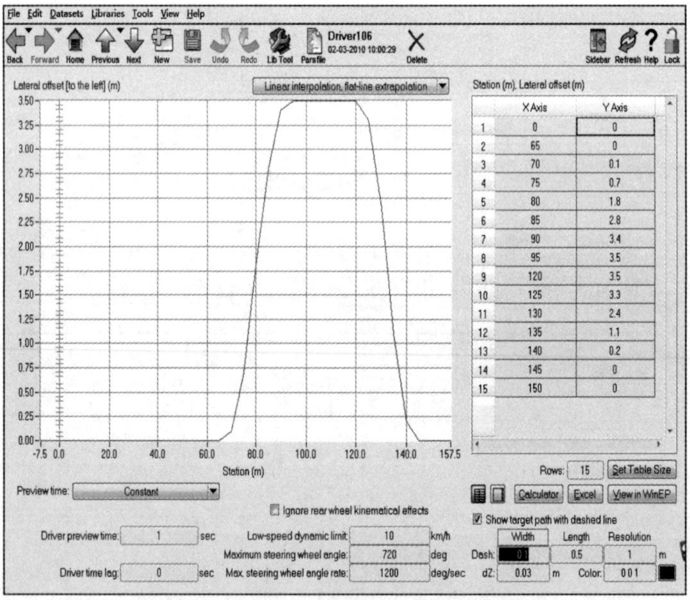

图 5-35　变道转向参数界面

在完成了变道基本参数的设置后，接下来进行道路行驶附加信息等的设置。道路行驶附加信息在 CarSim 软件主界面的附加数据信息处添加，如图 5-36 所示。

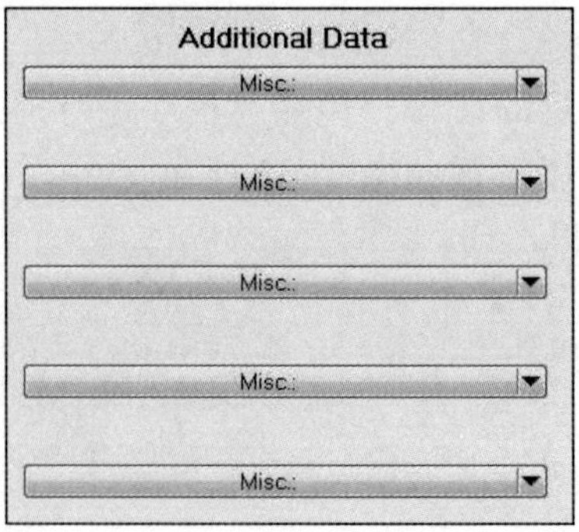

图 5-36　附加信息界面

单击第一个项目栏选项右侧的下拉菜单，在弹出的子页面选择道路-3D 显示道路，如图 5-37 所示。在本书的第 4 章中已经介绍了道路的设置，这里不再赘述。此处建立新的道路数据库。

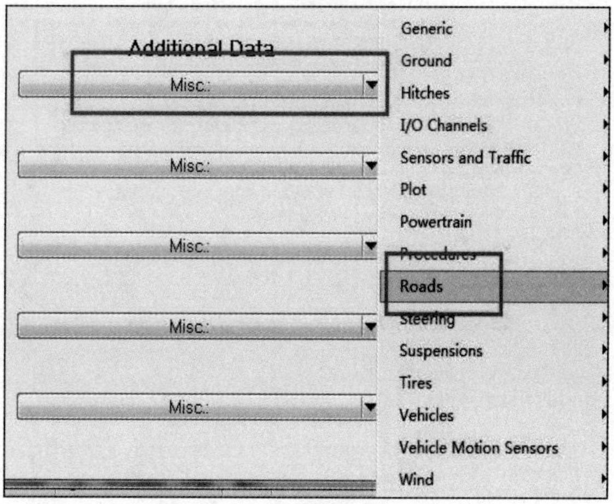

图 5-37 新建道路数据库

接下来，设置轮胎压力的显示。单击附加数据信息第二个项目栏选项右侧的下拉菜单，在弹出的子页面选择外部数据显示，如图 5-38 所示。

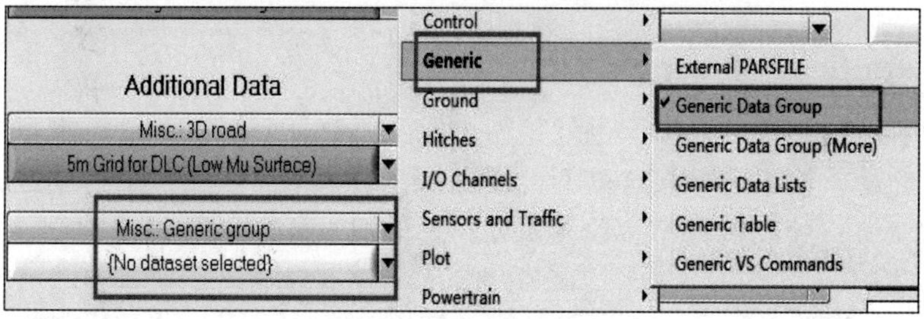

图 5-38 轮胎压力显示设置

单击外部数据显示项目下方的子选项右侧的下拉菜单，选择轮胎压力箭头显示，选择两轴式显示 F_x，F_y，F_z，如图 5-39 所示。

图 5-39 轮胎压力箭头显示设置

在完成了参数的设置之后，需要对仿真的开始和结束进行设置。首先，在开始和结束条件设置栏，选择在指定的时间段运行，如图 5-40 所示。

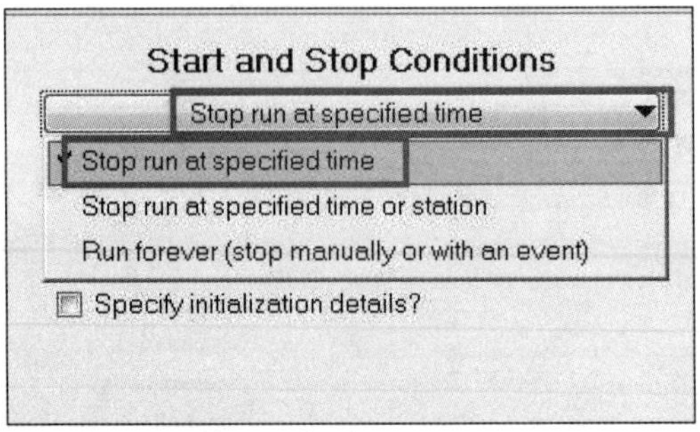

图 5-40　开始和结束条件设置

这里设置开始和结束时间段为 0～20s，如图 5-41 所示。

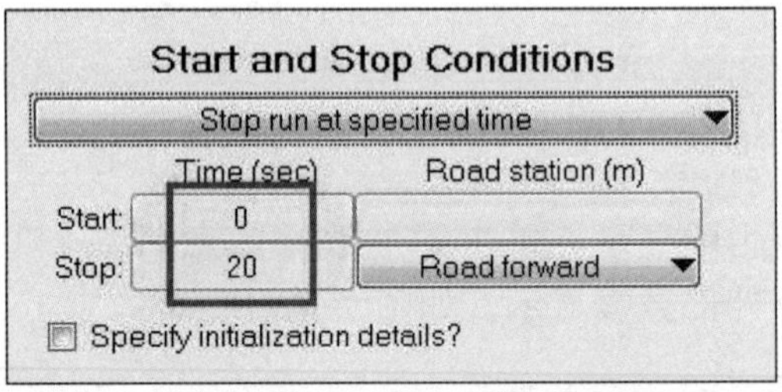

图 5-41　开始和结束时间段

最后，设置运行结果的输出，也就是输出定义（Plot Definitions）。本章主要是针对分阶段行驶进行介绍，输出定义在这里不再详述，在第 6 章曲线图像中为读者进行说明。

建立好的变道行驶模型程序参数设置界面，如图 5-42 所示。

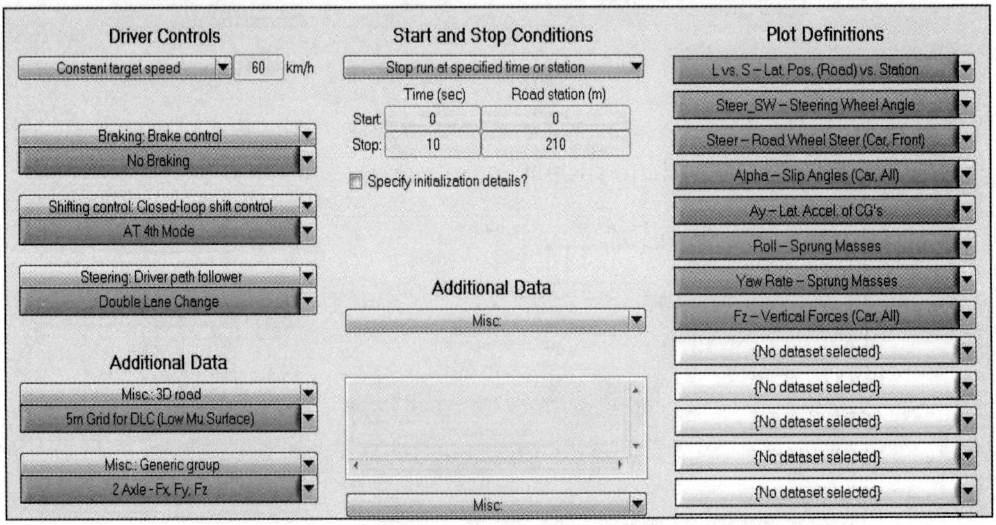

图 5-42　输出定义设置

单击后退选项，回到 CarSim 软件主界面，运行软件，汽车会进行自动变道的行驶，可以从运行结果看到汽车实际行驶的路线，以及一些相应的参数信息，如图 5-43 所示。

图 5-43 汽车行驶路线图

同时，在信息输出（PLOT）中会输出一些在输出定义（Plot Definitions）要求的参数信息，如图 5-44 所示。

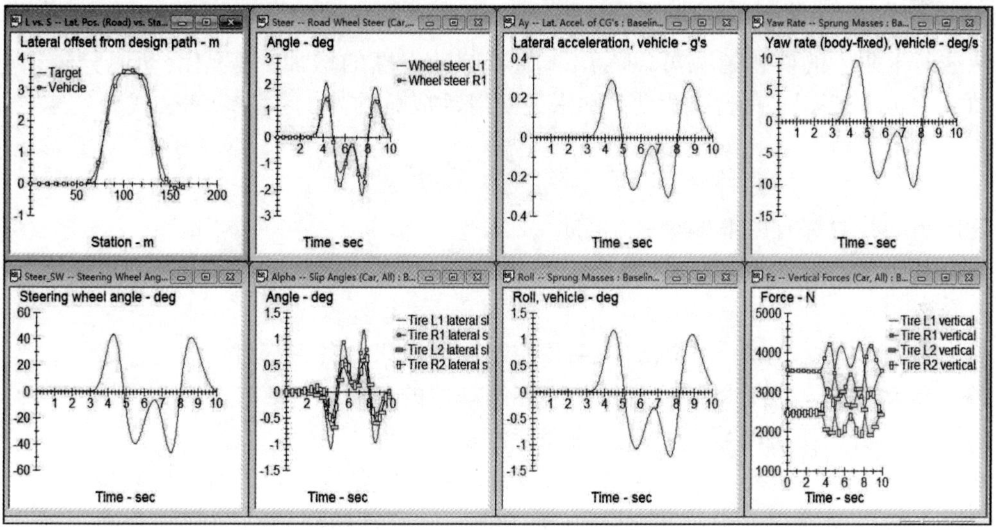

图 5-44 输出定义

由图 5-44 可以看到，包括车轮的转角、车辆的地面支持力、实际车辆与理想车辆运行曲线的拟合程度等，可以通过编辑界面设置需要的输出参数。

5.2 制动

在汽车发展的同时，其运行安全尤其是制动安全日益突出。预防和减少车辆因制动而引发的道路交通事故，既关系到交通安全有序和出行安全，也直接关系着驾驶员自身的安全和家庭幸福。

汽车的制动性能是衡量汽车安全性的一个重要标准。只有稳定、可靠的制动性能，才能充分发挥其动力性能。汽车制动系统的性能，决定了车辆是否能够实现安全行驶。制动距离过长、紧急制动时发生侧滑和失去转向能力等情况，往往导致重大交通事故的发生。因此，汽车的制动性能是汽车安全行驶的重要保障。汽车的制动过程比较复杂，它与汽车总布置和制动系各参数的选择有关。仔细观察汽车制动过程，会发现轮胎留在地面上的印痕从车轮滚动到抱死拖滑是一个渐变的过程，大致分为三个阶段。

第一阶段，车轮接近于单纯的滚动，可以认为：

$$u_w \approx r_{r0}\omega_w \tag{5-1}$$

式中，u_w 为车轮中心的速度；r_{r0} 为没有地面制动力时的车轮滚动半径；ω_w 为车轮的角速度。

第二阶段，轮胎不是单纯的滚动，胎面与地面还发生一定程度的相对滑动，车轮处于边滚边滑的状态，此时：

$$u_w > r_{r0}\omega_w \tag{5-2}$$

随着制动强度的增加，滑动成分的比例越来越大，此时：

$$u_w >> r_{r0}\omega_w \tag{5-3}$$

第三阶段，车轮被制动器抱住，在路面上做完全的拖滑，此时：

$$\omega_w = 0 \tag{5-4}$$

从这三个阶段的变化情况可以看出，随着制动强度的增加，车轮滚动成分越来越少，而滑动成分越来越多。一般用滑动率 s 来说明滑动成分的多少，滑动率公式为：

$$s = \frac{u_w - r_{r0}\omega_w}{u_w} \times 100\% \tag{5-5}$$

任何制动装置都有以下四个基本组件。

（1）供能装置：主要由提供和调节制动能量的装置组成，并且可以将能量的传递形式进行改变。

（2）控制装置：包括产生制动效果并控制制动效果的各种部件。

（3）传动装置：包括将制动能量传递到制动器的各种部件。

（4）制动器：使车辆减速、停止或保持停止的组件。

此外，完整的制动装置还包括制动力调节装置、报警装置和压力保护装置等。

制动系统按不同功能分，可分为行车、驻车、应急制动和辅助制动装置。行车制动装置的驱动机构通常采用双回路或多回路结构，确保其可靠运行；驻车制动装置由机械驱动机构驱动；应急制动装置用于在行车制动装置发生故障并失效时，通过使用其机械力源来制动车辆；辅助制动装置包括发动机排气辅助制动装置，或电涡流缓速器的辅助制动装置等，以使车辆能够长时间降低或保持稳定的速度，并继续缓慢降低或保持恒定的速度。

汽车制动包括加速之后的制动、汽车行驶过程中的制动等。在 CarSim 软件中进行车辆制动仿真模拟、设置参数的时候，需要在保证制动合理性的前提下，进行参数的设置。对于 CarSim 软件中制动的设置，实际上就是改变行驶过程中的制动液压缸的压力，或者是制动踏板的力。以行驶时先加速再减速制动为例，进行制动说明，具体方法如下：

首先，在整车参数配置第一栏中设置车的完整参数后，单击第二栏程序下方子项目的下拉菜单，在弹出的子项目次级页面中，选择新建一个车辆的数据库。在弹出的命令窗口中，单击新数据库栏右侧的下拉菜单，选择加速和减速测试（Accel. and Brake Testing）选项，这里也可以选择其他测试选项。为了体现的是制动仿真的相关项目，所以将新的数据库建立在加速和减速测试项目下，选择好要建立的测试类型后，在新数据库命名栏中给新的数据库起一个名字，为了方便读者学习，以 brake 对新的数据库命名。在上述内容完成以后，单击 Create and Link，此时制动仿真的数据库建立完成，如图 5-45 所示。

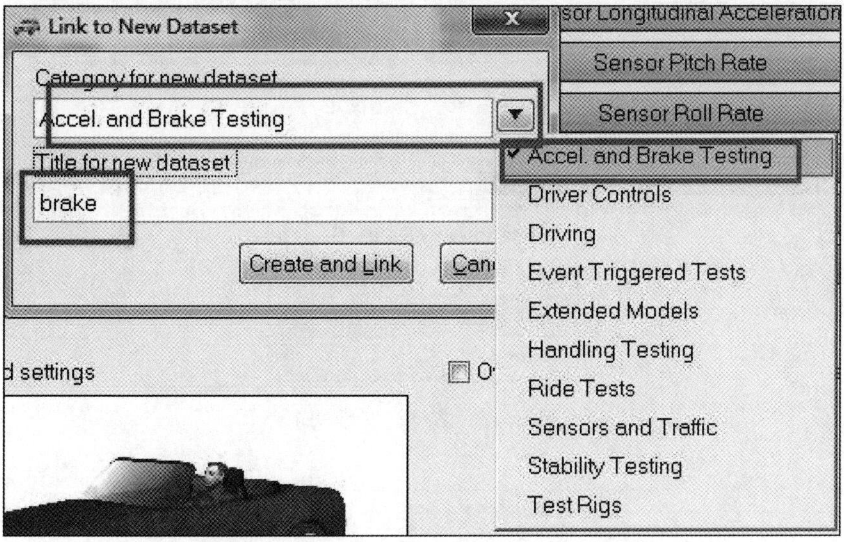

图 5-45 制动仿真数据库

上述工作完成之后，单击新建好的 brake 项目，进入编辑界面。建立好的新的数据库是空白的，需要使用者对 brake 的参数设置页面进行编辑。

在编辑界面中，使用者需要设置驾驶员控制模块，包括车速设定、制动设定、挡位设定、转向设定、路面设定、起始结束设定，以及输出图像信息设定等。这里根据汽车实际行驶时先加速再减速制动，在汽车进行制动行驶的时候，车速为较高车速，挡位为较高挡位，并且制动的同时是没有转向输入的，对于汽车行驶的道路没有较高的要求。为了完整地观察汽车的制动过程，保证制动的安全性，在设置道路信息的时候，需要保证路面的粗糙度和长度等信息。综上所述，车速选择节气门开度控制的高车速，转向形式为没有转向，汽车以 6 挡模式进行行驶，以平整且较长的路面进行仿真实验说明。

在驾驶员控制模式的第一栏，对车速进行设定，如图 5-46 所示。单击速度选项右侧的下拉菜单，设置初速度的开环节气门控制。设置好开环节气门控制车速的前提后，将汽车的初速度设置为 0km/h，这表明汽车是由停止时逐渐加速。

车速设置菜单栏的下面一栏为开环节气门的控制形式，这里可以看到：在开环节气门控制车速选项中，包含常数值（Constant）和递增值（Ramp），如图 5-47 所示。二者对于汽车行驶都起到加速的作用，区别在于前者在汽车行驶时起到的是匀加速的作用，而后者起到的是变加速的作用。

这里选择 Ramp，在递增值弹出的次级页面中，选择 10s 内节气门开度达到 0.65（Ramp to 0.65 in 10 sec.），如图 5-48 所示。至此，速度设置完成。

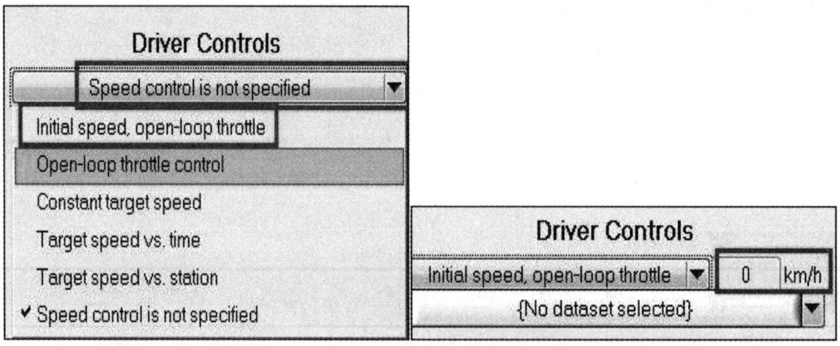

图 5-46　车速设定

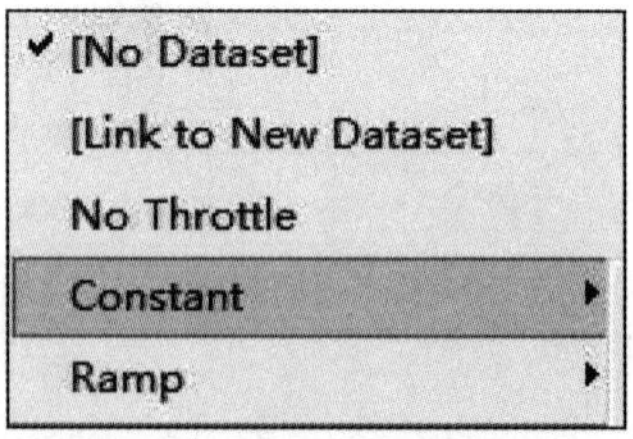

图 5-47　节气门开度选项

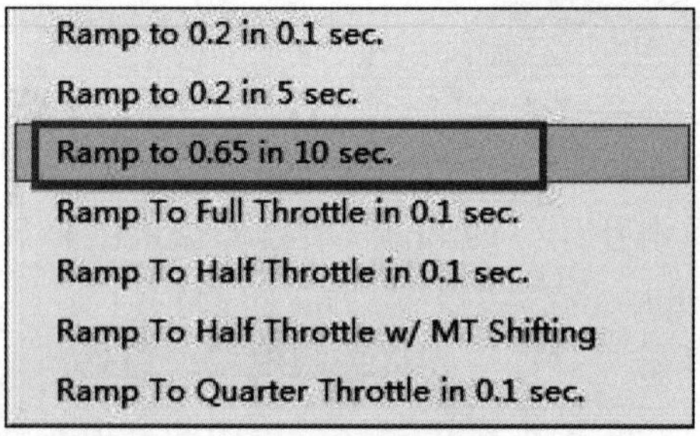

图 5-48　节气门开度设置

在递增值节气门控制的子页面中，其他几个选项分别是 0.1s 内节气门开度达到 0.2、5s 内节气门开度达到 0.2、0.1s 内节气门开度达到全开状态、0.1s 内节气门开度达到半开状态、0.1s 内节气门开度达到 1/4 开状态。

在将车速设置完成以后，接下来进行制动形式的设置，汽车能否完成制动仿真的过程，很大程度上由此决定。为了观察汽车制动过程的明显性，这里选择制动力逐渐增大的制动行驶。单击制动选项右侧下拉菜单，选择开环制动形式。

设置完开环制动形式以后，单击转向栏下方的子项目栏中选项右侧下拉菜单，新建一个数据库用来进行制动压力的设置。选择变量（大小随时间变化）的 Spike 选项，采用 15s 的时候制动主缸的压力达到 0.8MPa 的方式进行设置，表明汽车在 15s 的时候开始制动，直到汽车完全停止。这样能够观察到汽车在行驶过程中有明显的制动现象，直至制动停车。在新数据库命名栏中给新的数据库起一个名字，为了方便读者学习，以 brake to stop 对新的数据库命名，如图 5-49 所示。在上述内容完成以后，单击 Create and Link，此时制动仿真转向数据库建立完成。其余两种制动形式分别为：制动然后松开制动和常数制动压力值。

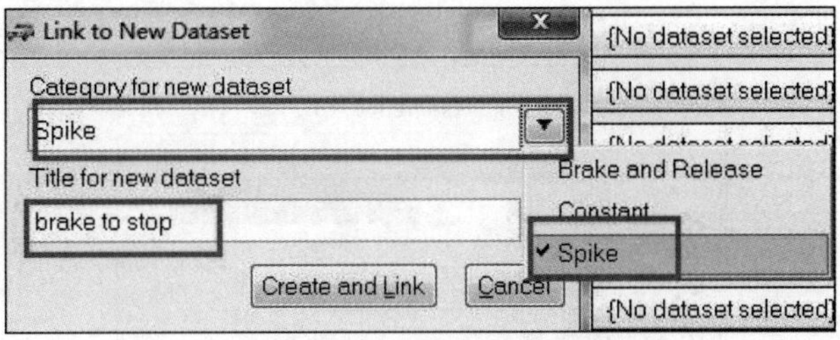

图 5-49　制动仿真数据库

上述工作完成之后，单击新建立的 brake to stop 项目进入编辑界面。与变道转向控制相似，建立好的新数据库是空白的，如图 5-50 所示。需要使用者对 brake to stop 项目的参数设置页面进行编辑，需要设置曲线特征、曲线坐标、制动结束信息等。

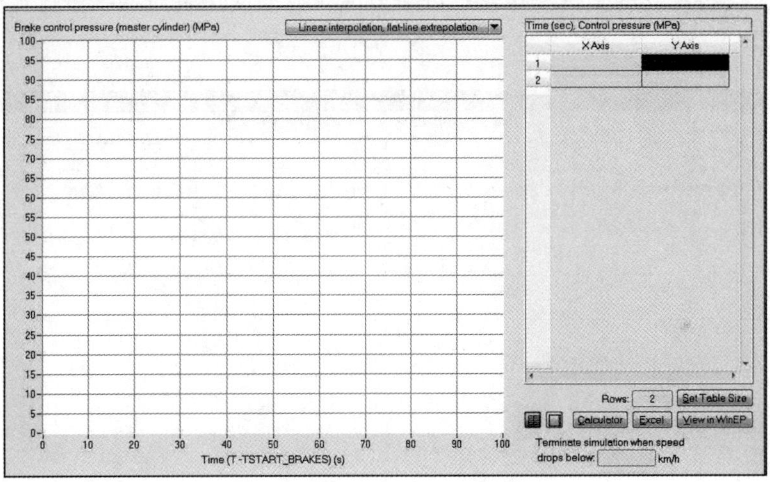

图 5-50　制动设置界面

首先，在曲线特性里选择插值线性输入，如图 5-51 所示。

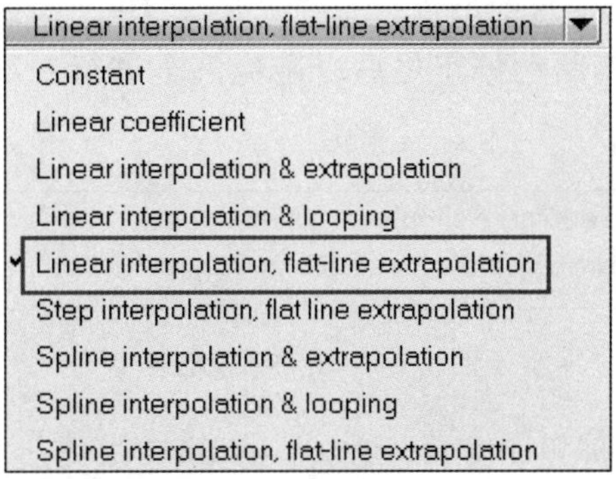

图 5-51　曲线特性选项

选择进入编辑界面，初始编辑界面的坐标表格数为两个，这里改成 5 个坐标点，如图 5-52 所示，这样使制动力曲线更加精确，并在右侧表格中输入制动时制动压力和时间的关系坐标。

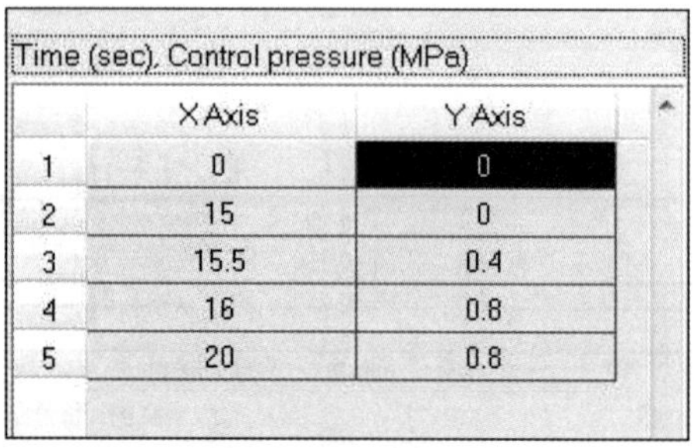
Time (sec), Control pressure (MPa)

	X Axis	Y Axis
1	0	0
2	15	0
3	15.5	0.4
4	16	0.8
5	20	0.8

图 5-52　初始编辑界面

单击“保存”按钮之后，建立好的坐标会出现在左侧的坐标系中，单击“View in WinEP”按钮，会将建立的坐标图像进行细节放大，方便使用者对曲线进行观察，如图 5-53 所示。

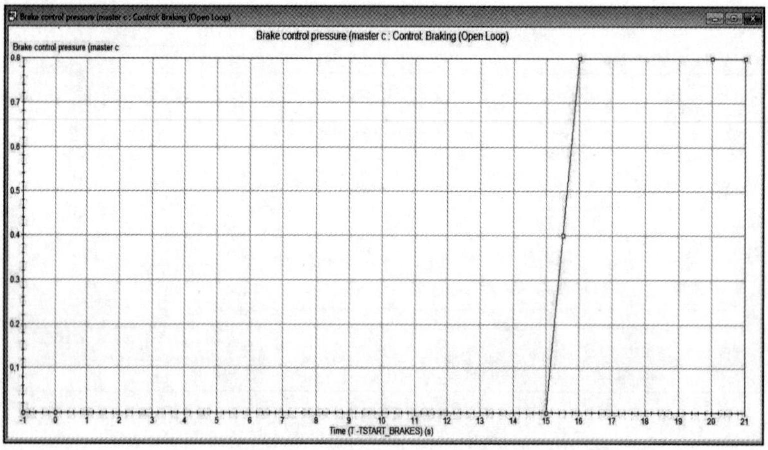

图 5-53　制动力数值图像

接下来，进行制动结束信息的设置。为了使汽车停止之后取消制动，将结束仿真时的速度设置为 0km/h，即汽车制动停车之后，避免汽车进行二次加速再制动，如图 5-54 所示。

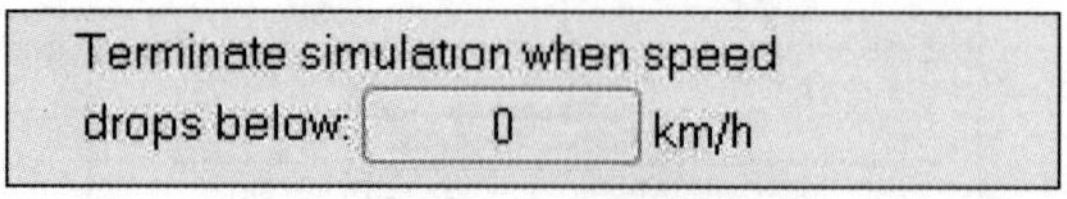

图 5-54　制动结束信息

设置好的制动参数界面如图 5-55 所示，单击“保存”按钮，至此制动控制设置完成。

接下来，进行挡位的设置。这里选择 6 挡，6 挡的挡位能满足车速为较高车速、挡位

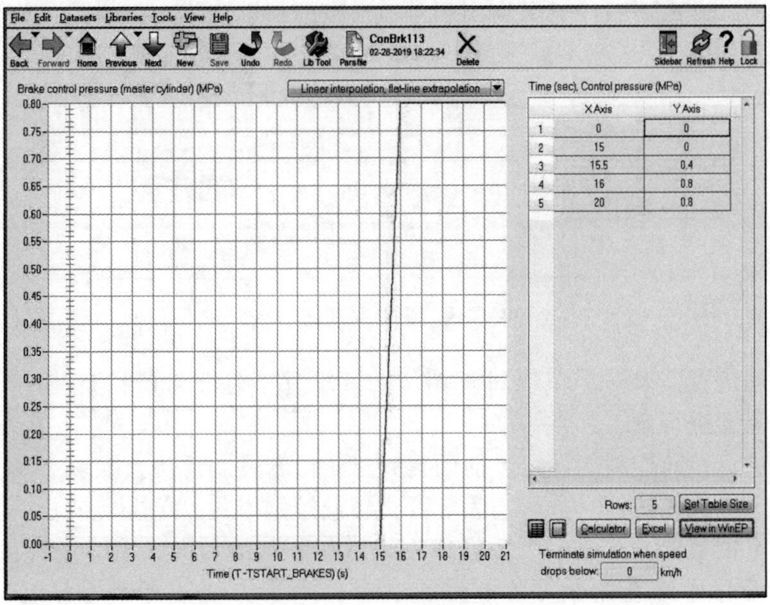

图 5-55 制动参数界面

为较高挡位的设定，符合要求。单击变速器选项右侧下拉菜单，选择闭环挡位控制，这里也可以设置为开环控制。同变道仿真类似，由于进行的是变道的仿真，未对变速器进行单独的研究，因此设置为闭环控制。具体操作如下：单击挡位控制菜单栏右侧的下拉菜单，选中闭环变挡控制，如图 5-56 所示。

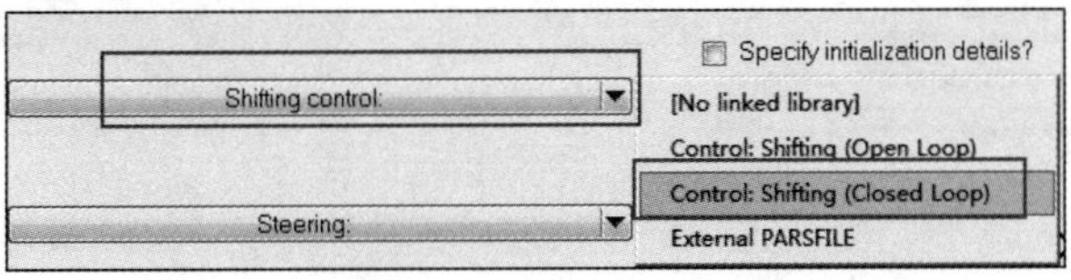

图 5-56 变速器形式设定

在设置完变速器为闭环控制以后，单击变速器子项目选项右侧下拉菜单，在弹出的次级页面中选择 6 挡模式（AT 6th Mode），如图 5-57 所示。

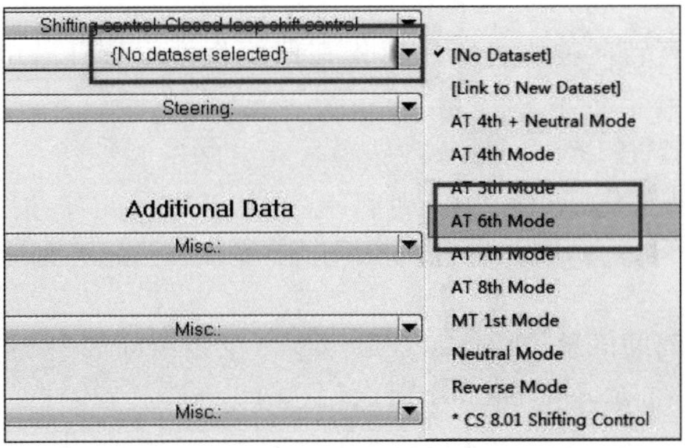

图 5-57 挡位选择

单击 6 挡模式进入页面，显示为闭环常数值变速器设定为 6 挡模式，证明前期的挡位设定是正确的，如图 5-58 所示。至此，挡位（变速器）设置完成。

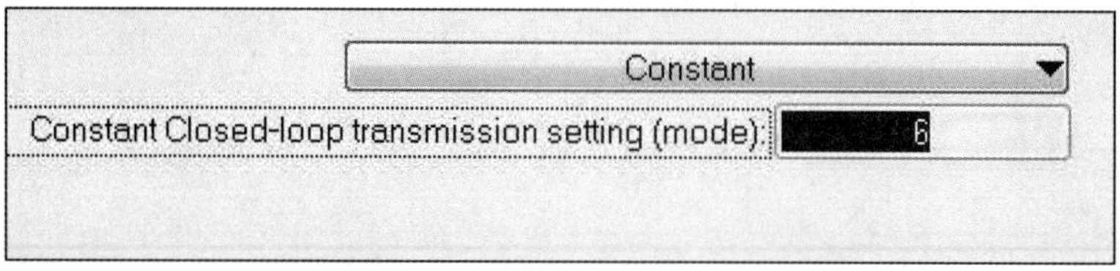

图 5-58　挡位选择子界面

在进行制动仿真实验时，车辆对于挡位的要求并不是非常严格，使用 CarSim 软件时可以根据实际需要进行设定。

接下来，进行转向控制的设定。前面提到过：由于是制动仿真实验，因此转向对仿真的影响不大，这里选择仿真时常用的固定位置转向控制模式。单击转向栏下方的子项目栏中选项右侧的下拉菜单，新建一个数据库用来进行制动的转向设置。选择固定位置控制，在新数据库命名栏中给新的数据库起一个名字，为了方便读者学习，以“brake to stop steering”对新的数据库命名，在上述内容完成以后，单击 Create and Link，此时制动仿真制动转向数据库建立完成，如图 5-59 所示。

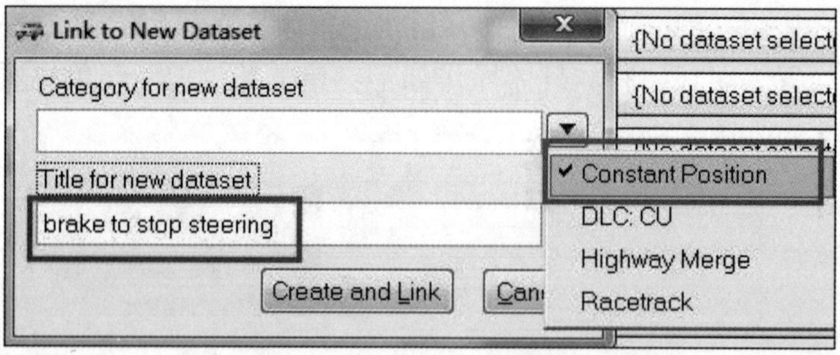

图 5-59　建立制动仿真制动转向数据库

上述工作完成之后，单击新建立好的 brake to stop steering 项目，进入编辑界面。对空白的数据库进行编写，编辑界面如图 5-60 所示，使用者需要设置曲线特征、曲线坐标、转向辅助信息等。

由于在制动时没有转向输入，所以首先在曲线特性里选择常数值输入，如图 5-61 所示。

选择常数值输入之后的界面，变更为如图 5-62 所示。

这里将常数值设置为 0，如图 5-63 所示。

由于是无转向输入的，因此只需将固定值设定为 0 即可，无须再输入转角和时间的坐标关系。

接下来，对转向辅助信息进行设定。选取闭环反馈时间为 1.5s，结合实际低速动态限制、转向轮最大转角及角速度，分别设定为 10km/h、720°和 1200°/s，如图 5-64 所示。

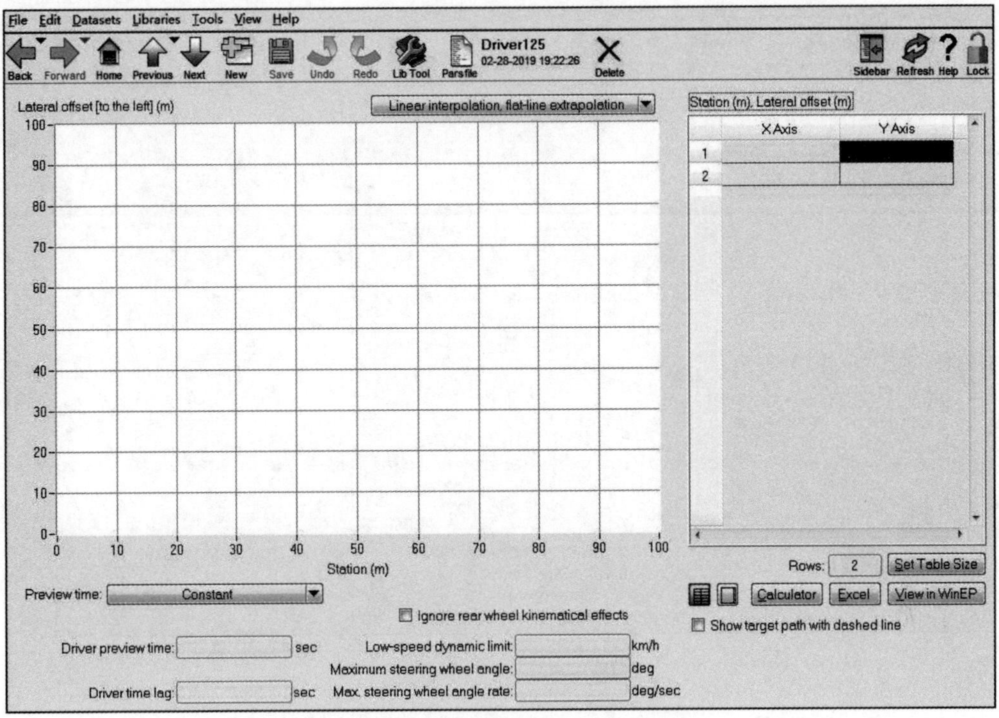

图 5-60　制动转向参数设置界面

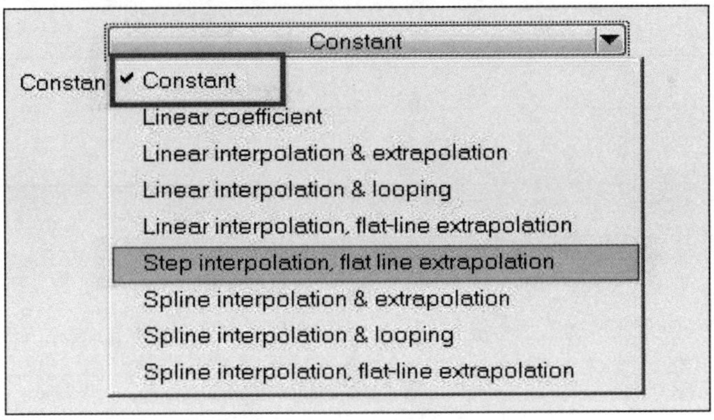

图 5-61　曲线特性选择

设置好的制动转向参数界面，单击“保存”按钮，如图 5-65 所示。至此，转向控制设置完成。

在完成了制动仿真基本参数的设置以后，接下来进行道路等行驶附加信息的设置。与前一节中道路设置类似，在 CarSim 软件主界面的附加数据信息处，添加道路等行驶附加信息。

单击附加数据信息区域第一个项目栏选项右侧下拉菜单，在弹出的子页面选择道路-3D 显示道路，在道路信息子项目中单击选项右侧下拉菜单，建立新的道路数据库，建立一条平滑且长的道路。

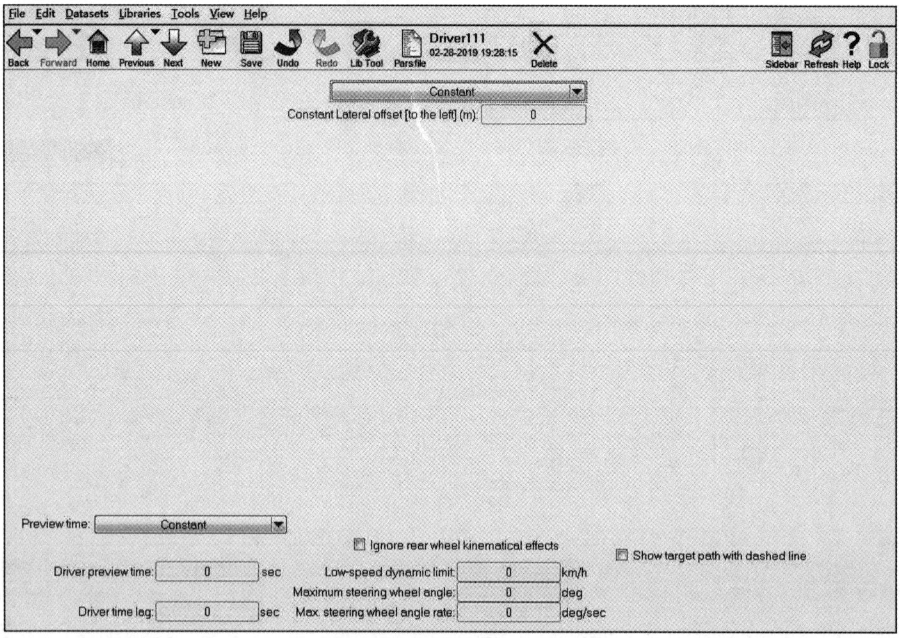

图 5-62　常数值界面

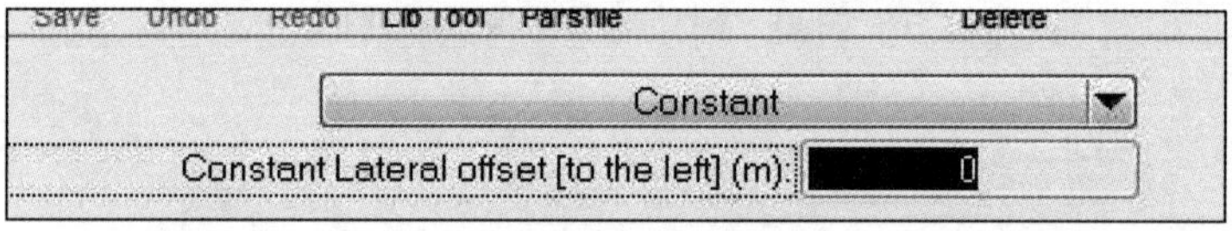

图 5-63　常数值设置

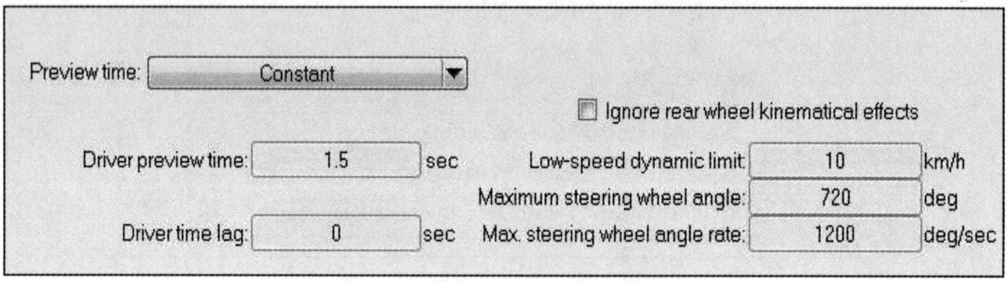

图 5-64　转向辅助信息设定

接下来，设置轮胎压力的显示。单击附加数据信息第二个项目栏选项右侧下拉菜单，在弹出的子页面选择外部数据显示。单击外部数据显示项目下方的子选项右侧下拉菜单，选择轮胎压力箭头显示，选择两轴式显示 F_x，F_y，F_z，如图 5-66 所示。

在完成了参数的设置之后，需要对仿真的开始和结束进行设置。首先，在开始和结束条件设置选项，选择在特定的时间段运行，如图 5-67 所示。

这里设置开始和结束的时间段为 0～30s，如图 5-68 所示。

最后，设置运行结果的输出。建立好的制动行驶模型程序参数设置界面，如图 5-69 所示。

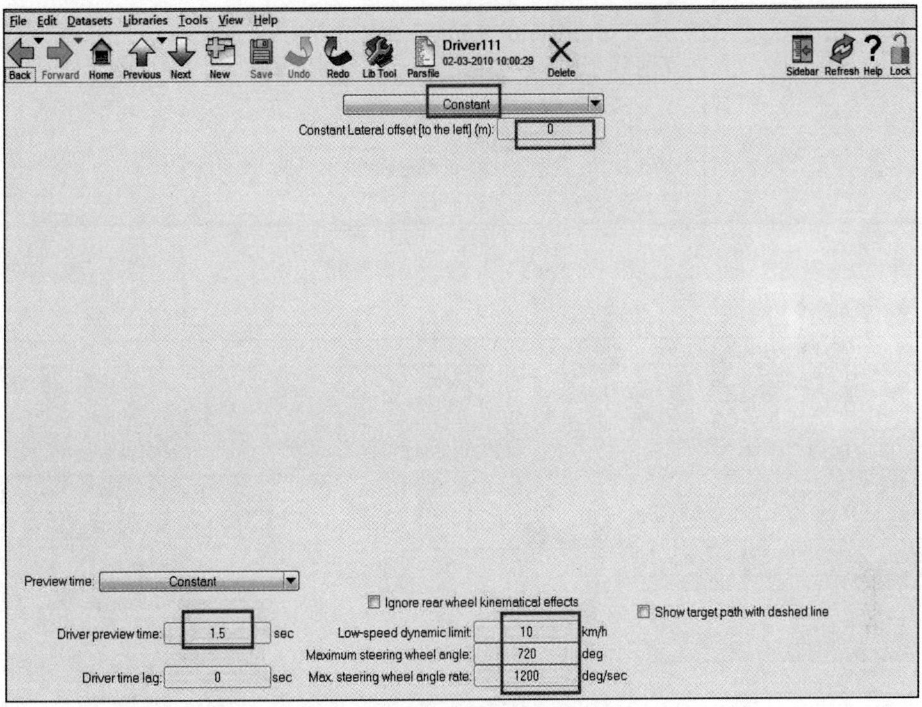

图 5-65　制动转向参数界面

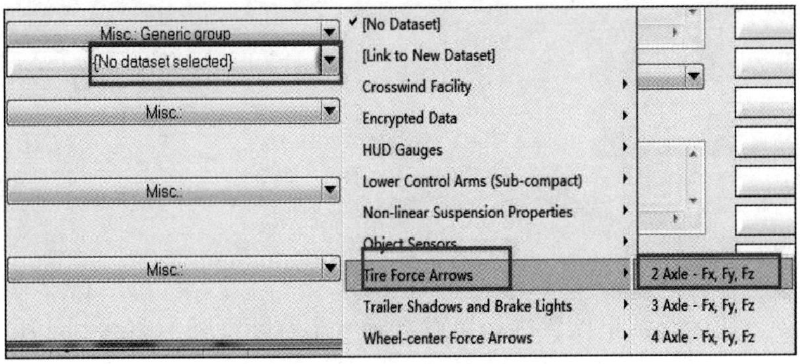

图 5-66　轮胎压力箭头显示

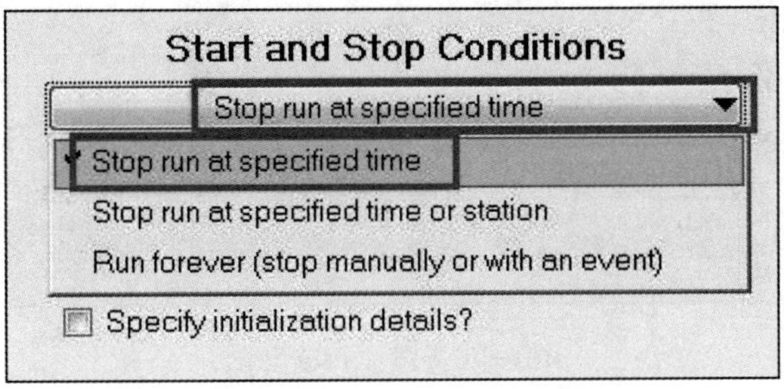

图 5-67　开始、结束选项

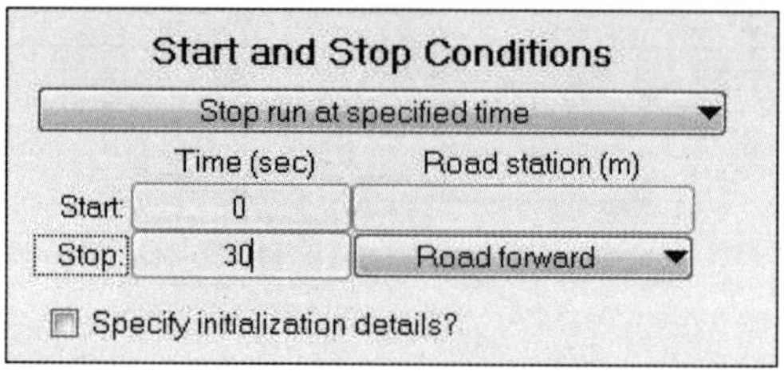

图 5-68　开始、结束时间

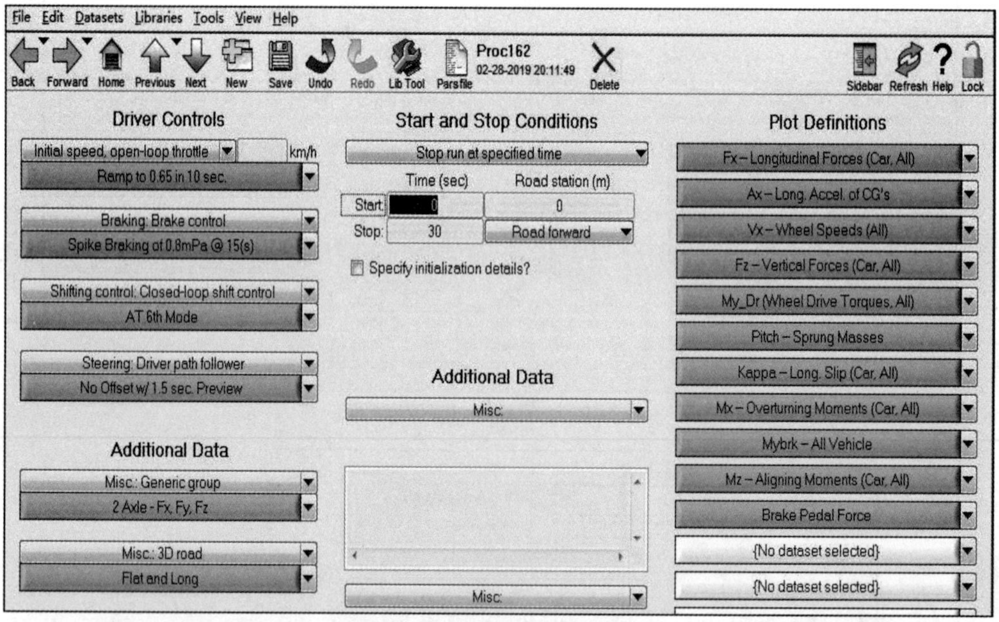

图 5-69　制动行驶模型

单击后退选项，回到 CarSim 软件主界面。运行软件，汽车会进行先加速再制动减速，直到停车的行驶。从运行结果项目中，可以看到汽车实际行驶的路线，如图 5-70 所示。

图 5-70　汽车行驶动画

同时，在信息输出中会输出一些在输出定义中被要求输出的参数信息，如图 5-71 所示。可以通过编辑界面，设置需要的输出参数。

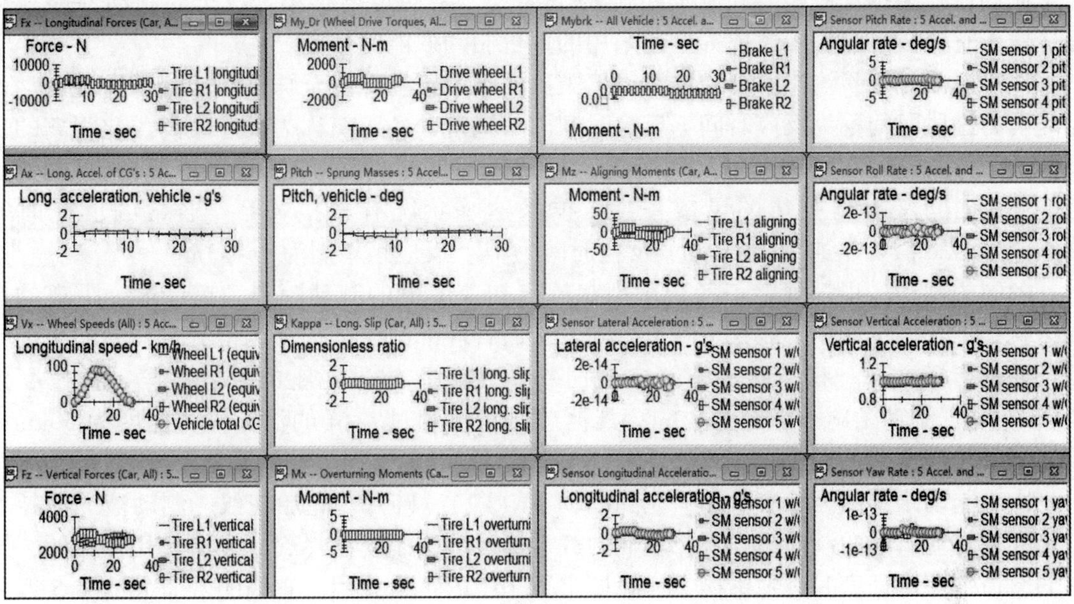

图 5-71 输出定义

由图 5-71 可以看到输出的信息，包括车轮的转角、车辆的地面支撑力、实际车辆与理想车辆运行曲线的拟合程度等。

5.3 制动距离

制动距离是衡量一款汽车制动性能的关键参数之一，是汽车在一定的初速度下，从驾驶员踩踏制动踏板开始，到汽车完全停住为止，所驶过的距离。通过对汽车制动距离问题的分析，可以更好地了解汽车速度的情况；正确掌握汽车制动距离，对保障行车安全起着十分重要的作用。

制动距离是汽车安全性的重要指标之一，制动距离的长短取决于制动系的技术状况、路面性质以及制动前的汽车行驶速度等因素。制动距离的长短与行驶的速度、制动力、附着系数有关。行驶速度越高，制动距离越长，行驶速度与制动距离的平方成正比。制动力是指驾驶员踩下制动踏板后，阻碍并促使车轮停止转动的力。制动力的大小，除与踩下制动踏板的行程有关外，还取决于车轮与地面的附着系数，道路越光滑（如结冰路面），附着系数越小，制动距离越长。实验证明，机动车以同样的速度在不同的道路上行驶，制动距离是不一样的。

在制动情况下，轮胎的侧向力 F 和制动力 T 满足以下关系：

$$\sqrt{F^2 + T^2} \leqslant \mu w \tag{5-6}$$

式中，μ 为摩擦系数；w 为轮胎的垂直载荷。

当轮胎在纵向受到驱动力或者制动力的作用时，在大侧偏角时能达到的最大侧向力为：

$$F_{\max} = \sqrt{\mu^2 w^2 - T^2} \tag{5-7}$$

制动过程包括反应距离和制动距离两个部分。制动距离越小，汽车的制动性能就越好。由于它比较直观，因此成为广泛采用的评价制动效能的指标。

国家标准规定，汽车在行驶中，当驾驶员发现紧急情况直至踩下制动踏板发生制动作用之前的这段时间称为反应时间，反应时间内车辆行驶的距离称为反应距离。此距离的长短取决于行驶速度和驾驶员的反应时间，行驶速度越高或反应时间越长，反应距离就越长。反应时间又与驾驶员的灵敏程度、技术熟练状况有直接关系。通常的反应时间为0.75～1s，假如车速为30km/h，反应时间为1s，反应距离则为8～33m。

各国的制动法规都规定了各种车型在规定初速度下的制动距离。超过这个距离的车辆，就是不合格车辆，不能在道路上行驶。交通管理部门在进行车辆检测时，制动距离是最重要的指标之一。我国对汽车（空载时）规定：不超过九座的载客汽车，初速度为50km/h时，制动距离不能超过19m；其他总质量不超过4.5t的汽车，初速度为50km/h时，制动距离不能超过21m；其他汽车，初速度为30km/h时，制动距离不能超过12m。

影响制动距离的因素有很多，比如制动盘（毂）、蹄片、轮胎花纹、制动液的消耗程度、频繁制动引起的制动热衰减、车辆的载重情况等。制动盘（毂）是有使用寿命的，当它们磨损到一定程度时必须更换，一般城市行车中的正常使用，它们的寿命大约是5万公里，制动蹄片的寿命在3万公里左右，但是具体情况还要看车主的使用情况，最好是每1万公里检查一次。

轮胎对于制动距离的影响是相当大的，每条轮胎上都有一个磨损标记，当露出这个标记时，必须更换。此外，轮胎的寿命只有3年，即使是新轮胎，放置3年后也必须更换。

为了分析制动距离，需要对制动过程有一个全面的了解。图5-72是驾驶员在接受了紧急制动信号后，制动踏板力、汽车制动减速度与制动时间的关系曲线。

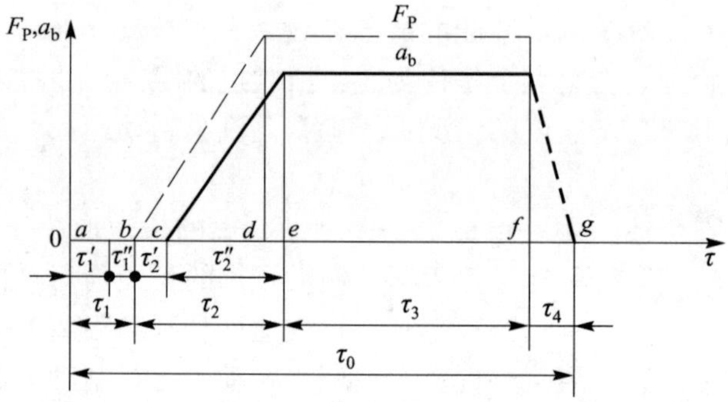

图5-72　制动过程关系曲线

驾驶员接到紧急停车信号时，并没有立即行动，而是经过 τ_1' 的时间后，才意识到应进行紧急制动，并移动右脚，再经过 τ_1'' 后才踩着制动踏板，从 a 到 b 为驾驶员反应时间，这段时间一般为0.75～1.0s，反应时间的公式如公式（5-8）所示：

$$\tau_1 = \tau_1' + \tau_1'' \tag{5-8}$$

在 b 点以后，随着驾驶员踩下制动踏板，踏板力迅速增大，至 d 点达到最大值。但由于制动蹄是由回位弹簧拉着，蹄片与制动鼓间存在间隙，所以要经过 τ_2'，即至 c 点，地面制动力才起作用，使汽车开始产生减速度。由 c 点到 e 点是制动器制动力增长过程所需要的时间，所以制动器的作用时间为：

$$\tau_2 = \tau_2' + \tau_2'' \tag{5-9}$$

制动器的作用时间，一方面取决于驾驶员踩踏板的速度，另一方面受到制动器结构形式的影响。由 e 到 f 为持续制动时间 τ_3。到 f 点时，驾驶员松开踏板，但制动力的消除还需要一段时间，一般在 0.2～1.0s。

从制动的全过程来看，总共包括驾驶员见到信号后做出行动反应、制动器起作用、持续制动和放松制动器四个阶段。一般所指制动距离是开始踩着制动踏板到完全停车的距离，它包括制动器起作用和持续制动两个阶段中汽车驶过的距离 s_2 和 s_3。在制动器起作用阶段，汽车驶过的距离 s_2 的估算过程如下：

在 τ_2' 时间内：

$$s_2' = u_0 \tau_2' \tag{5-10}$$

式中，u_0 为起始制动车速。

在 τ_2'' 时间内，制动减速度线性增长，即

$$\frac{\mathrm{d}u}{\mathrm{d}\tau} = k\tau \tag{5-11}$$

式中，$k=-\dfrac{a_{b\max}}{\tau_2'}$，所以 $\int \mathrm{d}u = \int k\tau \mathrm{d}\tau$，求解此积分，因 $\tau=0$ 时，$u=u_0$，可得出：

$$u = u_0 + \frac{1}{2}k\tau^2 \tag{5-12}$$

在 τ_2'' 时的车速为：

$$u_e = u_0 + \frac{1}{2}k\tau_2''^2 \tag{5-13}$$

又因 $\dfrac{\mathrm{d}s}{\mathrm{d}\tau}=u_0+\dfrac{1}{2}k\tau^2$，所以 $\int \mathrm{d}s = \int\left(u_0 + \dfrac{1}{2}k\tau^2\right)\mathrm{d}\tau$，而 $\tau=0$ 时，$s=0$，故：

$$s = u_0\tau + \frac{1}{6}k\tau^3 \tag{5-14}$$

$\tau=\tau_2''$ 时的距离为：

$$s_2'' = u_0\tau_2'' - \frac{1}{6}a_{b\max}\tau_2''^2 \tag{5-15}$$

因此，在 τ_2 时间内的制动距离为：

$$s_2 = s_2' + s_2'' = u_0\tau_2' + u_0\tau_2'' - \frac{1}{6}a_{b\max}\tau_2''^2 \tag{5-16}$$

在持续制动阶段，汽车以 $a_{b\max}$ 作匀减速运动，其初速度为 u_e，末速度为 0，可以得到：

$$s_3 = \frac{u_e^2}{2a_{b\max}} = \frac{u_0^2}{2a_{b\max}} - \frac{u_0\tau_2''}{2} + \frac{a_{b\max}\tau_2''^2}{8} \tag{5-17}$$

所以，总制动距离为：

$$s = \left(\tau_2' + \frac{\tau''_2}{2}\right)u_0 + \frac{u_0^2}{2a_{b\max}} - \frac{a_{b\max}\tau_2''^2}{24} \tag{5-18}$$

在进行制动距离的测试时，一般选择将汽车加速到一定速度之后，将挡位以一定的制

动力进行制动，最后得到制动距离。

在 CarSim 软件中，进行制动距离测试的具体操作为：首先，在整车参数配置第一栏中设置车的完整参数后，单击第二栏程序下方子项目的下拉菜单，在弹出的子项目次级页面中，选择新建一个车辆的数据库。在弹出的命令窗口中，单击新数据库栏右侧的下拉菜单，选择加速和减速测试选项，将新的数据库建立在加速和减速测试项目下。选择好了要建立的测试类型之后，在新数据库命名栏中给新的数据库起一个名字，以“Brake Distance”对新的数据库命名。在上述内容完成以后，单击 Create and Link，此时制动距离的数据库建立完成，如图 5-73 所示。

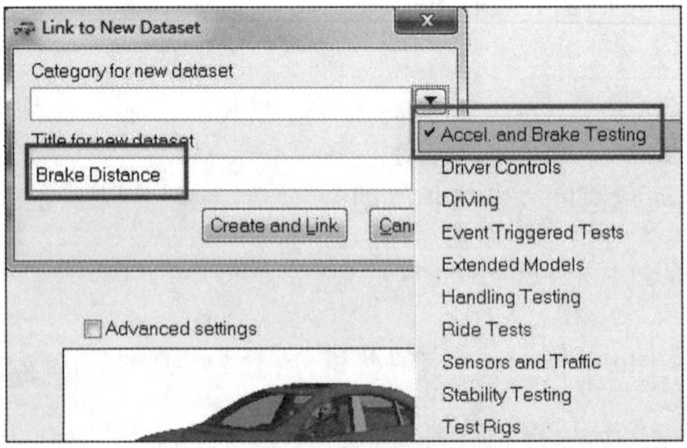

图 5-73　新建制动距离数据库

接下来，单击建立好的 Brake Distance 数据库，进入参数设置页面进行编辑，在驾驶员控制模式的第一栏对车速进行设定。单击速度选项右侧的下拉菜单，选择车速有初速度的开环节气门控制（Initial speed. open-loop throttle）。这里选择开环节气门控制，是为了保障汽车在进行制动的过程中不出现加速的过程，汽车的初速度设定为 120km/h，节气门选择无开度，如图 5-74 所示。

图 5-74　设定初始车速

在将车速设置完成以后，接下来进行制动形式的设置，设置制动的参数根据实验的实际需要来确定，这里以常数值的主缸制动压强为例进行说明。单击制动选项右侧下拉菜单，选择开环制动形式。设置完开环制动形式以后，单击制动子项目栏选项右侧的下拉菜单，选择常数值主缸压强为 3MPa。

然后，进行挡位的设置，将挡位设定为空挡模式。单击变速器选项右侧下拉菜单，选择闭环挡位控制，单击变速器子项目选项右侧下拉菜单，在弹出的次级页面中选择空挡模式（Neutral Mode）。

接下来，进行转向控制的设定。单击转向栏下方的子项目栏中选项右侧下拉菜单，选择开环转向，再选择无转向即可。

在完成了制动距离仿真基本参数的设置以后，接下来进行道路等行驶附加信息的设置。这里建立一条较长且为直线的路面，方便观察汽车的制动过程。

在完成了参数的设置之后，需要对仿真的开始和结束进行设置。首先，在开始和结束条件设置出“选择在特定的时间段运行”，这里设置开始和结束的时间段为 0 ~ 20s。

最后，设置运行结果的输出。这里需要注意，由于是进行制动距离测试，目的是为了得到制动的距离，因此这里应该添加制动距离的输出。读者要将距离和时间的参数关系设置在输出定义中，如图 5-75 所示。

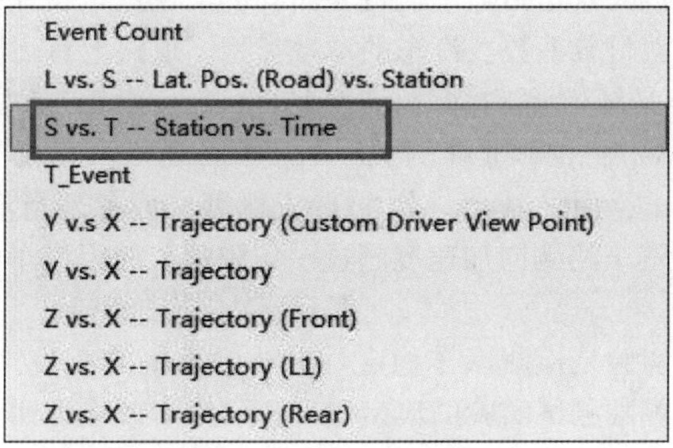

图 5-75 制动距离定义

建立好的制动距离行驶模型程序参数设置界面，如图 5-76 所示。

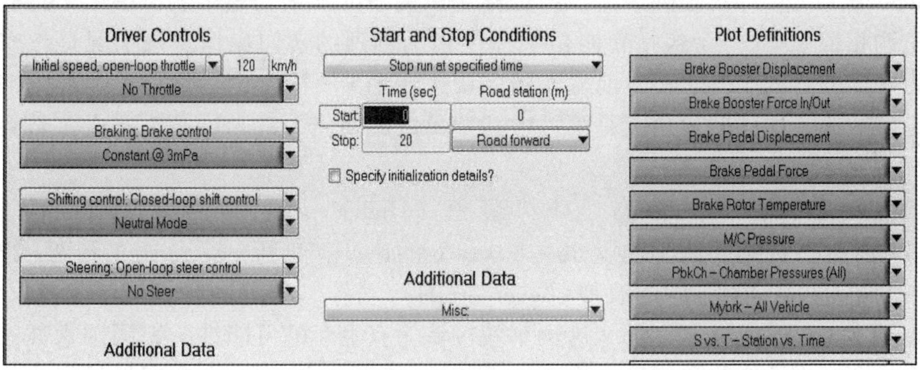

图 5-76 制动距离行驶模型

单击主界面上的运行数学模型，会出现相应的汽车制动运动的动画和输出参考的参数曲线图。

5.4 带滚转角速度反馈的“鱼钩式”运动

侧翻作为汽车最重要的安全问题之一，一直没有受到很好的重视，而汽车侧翻事故带来的危害是非常致命的。美国高速公路交通安全管理局（National Highway Traffic Safety Administration，NHTSA）的统计数据表明，在所有的交通事故中，汽车侧翻事故的危害程度仅次于汽车碰撞事故，居第二位。此外，汽车侧翻还会造成道路交通中断和环境污染。

近年来，随着我国交通运输行业的迅猛发展，汽车侧翻引起的重大交通事故也在不断增加，造成了严重的人员伤亡和巨大的经济损失。汽车侧翻已经成了全世界瞩目的安全问题。因此，对汽车的侧翻问题进行分析研究，提高汽车的抗侧翻能力，减少侧翻事故的发生，已经成为近年来世界汽车研究的焦点。

汽车侧翻是指汽车在行驶过程中绕其纵轴线转动 90°或更大的角度，以至于车身与地面相接触的一种危险的侧向运动。引起汽车侧翻的可能因素很多，包括汽车结构参数因素和随机因素。汽车结构参数是指与汽车设计参数有关的静态因素，如重心高度、轮距、悬架和轮胎的特性等；随机因素是指随车辆行驶而异，不在汽车设计范围内的因素，如司机的操纵、路面线形及路面附着系数、汽车的承载类型、道路上有无障碍物等。汽车侧翻按类型可分为两类，一类是绊倒型侧翻（tripped rollover），另一类是曲线运动引起的侧翻（maneuver induced rollover），也称非绊倒型侧翻。前者是指汽车行驶时产生侧向滑移，与路面上的障碍物侧向撞击，而将其“绊倒”造成侧翻；后者是指汽车在道路上（包括侧向坡道）行驶时，由于汽车的侧向加速度超过一定限值，使得汽车内侧车轮的垂直反力为零而引起的侧翻。

汽车动态侧翻测试实验是检测汽车稳定性的非常重要的实验，需要在试车场内完成。FishHook 作为汽车动态侧翻测试实验的典型工况，可以有效地证明汽车的动态稳定性。通过采集系统得到动态过程中前轮转角输入、横向加速度、汽车侧倾角等变量的信号。根据实验数据可进行汽车侧翻模型参数辨识，也可得到动态过程汽车侧翻指标的极限值，进行汽车侧翻动态稳定性分析等。

FishHook 工况：即动态翻滚测试，也称作鱼钩测试（因为这个测试中车辆行驶路线的形状和鱼钩相似），是一个包括转向角快速逆转的剧烈的转向操作。该工况是汽车侧翻实验中最为恶劣的行驶工况之一，前轮转角先快速转到某一固定值，然后迅速反方向转到另一个固定值，第二次的转角角度是第一次转角角度的两倍。FishHook 工况大多数针对容易翻车的 SUV。

鱼钩测试实际上是一个高速碰撞避免（High-speed Collision Avoidance）试验，如图 5-77 所示。首先，让车辆以 56 ~ 80km/h 的速度，进行一个急速左转弯-270°，紧接着是一个右侧的 540°方向的改变（overcorrect）动作。如果两种情况下两个内侧车轮均离开地面 5.08cm 或更多，那么这辆车就被认为有翻车的可能性。美国国家高速公路交通安全委员会，把这个排名与静态稳定性系数结合起来，构成一个翻车抵抗能力排名。该排名使用星数的多少来对被测试车辆进行统计，一星最差，五星最好。由于翻车测试排名通常在消费者的购车决定中有着不可忽视的作用，因此生产商们将寻找任何可以帮助他们获得更高排名的技术。

经美国国家高速公路交通安全委员会得到的静态稳定系数（Static Stability Factor，SSF）表显示：所有跑车的得分都接近于五星，而 SUV 的得分都非常低。SUV 的翻车倾向除了与静态稳定系数有关外，还与许多其他因素相关。例如，减振器的工作情况以及车身滚动情况等。“鱼钩测试”的目的是寻找并了解 SUV 发生翻车的原因所在，而如果仅仅通过某些技术提高鱼钩测试成绩，对于改进汽车安全性的意义并不是很大。

由于 FishHook 实验的要求非常苛刻，同时需要在试车场内完成。在实验时，为了保证驾驶员的安全，需要在被测试的汽车前后端各增加一对带轮子的侧翻保护杆。为了保证改

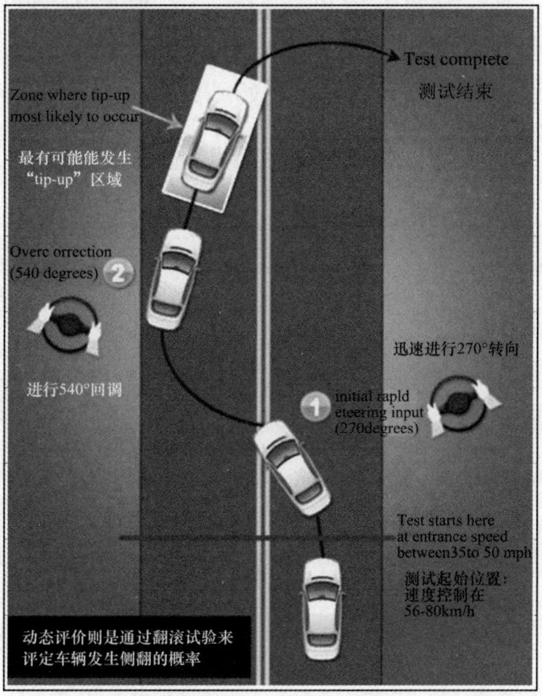

图 5-77 FishHook 试验

装后的汽车参数和侧翻性能基本不变，需要对侧翻保护杆精确设计及安装，这限制了 FishHook 实验的进行。

通过 CarSim 软件，可以模拟 FishHook 实验的进行，具体操作步骤如下。

首先，在整车参数配置第一栏中设置车的完整参数后，单击第二栏程序下方子项目的下拉菜单，在弹出的子项目次级页面中，选择新建一个车辆的数据库，选择稳定性测试选项。因为 FishHook 实验隶属于稳定性实验，所以将新的数据库建立在稳定性测试的选项中。选择好了要建立的测试类型之后，在新数据库命名栏中对新的数据库命名。在上述内容完成以后，单击 Create and Link，此时 FishHook 实验仿真的数据库建立完成，如图 5-78 所示。

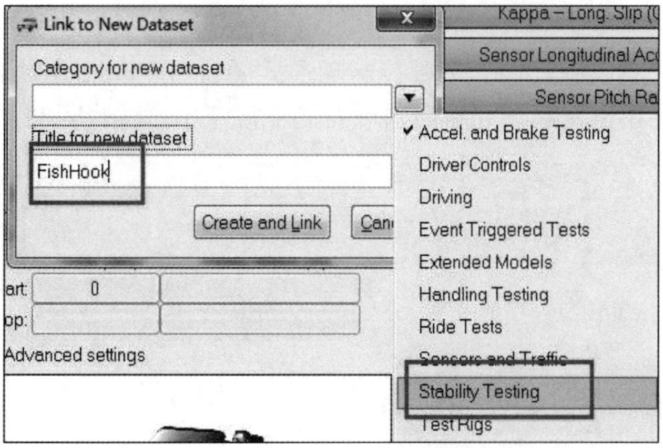

图 5-78 新建 FishHook 实验数据库

上述工作完成之后，单击新建立好的 FishHook 项目进入编辑界面，对 FishHook 的参数设置页面进行编辑，编辑界面如图 5-79 所示。与变道和制动仿真类似，使用者需要在编辑界面设置驾驶员控制模块、路面设定、起始结束设定以及输出设定等。这里根据汽车进行 FishHook 实验的实际情况，对汽车的车速、制动形式、挡位选择、转向角度进行设置。

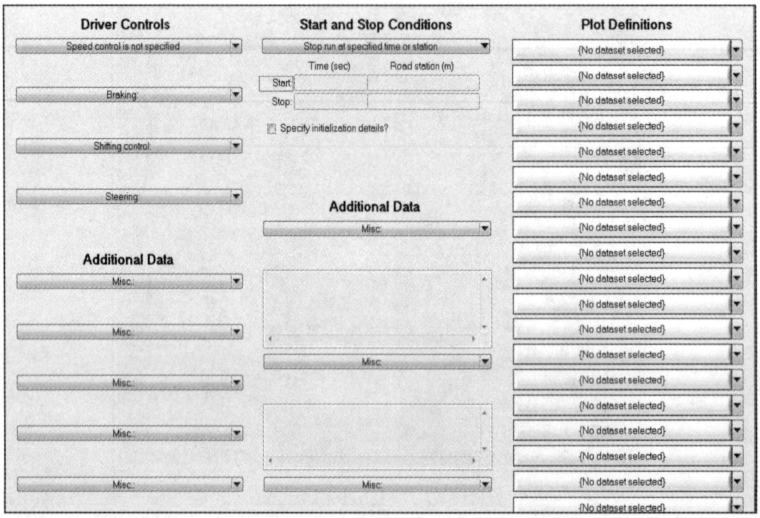

图 5-79　FishHook 的参数设置页面

在驾驶员控制模式的第一栏对车速进行设定，单击速度选项右侧的下拉菜单，选择车速为常数值。设置好常数值车速的前提后，将车速设置为符合实际 FishHook 实验的 80km/h，如图 5-80 所示。至此，速度设置完成。

图 5-80　FishHook 实验车速设置

在将车速设置完成以后，接下来进行制动形式的设置，单击制动选项右侧下拉菜单，选择开环制动形式，单击制动子项目栏选项右侧下拉菜单，选择无制动，如图 5-81 所示。

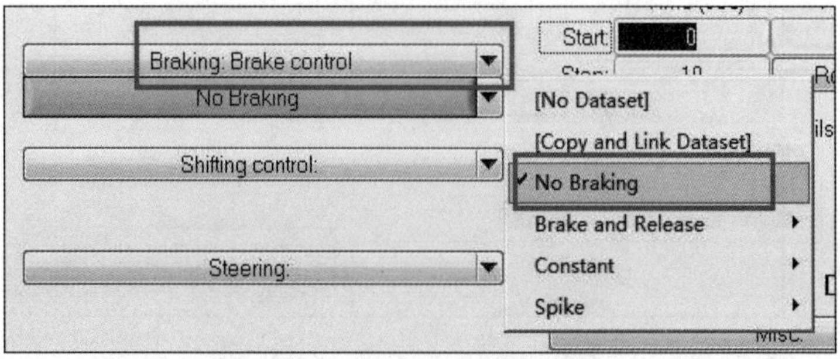

图 5-81　FishHook 实验制动设置

接下来，进行挡位的设置。根据 FishHook 实验的要求，汽车实验时挡位是不发生变化的。同时，4 挡的挡位能满足车速为 80km/h 的设定，因此将挡位设定为 4 挡模式，符合要求。单击变速器选项右侧下拉菜单，由于未对变速器进行单独的研究，因此选择闭环挡位控制。在设置完变速器为闭环控制以后，单击变速器子项目选项右侧的下拉菜单，在弹出的次级页面中选择 4 挡模式（AT 4th Mode），如图 5-82 所示。

图 5-82　FishHook 实验挡位设置

在基本参数设置中还包括转向的设定，这也是决定汽车 FishHook 实验能否顺利完成的重要因素。鉴于 FishHook 实验中对转向角输入有严格的要求，这里采用软件自带的 Fish-Hook 实验转向角输入，就不再建立新的数据库。单击转向控制的开环输入，选择弹出窗口中的 FishHook 转角输入，如图 5-83 所示。至此，转向控制设置完成。

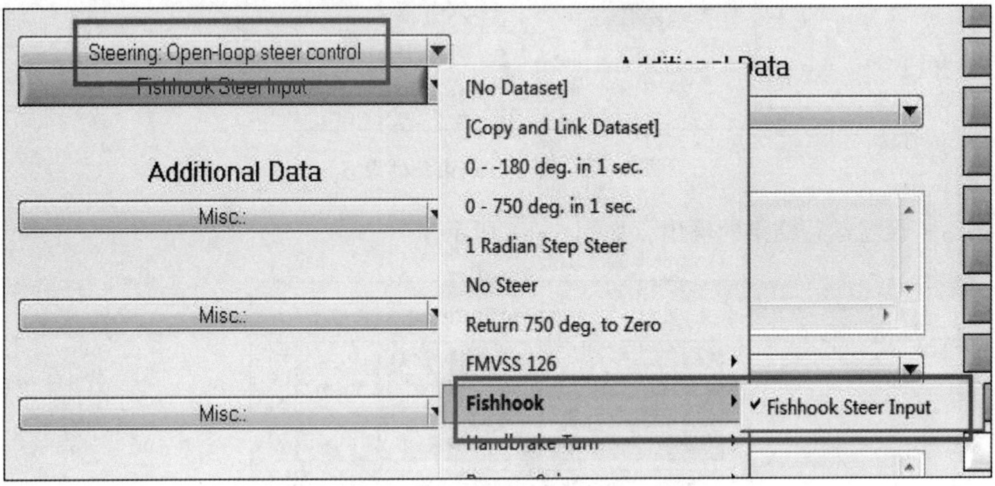

图 5-83　FishHook 实验转向设置

在完成了制动仿真基本参数的设置以后，接下来进行道路等行驶附加信息的设置。在 CarSim 软件主界面的附加数据信息处，添加道路等行驶附加信息。单击附加数据信息区域第一个项目栏选项右侧下拉菜单，在弹出的子页面选择道路-3D 显示道路，在道路信息子项目中单击选项右侧下拉菜单，创建新的道路数据库，建立一条 $1000m^2$ 的空旷道路。

接下来，设置轮胎压力的显示。单击附加数据信息栏选项右侧下拉菜单，在弹出的子页面选择外部数据显示。单击外部数据显示项目下方的子选项右侧下拉菜单，选择轮胎压力箭头显示，选择两轴式显示 F_x，F_y，F_z。

尤其重要的是，需要建立 FishHook 实验的触发条件。单击附加数据信息栏选项右侧下拉菜单，在弹出的子页面，选择程序选项中的事件选项，在子项目中选择软件中自带的 FishHook 实验触发条件，如图 5-84 所示。

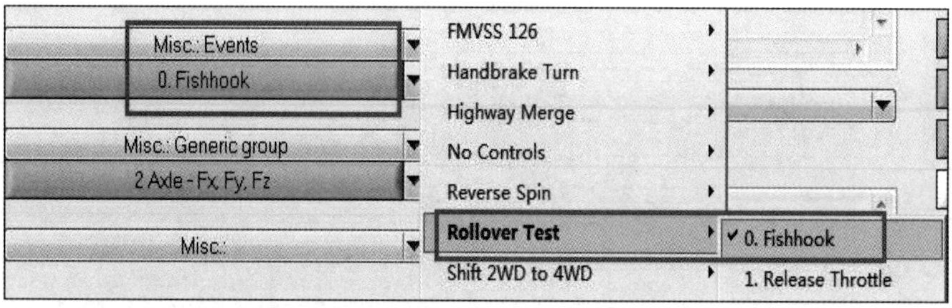

图 5-84　FishHook 实验触发条件

在完成了参数的设置之后，需要对仿真的开始和结束进行设置。首先，在开始和结束条件设置栏中，选择在特定的时间段运行，设置开始和结束时间段为 0 ~ 10s，如图 5-85 所示。

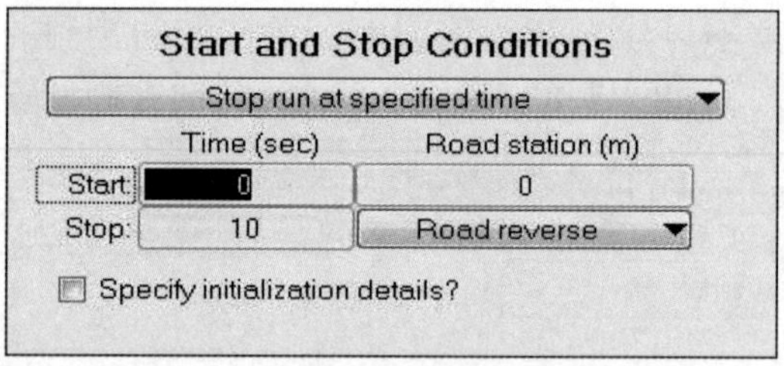

图 5-85　开始和结束条件设置

最后，设置运行结果的输出，如图 5-86 所示。

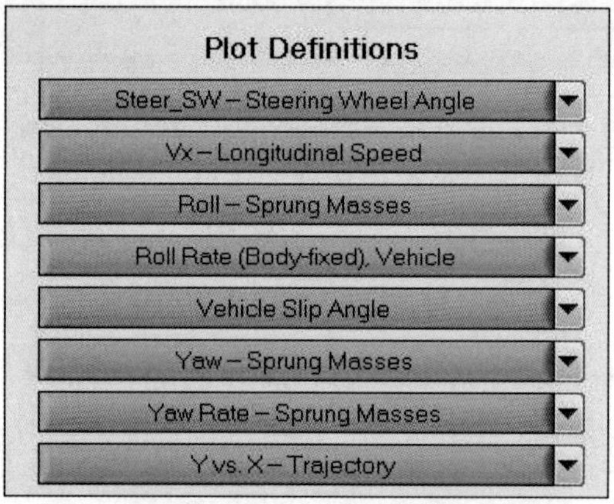

图 5-86　运行结果的输出

建立好的 FishHook 实验行驶模型程序参数设置界面，如图 5-87 所示。

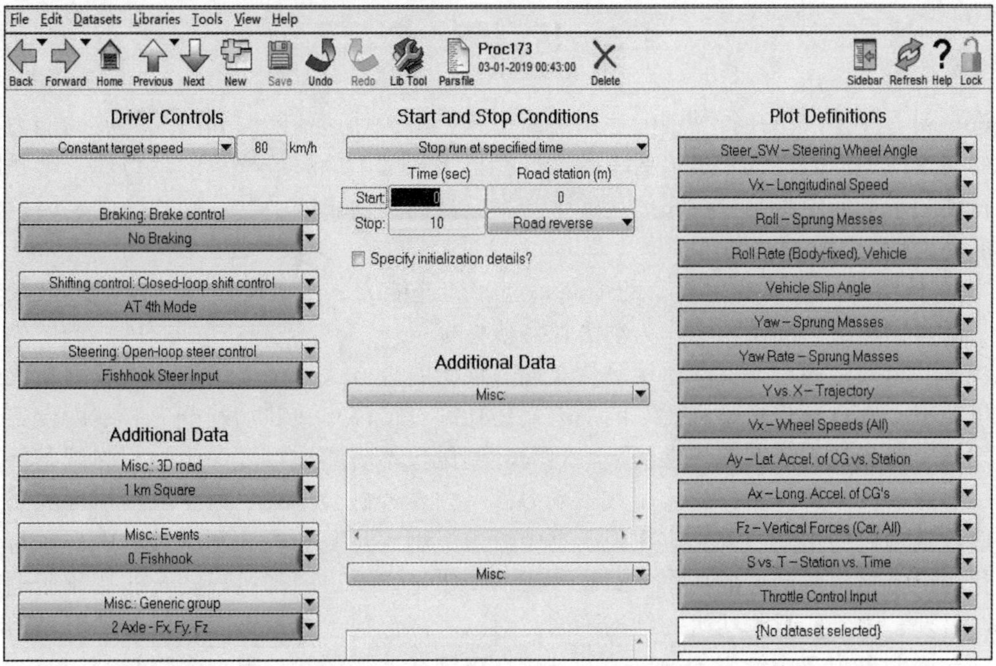

图 5-87　FishHook 实验行驶模型

设置完上述的参数后，单击“后退”选项，回到 CarSim 软件主界面，单击主界面上的运行数学模型，会出现相应的鱼钩式运动的动画和输出参考的参数曲线图，如图 5-88 所示。

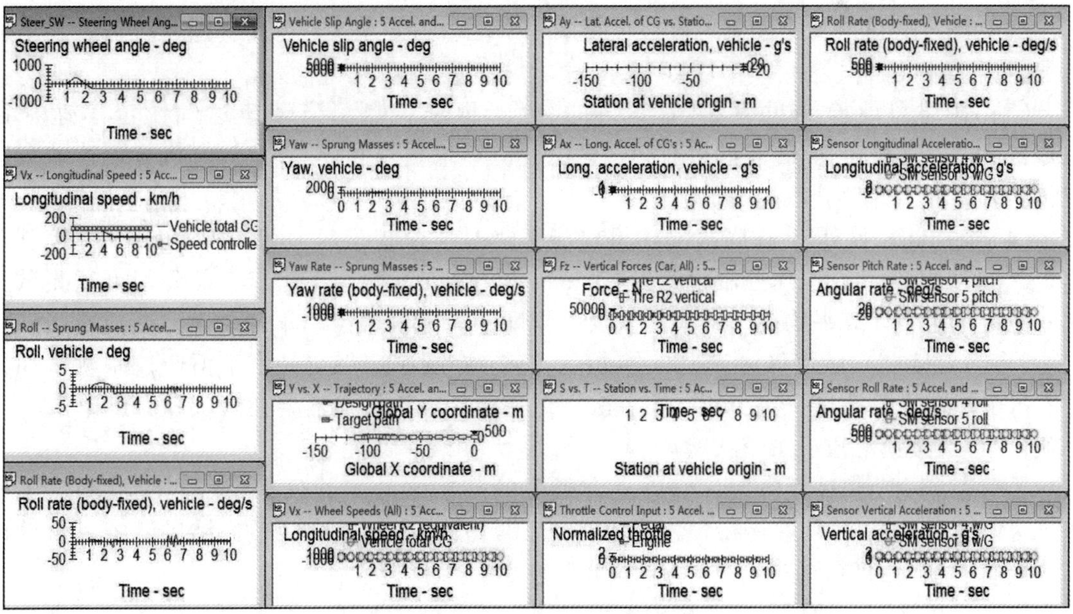

图 5-88　输出参考的参数曲线图

5.5 达到某一恒速

汽车动力性是汽车在行驶中能达到最高车速、最大加速的能力和最大爬坡的能力，是汽车的基本使用性能。汽车运输效率的高低在很大程度上取决于汽车的动力性。这是因为汽车行驶的平均速度越高，汽车的运输生产率就越高，而影响平均速度的最主要因素就是汽车的动力性。

汽车检测部门一般常用汽车的最高车速、加速能力、最大爬坡度、发动机最大输出功率、底盘输出最大驱动功率作为动力性评价指标。

汽车动力性室内台架试验是检测汽车动力性的有效方式，主要是用无外载测功仪检测发动机功率，底盘测功机检测汽车的最大输出功率、最高车速和加速能力。室内台架试验不受气候、驾驶技术等客观条件的影响，只受测试仪本身测试精度的影响，测试条件易于控制。因此，汽车检测站广泛采用汽车动力性室内台架试验方式。为了取得精确的测量结果，底盘测功机的生产厂家，应在说明书中给出该型底盘测功机在测试过程中，本身随转速变化时机械摩擦所消耗的功率，对风冷式测功机还需给出冷却风扇随转速变化所消耗的功率。另外，由于底盘测功机的结构不同，对汽车在滚筒上模拟道路行驶时的滚动阻力也不同，在说明书中还应给出不同尺寸的车轮在不同转速下的滚动阻力系数值。

汽车底盘输出功率的检测方法：通过底盘测功机检测车辆的最大底盘驱动功率，用以评定车辆的技术状况等级。

（1）在动力性检测之前，必须按汽车底盘测功机说明书的规定进行试验前的准备。台架举升器应处于升状态，无举升器者滚筒必须锁定；车轮轮胎表面不得夹有小石子或坚硬之物。

（2）汽车底盘测功机控制系统、道路模拟系统、引导系统、安全保障系统等必须工作正常。

（3）在动力性检测过程中，控制方式处于恒速控制，当车速达到设定车速（误差±2km/h），并稳定 5s 后（如果时间过短，检测结果重复性较差），计算机方可读取车速与驱动力数值，并计算汽车底盘输出功率。

（4）输出检测结果。在底盘测功机检测车辆时，控制车速 1 默认为 40km/h，控制车速 2 默认为 60km/h，恒速控制检测为 40km/h 和 60km/h 两个车速点，都分别重复测试三次取稳定车速，计算平均值，最大差值及重复性。司机根据控制车速要求，选择适当挡位（一般多为直接挡）缓慢加速，至踩尽油门，等待控制车速稳定。由于恒速控制测试项目需要每个车速重复测试三次，所以第一次测试完成后，用户还需要在测试界面中单击“下一项目”，继续第二次、第三次检测。

尽管底盘测功机使用方便，但还是有很多的限制之处。若只是想观测底盘的输出功率，可以通过 CarSim 软件进行恒定车速的仿真实验，这样过程简单，结果清晰，软件可以直接输出想要的参数信息。具体操作如下。

首先，在整车参数配置第一栏中设置车的完整参数后，单击第二栏程序下方子项目的下拉菜单，在弹出的子项目次级页面中选择新建一个车辆的数据库。在弹出的命令窗口中，单击新数据库栏右侧的下拉菜单，选择驾驶测试（Driving）选项。因为是达到某一速度仿真，所以将新的数据库建立在加速和减速测试项目下，选择好要建立的测试类型后，在新数据库命名栏中给新的数据库起一个名字，为了方便读者学习，以“constant speed”对新的数据库命名。在上述内容完成以后，单击 Create and Link，如图 5-89 所示。此时，恒速仿真的数据库建立完成。

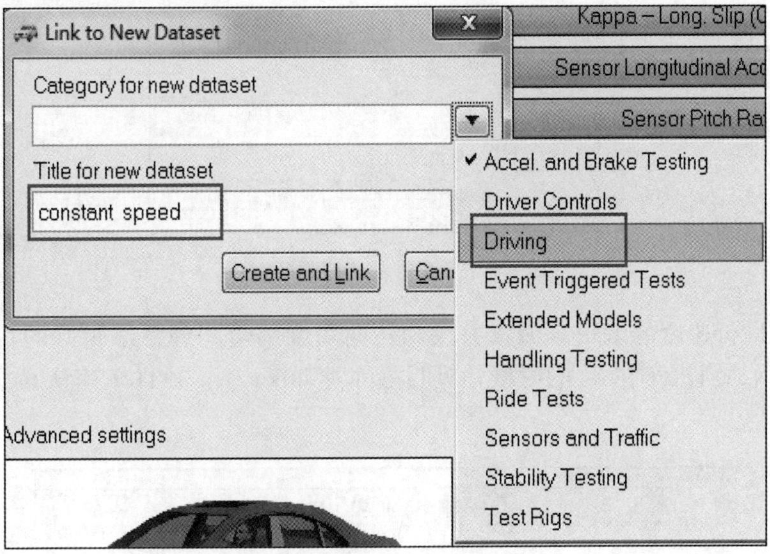

图 5-89 恒速仿真数据库

接下来，单击建立好的 constant speed 数据库，进入参数设置页面进行编辑。使用者需要在编辑界面设置驾驶员控制模块、路面设定、起始结束设定以及输出设定等。这里根据汽车进行恒速检测的实际情况，对汽车的车速、制动形式、挡位选择、转向角度进行设置。这里需要注意参数设置时车速的设置，由于是恒速行驶测试仿真，可以通过选择使车辆在一定时间内达到某一速度，进行车速的设定，恒速控制检测为 40km/h 和 60km/h 两个车速，制动设置为没有制动，挡位为 4th 模式，无转向，道路选择直线 1200m。

在驾驶员控制模式的第一栏对车速进行设定，单击速度选项右侧的下拉菜单，选择车速为目标车速（Target speed vs time），目标车速是在一定时间内达到一定的车速，如图 5-90 所示。

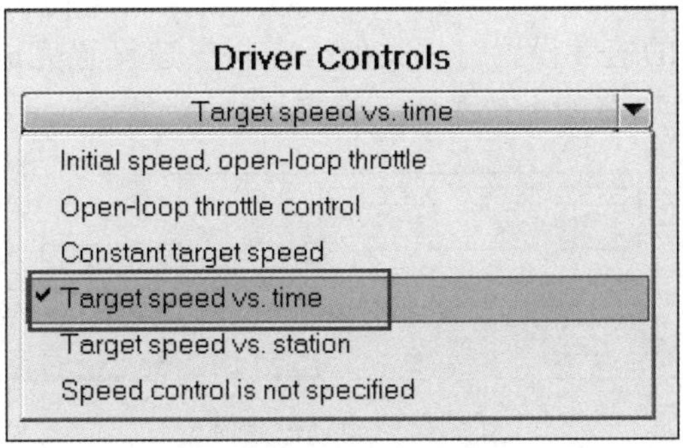

图 5-90 目标车速选定

设置好目标车速的前提后，单击速度设置子项目选项右侧的下拉菜单，选择新建一个车辆的数据库。由于速度是逐渐增加，选择递增测试类型（Ramp），在新数据库命名栏中给新的数据库起一个名字，以“40”命名新的数据库。在上述内容完成以后，单击 Create and Link，此时恒速仿真的速度数据库建立完成，如图 5-91 所示。

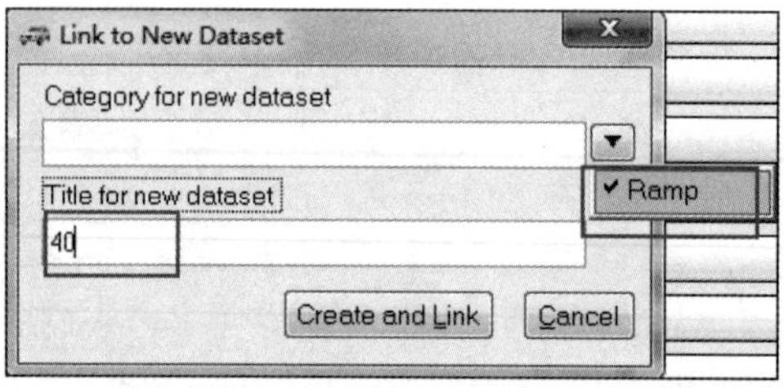

图 5-91　新建速度控制数据库

接下来，进行速度的编辑。编辑方法和转向角度编辑同理，编辑好的目标速度界面，如图 5-92 所示。当汽车在 6s 的时候达到目标车速 40km/h，并且车速从 6s 开始一直维持在 40km/h。

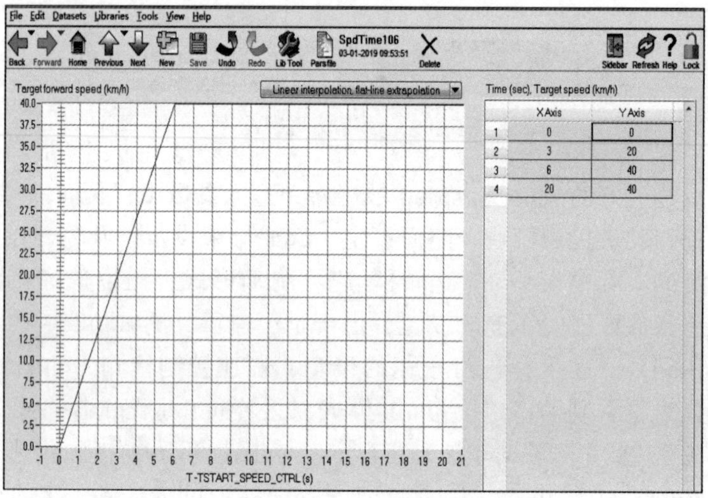

图 5-92　目标车速

同理，汽车 60km/h 的速度设置过程类似。在将车速设置完成以后，接下来进行制动形式的设置。单击制动选项右侧下拉菜单，选择开环制动形式，如图 5-93 所示。

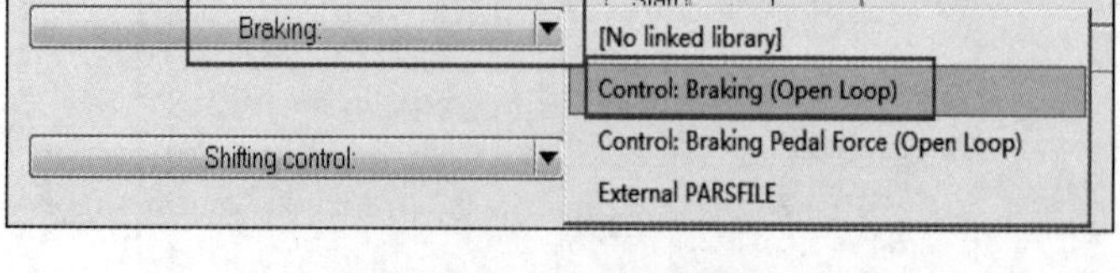

图 5-93　制动形式设置

设置完开环制动形式以后，单击制动子项目栏选项右侧下拉菜单，选择无制动，如

图5-94所示，表示在进行汽车底盘输出功率的检测时，汽车是恒速行驶没有制动。

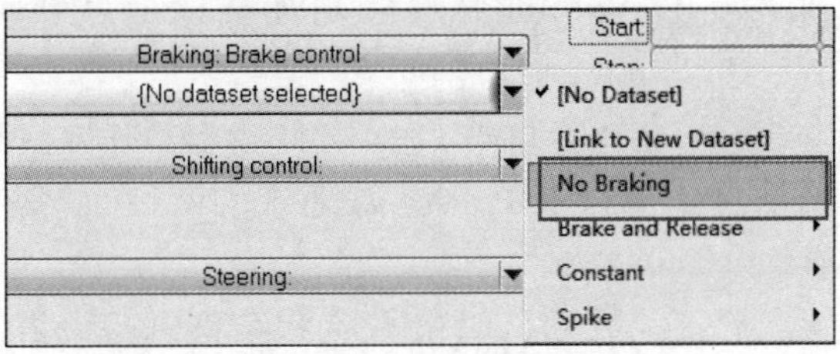

图5-94　制动力选项

接下来，进行挡位的设置。4挡的挡位能满足车速40km/h、60km/h的设定，因此将挡位设定为4挡模式，符合要求。单击变速器选项右侧下拉菜单，选择闭环挡位控制，单击变速器子项目选项右侧下拉菜单，在弹出的次级页面中选择4挡模式（AT 4th Mode），如图5-95所示。

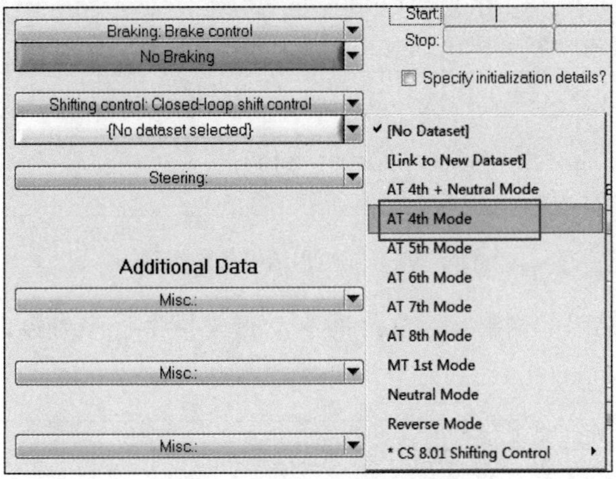

图5-95　恒速行驶挡位设置

接下来，进行转向控制的设定。由于是恒速仿真实验，因此是没有转角输入的。单击转向控制选项右侧下拉菜单，选择开环转角控制。在设置完开环转角控制之后，单击转向控制下方子项目中选项右侧的下拉菜单，选择开环转角输入，选择无转角，如图5-96所示。

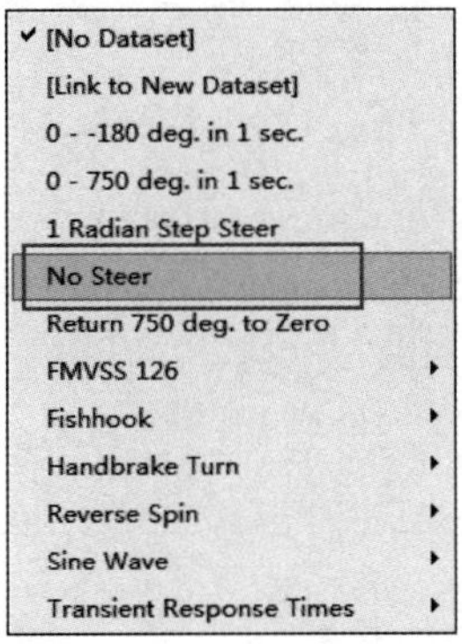

图5-96　恒速行驶转向设置

在完成了恒速仿真基本参数的设置以后，接下来进行道路等行驶附加信息的设置。与前一节中的道路设置类似，在 CarSim 软件的附加数据信息处，添加道路等行驶附加信息。

单击附加数据信息区域第一个项目栏选项右侧下拉菜单，在弹出的子页面选择道路-3D 显示道路，在道路信息子项目中单击选项右侧下拉菜单，建立新的道路数据库，建立一条 1200m 的单行道。

在完成了参数的设置之后，需要对仿真的开始和结束进行设置。首先，在开始和结束条件设置出选择在特定的时间段运行，这里设置开始和结束时间段为 0～30s，如图 5-97 所示。

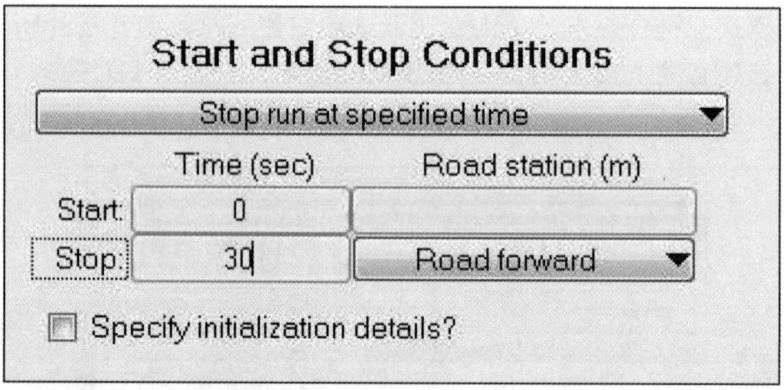

图 5-97　开始和结束条件设置

最后，设置运行结果的输出。建立好的制动行驶模型程序参数设置界面，如图 5-98 所示。

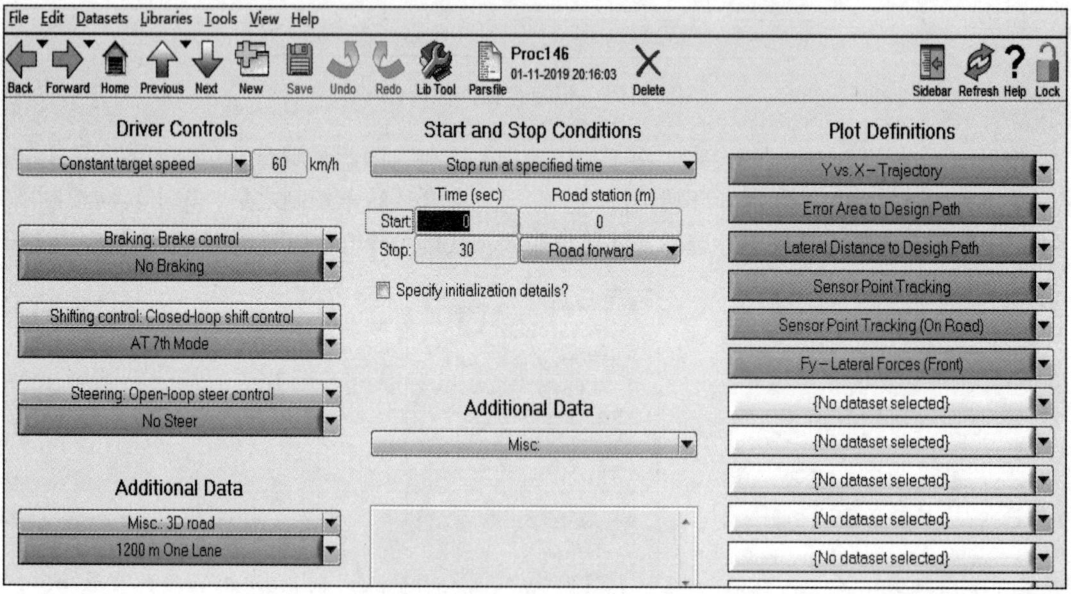

图 5-98　输出定义

设置完以上的参数后，可以单击主界面上的运行数学模型，会出现相应的恒速运动的动画和输出参考的参数曲线图，如图 5-99 所示。

(a)

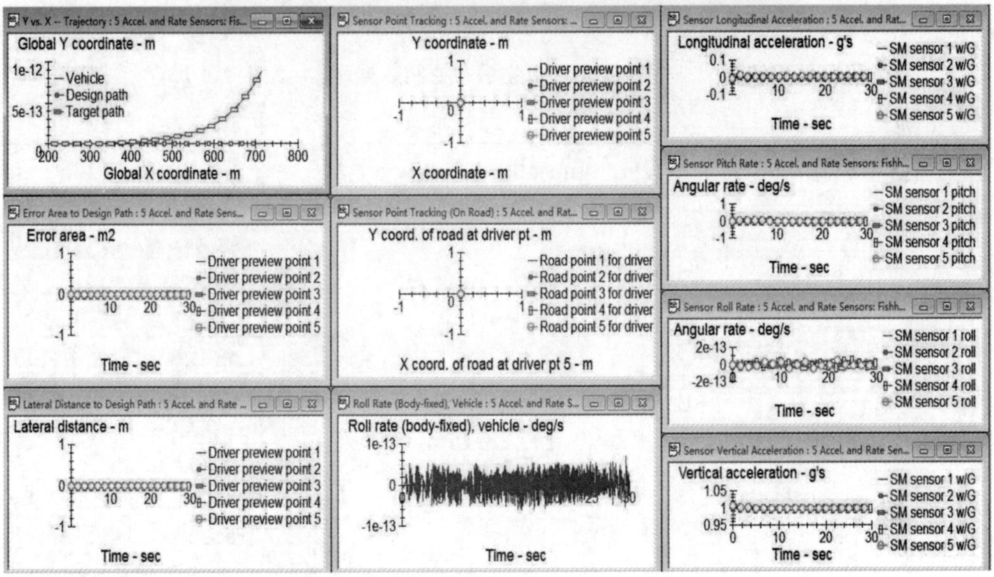

(b)

图 5-99 恒速运动的动画和输出参考的参数曲线图

（a）恒速运动的动画；（b）输出参考的参数曲线

5.6 手刹控制

首先，单击程序菜单栏下方的子项目栏，选择子页面下的驾驶员控制栏；再单击手刹控制；然后，单击子项目栏进行参数设置，如图 5-100 所示。

依次设置车速模块、制动模块、挡位模块、转向模块、道路模块等，如图 5-101 所示。

设置完成以上的参数后，可以单击主界面上的运行数学模型，会出现相应的手刹制动运动的动画和输出参考的参数曲线图。

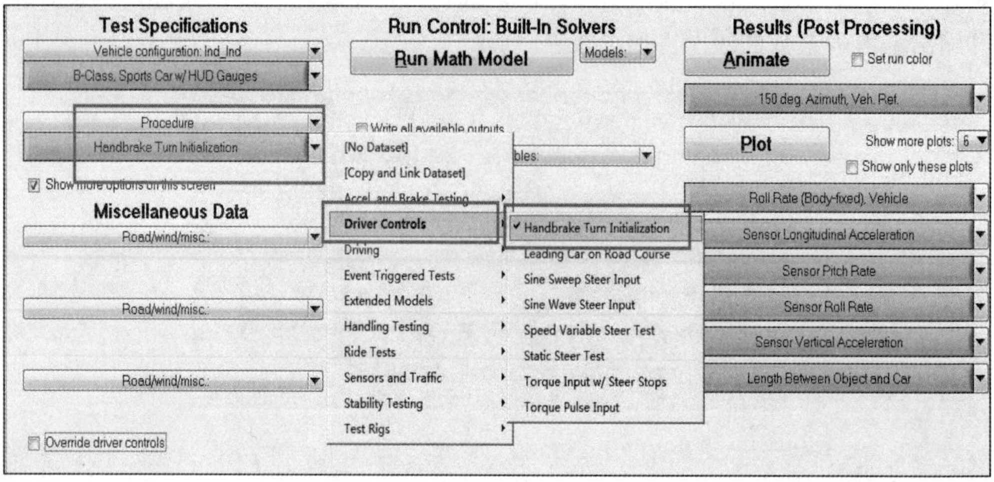

图 5-100　新建手刹控制数据库

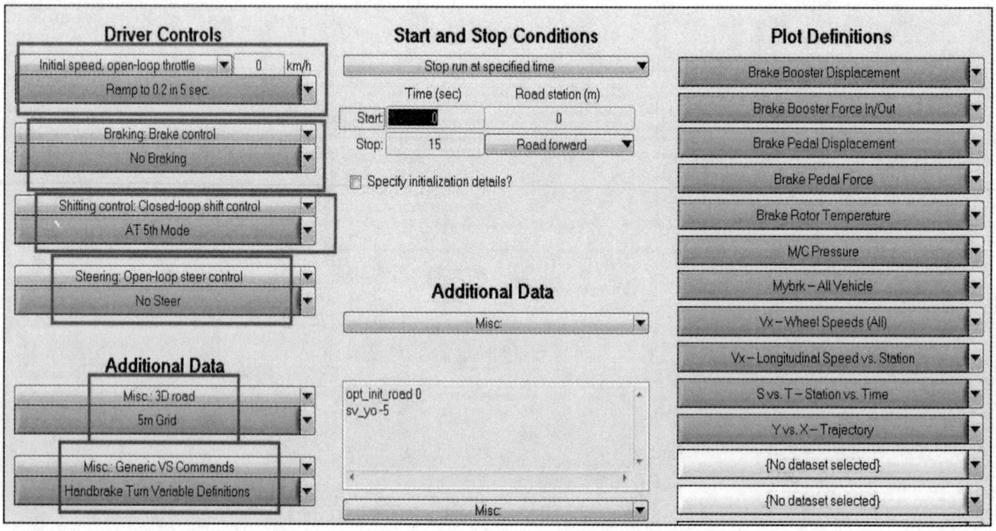

图 5-101　手刹控制参数设置

5.7　高速公路车辆合流

高速公路上建有一定数量的收费站。由于收费亭数量一般小于车道数目，车辆在驶出收费站进行合流时，会出现一定程度的拥堵。此外，收费区域已有的扇形设计，虽然改善了过卡之后的交通拥堵，但增加了交通事故发生的风险。统计数据显示，发生在收费区域的交通事故占高速公路总事故的 30% 以上，而这些事故中的 80% 发生在收费后车辆合流的过程中。

合流区是车辆驶入高速公路的入口，车辆频繁的变速和变道行为，使得合流区的交通运行特性及安全特性与正常路段相比明显不同，车辆合流和交织行为是影响高速公路交通运行安全的重要原因之一。合流区也因此成为高速公路事故多发区域，所以有必要对合流区的安全性进行研究。

高速公路匝道处车辆合流是缓解交通拥挤的有效方法之一。同时，高速公路匝道处也是最容易引发事故或道路堵塞的地方之一。通过对高速公路匝道处车辆的有效控制，实现匝道和主线上的车辆合流，最终实现匝道和主线上的车辆以合理且高效的方式行驶。这不仅能够有效地提高交通通行能力，保证车辆安全性，而且能够减少交通拥堵，降低环境污染，节约成本。

高速车辆合流是指由于道路出现汇流情况，引起的车辆向左或向右进行变道操作。CarSim 软件可以模拟高速公路上汽车的合流过程，具体操作步骤如下。

首先，在整车参数配置第一栏中设置车的完整参数后，单击第二栏程序下方子项目的下拉菜单，在弹出的子项目次级页面中，选择新建一个车辆的数据库。在弹出的命令窗口中，单击新数据库栏右侧的下拉菜单，选择驾驶员控制测试（Driver Controls）选项，因为是高速公路车辆合流，所以将新的数据库建立在控制测试项目下，选择好要建立的测试类型之后，在新数据库命名栏中给新的数据库起一个名字，以“Highway Merge”对新的数据库命名。在上述内容完成以后，单击 Create and Link，此时高速公路车辆合流数据库建立完成，如图 5-102 所示。

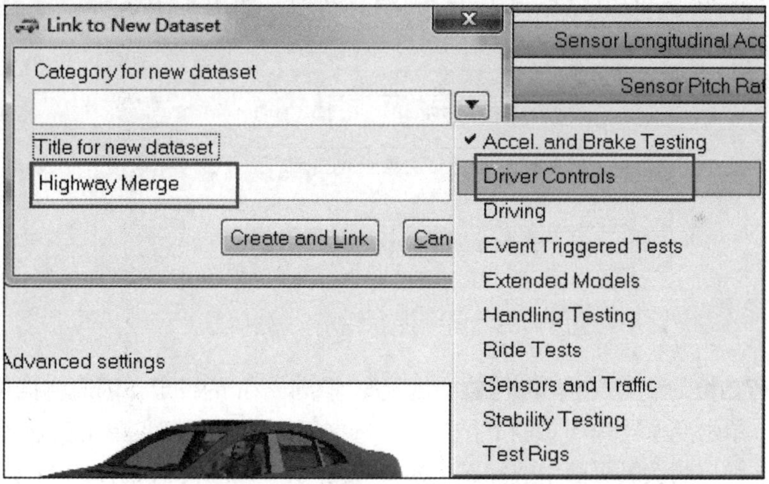

图 5-102　高速公路车辆合流数据库

接下来，单击建立好的 Highway Merge 数据库，进入参数设置页面进行编辑。使用者需要在编辑界面设置驾驶员控制模块、路面设定、起始结束设定以及输出设定等。这里根据汽车进行 Highway Merge 测试的实际情况，对汽车的车速、制动形式、挡位选择、转向角度进行设置。这里要注意参数设置时转向和道路的设置，由于是 Highway Merge 检测，可以常数值速度或者恒定节气门开度保证。由于是高速公路上的合流，Highway Merge 检测车速设置为 90km/h，制动设置为没有制动，挡位为 5th 模式，转向设置为高速合流转向角输入，道路设置为高速合流道路。

在驾驶员控制模式的第一栏对车速进行设定，单击速度选项右侧的下拉菜单，选择车速为常数值。设置好常数值车速的前提后，将车速设置为符合高速公路车辆实际合流情况的 90km/h，如图 5-103 所示。至此，速度设置完成。

图 5-103　高速公路车辆合流车速设置

在将车速设置完成以后，接下来进行制动形式的设置，单击制动选项右侧下拉菜单，选择开环制动形式，如图 5-104 所示。

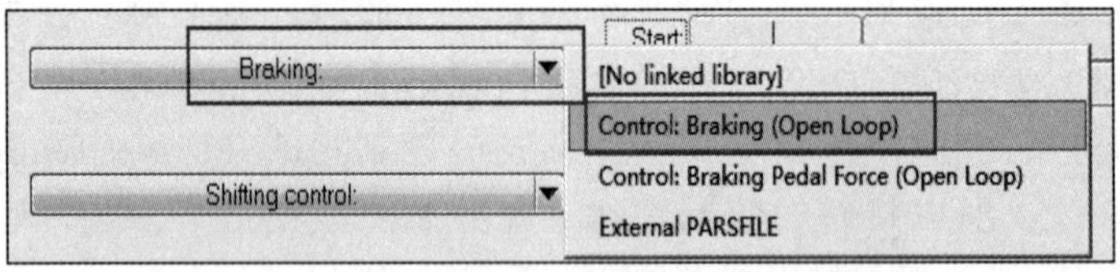

图 5-104　高速公路车辆合流制动设置

设置完开环制动形式以后，单击制动子项目栏选项右侧下拉菜单，选择无制动，表示在高速公路车辆合流测试时，汽车恒速行驶没有制动，如图 5-105 所示。

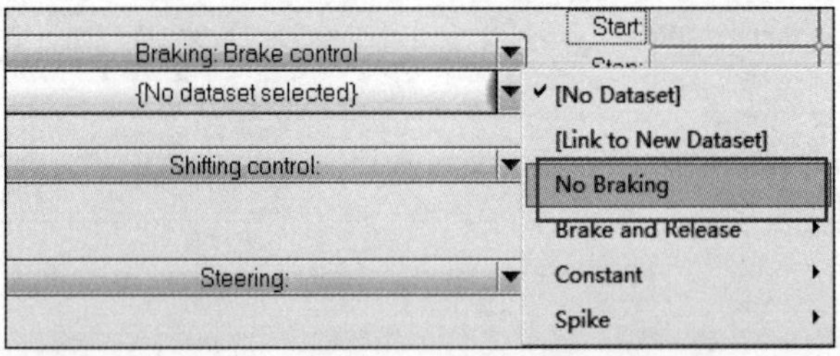

图 5-105　高速公路车辆合流转向设置

然后，进行挡位的设置。5 挡的挡位能满足车速 90km/h 的设定，因此将挡位设定为 5 挡模式，符合要求。单击变速器选项右侧下拉菜单，选择闭环挡位控制，单击变速器子项目选项右侧下拉菜单，在弹出的次级页面中选择 5 挡模式（AT 5th Mode），如图 5-106 所示。

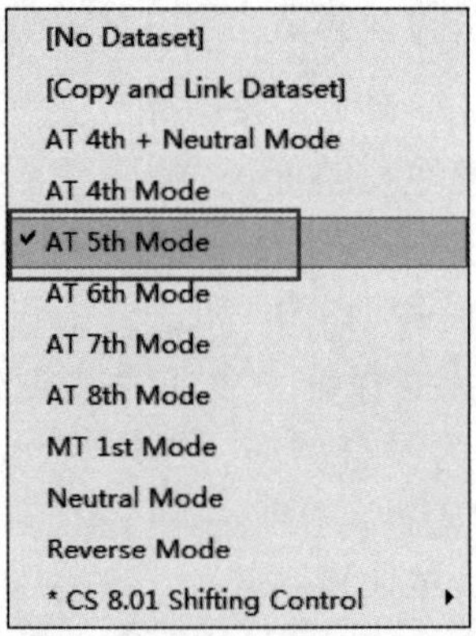

图 5-106　高速公路车辆合流挡位设置

接下来，进行转向控制的设定，这也是决定汽车行驶过程能否顺利完成高速公路上合流的重要因素。在汽车进行合流变道的仿真过程中，由于是人为的进行方向盘转角的输入，这里选择驾驶员控制模式。

单击转向栏下方的子项目栏中，选项右侧的下拉菜单，新建一个数据库用来进行变道的转向设置。选择 Highway Merge 控制，在新数据库命名栏中给新的数据库设置一个名字，为了方便读者学习，以“Highway Merge steering”对新的数据库命名。在上述内容完成以后，单击 Create and Link，此时变道仿真转向数据库建立完成，如图 5-107 所示。

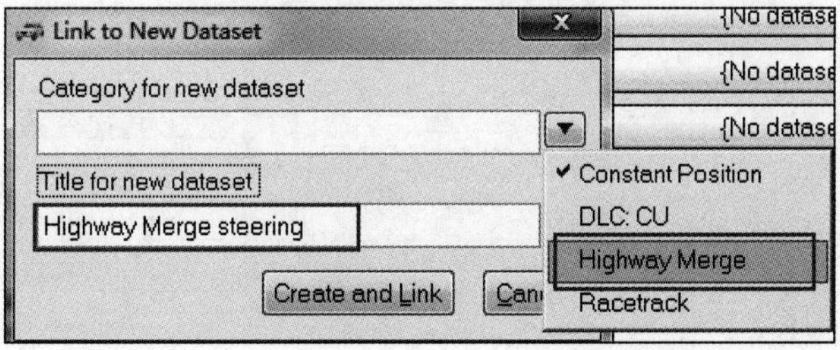

图 5-107 建立高速公路车辆合流转向数据库

上述工作完成之后，单击新建立好的 Highway Merge steering 项目进入编辑界面。建立好的新数据库是空白的，使用者需要设置曲线特征、曲线坐标、转向辅助信息等参数信息。设置好的 Highway Merge 转向控制页面，如图 5-108 所示。

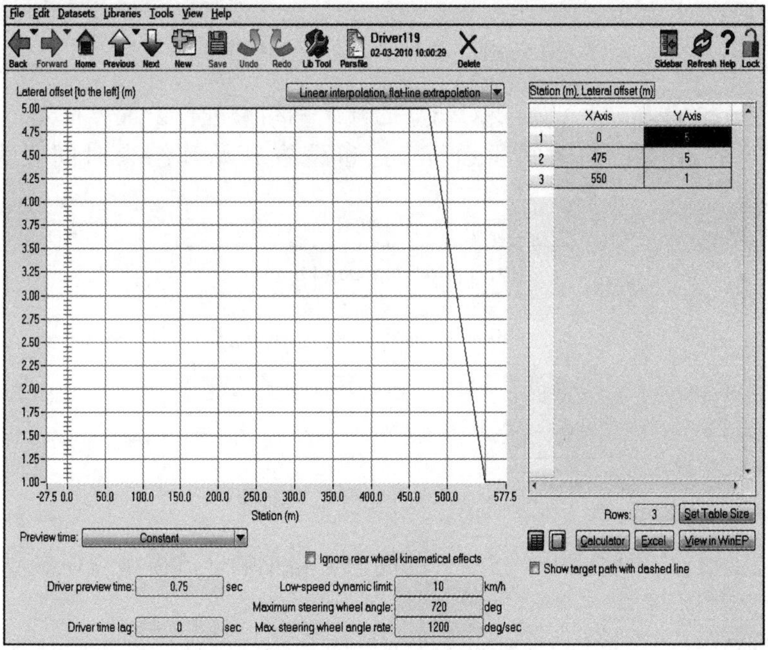

图 5-108 转向控制页面

在完成了高速公路车辆合流仿真基本参数的设置以后，接下来进行道路等行驶附加信息的设置。这里需要建立一条适合高速公路车辆合流测试的路面。单击附加数据信息区域第一个项目栏选项右侧的下拉菜单，在弹出的子页面选择道路-3D 显示道路，在道路信息子项目中单击选项右侧的下拉菜单，建立新的道路数据库，建立一条适合高速公路车辆合流测试的路面。读者可以仿照第 4 章介绍的道路构建方法，建立合适的道路。这里为了方便，采用软件自带的简单的高速公路车辆合流道路，如图 5-109 所示。

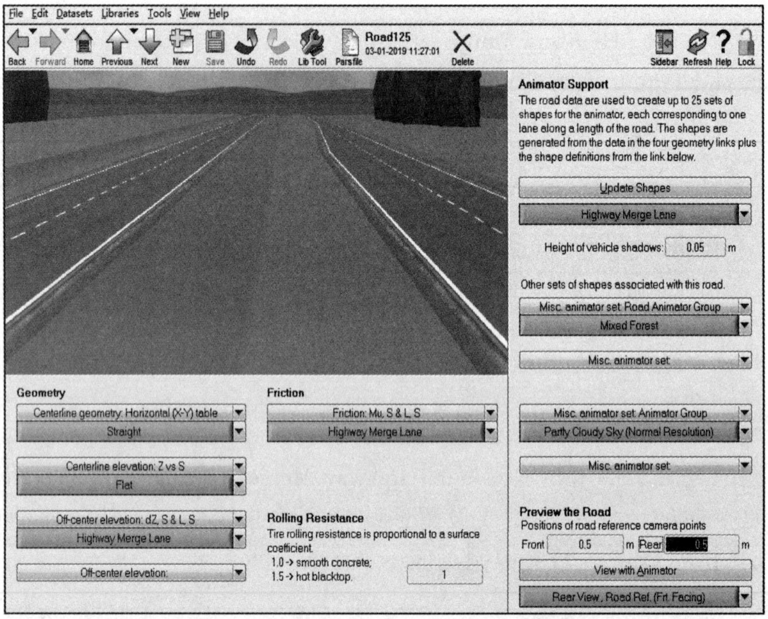

图 5-109　高速公路车辆合流道路

在完成了参数的设置之后，需要对仿真的开始和结束进行设置。首先，在开始和结束条件设置栏，选择在特定的时间段运行，这里设置开始和结束时间段为 0 ~ 30s，如图 5-110 所示。

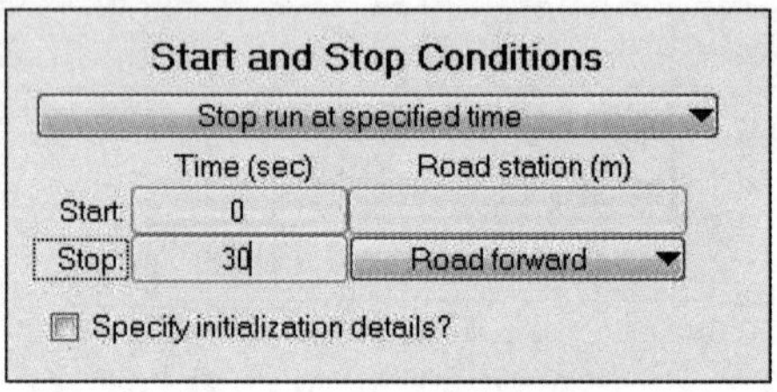

图 5-110　开始和结束设置

最后，设置运行结果的输出。建立好的高速公路车辆合流模型程序参数设置界面，如图 5-111 所示。

单击“后退”选项，回到 CarSim 软件主界面，运行软件，汽车会进行自动变道的行驶，可以从运行结果项目中看到汽车实际中的行驶路线，以及一些相应的参数信息，如图 5-112 所示。

同时，在信息输出中会输出一些在输出定义要求的参数信息，包括车轮的转角、车辆的地面支撑力、实际车辆与理想车辆运行曲线的拟合程度等，可以通过编辑界面，设置想

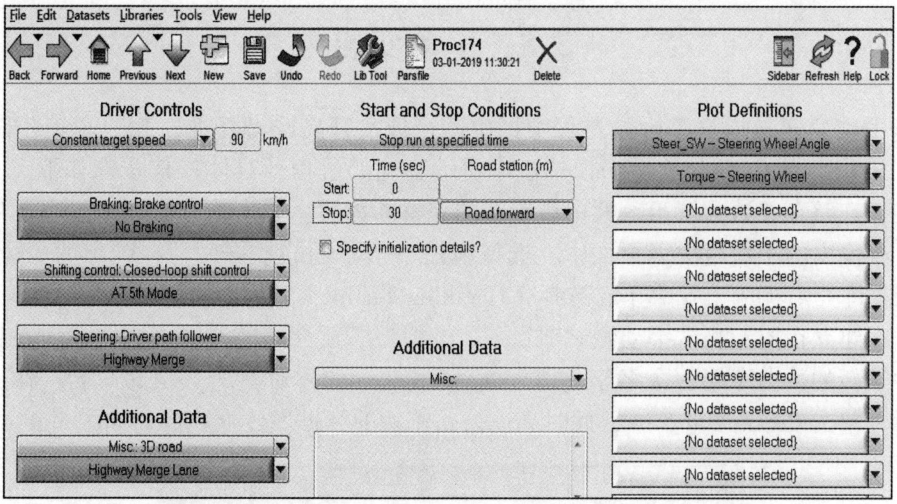

图 5-111　高速公路车辆合流模型

图 5-112　汽车合流行驶动画

要的输出参数，如图 5-113 所示。

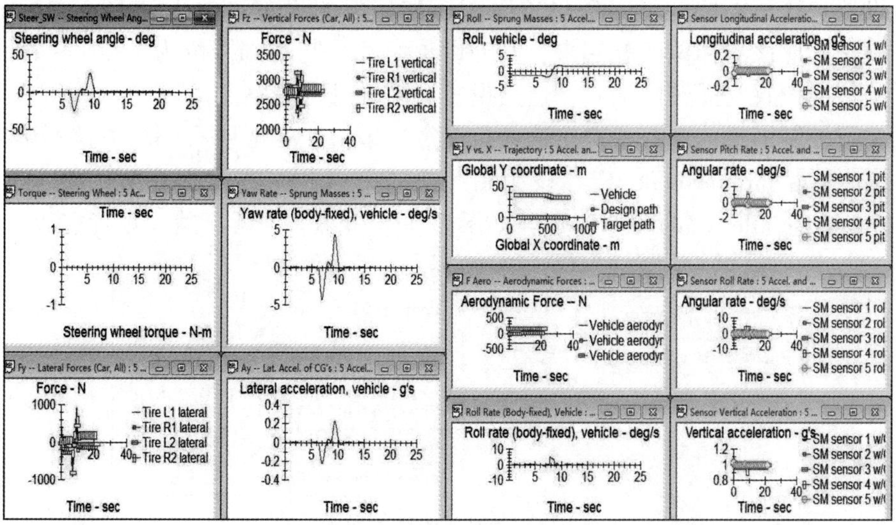

图 5-113　高速合流参数输出

5.8　手动变速

汽车手动变速是指汽车行驶过程中挡位逐级依次升高或者降低，相应车速也随之升高或降低的过程。在 CarSim 软件中模拟汽车手动变速的过程，具体操作步骤如下。

首先，在整车参数配置第一栏中设置车的完整参数后，单击第二栏程序下方子项目的下拉菜单，在弹出的子项目次级页面中，选择新建一个车辆的数据库。在弹出的命令窗口中，单击新数据库栏右侧的下拉菜单，选择“Handling Testing”选项。因为是手动变速，所以将新的数据库建立在控制测试手动测试项目下，选择好了要建立的测试类型之后，在新数据库命名栏中给新的数据库起一个名字，以 Manual transmission 对新的数据库命名。在上述内容完成以后，单击 Create and Link，此时高速公路车辆的数据库建立完成，如图 5-114 所示。

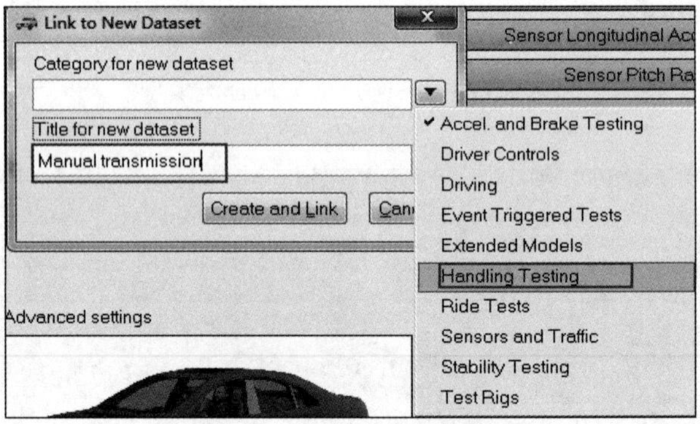

图 5-114　建立手动变速数据库

接下来，单击建立好的 Manual transmission 数据库，进入参数设置页面进行编辑。使用者需要在编辑界面设置驾驶员控制模块、路面设定、起始结束设定以及输出设定等。这里根据 Manual transmission 测试的实际情况，对汽车的车速、制动形式、挡位选择、转向角度进行设置。这里需要注意参数设置时车速和挡位的设置，由于是 Manual transmission 检测，所以车速应该与挡位匹配起来，制动设置为没有制动，挡位为 1-2-3-4-5-6 逐级升挡模式，转向设置为无转向输入，道路设置为平缓且直的路面。

在驾驶员控制模式的第一栏对车速进行设定，单击速度选项右侧的下拉菜单，选择车速为“Open-loop throttle control”。设置好开环节气门控制的前提后，将车速设置为“Ramp To Half Throttle w/MT Shifting”，如图 5-115 所示。至此，速度设置完成。

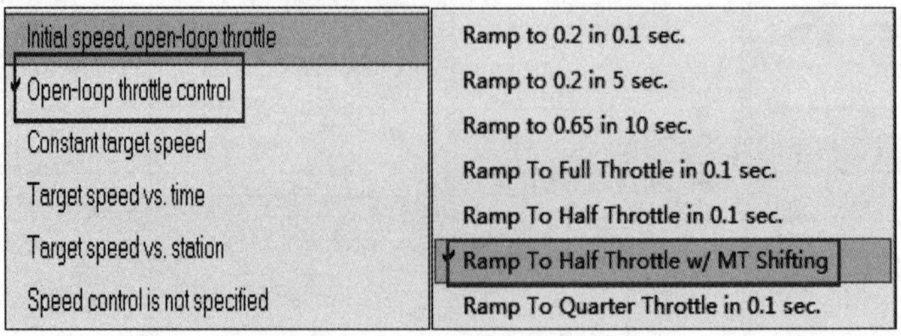

图 5-115　手动变速车速设置

在将车速设置完成以后，接下来进行制动形式的设置。单击制动选项右侧下拉菜单，选择开环制动形式。设置完开环制动形式以后，单击制动子项目栏选项右侧下拉菜单，选择无制动，表示在进行手动变速测试时，汽车是没有制动的。

接下来，进行挡位的设置。单击变速器选项右侧的下拉菜单，选择开环挡位控制，单击变速器子项目选项右侧下拉菜单，在弹出的次级页面中选择新建挡位控制模式。类似于转向控制时转角的建立过程，在编辑界面中输入挡位的坐标信息，图 5-116 所示为 1 ~6 挡逐级递增模式。

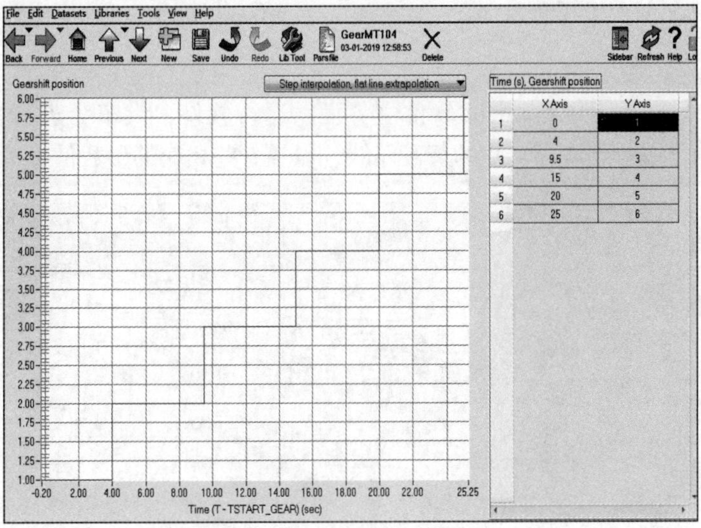

图 5-116　1 ~6 挡逐级递增模式

接下来，进行转向控制的设定。由于是手动变速仿真，因此是没有转角输入的，单击转向控制选项右侧下拉菜单，选择开环转角控制。在设置完开环转角控制之后，单击转向控制下方子项目中选项右侧下拉菜单，选择无转角。

在完成了仿真基本参数的设置以后，接下来进行道路等行驶附加信息的设置。单击附加数据信息区域第一个项目栏选项右侧下拉菜单，在弹出的子页面选择道路-3D 显示道路，在道路信息子项目中单击选项右侧下拉菜单，建立新的道路数据库，建立一条平滑且长的车道。

在完成了参数的设置之后，需要对仿真的开始和结束进行设置。首先，在开始和结束条件设置：选择在特定的时间段运行，这里设置开始和结束时间段为 0 ~40s，将仿真时间设置的长一些，可以方便观察完整的手动变速过程，如图 5-117 所示。

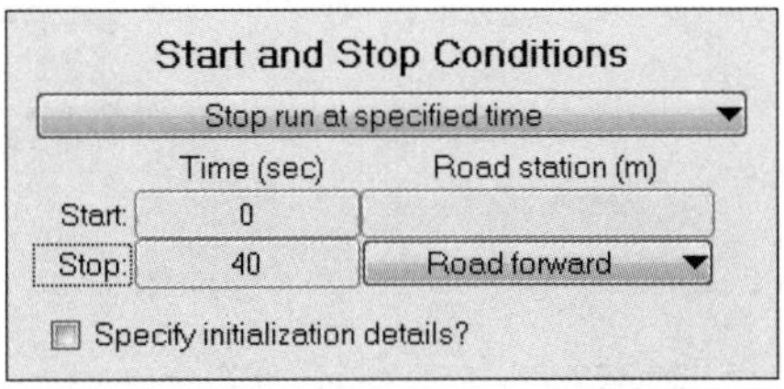

图 5-117　开始和结束时间设置

最后，设置运行结果的输出。建立好的制动行驶模型程序参数设置界面，如图 5-118 所示。

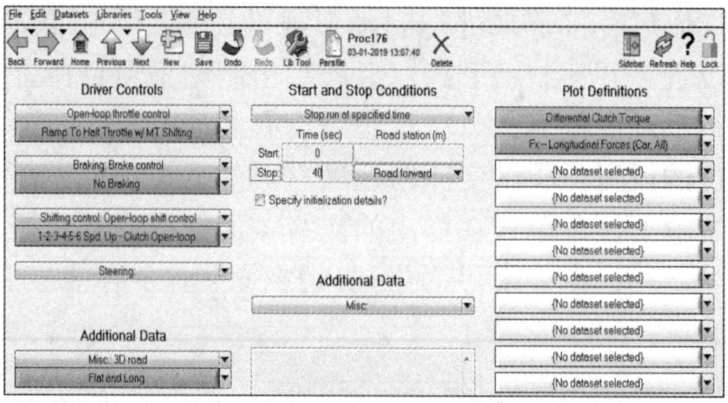

图 5-118　输出定义

单击“后退”选项，回到 CarSim 软件主界面，运行软件，汽车会进行自动变道的行驶，从运行结果项目中可以看到汽车实际的行驶路线，以及一些相应的参数信息，如图 5-119 所示。

(a)

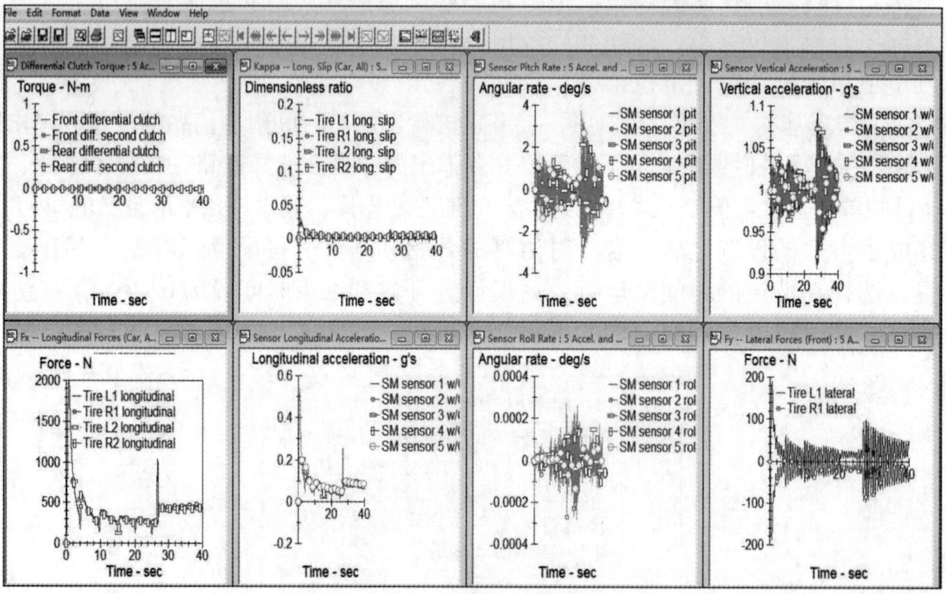

(b)

图 5-119　车辆行驶动画和参数输出曲线

(a) 车辆行驶动画；(b) 参数输出曲线

5.9　反向旋转

反向旋转测试是指汽车从静止状态开始，以倒挡模式启动，节气门开度全开的情况下进行加速倒车，在车速达到一定时（一般为 30～40km/h 最佳），将汽车方向盘顺时针或者逆时针迅速打死，由于汽车在打死方向的时候，车速达到 20km/h 就已经出现响胎、转向不足的倾向了，此时已经达到了汽车底盘的物理极限，若想提高汽车的转向性能，就要换超软胎了，越软的轮胎抓地力越强。在反向旋转结束后，汽车车头的朝向是面向汽车初始位置时的后方。汽车反向旋转测试，也就是平时生活中接触到的汽车“甩头”。

由于反向旋转测试在实际应用中并不常见，这里采用 CarSim 软件中自带的程序进行说明，读者如果需要进行反向旋转实验的话，只需将例子中的参数修改为自己所测试车辆的数据即可，这里不再进行新建数据库演示。

首先，单击程序菜单栏下方的子项目栏，选择子页面下的项目触发测试，再单击反向旋转选项。然后，单击子项目栏进行参数设置，如图 5-120 所示。

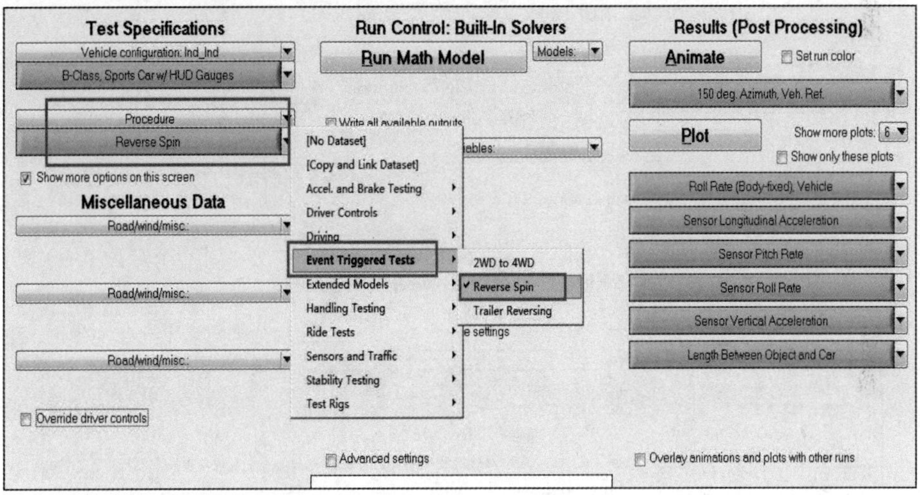

图 5-120　新建反向旋转数据库

行驶速度设置为可变初速度的开环节气门，子项目中选择 0.1s 可达到最大节气门开度；制动模式选择无制动情况，挡位选择倒挡模式；转向选择无转向。在其他条件设置中，根据实际情况需要添加标准化与需求化选型，选择反向旋转中旋转变量定义，如图 5-121 所示。

在完成了参数的设置之后，需要对仿真的开始和结束进行设置。首先，在开始和结束条件设置：选择在特定的时间段运行，这里设置开始和结束时间段为 0～30s，同时需要注意的是车辆测试时的朝向问题，这里选择 Road reverse，确保车辆不会驶出定义的道路区域，如图 5-122 所示。

最后，设置运行结果的输出。建立好的反向旋转行驶模型程序参数设置界面，如图 5-123 所示。

单击主界面上的运行数学模型，会出现相应的反向旋转运动的动画和输出参考的参数曲线图，如图 5-124 所示。

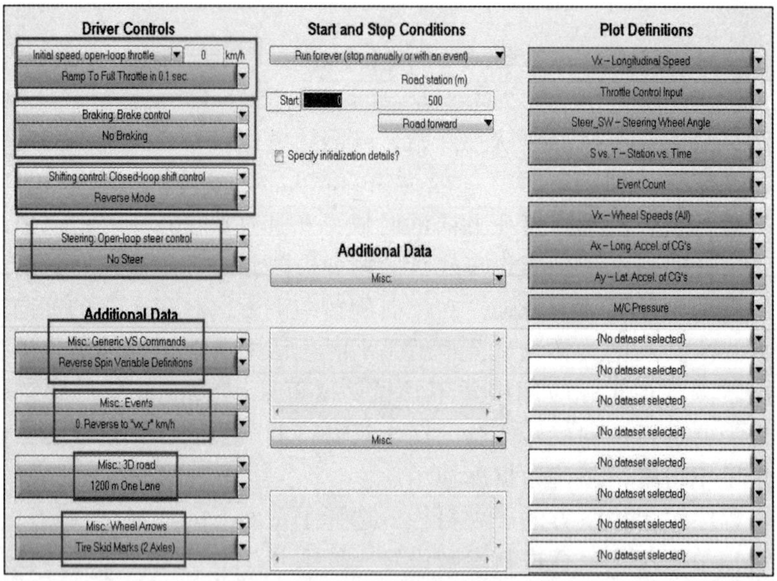

图 5-121　反向旋转参数设置

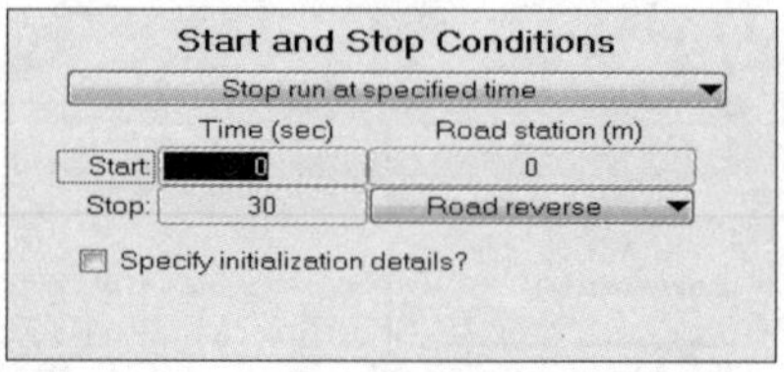

图 5-122　仿真开始和结束时间设置

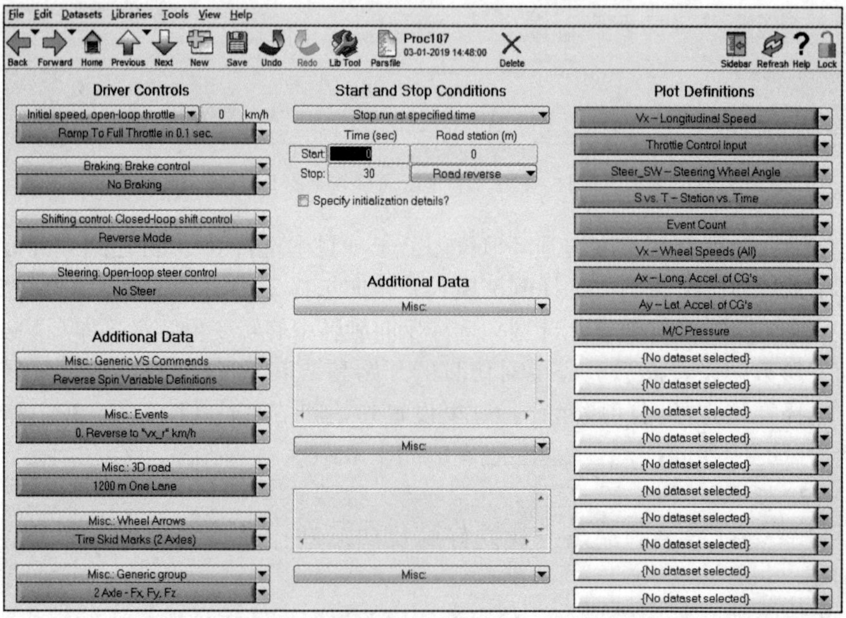

图 5-123　反向旋转行驶模型程序设置界面

(a)

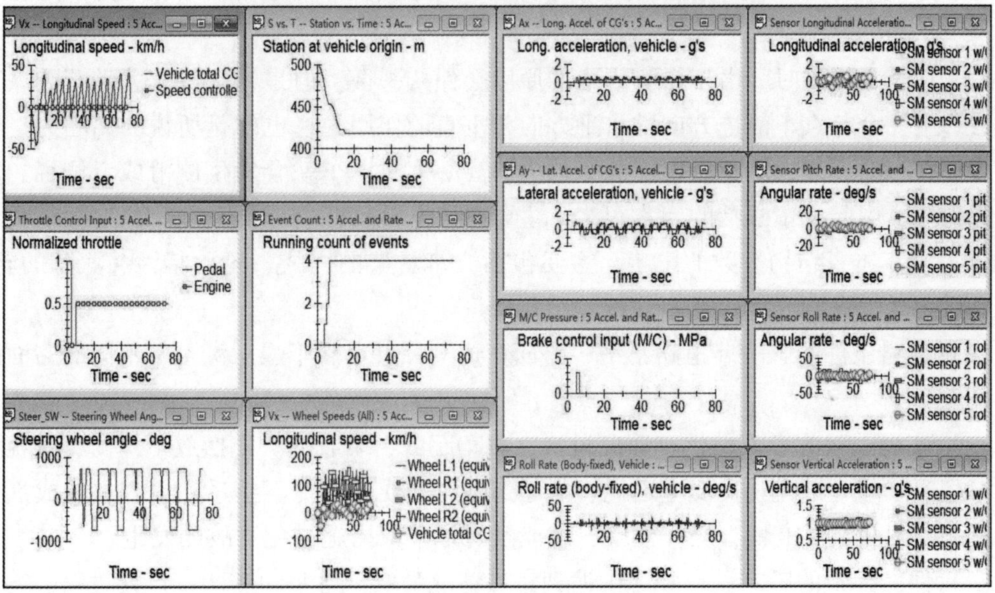

(b)

图 5-124 汽车反向旋转形式动画和参数输出

5.10 翻覆测试

汽车的翻覆测试实际上就是针对汽车的侧翻进行的，汽车翻覆是一种常见的汽车交通事故，造成的死伤率非常高，带来的经济损失巨大。汽车的翻覆是指在汽车运行的过程中，尤其是极限工况中，因为各种因素而致使车身绕其轴线旋转 180°及以上的一种侧向运动。随着客车数量的快速增加，在客车上发生的交通事故也引起了人们对客车安全性的关注。客车由于其质量大、重心高等特点，发生翻覆的危险比乘用车更高，而客车载客量大，一旦发生翻覆，其对人们的生命安全会造成更大的威胁和更大的社会影响。因此，在汽车行驶稳定性控制领域，防翻覆控制研究显得尤为迫切。

目前，国内外很多研究机构对翻覆的研究重点放在研究静态翻覆领域，对动态翻覆的研究相对较少。汽车在高速行驶或者极限工况下发生的翻覆比较普遍。汽车动态行驶时发生的翻覆可以分为两类：一类是绊倒型翻覆，因碰到路缘或者障碍物而导致汽车发生的翻覆，汽车发生此类翻覆的过程比较难以用数学模型表示，目前对汽车在运动过程中遇到障碍物而发生翻覆的研究不是很深入；另一类翻覆是非绊倒型翻覆，汽车在高速行驶或者极限工况行驶时，车辆的行驶状态参数超过门限值而使汽车发生翻覆。

关于汽车防翻覆控制研究，主要与汽车底盘的转向系统、制动系统和悬架系统密切相关，这些系统直接影响汽车的行驶稳定性、乘坐舒适性以及安全性。因此，许多学者将它们作为底盘控制系统的核心及重点研究对象。汽车底盘电子稳定控制系统相关的研究比较多，如制动防抱死系统（ABS）、电子稳定系统（ESP）、主动悬架系统（ASS）、四轮转向系统（4WS）等。这些电子控制系统的控制算法研究，对汽车的安全性能有着重要意义。

汽车在正常行驶时，由于自身重力的原因会保持平衡。但是，当汽车急转弯驶入弯道时，会产生一个与汽车前进方向的水平方向相垂直的作用力，也就是所说的离心力。当车的自重加在车轮上的力矩不足以克服车的横向离心力时，车就会发生侧滑或者侧翻，严重时引起翻覆。引起汽车翻覆的因素很多，主要有以下几种：

（1）汽车本身结构参数的影响。主要包括汽车悬架的样式、轮胎特性、汽车的轮距、轴距和质心高度等。

（2）道路条件的影响。道路不平、路面弯道半径过小和干燥、潮湿等不同的路面附着系数条件。

（3）使用因素的影响。行车速度过快、汽车超载、装载的货物摆放不均衡，就容易引起汽车翻覆。同时，驾驶员反应迟钝、缺乏驾驶经验或对路况不熟悉，也容易造成汽车翻覆。反之，驾驶员反应快、操作熟练，就能及时地采取措施避免事故的发生。

（4）偶然因素的影响。行驶途中遇到意外情况采取紧急制动避让、行驶过程中突然爆胎、行车途中急转弯等都是引起汽车翻覆的原因。

由此可知，研究汽车在高速转弯运行工况下的稳定性，分析与汽车弯道翻覆有关的因素，以及这些因素对汽车翻覆影响的大小，对于降低汽车翻覆风险、提高驾驶的性能和行车的安全性、保障人民生命财产安全有着重要的意义。

其中，由于车身侧倾引起的车轮转角的变化被称为侧倾转向。定义与转向角同向的侧倾转角为正，异向为负，其计算公式如式（5-19）所示。

$$\delta = \frac{1}{\rho}\beta_f - \beta_r - \alpha_f + \alpha_r \tag{5-19}$$

式中，α_f、α_r 分别为前后轮的侧倾转向角；β_f、β_r 分别为前后轮的侧偏角；ρ 为转向半径。

本章主要研究在 CarSim 软件中，模拟仿真由于车速和转向双重作用下造成的翻覆。具体操作步骤如下。

首先，在整车参数配置第一栏中设置车的完整参数后，单击第二栏程序下方子项目的下拉菜单，在弹出的子项目次级页面中，选择新建一个车辆的数据库。在弹出的命令窗口中单击新数据库栏右侧的下拉菜单，选择稳定性测试选项，因为车辆翻覆实验，所以将新的数据库建立在稳定性测试项目下，选择好了要建立的测试类型之后，在新数据库命名栏中给新的数据库起一个名字，以“Tripped Rollover”对新的数据库命名。在上述内容完成以后，单击 Create and Link，此时车辆翻覆测试的数据库建立完成，如图 5-125 所示。

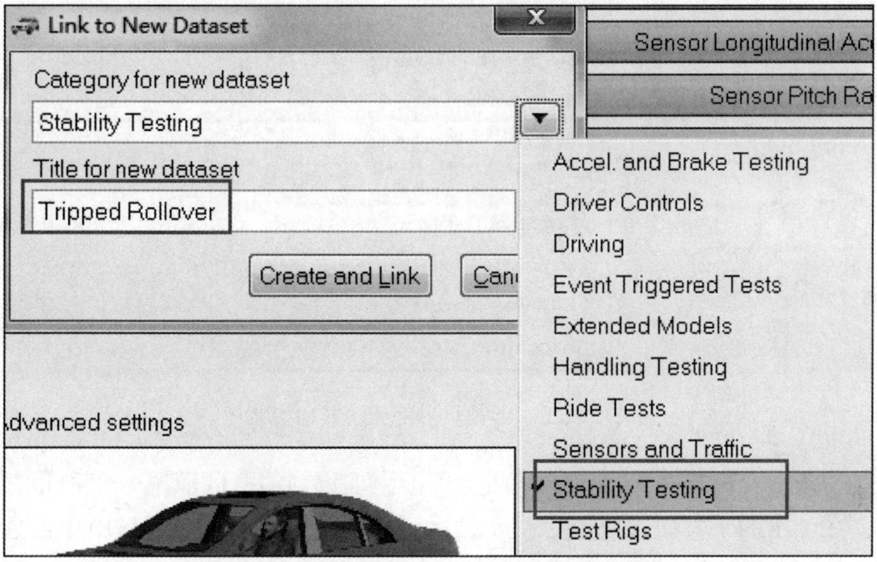

图 5-125 新建翻覆测试数据库

接下来，单击建立好的 Tripped Rollover 数据库，进入参数设置页面进行编辑。使用者需要在编辑界面设置驾驶员控制模块、路面设定、起始结束设定以及输出设定等。这里根据汽车进行 Tripped Rollover 测试的实际情况，对汽车的车速、制动形式、挡位选择、转向角度进行设置。由于是 Tripped Rollover 测试，可以常数值速度或者恒定节气门开度保证。为了达到汽车侧翻的效果，Tripped Rollover 测试车速设置为 120km/h，制动设置为没有制动，挡位为 AT 6th 模式，转向设置为驾驶员过度反应输入，道路根据读者需要自行设置。

在驾驶员控制模式的第一栏对车速进行设定，单击速度选项右侧的下拉菜单，选择车速为常数值。设置好常数值车速的前提后，将车速设置为符合实际车辆翻覆实验的 120km/h。到此，速度设置完成。

在将车速设置完成以后，接下来进行制动形式的设置。单击制动选项右侧下拉菜单，选择开环制动形式。单击制动子项目栏选项右侧下拉菜单，选择无制动，表示在进行汽车翻覆测试时，汽车是恒速行驶没有制动。

然后，进行挡位的设置。6 挡的挡位能满足车速 120km/h 的设定，因此将挡位设定为 6 挡模式，符合要求。单击变速器选项右侧下拉菜单，选择闭环挡位控制，单击变速器子项目选项右侧下拉菜单，在弹出的次级页面中选择 6 挡模式。

接下来，进行转向控制的设定。这里选择 CarSim 软件中自带的驾驶员过度反应转向控制，如图 5-126 所示。

在完成了翻覆实验基本参数的设置以后，接下来进行道路等行驶附加信息的设置。这

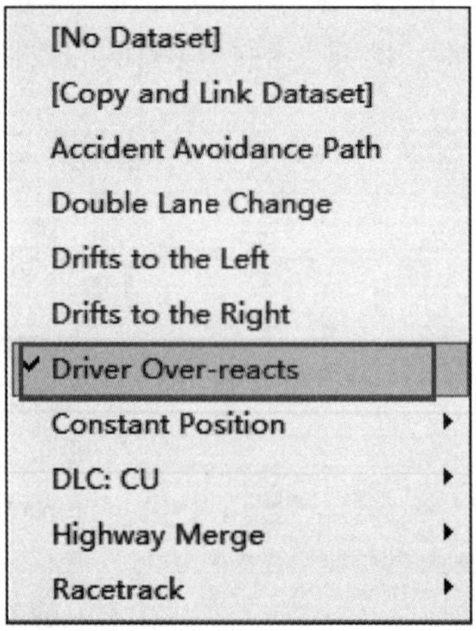

图 5-126　驾驶员过度反应转向控制

里需要建立一条适合翻覆实验测试的路面。单击附加数据信息区域第一个项目栏选项右侧下拉菜单，在弹出的子页面选择道路-3D 显示道路，在道路信息子项目中单击选项右侧下拉菜单，选择 FHWA 测试道路。

在完成了参数的设置之后，需要对仿真的开始和结束进行设置。首先，在“Start and Stop Conditions”设置：选择在特定的时间段运行，这里设置开始和结束时间段为 0～20s。最后，设置运行结果的输出。建立好的制动行驶模型程序参数设置界面，如图 5-127 所示。

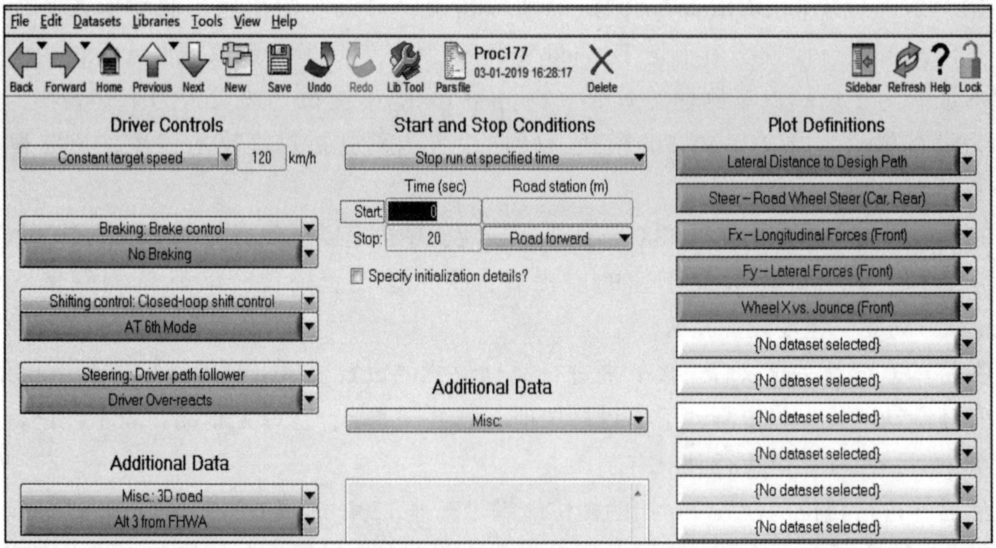

图 5-127　输出定义

单击“后退”选项，回到 CarSim 软件主界面。运行软件，汽车会进行汽车翻覆测试实验的行驶，可以从运行结果项目中，看到汽车实际的行驶路线，以及一些相应的参数信息，如图 5-128 所示。

(a)

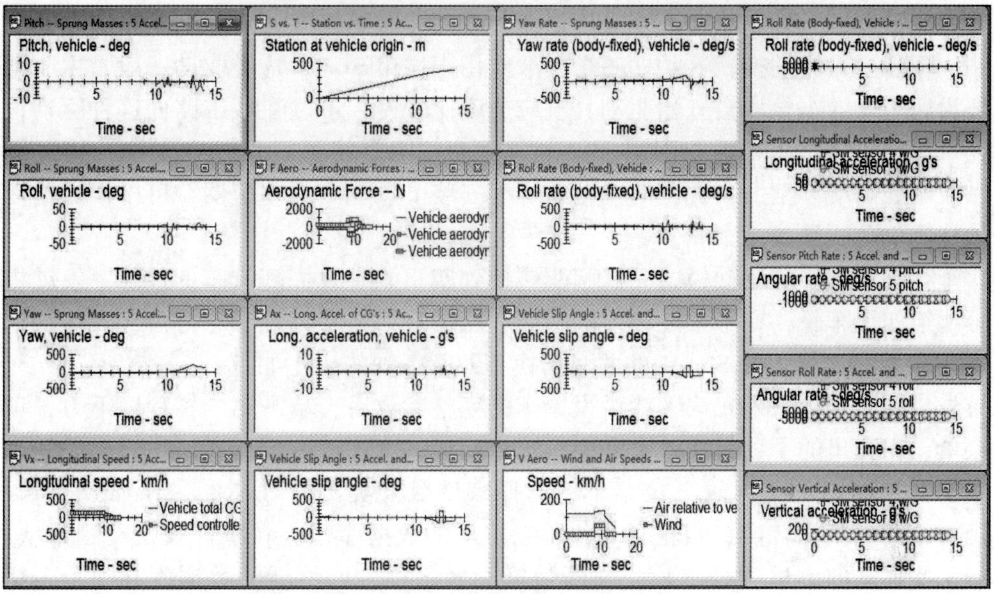

(b)

图 5-128　车辆翻覆测试动画及输出参数曲线

（a）车辆翻覆测试动画；（b）输出参数曲线

5.11　两轮驱动转换到四轮驱动

汽车驱动方式的定义是指发动机的布置方式以及驱动轮的数量、位置的形式。在传统汽车上，直接由发动机驱动转动，从而推动（或拉动）汽车前进的轮子就是驱动轮。最基本的分类标准是按照驱动轮的数量划分，可分为两轮驱动和四轮驱动两大类。按照汽车发动机布置形式和驱动方式可以分为：前置前驱、前置后驱、前置四驱、中置后驱、中置四驱、后置后驱、后置四驱。

两轮驱动分为前轮驱动和后轮驱动。后轮驱动的特点是操控好，后轮驱动前轮负责方向，而且后轮驱动的车起步快。但是，后轮驱动车的缺点是成本比前轮的高，牵引力不足，转向过度，动力损耗大。前轮驱动的特点是成本低、效率较高，重量轻，油耗相比于同样配置的后轮驱动车要低，内部空间也比较大。但是，前轮驱动的车操控性差，因为大部分重量都集中在前部，后部很容易失去平衡，特别是在雨天湿滑路面。

所谓全轮驱动又称四轮驱动，是指汽车前后轮都有动力，一般用 4×4 或 4WD 来表示。这种总布置形式，由于全部车轮都是驱动轮，充分利用了汽车的全部附着质量，因此汽车有较大的驱动力和克服障碍、防止打滑的能力。所以，越野汽车一般都采用这种总布置形式。由于全轮驱动的汽车有较大的驱动力，加速性好，20 世纪 80 年代以来一些轿车和旅行轿车也纷纷采用全轮驱动，形成了“4WD”热潮。但是，全轮驱动的结构复杂，成本高，在良好路面上行驶时燃油经济性差，轮胎和机件的磨损程度也较大。

四驱的种类比较多，包括分时四驱、实时四驱、全时四驱。分时四驱需要手动切换驱动模式，因为没有差速器，分时四驱不能长时间在铺装路面上行驶，容易给四驱系统造成损害，一般只有在雪地和泥路上才采用低速或者高速四驱模式。实时四驱是全自动的计算机控制，不需要人为切换，这类四驱车一般应用于城市 SUV，这类驱动一般是主驱动轮失去了抓力后另外的车轮才会开始驱动，响应速度比较慢，不过在城市路面这种驱动很少被用到，一般在乡村路面有时会用得上。全时驱动，四个轮子一直都在工作，越野性能极强，一般用在高端车型上，在全时驱动系统中安装了一个中央差速器，可以根据路面状况将动力按比例分配给各个车轮。

汽车行驶过程中的驱动模式，从两驱转换到四驱能有效提高汽车的性能。发动机的动力被分配给四个车轮，在平整度较差的路面上行驶时，不易出现车轮打滑，汽车的通过能力得到相当大的改善。CarSim 中的两驱切换到四驱行驶的操作如下：

首先，在整车参数配置第一栏中设置车的完整参数后，单击第二栏程序下方子项目的下拉菜单，在弹出的子项目次级页面中，选择新建一个车辆的数据库。在弹出的命令窗口中，单击新数据库栏右侧的下拉菜单，选择事件触发类测试（Event Triggered Tests）选项，因为是两轮驱动转换到四轮驱动，所以将新的数据库建立在事件触发类测试项目下。选择好了要建立的测试类型之后，在新数据库命名栏中，给新的数据库起一个名字，以 2WD To 4WD 对新的数据库命名。在上述内容完成以后，单击 Create and Link，此时两轮驱动转换到四轮驱动的数据库建立完成，如图 5-129 所示。

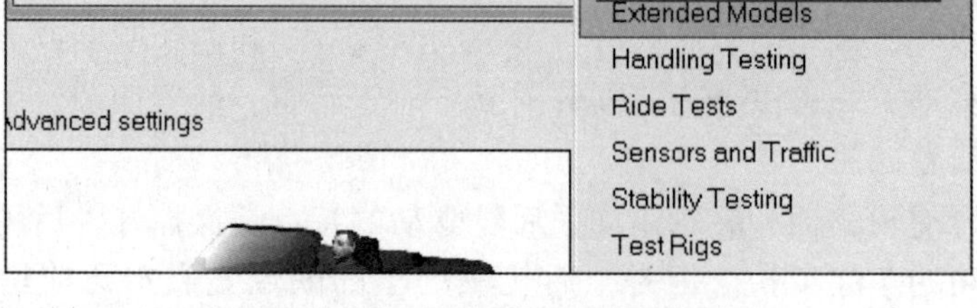

图 5-129　新建两驱转换四驱数据库

接下来，单击建立好的2WD To 4WD数据库，进入参数设置页面进行编辑。使用者需要在编辑界面设置驾驶员控制模块、路面设定、起始结束设定以及输出设定等。这里根据汽车进行2WD To 4WD测试的实际情况，对汽车的车速、制动形式、挡位选择、转向角度进行设置。由于是2WD To 4WD测试，一般情况为坡路，可以设置为开环节气门，制动设置为没有制动，挡位为MT 1th模式，转向设置沿着路面转向，道路设置为20°的坡路。

在驾驶员控制模式的第一栏对车速进行设定，单击速度选项右侧的下拉菜单，选择开环节气门控制，设置10km/h的初始速度。至此，速度设置完成。

在将车速设置完成以后，接下来进行制动形式的设置。单击制动选项右侧下拉菜单，选择开环制动形式。设置完开环制动形式以后，单击制动子项目栏选项右侧下拉菜单，选择无制动。

然后，进行挡位的设置。因为是进行爬坡实验，因此将挡位设定为MT 1th挡模式，符合要求。单击变速器选项右侧下拉菜单，选择闭环挡位控制，单击变速器子项目选项右侧下拉菜单，在弹出的次级页面中选择1挡模式（MT 1th Mode）。

接下来，进行转向控制的设定。这里选择固定位置转向，即车辆沿着道路行驶。单击转向控制选项右侧下拉菜单，选择闭环转角驾驶员控制。在设置完闭环转角驾驶员控制之后，单击转向控制下方子项目选项右侧下拉菜单，选择固定位置转向控制中的无补偿，反馈提前1.5s。此时，2WD To 4WD仿真转向设置完成。

在完成了2WD To 4WD仿真基本参数的设置以后，接下来进行道路等行驶附加信息的设置。这里需要建立一条适合测试的路面。单击附加数据信息区域第一个项目栏选项右侧的下拉菜单，在弹出的子页面选择道路3D显示道路；在道路信息子项目中，单击选项右侧下拉菜单，选择Ride Roads中的20°的坡度道路。

由于2WD To 4WD仿真是触发类仿真项目，这里需要设置触发条件。单击附加数据信息区域第二个项目栏选项右侧的下拉菜单，在弹出的子页面选择程序（Procedures），再选择事件（Events），如图5-130所示。

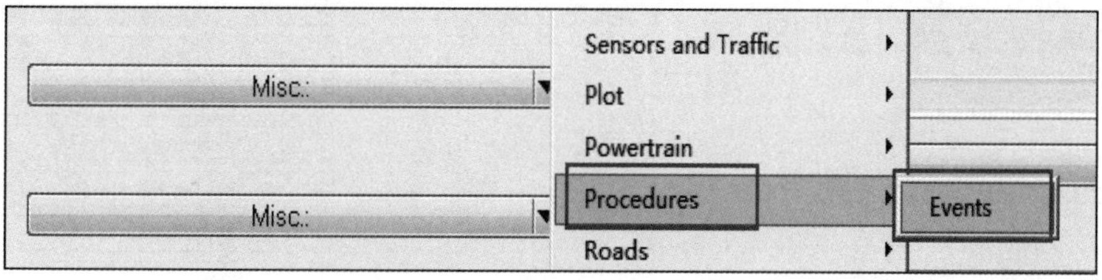

图5-130　驱动转换触发条件选择

单击转向栏下方的子项目栏中，选项右侧的下拉菜单，新建一个数据库来建立所需的触发条件。将新的数据库建立在两轮驱动转换四轮驱动（Shift 2WD to 4WD）项目下，选择好要建立的测试类型之后，在新数据库命名栏中给新的数据库起一个名字，以“Get Stuck”对新的数据库命名。在上述内容完成以后，单击Create and Link，此时两轮驱动转换四轮驱动的事件触发数据库建立完成，如图5-131所示。

在完成了参数的设置之后，需要对仿真的开始和结束进行设置。首先，在开始和结束

图 5-131　建立触发数据库

条件设置：选择在特定的时间段运行，这里设置开始和结束时间段为 0 ~ 30s，如图 5-132 所示。

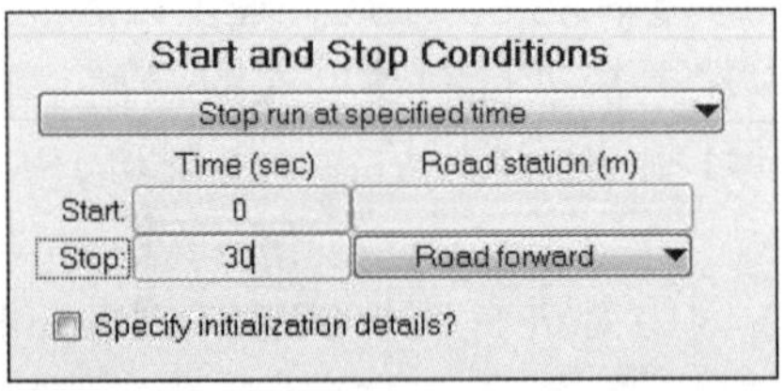

图 5-132　开始和结束条件设置

最后，设置运行结果的输出。建立好的驱动模式转换行驶模型程序参数设置界面，如图 5-133 所示。

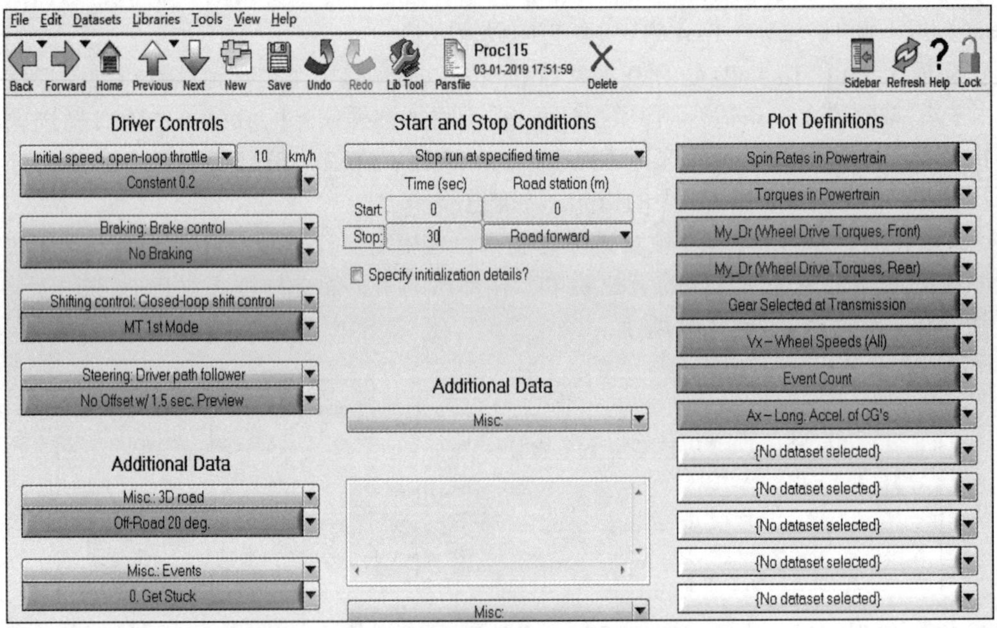

图 5-133　驱动模式转换行驶模型

单击“后退”选项，回到 CarSim 软件主界面。运行软件，汽车会进行 2WD to 4WD 的行驶，可以从运行结果项目中看到汽车实际中的行驶路线，以及一些相应的参数信息，如图 5-134 所示。

由于是触发类的测试，选择两轮驱动转换到四轮驱动的条件为车被卡住，汽车会按照下述流程执行操作：将挡位挂到空挡上，拉起手刹，将两轮驱动转换到四轮驱动，再继续行驶。

(a)

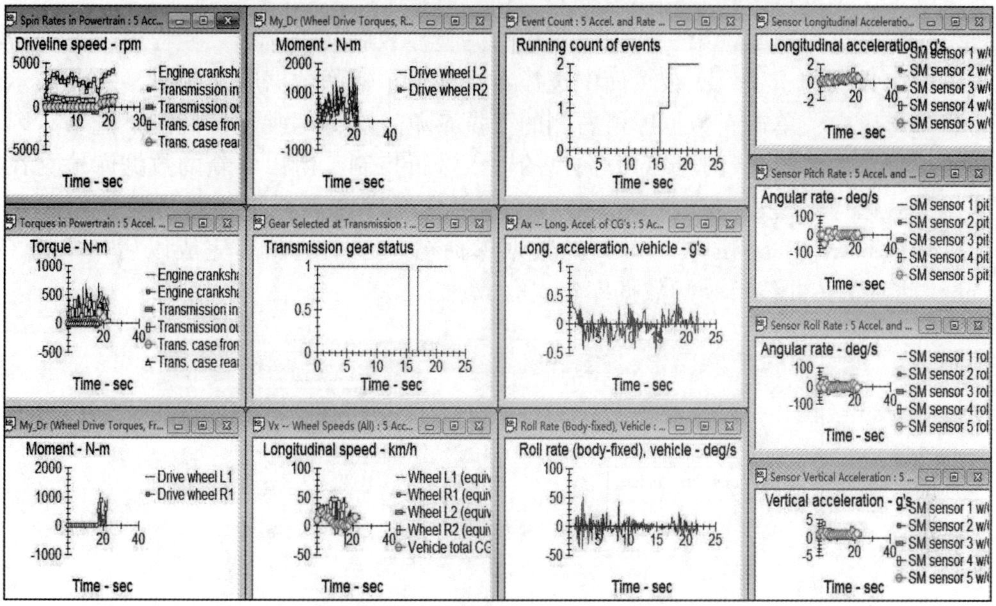

(b)

图 5-134 驱动模式转换动画和输出参数曲线

（a）驱动模式转换动画；（b）输出参数曲线

5.12 正弦曲线行驶

对汽车而言，由于整车尺寸和整车质量的极大缩减，在动态行驶过程中，其整车惯性大幅度减小，导致汽车出现反应迟钝、跑偏、侧滑、低速摆头、高速发飘、车身晃动、丧失路感的现象，可能诱发驾驶员误操作行为，出现方向失控、甩尾掉头甚至翻车的现象。悬架结构及其特性对汽车行驶稳定具有重要影响，悬架各构件间合理的配合程度，可以消除加速和制动时的前仰后合现象，提高汽车行车安全性，降低轮胎磨损和减少油耗等。因此，对汽车悬架和整车操纵稳定性进行研究，已经成为一个突出的研究课题，具有重要的理论意义和工程应用价值。

汽车的操纵稳定性是指在驾驶者不感到过分紧张、疲劳的情况下，汽车能遵循驾驶者通过转向系统及转向车轮给定的方向行驶，且当遭遇外界干扰时，汽车能抵抗干扰而保持稳定行驶的能力。汽车的操纵稳定性是汽车主动安全性的重要评价指标。目前汽车操稳特性的研究可以概括为两个方面，一是研究汽车的运动规律和行驶性能，二是研究提高汽车操稳特性的方法。悬架系统的工作特性能直接影响汽车操纵稳定性，因为当车轮上下运动或转向，以及受到地面作用力作用时，会引起车辆定位参数等主要悬架参数发生变化。合理的车轮定位，可以提高汽车行驶安全性，降低轮胎磨损和减少油耗等，进而影响汽车操纵稳定性。

转向盘中间位置操纵稳定性是转向盘小转角、低频正弦输入下汽车高速行驶时的操纵稳定性。转向半径是评价汽车机动灵活性的物理参量。转向轻便性是评价转动转向盘轻便程度的特性。正弦曲线行驶为汽车的方向盘转角输入是正弦振荡曲线，在 CarSim 软件中可以通过以下操作进行实现，具体步骤如下：

首先，在整车参数配置第一栏中设置车的完整参数后，单击第二栏程序下方子项目的下拉菜单，在弹出的子项目次级页面中选择新建一个车辆的数据库，如图 5-135 所示。在弹出的命令窗口中，单击新数据库栏右侧的下拉菜单，选择驾驶员控制测试选项。因为是正弦曲线行驶，主要依靠驾驶员对方向盘的输入进行控制，所以将新的数据库建立在控制测试项目下。选择好要建立的测试类型后，在新数据库命名栏中给新的数据库起一个名字，以“Sine Wave Steer Input”对新的数据库命名。在上述内容完成以后，单击 Create and Link，此时正弦曲线行驶的数据库建立完成。

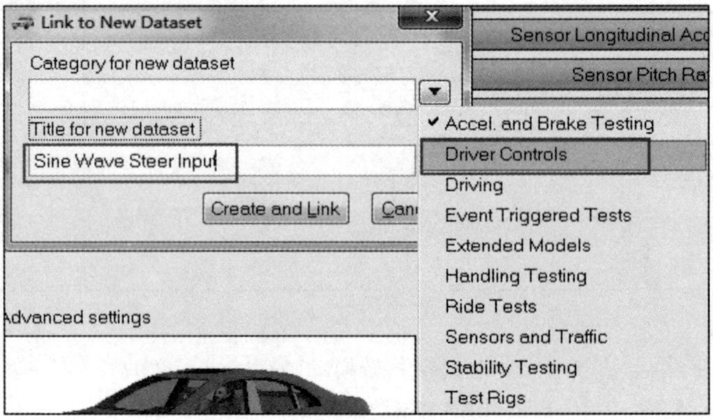

图 5-135　正弦曲线行驶数据库

然后，单击建立好的 Sine Wave Steer Input 数据库，进入参数设置页面进行编辑。使用者需要在编辑界面设置驾驶员控制模块、路面设定、起始结束设定以及输出设定等。这里根据汽车进行正弦曲线行驶测试的实际情况，对汽车的车速、制动形式、挡位选择、转向角度进行设置。由于是正弦曲线行驶检测，可以常数值速度或者恒定节气门开度保证。为了观察汽车的操纵稳定性，检测车速设置为 90km/h，制动设置为没有制动，挡位为 4th 模式，转向设置为正弦波形转角输入。在驾驶员控制模式的第一栏对车速进行设定，单击速度选项右侧的下拉菜单，选择车速为常数值。设置好常数值车速的前提后，将车速设置为 90km/h。至此，速度设置完成。

在将车速设置完成以后，接下来进行制动形式的设置。单击制动选项右侧下拉菜单，选择开环制动形式。设置完开环制动形式以后，单击制动子项目栏选项右侧的下拉菜单，选择无制动，表示在进行正弦曲线行驶检测时，汽车是恒速行驶没有制动。

接下来，进行挡位的设置。4 挡的挡位能够满足车速 90km/h 的设定，因此将挡位设定为 4 挡模式，符合要求。单击变速器选项右侧下拉菜单，选择闭环挡位控制，单击变速器子项目选项右侧的下拉菜单，在弹出的次级页面中选择 4 挡模式（AT 4th Mode）。

接下来，进行转向控制的设定。单击转向栏下方的子项目栏中，选项右侧的下拉菜单，新建一个数据库用来进行正弦曲线行驶的转向设置。选择开环转向控制，在新数据库命名栏中给新的数据库起一个名字，为了方便读者学习，以“Sine Wave Steer”对新的数据库命名。在上述内容完成以后，单击 Create and Link，此时变道仿真转向数据库建立完成。

上述工作完成之后，单击新建立好的 Sine Wave Steer 项目进入编辑界面。建立好的新数据库是空白的，使用者需要设置曲线特征、曲线坐标、转向辅助信息等参数信息。设置好的 Sine Wave Steer 转向控制页面，如图 5-136 所示。这里需要注意的是，因为是转向角的输入，因此曲线应该是连续的，所以在曲线特性栏选择曲线输入。

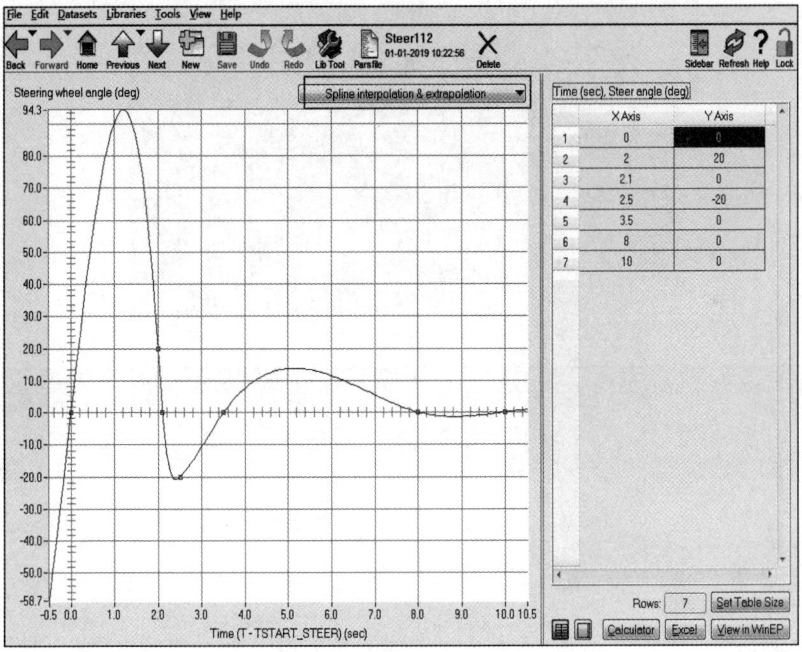

图 5-136　正弦曲线行驶转角设置

在完成了恒速仿真基本参数的设置以后，接下来进行道路等行驶附加信息的设置。单击附加数据信息区域第一个项目栏选项右侧的下拉菜单，在弹出的子页面选择道路 3D 显示道路，在道路信息子项目中单击选项右侧下拉菜单，选择“1km Square”的选项。

在完成了参数的设置之后，需要对仿真的开始和结束进行设置。首先，在开始和结束条件设置：选择在特定的时间段运行，这里设置开始和结束时间段为 0～15s。

最后，设置运行结果的输出。建立好的正弦曲线行驶模型程序参数设置界面，如图 5-137 所示。

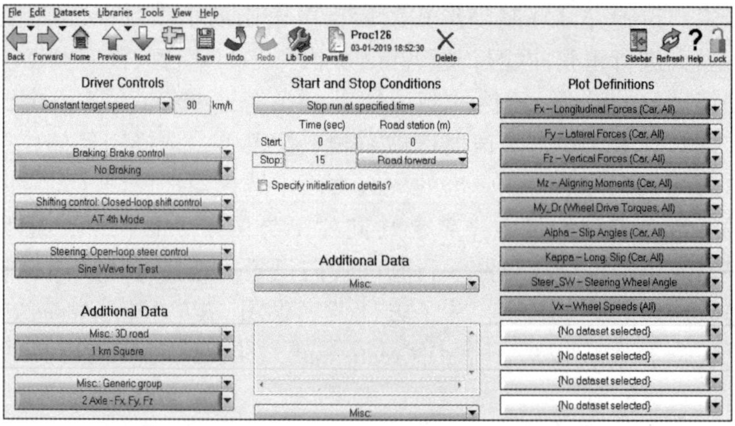

图 5-137　正弦曲线行驶模型

单击“后退”选项，回到 CarSim 软件主界面。运行软件，汽车会进行正弦曲线的行驶，可以从运行结果项目中看到汽车实际的行驶路线，以及一些相应的参数信息，如图 5-138 所示。

(a)

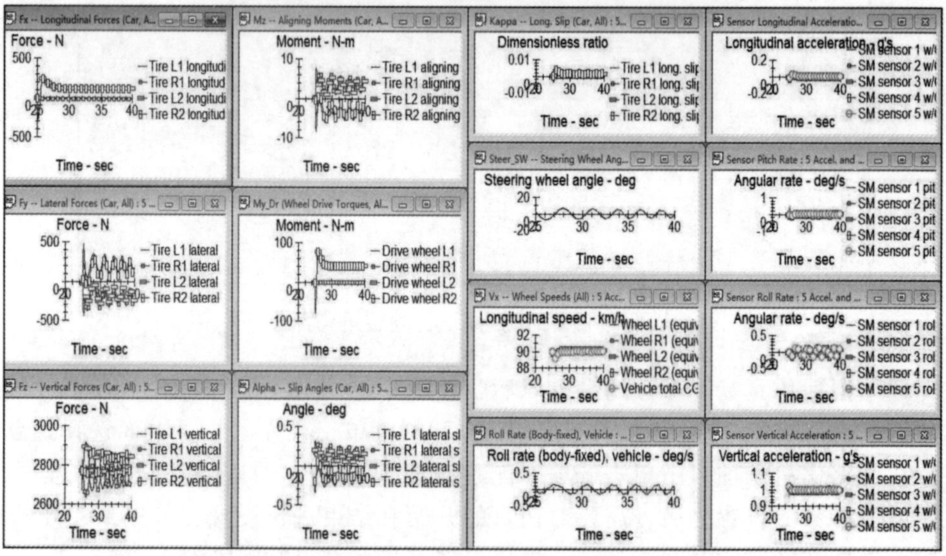

(b)

图 5-138　正弦曲线行驶动画和参数输出

（a）正弦曲线行驶动画；（b）参数输出

5.13　缓慢地增加转向测试

本节内容为验证车辆稳定性能，依靠缓慢的增加转向盘转角，测试车身的稳定性，以稳态转向角表示其特征。稳态转向角为：

$$\delta = \frac{L}{R} + \alpha_f - \alpha_r \tag{5-20}$$

式中，α_f、α_r 为稳态侧偏角，L 为汽车的轴距，R 为汽车的转弯半径。

缓慢地增加转向测试是在汽车行驶过程中，转向轮的转向角以定量逐渐增加。在 CarSim 软件中缓慢增加转向测试，具体操作步骤如下。

首先，在整车参数配置第一栏中设置车的完整参数后，单击第二栏程序下方子项目的下拉菜单，在弹出的子项目次级页面中选择新建一个车辆的数据库。在弹出的命令窗口中，单击新数据库栏右侧的下拉菜单，选择控制测试选项，由于缓慢地增加转向测试是隶属于瞬态反应测试，所以将新的数据库建立在控制测试项目下，选择好了要建立的测试类型之后，在新数据库命名栏中给新的数据库起一个名字，以“Slowly Increasing Steer”对新的数据库命名。在上述内容完成以后，单击 Create and Link，此时缓慢地增加转向测试的数据库建立完成，如图 5-139 所示。

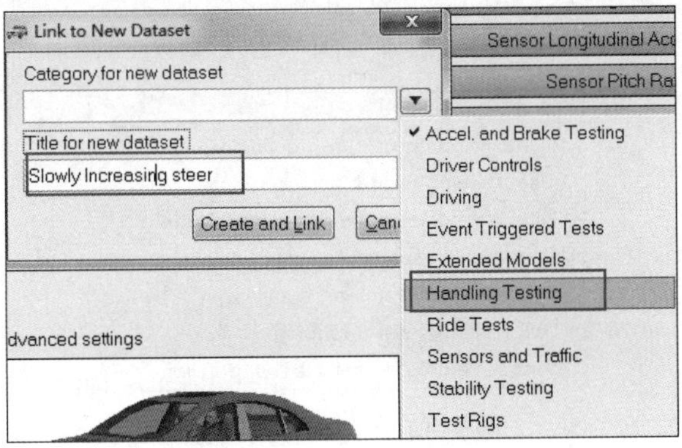

图 5-139　缓慢地增加转向测试数据库

接下来，单击建立好的 Slowly Increasing Steer 数据库，进入参数设置页面进行编辑。根据汽车进行 Slowly Increasing Steer 测试的实际情况，对汽车的车速、制动形式、挡位选择、转向角度进行设置。由于是 Slowly Increasing Steer 检测，车速可以根据实验的速度要求进行设定，这里设置为开环节气门控制，制动设置为没有制动，挡位为 5th 模式，转向设置为缓慢增加转向。

在驾驶员控制模式的第一栏对车速进行设定，单击速度选项右侧的下拉菜单，设置初速度的开环节气门控制。设置好开环节气门控制车速的前提后，车速设置菜单栏的下面一栏，为开环节气门的控制形式，这里选择递增值（Ramp），在递增值弹出的次级页面中，选择 0.1s 内节气门开度达到 0.2。至此，速度设置完成。

在将车速设置完成以后，接下来进行制动形式的设置。单击制动选项右侧下拉菜单，选择开环制动形式。设置完开环制动形式以后，单击制动子项目栏选项右侧的下拉菜单，选择无制动，表示在进行 Slowly Increasing Steer 检测过程中，汽车行驶没有制动。

然后，进行挡位的设置。单击变速器选项右侧下拉菜单，选择闭环挡位控制，单击变速器子项目选项右侧下拉菜单，在弹出的次级页面中选择 6 挡模式。

接下来，进行转向控制的设定。单击转向栏下方的子项目栏中，选项右侧下拉菜单，新建一个数据库用来进行“缓慢增加转向行驶”的设置。选择瞬态反应时间控制，在新数据库命名栏中给新的数据库起一个名字，以“Slowly Increasing Steer（13.5°/s）”对新的数据库命名。在上述内容完成以后，单击 Create and Link，此时“缓慢增加转向行驶”转向数据库建立完成。

上述工作完成之后，单击新建立好的 Slowly Increasing Steer（13.5°/s）项目进入编辑界面。建立好的新数据库是空白的，如图 5-140 所示。

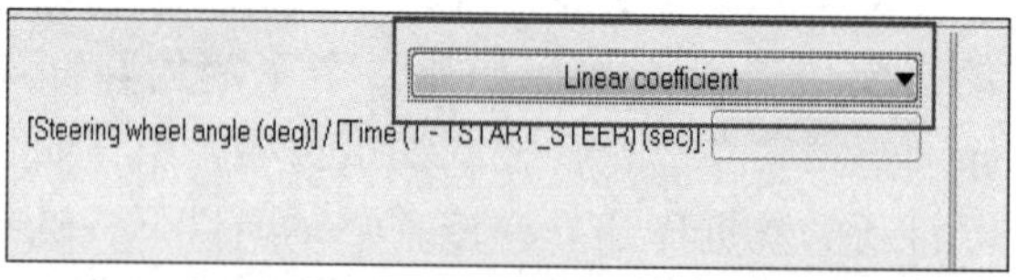

图 5-140　Slowly Increasing Steer 编辑界面

这里由于是缓慢增加转向实验，确定转角为每秒增加 13.5°，选择线性系数（linear coefficient）即为递增转角选项，如图 5-141 所示。

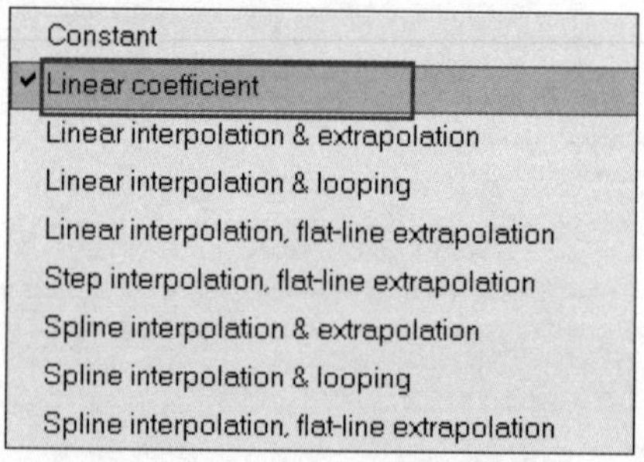

图 5-141　递增转角设置

在这里输入线性系数，也就是增加量 13.5，如图 5-142 所示。至此，转向控制设置完成。

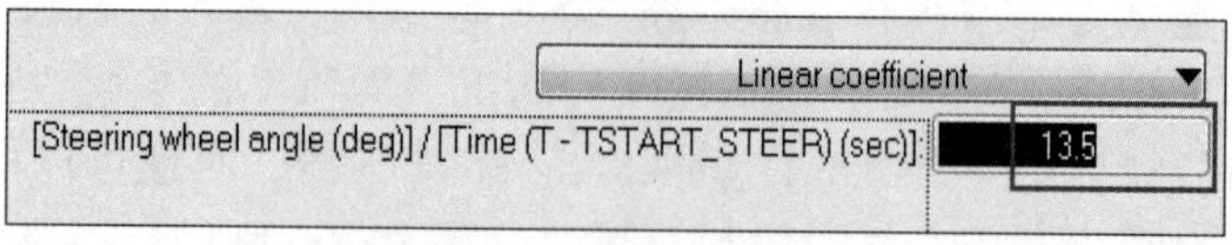

图 5-142　递增转角子界面

在完成了恒速仿真基本参数的设置以后，接下来设置一条平滑且长的路面，方便进行缓慢增加转向实验。

在完成了参数的设置之后，对仿真的开始和结束进行设置。在“Start and Stop Conditions”栏设置：选择在特定的时间段运行，这里设置开始和结束时间段为 0～20s。最后，设置运行结果的输出。建立好的缓慢增加转向行驶模型程序参数的设置界面，如图 5-143 所示。

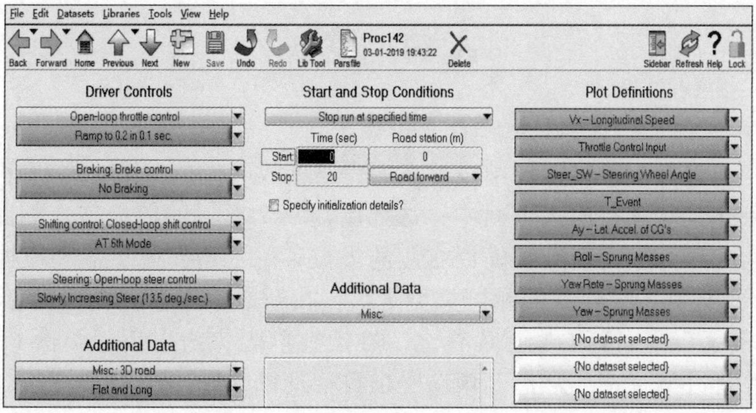

图 5-143　缓慢增加转向行驶模型

单击主界面上的运行数学模型，会出现相应的缓慢增加转向运动的动画和输出参考的参数曲线图，如图 5-144 所示。

(a)

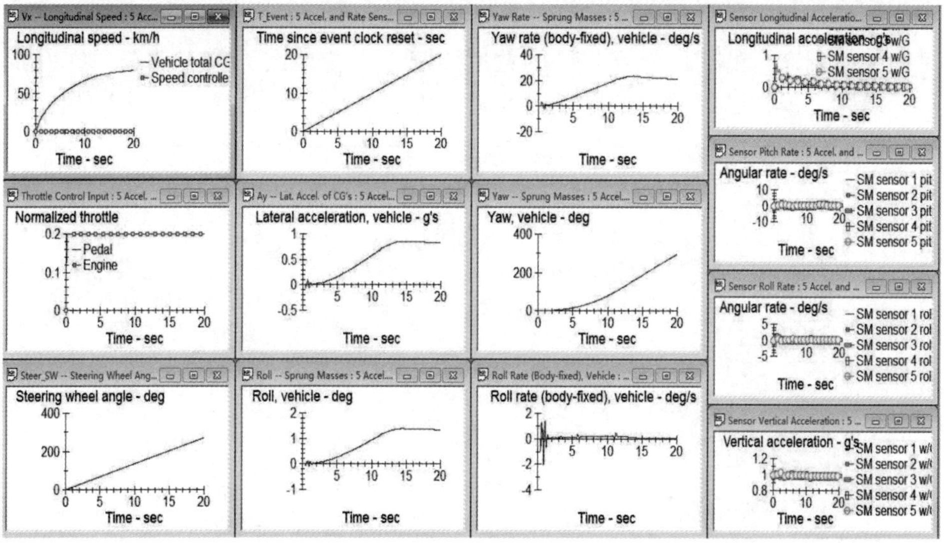

(b)

图 5-144　缓慢增加转向运动动画和输出参数曲线图

（a）缓慢增加转向运动动画；（b）输出参数曲线

5.14 停车

在 CarSim 中，停车仿真的具体操作步骤如下。

首先，在整车参数配置第一栏中设置车的完整参数后，单击第二栏程序下方子项目的下拉菜单，在弹出的子项目次级页面中，选择新建一个车辆的数据库，如图 5-145 所示。在弹出的命令窗口中，单击新数据库栏右侧的下拉菜单，选择传感器和交通（Sensors and Traffic）选项，选择好了要建立的测试类型之后，在新数据库命名栏中给新的数据库起一个名字，以 Parked Cars 对新的数据库命名。在上述内容完成以后，单击 Create and Link，此时停车的数据库建立完成。然后，单击子项目栏进行参数设置。

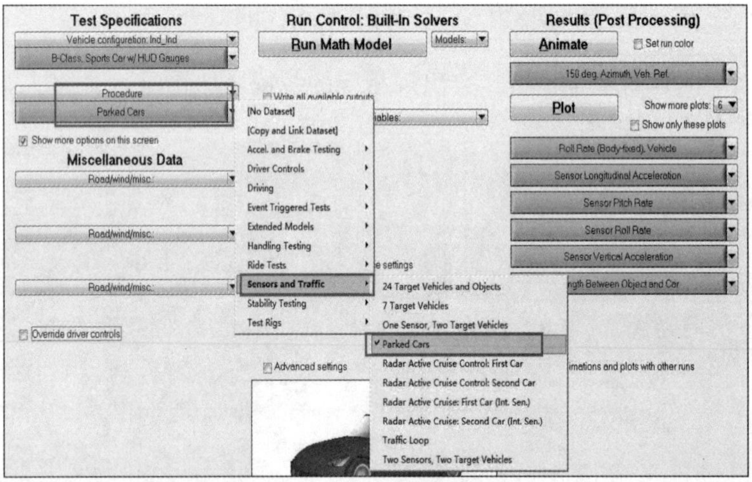

图 5-145 停车仿真数据库

由于这里是停车操作，选择车速设置为恒速 20km/h，无制动，以 AT4 挡模式进行行驶，以时间为控制运行的启停。在额外的数据控制中设置地图为停车路肩，车身周围为 8 个传感器，道路上模拟已经停靠的车辆为 5 辆。停车仿真参数设置，如图 5-146 所示。

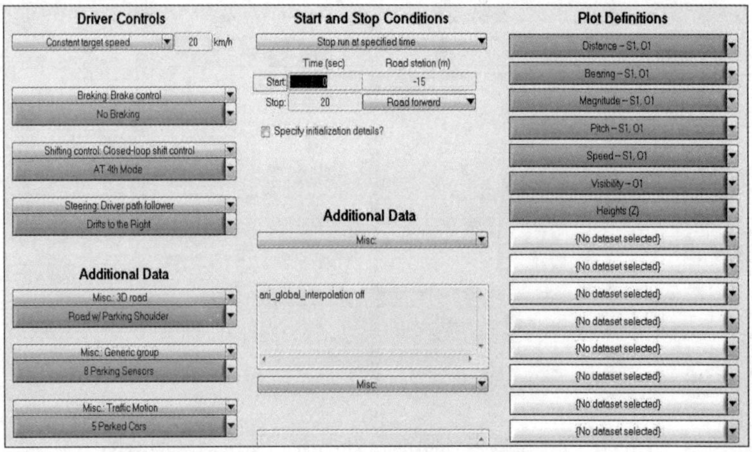

图 5-146 停车仿真参数设置

单击主界面上的运行数学模型，会出现相应的停车运动的动画和输出参考的参数曲线图，如图 5-147 所示。

(a)

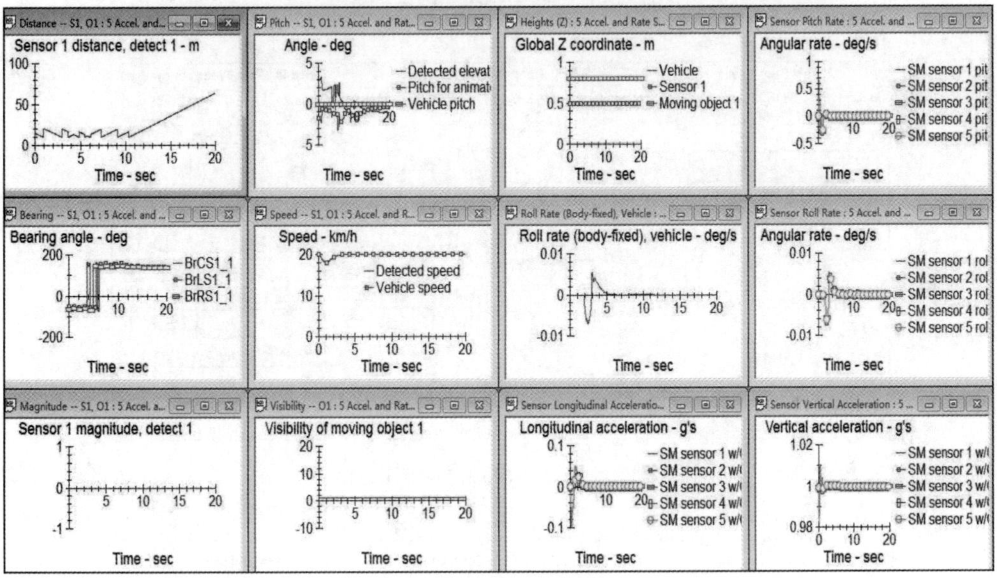

(b)

图 5-147　停车仿真的动画和输出参数曲线

(a) 停车仿真的动画；(b) 输出参数曲线

5.15　拖车反向运行

选择拖车反向运行时，首先要对车辆进行设置，选择带拖车的机动车。拖车反向运行车辆设置的操作，如图 5-148 所示。

单击程序菜单栏下方的子项目栏，选择子页面下的项目触发式测试，再单击拖车反向运行，然后单击子项目栏进行参数设置，如图 5-149 所示。

这里要注意的是，因为是项目触发式的，所以在额外数据控制上需要添加触发条件，读者可以根据实际需要进行添加，此处采用的是添加开始到结束的触发，如图 5-150 所示。

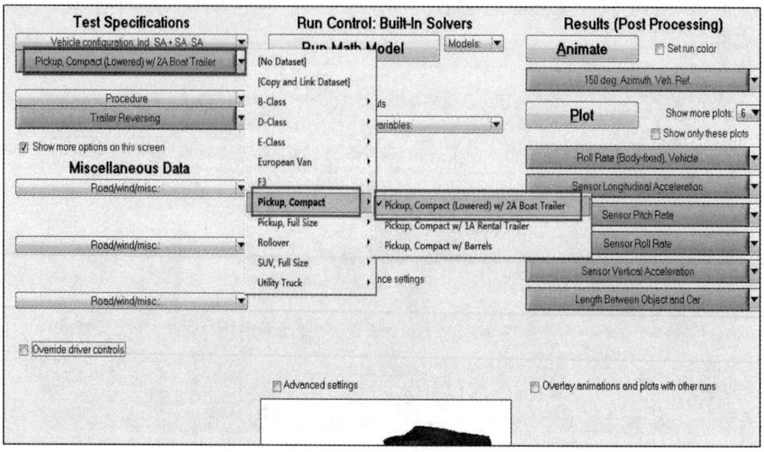

图 5-148　拖车反向运行车辆设置

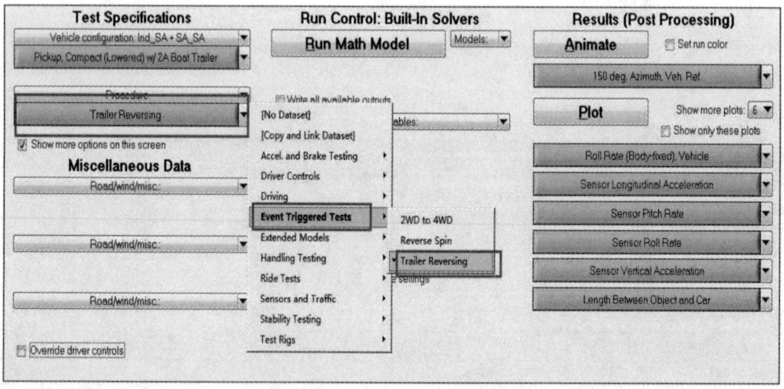

图 5-149　项目触发测试设置

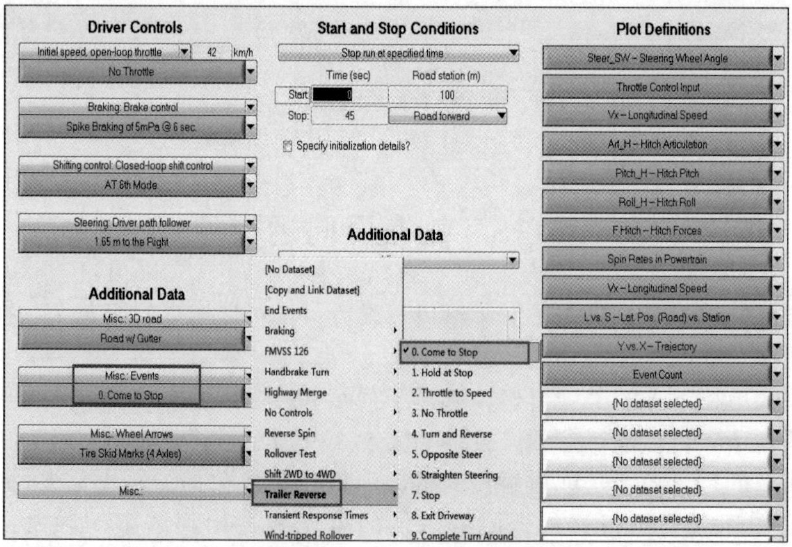

图 5-150　触发条件设置

单击主界面上的运行数学模型，会出现相应的拖车反向运动的动画和输出参考的参数曲线图，如图 5-151 所示。

(a)

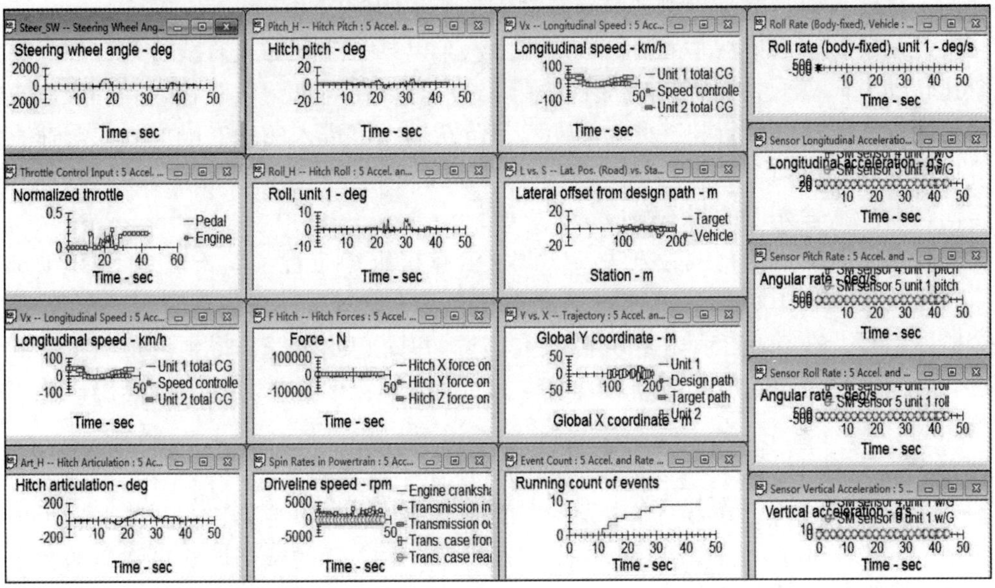

(b)

图 5-151　拖车反向运行动画和参数输出曲线

（a）拖车反向运动动画；（b）参数输出曲线

5.16　瞬态响应时间

操纵稳定性是汽车的一种运动性能，这种性能通过驾驶员在一定路面和环境下的操纵反映出来。通常认为，汽车的操纵稳定性包含相互联系的两个部分：一是操纵性，二是稳定性。操纵性是指汽车能够确切的响应驾驶员转向指令的能力。稳定性是指汽车受到外界扰动（路面扰动和突然阵风扰动）后，恢复原来运动状态的能力。两者很难断然分开，稳定性好坏直接影响操纵性好坏，因此通常称为操纵稳定性。

汽车行驶时的转向瞬态响应特性是汽车操纵稳定性的一项重要内容，常用转向盘角阶跃输入和转向盘角脉冲输入下的瞬态响应来表征。

车辆稳态的力和转矩平衡方程为：

$$F_{yf} + F_{yr} = m\frac{v_x^2}{R}$$

$$F_{yf}l_f + F_{yr}l_r = 0 \tag{5-21}$$

式中，F_{yf}、F_{yr}为前、后轮胎的侧偏力；l_f、l_r 为前、后轴到车辆质心的距离；m 为车辆质量；R 为转弯半径；v_x 为转弯速度。

在汽车操纵稳定性的研究中，常把汽车作为一控制系统，求出汽车曲线行驶的时域响应与频域响应特性，并以它们来表征汽车的操纵稳定性能。汽车曲线行驶的时域响应，指汽车在转向盘输入或外界侧向干扰输入下的侧向运动响应。转向盘输入有两种形式：给转向盘作用一个角位移，称为角位移输入，简称为角输入；给转向盘作用一个力矩，称为力矩输入，简称力输入。驾驶员在实际驾驶车辆时，对转向盘的这两种输入是同时加入的。外界侧向干扰输入，主要是指侧向风与路面不平产生的侧向力。

转向盘角阶跃输入下汽车的时域响应，为汽车以某一速度等速直线行驶，然后在某一时刻急速转动方向盘，并维持其转角不变，即给汽车以转向盘角阶跃输入。一般汽车经短暂时间后便进入等速圆周行驶，此为转向盘角阶跃输入下进入的稳态响应。在等速直线行驶与等速圆周行驶这两个稳态运动之间的过渡过程便是一种瞬态，相应的瞬态运动响应，即为转向盘角阶跃输入下的瞬态响应。

转向盘角阶跃输入仿真试验方法，依据《汽车操纵稳定性实验方法》（GB/T 6323—2014）进行，模型以 100km/h 车速匀速前进行驶一段距离后，在仿真时间为 1s 时给方向盘一个阶跃信号，在 0.0635s 内由 0°转到 12.7°，并固定此角度，得到汽车稳定后的侧向加速度、响应的横摆角速度响应的仿真曲线，经后处理提取数据分析，计算出试验车横摆角速度响应时间。

在 CarSim 软件中，进行瞬态响应时间的具体操作步骤如下。

首先，在整车参数配置第一栏中设置车的完整参数后，单击第二栏程序下方子项目的下拉菜单，在弹出的子项目次级页面中，选择新建一个车辆的数据库。在弹出的命令窗口中，单击新数据库栏右侧的下拉菜单，选择控制测试选项。因为是瞬态响应时间，所以将新的数据库建立在控制测试项目下，选择好要建立的测试类型之后，在新数据库命名栏中给新的数据库起一个名字，以 Transient Response Time 对新的数据库命名。在上述内容完成以后，单击 Create and Link，此时瞬态响应时间的数据库建立完成，如图 5-152 所示。

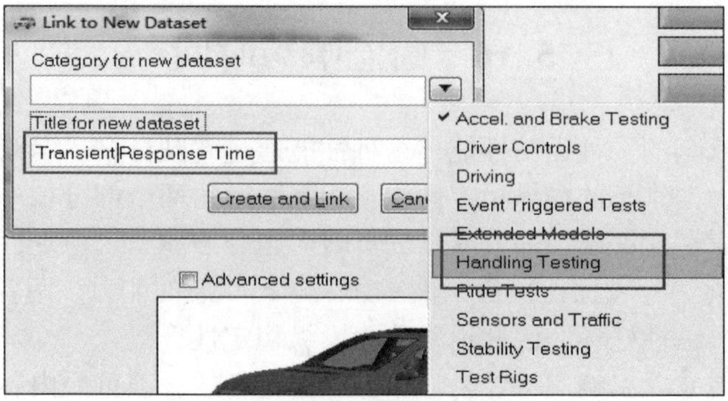

图 5-152　瞬态响应时间数据库

接下来，单击建立好的 Transient Response Time 数据库，进入参数设置页面进行编辑。按照 GB/T 6323—2014 进行参数编辑。

在驾驶员控制模式的第一栏对车速进行设定，单击速度选项右侧的下拉菜单，选择车速为常数值。设置好常数值车速的前提后，将车速设置为符合实际情况的 100km/h，如图 5-153 所示。至此，速度设置完成。

图 5-153 瞬态响应时间测试速度设置

在将车速设置完成以后，接下来进行制动形式的设置。单击制动选项右侧下拉菜单，选择开环制动形式。设置完开环制动形式以后，单击制动子项目栏选项右侧的下拉菜单，选择无制动。

接下来，进行挡位的设置。6 挡的挡位能满足车速 100km/h 的设定，因此将挡位设定为 6 挡模式，符合要求。单击变速器选项右侧下拉菜单，选择闭环挡位控制，单击变速器子项目选项右侧下拉菜单，在弹出的次级页面中选择 6 挡模式。

接下来，进行转向控制的设定。单击转向栏下方的子项目栏中选项右侧下拉菜单，新建一个数据库用来进行瞬态响应时间的转向设置。在转向编辑菜单界面按照 GB/T 6323—2014 中提出的转角输入控制进行编辑，编辑好的转向界面，如图 5-154 所示。

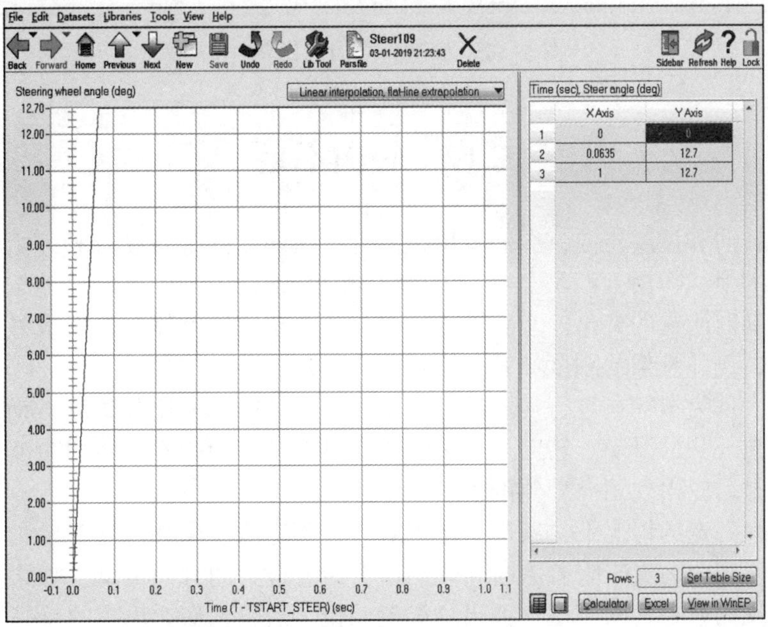

图 5-154 瞬态响应时间转向设置

在完成了瞬态响应时间仿真基本参数的设置以后，接下来进行道路等行驶附加信息的设置。单击附加数据信息区域第一个项目栏选项右侧下拉菜单，在弹出的子页面选择道路

3D 显示道路，在道路信息子项目中单击选项右侧下拉菜单中的平滑且长的道路。

在完成参数的设置之后，对仿真的开始和结束进行设置。在“Start and Stop Conditions”中设置：选择在特定的时间段运行，这里设置开始和结束的时间段为 0～20s。

最后，设置运行结果的输出。建立好的瞬态响应时间行驶模型程序参数设置界面，如图 5-155 所示。

单击“后退”选项，回到 CarSim 软件主界面。运行软件，汽车会进行自动行驶，可以从运行结果项目中，看到汽车实际的行驶路线，以及一些相应的参数信息。

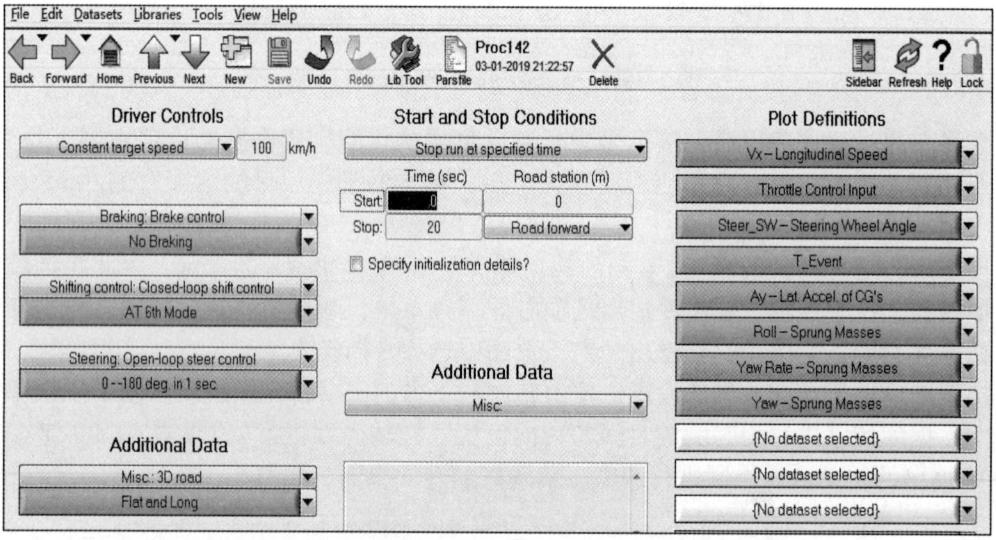

图 5-155　瞬态响应时间行驶模型

5.17　转向不足

对于不足转向和过度转向，会涉及侧偏角这个名词。汽车高速行驶开始转向时，因受汽车向前行驶的惯性作用，汽车会对转向产生瞬时抵抗，便产生了轮胎侧偏角，即汽车行驶方向与车轮朝向所成的夹角。车轮的侧偏角除了由轮胎的侧偏特性造成外，还受悬架的结构因素影响，例如悬架的刚度和几何特性等。

转向不足表现为车辆在进行转弯的过程中，实际转向角度比前轮的转动角度小，也就是前轮出现了向外侧的滑动。转向过度表现为车辆在转弯中的实际转向角度比前轮的转动角度大，也就是后轮出现了向外侧的滑动。

轮胎和路面一定的情况下，所产生的附着力为恒定值，离心力和驱动力的改变都会引起合力的改变。当合力大于附着力时，轮胎就会沿着合力的方向滑动。如果这个轮胎位于前轮，那么出现的就是转向不足。如果这个轮胎位于后轮，那么出现的就是转向过度。

中性转向虽然能较好地利用侧向力（与车轮前进方向垂直的分量），达到最大的转向速度，但却削弱了驾驶者对汽车稳定的主观感觉，无法预计汽车的制动甩尾。当车速达到某一极限时，过度转向的转向半径会急剧减少，汽车会发生激转，致使操纵困难或失去操纵，甚至导致事故。

不足转向产生相对较大的转向半径，侧向力减弱，汽车具有自动恢复直线行驶的良好稳定性，操纵容易。因此，绝大多数汽车制造厂家都将汽车做成具有轻微的不足转向。转向不足时，车辆需要更多的转向轮角度来保持所需的行进线路。转向不足是前轮轮胎与地面接触面的偏滑角，早于后轮轮胎与地面接触面的偏滑角造成的。通常，车辆进入稳定状态需要一定的速度，转向不足可以使车辆在较低的速度就能够进入稳定状态。一旦车辆进入稳定状态，车体扭转角度将无法随着转向轮角度的增加而继续增加，表现为方向盘变轻，即使增加转向角度，车体仍旧按照原先的线路行进，而车体扭转角度不会变化。

在 CarSim 软件中进行转向不足测试，具体操作如下。

首先，在整车参数配置第一栏中设置车的完整参数后，单击第二栏程序下方子项目的下拉菜单，在弹出的子项目次级页面中，选择新建一个车辆的数据库。在弹出的命令窗口中，单击新数据库栏右侧的下拉菜单，选择控制测试选项，将新的数据库建立在控制测试项目下。选择好了要建立的测试类型之后，在新数据库命名栏中给新的数据库起一个名字，以“Understeering”对新的数据库命名。在上述内容完成以后，单击 Create and Link，此时转向不足测试的数据库建立完成，如图 5-156 所示。

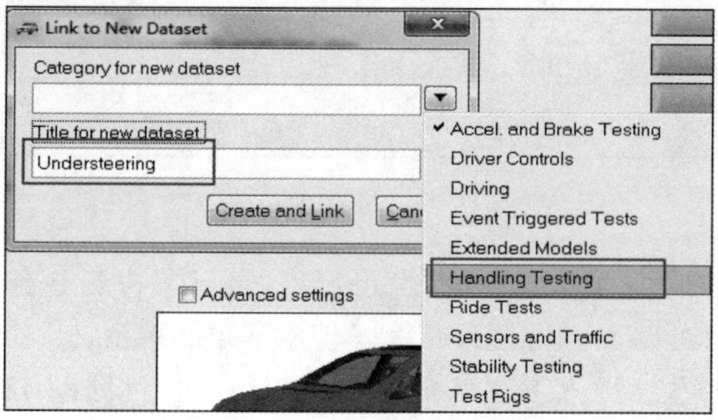

图 5-156 转向不足测试数据库

接下来，单击建立好的 Understeering 数据库，进入参数设置页面进行编辑。

在驾驶员控制模式的第一栏，对车速进行设定，单击速度选项右侧的下拉菜单，选择车速为“Target speed vs. time”，目标车速是在一定时间内达到一定的车速。在车速子项目中，选择节气门每秒递增的速度 4km/h，如图 5-157 所示。

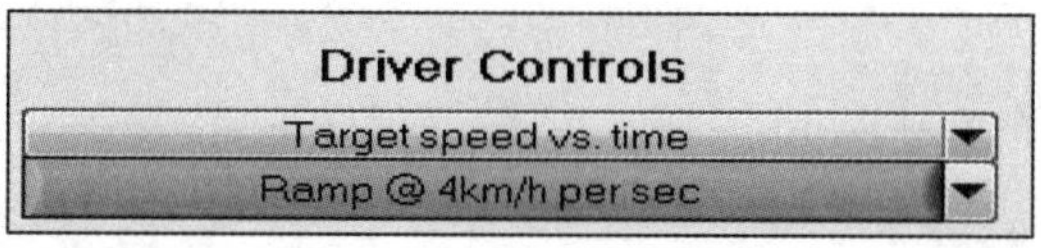

图 5-157 目标车速设置

在将车速设置完成以后，接下来进行制动形式的设置。单击制动选项右侧下拉菜单，选择开环制动形式。设置完开环制动形式以后，单击制动子项目栏选项右侧下拉菜单，选择无制动。

然后，进行挡位的设置，将挡位设定为 6 挡模式。单击变速器选项右侧下拉菜单，选择闭环挡位控制，单击变速器子项目选项右侧下拉菜单，在弹出的次级页面中选择 6 挡模式。

接下来，进行转向控制的设定。单击转向栏下方的子项目栏中，选项右侧的下拉菜单，新建一个数据库用来进行转向不足的转向设置。选择固定位置控制，然后对转向角度输入进行编辑，编辑好的界面如图 5-158 所示。

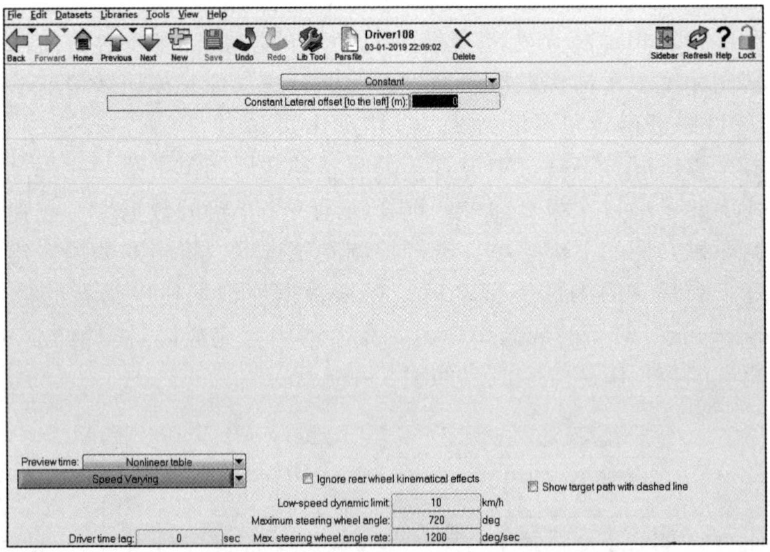

图 5-158　不足转向角度设置

在完成了不足转向的仿真基本参数设置以后，接下来进行道路等行驶附加信息的设置。这里建立一条环形的路面，方便进行汽车转向不足的观察。

在完成了参数的设置之后，需要对仿真的开始和结束进行设置。首先，在“Start and Stop Conditions”栏中设置：选择在特定的时间段运行，这里设置开始和结束的时间段为 0～30s。

最后，设置运行结果的输出。建立好的制动行驶模型程序参数设置界面，如图 5-159 所示。

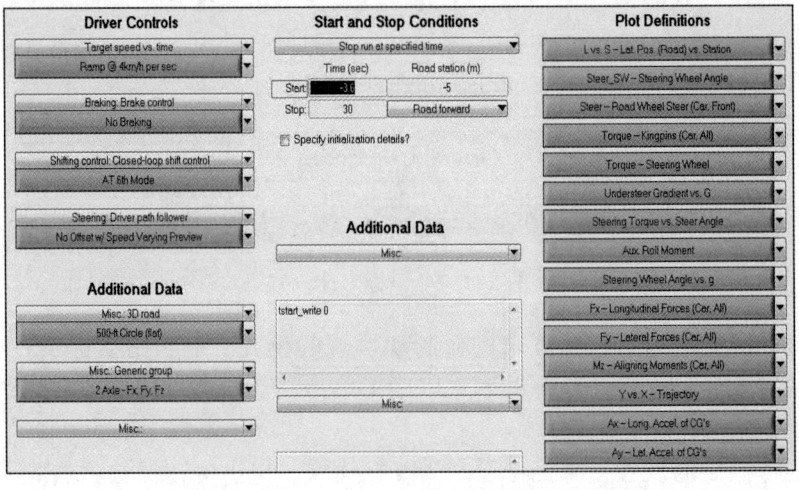

图 5-159　不足转向输出定义

单击主界面上的运行数学模型，会出现相应的转向不足运动的动画和输出参考的参数曲线图，如图 5-160 所示。

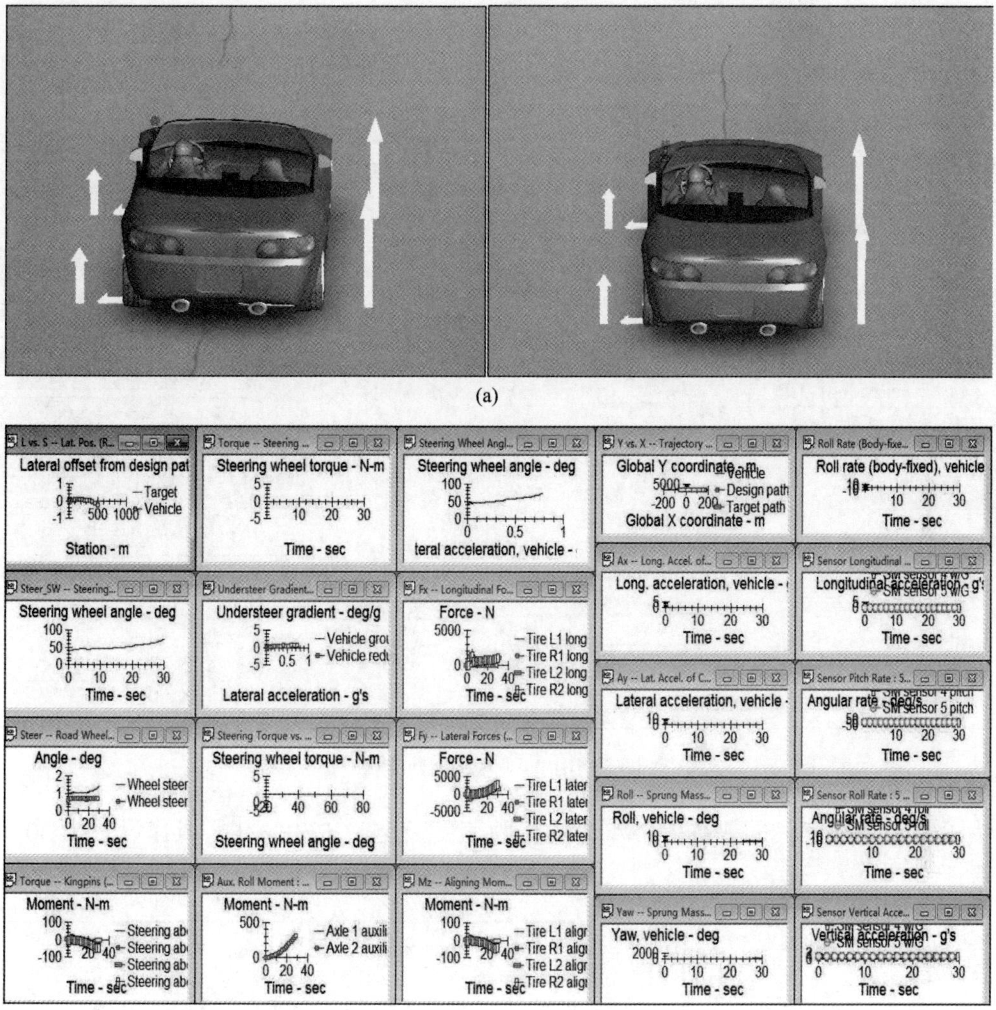

(a)

(b)

图 5-160　转向不足运动动画和输出参数曲线

（a）转向不足运动动画；（b）输出参数曲线

5.18　风力导致车辆翻转

空气侧向推力 P_{ay} 的计算公式，如式（5-22）所示。

$$P_{ay} = C_y \frac{\rho}{2} V^2 S \tag{5-22}$$

式中，C_y 是侧向力系数；S 为汽车迎风面投影面积；V 为相对流速；ρ 为空气密度。

空气升力 P_{az} 的计算，如式（5-23）所示。

$$P_{az} = C_z \frac{\rho}{2} V^2 S \tag{5-23}$$

式中，C_z 是升力系数。

风力导致车辆翻转，更多时候出现在转向的过程中。因此，以转弯时候为例进行说明。单击程序菜单栏下方的子项目栏，选择子页面下的稳定性测试，再单击横风导致的翻车选项。然后，单击子项目栏进行参数设置，如图 5-161 所示。

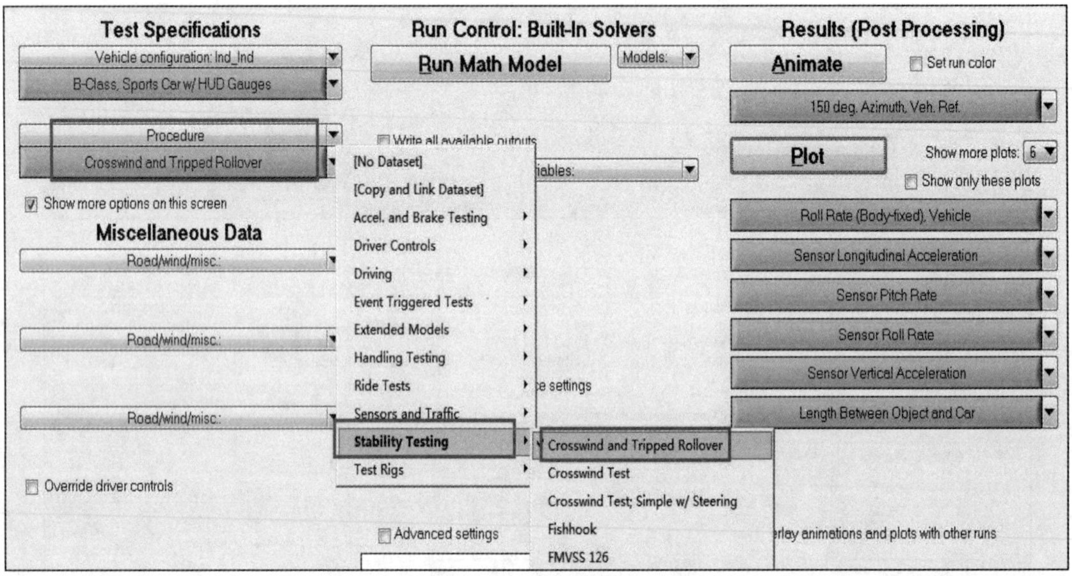

图 5-161　风力侧翻数据库

为了方便观察车辆的侧翻，将汽车的行驶速度设定为 150km/h，风速设置为 50km/h，如图 5-162 所示。

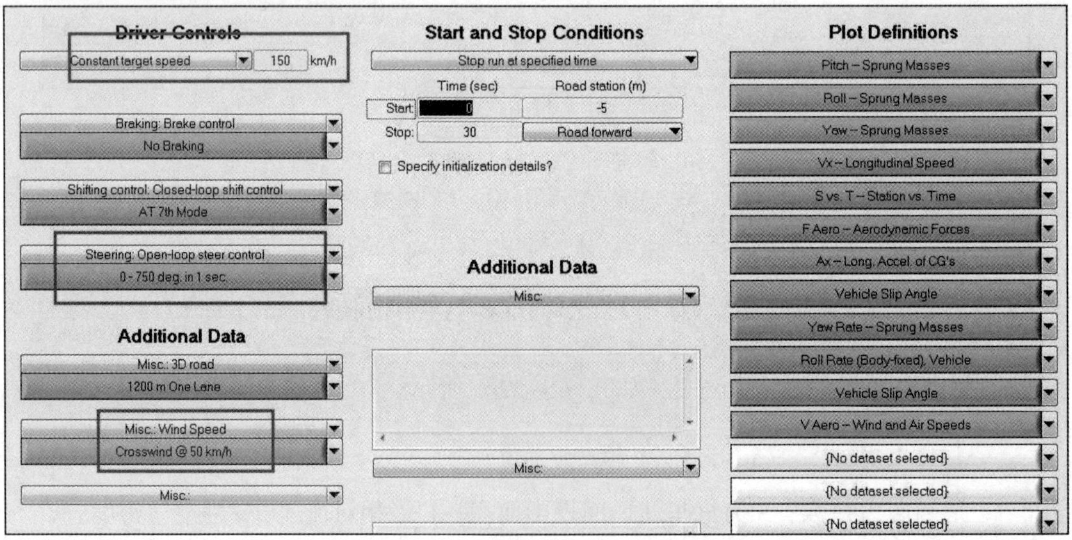

图 5-162　风力侧翻参数设置

单击主界面上的运行数学模型，会出现相应的强风导致汽车侧翻运动的动画和输出参考的参数曲线图，如图 5-163 所示。

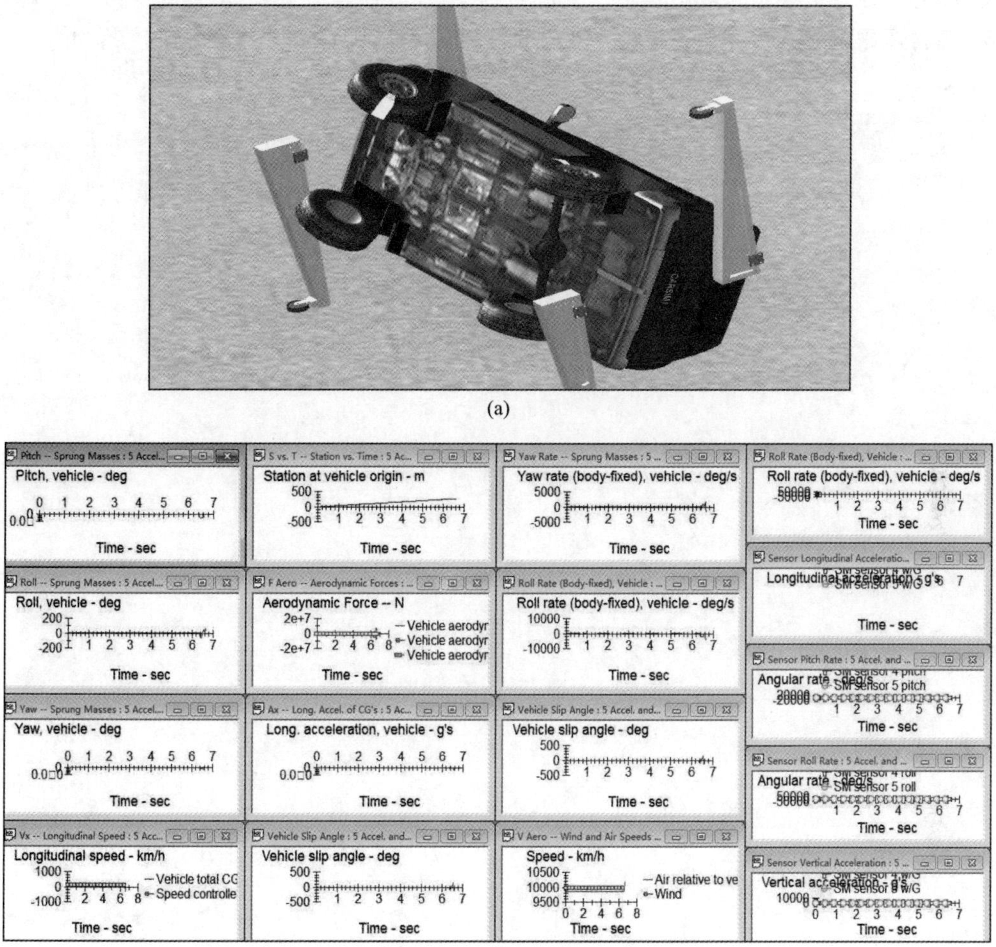

(a)

(b)

图 5-163 风力侧翻动画和输出参数曲线
（a）风力侧翻动画；（b）输出参数曲线

5.19 本章小结

本章主要介绍了汽车分阶段行驶参数设置的方法，主要包括车速、制动、变速器、转向，以及道路等行驶附加信息的设置，其中还包括一些次级页面的参数设置。

5.20 习题

1. CarSim 中行驶工况设置的子项目类别有哪些，分别是什么？
2. 建立一个自动变道仿真数据库，并在不同的参数下进行设置。

3. 制动装置其基本组件都有什么？制动系统按功能分为哪几类，并进行简要描述。

4. 引起汽车侧翻的因素主要有什么？设置相关参数，完成汽车侧翻仿真测试，并结合参数曲线进行分析。

5. 结合车辆转向时存在的各种问题，进行相关参数设置，并进行测试与分析。

第 6 章　曲线图像

本章主要针对软件输出结果的一些设定的学习，使读者能够得到仿真需要的数据。对于曲线图像的设置主要从两个方面进行，首先是从程序栏中对曲线图像进行设置，其次是在 PLOT 命令窗口对曲线图像进行设置。

6.1　曲线参数设置

首先，单击程序栏进入参数设置页面，可以看到在页面的右侧为图像定义区域，如图 6-1 所示。

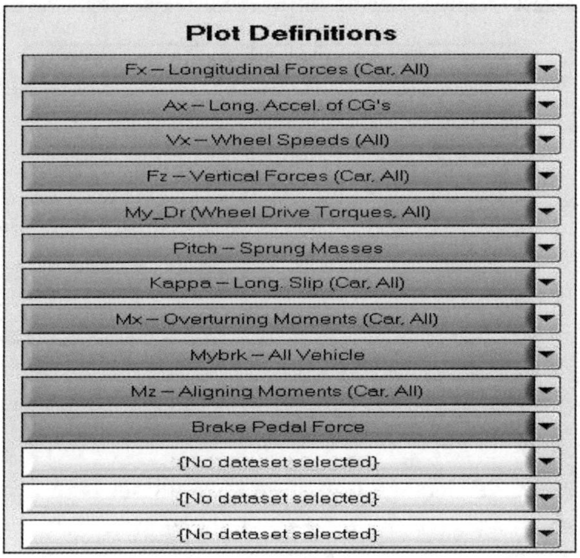

图 6-1　图像定义区域

软件中附带许多编辑好的曲线图像的数据库，可以修改这些现有的数据库或者创建新的数据库，可以在这里对要输出的图像进行定义，这样在运行程序之后才能输出曲线图像，以添加前轮侧向力曲线为例进行说明。单击图像定义区域状态栏右侧的下拉菜单，选择轮胎压力选项，再选择前轮侧向力，单击“保存”按钮，返回主界面，如图 6-2 所示。

单击加粗长条，进入子页面，如图 6-3 所示。

图 6-3 中的选项 1，可以使用 VS 命令 define_ output 添加新的变量，高级用户可以在运行时使用此部分定义新的变量。图中选项 2 是绘制曲线图像时，从 VS 或 ERD 输出文件中提取的变量列表，每一行包含 Y 轴变量名、X 轴变量名和绘制曲线的可选标注。当没有指定的可选标注时，绘图工具根据从 VS 或 ERD 头文件中获得的标准关键字来标记绘制的

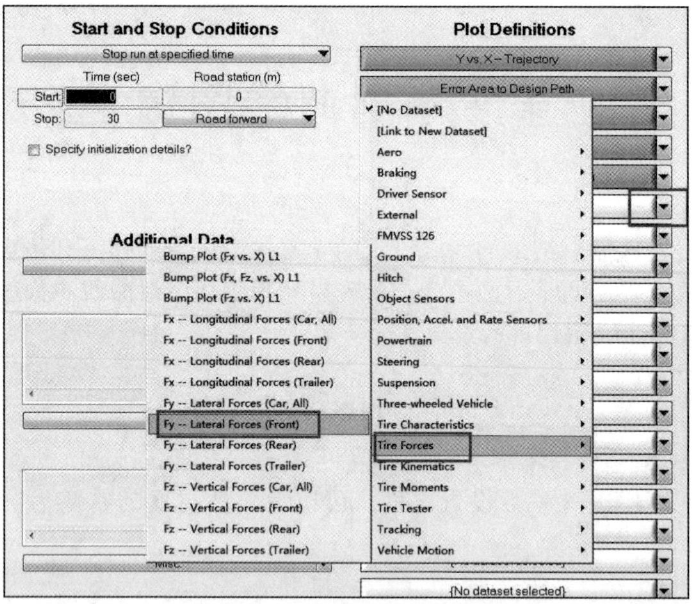

图 6-2　曲线图像数据库

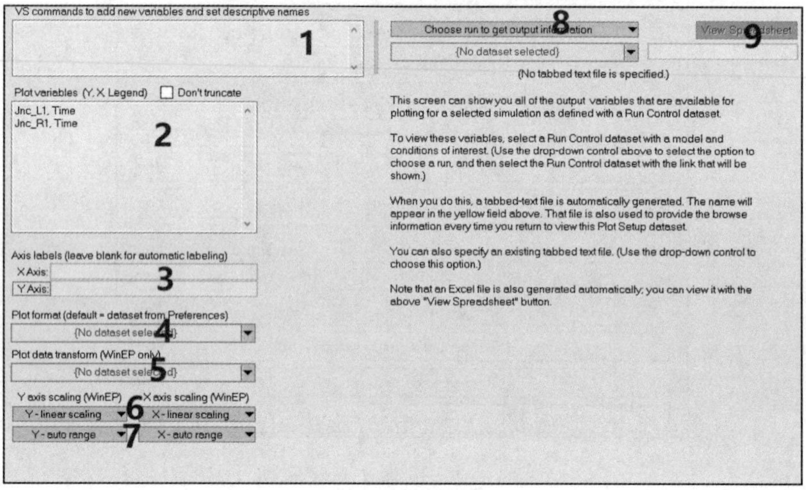

图 6-3　图像窗口子界面

曲线。这里的内容可以像任何其他数据字段一样手动编辑。但是，如果机器生成的文档文件启动了浏览功能，还可以通过单击鼠标插入名称。图中选项 3 是对 X 轴和 Y 轴的可选标注。通常，绘图工具根据从 VS 或 ERD 头文件中读取的关键字来标记坐标轴，但也可以覆盖这些标注，并制定自己的标注。如果这些字段中出现任何文本，它将用于标记坐标轴，而不是来自 VS 或 ERD 文件的信息。图中选项 4 用于确定曲线图像的外观和规模。图中选项 5 用于更改曲线图像数据。在 WinEP 绘制数据中应用过滤器，可用的滤波器有带通滤波器、高通滤波器、低通滤波器等。图中选项 6 可用于缩放，包括线性缩放和对数缩放，对数缩放只在对应的数值都是正数的时候才能用，如果存在 0 或负数，即使选择了对数缩放也按照线性缩放来设置。图中选项 7 用于设置坐标轴范围，可以选择自动或者手动。图中选项 8 用来选择文件，单击下拉菜单会出现两个文件，根据需求选择相对应的选项。图中选项 9，可以查看与此页面上显示相同信息的电子表格。

图 6-3 中的选项 4，用于确定曲线图像的外观和规模，进入子页面，如图 6-4 所示。

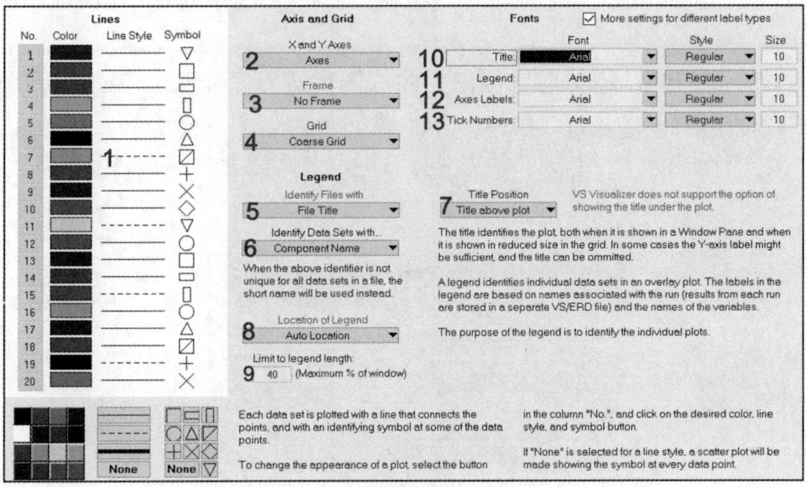

图 6-4　曲线形状子界面

WinEP 程序支持很多选项来控制生成的绘图格式，此页面上的每个用户设置也可以从 WinEP 中交互设置。然而，当在 VS 浏览器中设置时，格式化信息存储在 VS 数据库中，可以很容易地应用于从 VS 浏览器启动的任何曲线图像。在图 6-4 中的选项 1 处，用来设置曲线的颜色、线形等。使用相同的水平和垂直轴，绘图工具可以显示多达 20 个重叠的数据集。每个数据集可以用一些线、符号或者两者同时表示，当前设置显示在窗口左侧的白色区域中。要更改其中一个数据集的设置，先选择编号按钮，然后单击下面的颜色、线条样式和符号按钮。在图中的选项 2 处，用来设置 X 轴和 Y 轴，单击旁边的下拉菜单有两种选择，分别是有轴和无轴。在图中的选项 3 处，可以对框架进行设置，单击下拉菜单有三个选项，有框架、无框架、带刻度的框架。在图中的选项 4 处，是对网格进行设置，下拉菜单有两种网格可以选择：粗网格和细网格。在图中的选项 5 处，可以设置文件标识符，下拉菜单有两种选择：文件标题和文件名。当 WinEP 基于一个文件生成一个标签时，这将决定是使用文件名还是使用文件中指定的标题。由于大多数使用 CarSim 生成的 ERD 文件，都由数据库分配的编号作为其名称，因此建议使用标题选项。在图中的选项 6 处，用来设置数据集标识符，下拉菜单有短变量名等四种选择，根据需求选择适当的选项。在图中的选项 7 处，可以设置标题的位置，下拉菜单一共有三种选择，标题在曲线图像的上面、没有标题、标题在曲线图像的下面。对于交互式使用，标题总是显示在窗口标题栏中，因此建议选择无标题选项，因为它将为数据保留最多的窗口区域。当然，对于需要嵌入到报告中的绘图，其余两个选项可能更好一些。在图中的选项 8 处，可以设置图例位置，下拉菜单有在曲线图像左上角、在曲线图像右上角等五个选项可供选择。在图中的选项 9 处，用来设置图例大小限制的数值，WinEP 和 VS 可视化工具使用此限制来设置绘图图例。当覆盖两个或多个数据集时，图例位于曲线图像的右侧，WinEP 调整绘图区域的大小，留出足够的空间来打印图例。如果在图例中至少有一个标签较长，或者窗口不是很宽，这样就没有足够的空间用于绘图。在图中的选项 10 处，是曲线图像的文本设置，字体、大小等单独设置。字体可以打印或者粘贴到黄色字段中，或者单击旁边的下拉菜单有多种字体可供选择。在图中的选项 11 处，是 WinEP 中绘图图例的文本设置。在图中的选项 12 处，是 WinEP 中曲线图像坐标轴标签设置。图中选项 13 处，是曲线图像坐标轴刻度值字体等的设置。

在参数设置界面中，已经对前轮侧向力曲线图像进行了定义，要想得到前轮侧向力曲线，需要在主界面 PLOT 处添加，具体操作步骤如下。如图 6-5 所示，方框内为输出曲线图像的个数，由于输出已经占满了状态栏，这里选择添加一项，用来存放前轮侧向力曲线。

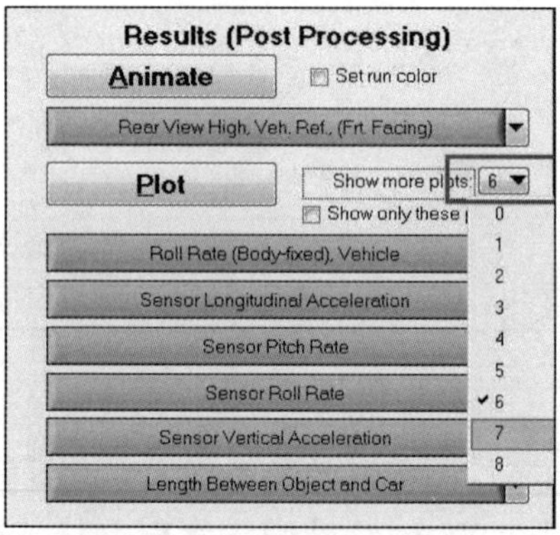

图 6-5　PLOT 处添加曲线图像

在添加完空白状态栏后，单击状态栏右侧的下拉菜单符号，在弹出的界面中选择轮胎压力，再选择前轮侧向力选项，设置完毕，如图 6-6 所示。

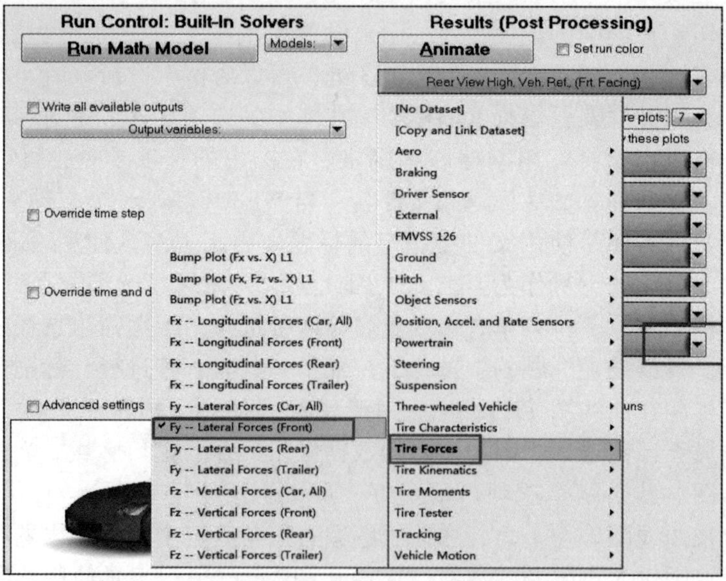

图 6-6　轮胎压力曲线设置

单击主界面的程序运行键，在曲线图像窗口会多输出一个前轮侧向力的曲线，如图6-7所示。

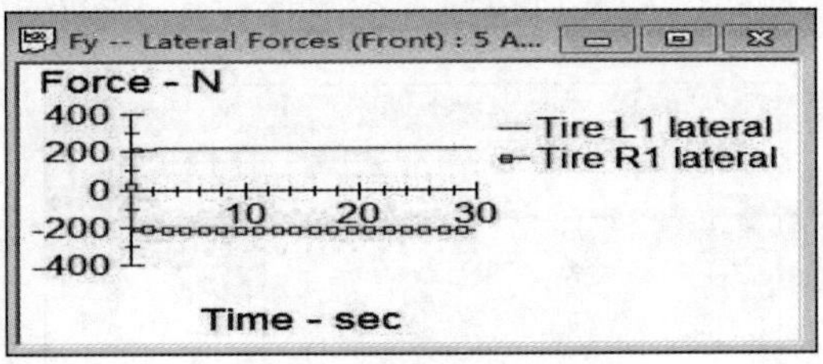

图6-7　前轮侧向力的曲线

6.2　曲线图像窗口菜单

曲线图像窗口菜单，是针对在PLOT窗口中输出的曲线图像设置的，如图6-8所示，左上角方框内为菜单栏，接下来对菜单栏进行具体说明。

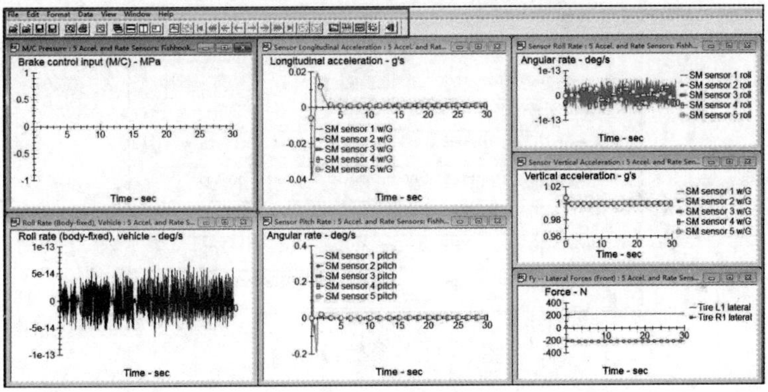

图6-8　曲线图像窗口

首先，进行主菜单栏的说明。主菜单栏包括文件、编辑、格式、数据、视图、窗口和帮助七个选项。

1. 文件（如图6-9所示）

在菜单栏中的文件，主要是实现打开或者保存一些种类文件的功能。例如，打开ERD文件、批量打开文件，打开图像格式文件、关闭顶层窗口、保存图像数据等。

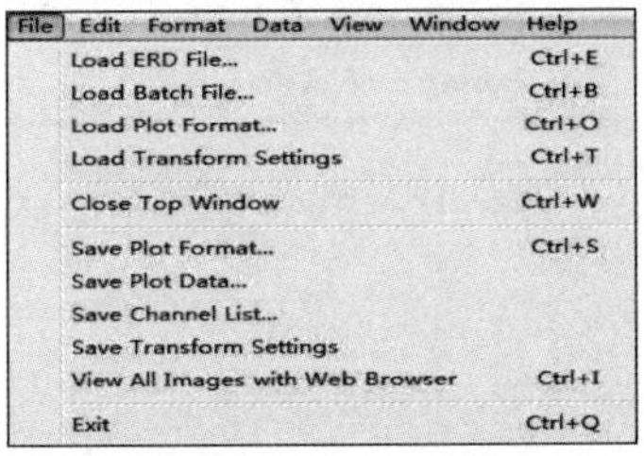

图6-9　文件菜单

2. 编辑

编辑命令包括撤销、剪切、复制、粘贴和参数选择，如图 6-10 所示。

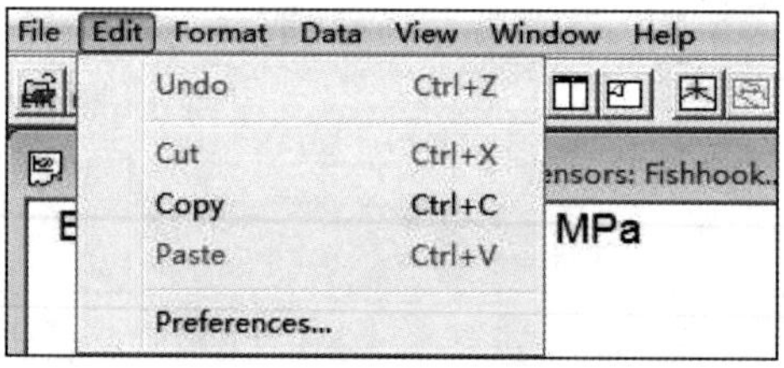

图 6-10　编辑菜单

参数设置窗如图 6-11 所示，它包括普通设置和路径设置。普通设置是对工具栏是否显示、曲线图像显示的形式进行控制，其中曲线图像显示的形式有叠层显示、最大化显示、垂直和水平平铺显示等；路径设置的是临时文件夹、格式文件夹、数据文件夹等。

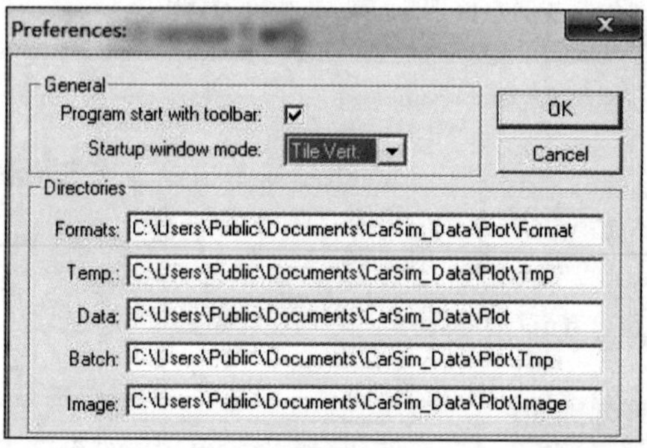

图 6-11　参数设置窗

3. 格式

格式命令主要是针对曲线显示的图像进行设置，包括图 6-12 所示的集中命令，对数 X 轴、对数 Y 轴、重新生成目前的数值或原始数值、自定义图像格式。

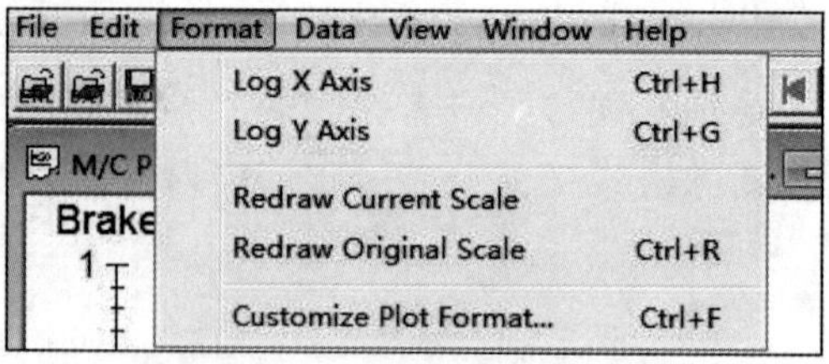

图 6-12　格式命令界面

4. 数据

数据命令包括定义新的图像、补偿、筛选、统计、标注等，如图 6-13 所示。

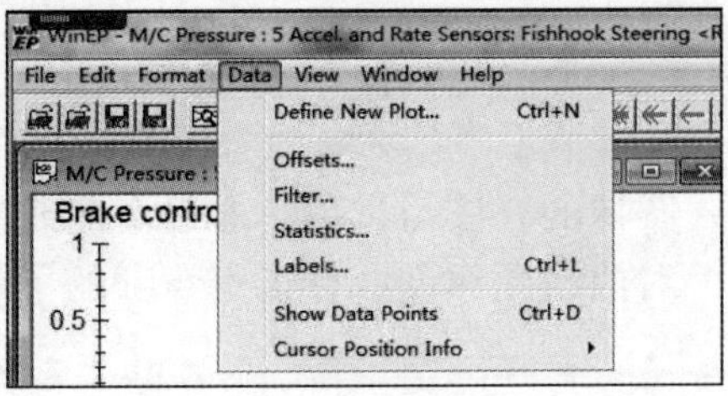

图 6-13 数据命令界面

5. 视图

视图命令主要是对工具栏和显示的一些设置，包括工具栏、状态栏等，如图 6-14 所示。

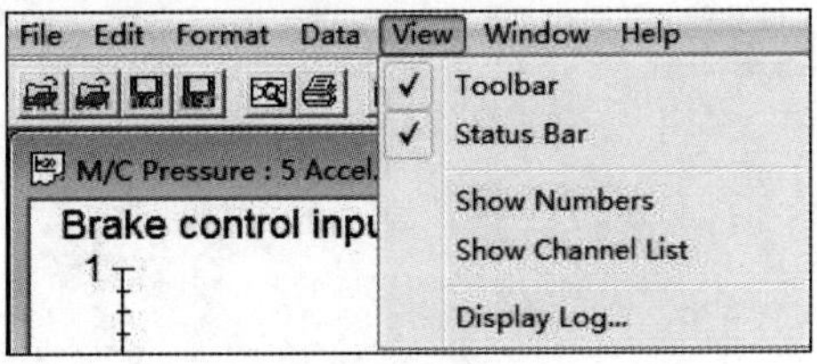

图 6-14 视图命令

6. 窗口

窗口是对曲线图像的排列以及显示样式进行设置，如图 6-15 所示。

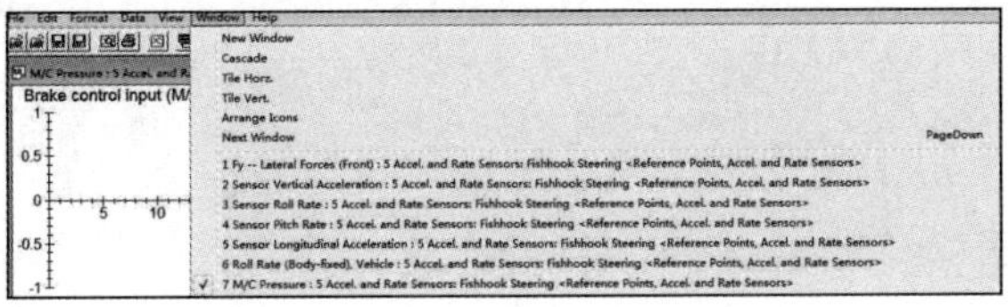

图 6-15 窗口菜单

7. 帮助

工具栏中的前几个选项在主菜单栏中已经进行过说明，主要对以下几个单独的工具进行说明。这几个单独工具进行应用的前提是，必须选中显示数据点的选项，也就是图 6-16 所示第一个选项。在数据点的选项右侧，为观测曲线图像中点的选项，可以选择下一个点观测，也可以选择下几个点，最后的两个选项为最大值点和最小值点选项。

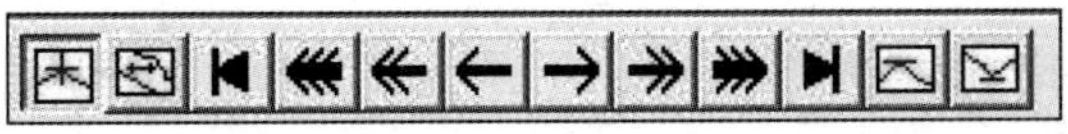

图 6-16 工具栏

6.3　本章小结

本章主要介绍了设置曲线图像的方法与过程，通过对曲线参数设置的介绍和曲线图像窗口菜单的使用方法的介绍，对曲线图像设置有了更清晰的了解，对下文仿真绘制图像有了一定的基础。

6.4　习题

1. 根据第 5 章第 5. 3 节制动距离，建立纵向距离随时间变化的曲线。
2. 根据第 5 章第 5. 12 节正弦曲线行驶，建立横向位移随时间变化的曲线。

第 7 章　车辆观察视角

汽车驾驶过程中，驾驶员通过视觉获取有效的行车信息，占到汽车驾驶信息获取总量的 80%。因此，驾驶视野的研究尤为重要。本章的设置主要是针对结果输出模块进行的，主要涉及的是运动动画的观察角度等内容。车辆的观察角度包括 K&C 视野、驾驶员视野、固定摄像头视野、网格视野、路线视野、道路参考视野、模型预览、跟踪摄像头视野、拖车参考视野、车辆固定摄像头、车辆参考视野 11 个不同角度的观察视野，读者可以根据实验仿真时的实际需求进行设置。

图 7-1 所示为使用此屏幕，定义一个或两个模拟摄像机的视角。它还控制可选的动画设置，如灯光、残影和网格的绘制。

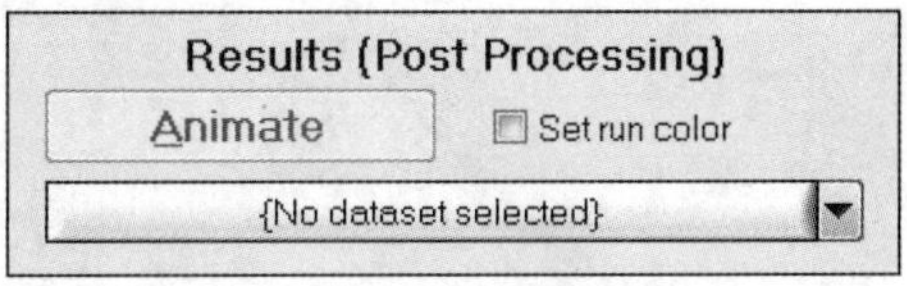

图 7-1　动画窗口

假设有一台相机，正在观察一辆行驶在路上的汽车。所持相机的位置，决定了在视频中所看到的视角的一部分。在此处的相机，可以将镜头对准任何地方（可能需要平移相机以保持车辆在视野内）。最后，如果相机有变焦镜头，可以放大或缩小镜头，来控制取景器中车辆的大小。

在 CarSim 仿真软件中，通过程序可以模拟摄像机观察车辆所获得的视图。利用这个模块，来建立各种摄像机的位置和瞄准策略。

摄像机可以安装在车辆外部，也可以安装在车内，以显示乘员所看到的景象。

一般来说，照相机所看到的图像可以由三个要素来定义。第一是相机的位置，第二是它指向的方向，第三是视野。车载相机有三种型号，每种型号都有定义这三个元素的不同方法。

第一种相机是外接相机。它指向由 X，Y，Z 坐标定义的关于参考系原点的观察点。参考系可以是任何点，固定的或移动的。在大多数情况下，它是车辆中的一个点，如簧载质量上的一个点，或固定在空间中的一个点，如摄像机指向道路上的一个点。

外部摄像机的位置是由摄像机到该点的距离和两个角度来定义的：方位角（X-Y 平面上相对于参考系 X 轴的角度）和上下仰角。外部摄像机的视场由一个角度来定义，这个角度和从摄像机到观察点的距离，定义了在动画窗口中可见的仿真部分的宽度。

第二种类型的相机是乘员视图。当选择乘员视图时，摄像机位于车辆簧载质量中，由相对于簧载质量坐标系原点的 X、Y 和 Z 的坐标定义。视图的方向由两个角度定义：一个左右旋转角度和一个上下倾斜角度，视场由一个角度定义，以表示视图方向的直线为圆心。

第三种相机称为跟踪相机。跟踪摄像机允许在不同的参考系中定义摄像机点和观察点，因此当包含观察点的参考系（例如模拟车辆）在另一个参考系中移动时，摄像机可能向一个方向移动。视图字段可以简单地用一个角度来定义，也可以通过 view 下拉控件的 tracking camera 字段来设置 Auto zoom width 选项。自动缩放宽度是以米为单位的宽度，以视点为中心。相机自动放大或缩小，保持目标的近似大小不变，通过相机移动保持与目标的距离。

除了绘制形状和车轮，用户还可以在动画窗口选择绘制目标路径的一个网格地面。如果路面不是平坦的，由于动画不会考虑几何形状，所以网格不应该使用。

图 7-2 显示了“Animator：Camera Setup”屏幕，其中的设置显示了屏幕上的大多数控件。跟踪摄像机的使用设置，将在下一节中描述。

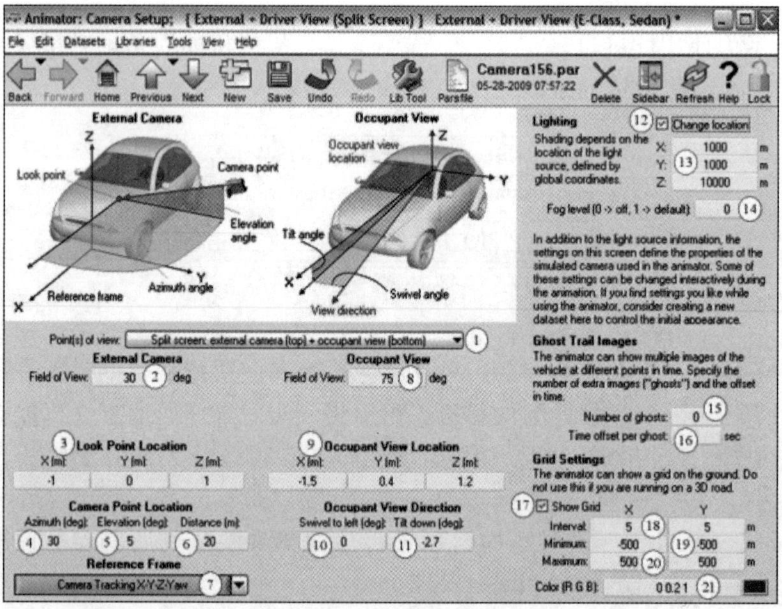

图 7-2　视野窗口设置

（1）选项①为视图下拉列表选项。它用于在外部摄像机、跟踪摄像机、乘用人视图或外部，或跟踪摄像机与乘用人视图的组合（显示在水平分割屏幕中）的 7 个可用选项之间进行选择。可以选择动画显示屏幕的上部，显示乘用人视图，下部显示外部或跟踪摄像头，也可以两个视图上下交换位置，如图 7-3 所示。

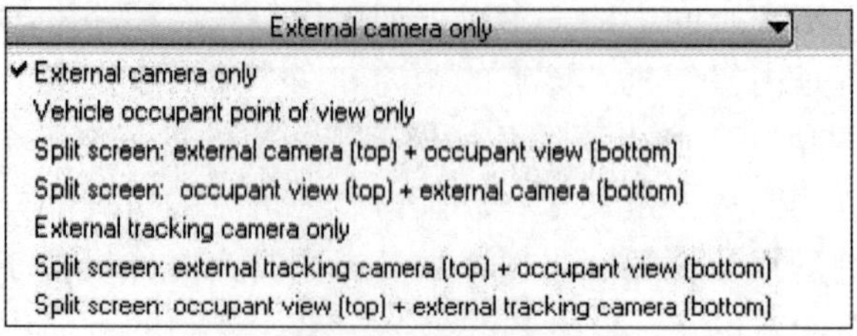

图 7-3　摄像机选择

每个选项在屏幕上隐藏或显示数据字段，用于输入或链接定义摄像机视图所需的数据。当选择任何跟踪相机选项时，将显示另一个链接，以提供观察点的参考框架，并删除相机方向字段。

（2）选项②为外部摄像机的视图。视场的角度决定了摄像机前的仿真地图有多少是可见的。小角度相当于用长焦镜头“放大”；广角相当于“缩小”。只有在图 7-2 所示的下拉列表①中指定外部摄像机时，才可以对该选项进行修改。

（3）选项③为在指定的参考系中，观察点的 *X*、*Y* 和 *Z* 坐标。只有在外部摄像机或下拉列表中指定跟踪摄像机时，这些选项才可见并且可以进行修改。

（4）选项④为相机相对于视点的方位角。当从上面看时，这是从相机参考系的 *X* 轴到连接观察点，到相机的直线的角度（逆时针）。此选项仅在下拉列表中，指定外部摄像机时可见。

（5）选项⑤为摄像机相对于视点的仰角。当从侧面看时，这是从水平面到连接视点和摄像机的直线的角度。如果您想要将摄像机置于观察点下方，请指定负仰角。此选项仅在下拉列表①中，指定外部摄像机时可见。

（6）选项⑥为从摄像机到观察点的距离。此选项仅在下拉列表中，指定外部摄像机时可见。

（7）选项⑦为链接到指定摄像机所在的参考系的数据库。如果选择外部摄像机，则观察点位于同一参考系中。参考系可以固定或移动。此链接仅在外部摄像机或下拉列表中，指定跟踪的摄像机时可见。

（8）选项⑧为乘员视野。视场的角度决定了摄像机前的模拟世界有多少是可见的。小角度相当于用长焦镜头“放大”，而大角度则相当于“缩小”。只有在下拉列表中指定了乘员时，该选项才可见。

（9）选项⑨为乘员视图位置的 *X*，*Y*，*Z* 坐标，定义车辆簧载质量坐标。只有在下拉列表中选择了乘员视图时，这些选项才可见。

（10）选项⑩为乘员视图的转角（水平，左为正）。只有在下拉列表中选择了乘员视图时，该选项才可见。

（11）选项⑪为乘员视图的倾斜角度（垂直，向下为正）。只有在下拉列表中选择了乘员视图时，该选项才可见。

（12）选项⑫为选中此框可设置动画中光源的位置。

（13）选项⑬为动画中光源的 *X*，*Y*，*Z* 坐标。这些字段只有在选中框⑫时才可见。这三个坐标的默认值都是 10000。

（14）选项⑭为控制动画中雾效果的比例因子。较高的数值会使远处的物体出现雾状，模拟大气中的雾霾。一般来说，少量的雾会让动画看起来更真实，因为大气中总有一些雾。

（15）选项⑮为 Ghost 的数量。该动画界面可以显示多达 1000 个额外的、已经出现过的所有形状的残影。这种效果是在车辆最近行驶的地方留下痕迹。这种效果有助于为演示文稿（论文、海报等）准备静态图像。少量的残像（<20）通常足以创建、记录过去动作的静态图像。大量的重影会极大地增加用户的工作量，并降低显示速度。轮胎痕迹和打滑痕迹等图像的显示，不能使用动画窗口的残影功能，所以当这些特征被选中时，车辆的重

影被关闭。

（16）选项⑯为每个残影反射的时间补偿。这是残影之间的时间间隔。它只在残影的数量大于零时才使用。动画界面使用一个负数，但是输入这里的值可以是正数，也可以是负数（发送给动画的值总是负数）。

（17）选项⑰为显示网格复选框。选中此框后，将显示其他控件，用于指定用于表示地面的可选网格的外观。当数学模型使用道路输入时，动画显示使用与道路相关的形状。选中此框时，创建的网格需要考虑道路几何形状。因此，在查看涉及非平坦道路的模拟结果时，通常不应使用此网格。

（18）选项⑱为 X 和 Y 的网格间距，这是网格线之间的间距，单位是 m。默认值是 1m。

（19）选项⑲为网格覆盖的最小 X 和 Y 值。如果没有指定，默认值为零。在全局坐标系中，X 和 Y 最小值的默认值都是-50m。

（20）选项⑳为网格覆盖的最大 X 和 Y 值。如果没有指定，默认值为零。在全局坐标系中，X 和 Y 的最大值的默认值都是 50m。X 和 Y 方向是独立处理的，即使在一个方向手动设置范围，另一个方向的范围也可以自动确定。

（21）选项㉑为网格的颜色。颜色可以用空格分隔的 RGB 编号指定，也可以用显示当前颜色的相邻颜色控件指定。

跟踪摄像机与其他外部摄像机的关键区别，在于摄像机定位点和视点的定义。使用外部摄像机时，摄像机和视点在同一参考系中。首先定义包含该点的参考系，其次指定该参考系中视点的局部坐标，然后应用方位角、仰角和距离来确定相机的位置。

使用跟踪摄像机，分别定义摄像机位置和注视点的参考系。观察点位于观察点参考框架中指定的坐标处。相机方向就是从相机点到观察点的直线。分离相机的参考帧和观察点增加了灵活性，以产生更有趣和现实的动画。

有两个选项可用于控制摄像机的视图选项。首先，它可以指定一个角度。可以看到，随着相机位置与视点之间的距离的减小和增大，视点参照系中的物体离相机的距离越来越近和越来越远。这类似于照相机操作员通常记录场景的方式，为捕捉某一物体，照相机需要在不同运动区域内移动，并且移动一定的距离。其次，可以选择一个自动变焦选项，这样可以近似设置视图的宽度。相机自动保持视野的放大或缩小，使得对象看着点参考系大约同样大小的动画。

图 7-4 显示了 Animator：Camera Setup 屏幕，设置了摄像机视角下拉列表，以选择跟踪摄像机。

（22）选项㉒为链接到包含观察点的参考框架的数据库。

（23）选项㉓为在指定的参考系中，观察点的 X、Y 和 Z 坐标。这个区域只有在外部摄像机或下拉列表中，指定了跟踪摄像机时才可见。跟踪摄像机总是瞄准这一点。

（24）选项㉔为链接到摄像机位置的参考系的数据库。相机位于这个参考系的原点。

（25）选项㉕为下拉列表，以指定跟踪摄像机的视图，如图 7-5 所示。

当选择“固定视野”选项时，输入描述视野宽度角度的角度数。小角度相当于用长焦镜头“放大”，而大角度则相当于“缩小”。当选择“自动缩放宽度”选项时，输入视图的宽度（以 m 为单位）。跟踪摄像头自动改变视场，放大或缩小以保持视点周围的视野宽度。

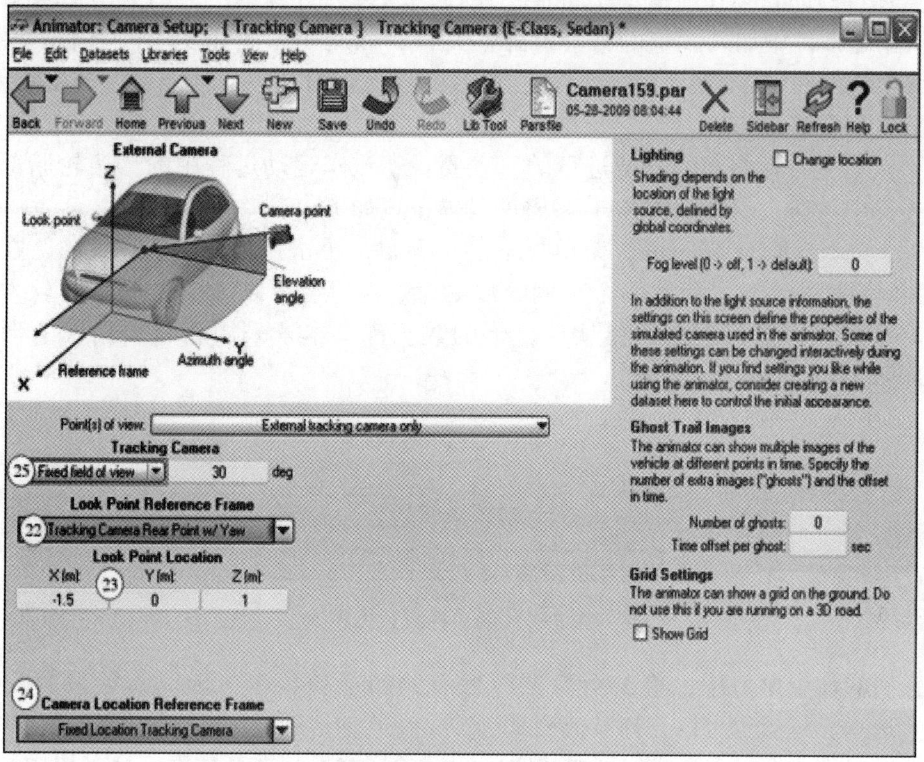

图 7-4 视野观察窗口

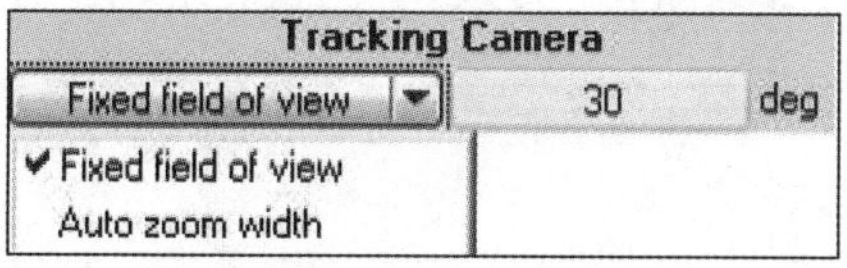

图 7-5 跟踪摄像机的视角

以上是对车辆观察视角部分参数设置主界面的说明，接下来以实际应用的一些观察视野进行实际说明。

7.1 K&C 视野

悬架 K&C 特性是悬架系统重要的总成特性，悬架 K（Kinematic）特性和悬架 C（Compliance）特性的综合作用决定了车辆的运动性能。研究 K&C 特性的形成机理和如何影响操纵稳定性，具有非常重要的意义，并且为悬架的正向开发提供理论支撑。

悬架 K 特性即悬架运动学特性，一般指当车轮与车身发生相对位移，或者转向轮进行转向运动时，悬架参数的变化，如前束角、外倾角、悬架线刚度等，而这些悬架参数控制着运动车辆的车身姿态和车轮位置，即对操纵稳定性有着重要影响。如车辆在进行高速转向运动时，车身的侧倾角度由悬架系统决定，保证车辆不发生侧翻；车轮的定位参数受悬架特性的影响，使车轮尽量垂直于地面，以保证足够的侧向加速度。

悬架 C 特性即悬架弹性运动学特性。现代汽车设计过程中，人们为了追求乘坐舒适性，在汽车零部件中加入大量的衬套等弹性元件，以减小路面和发动机带来的振动与冲击。悬架系统中同样存在大量弹性元件，这些弹性元件对悬架的性能表现产生重要影响，称这种影响为悬架 C 特性。

K&C 视野是针对汽车的悬架进行的，主要观察汽车运动过程中的悬架轮胎部分。在 CarSim 软件中，仿真动画设置 K&C 视野的具体设置如下：

首先，选择动画（Animate）菜单栏下的子项目。单击选项右侧下拉菜单，在弹出的子项目次级页面中，选择新建一个车辆的数据库。这里也可以选择在 CarSim 软件中自带的程序中修改，为了不破坏原始软件自带的数据库，本章采用新建数据库的形式，如图 7-6 所示。

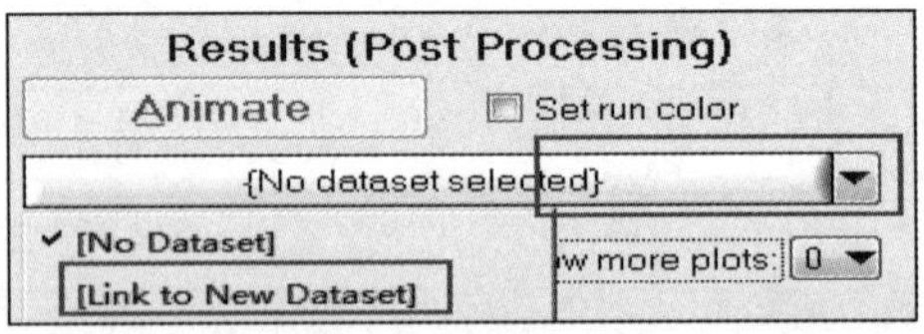

图 7-6　新建视野数据库

在弹出的命令窗口中，单击新数据库栏右侧的下拉菜单，选择固定摄像头（Fixed Camera）选项，这里也可以选择其他测试选项，在其他选项的测试中要保证摄像头的形式为只有外部摄像头即可。选择好了要建立的测试类型之后，在新数据库命名栏中，给新的数据库起一个名字，这里以“K&C View”对新的数据库命名。在上述内容完成以后，单击 Create and Link，此时仿真 K&C 视野的数据库建立完成，如图 7-7 所示。

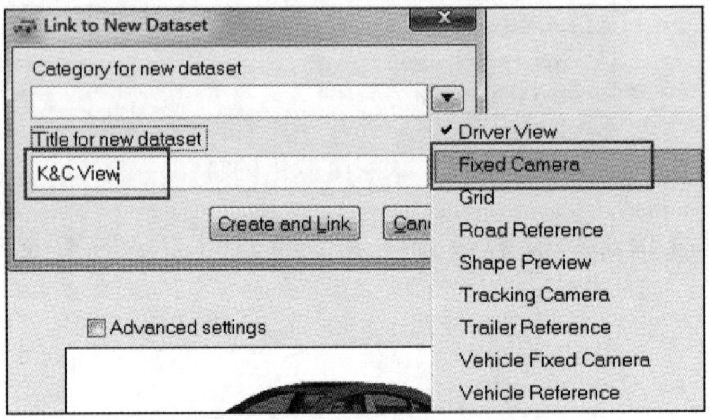

图 7-7　新建 K&C 视野数据库

上述工作完成之后，单击新建立好的 K&C View 项目，进入编辑界面。建立好的新数据库是空白的，需要使用者对 K&C View 的参数设置页面进行编辑。如图 7-8 所示，使用者需要设置摄像头的形式、外部摄像头的视角、观察点的坐标、摄像头的坐标，以及需要链接到的参考系的数据库。

在摄像头的形式这一栏，对选取的摄像头类型进行设定，如图 7-9 所示。单击右侧的下拉菜单，选择只有外部摄像头。至此，摄像头种类设置完成。

在将摄像头种类设置完成以后，接下来进行外部摄像头观察视角的设置。这里设置为

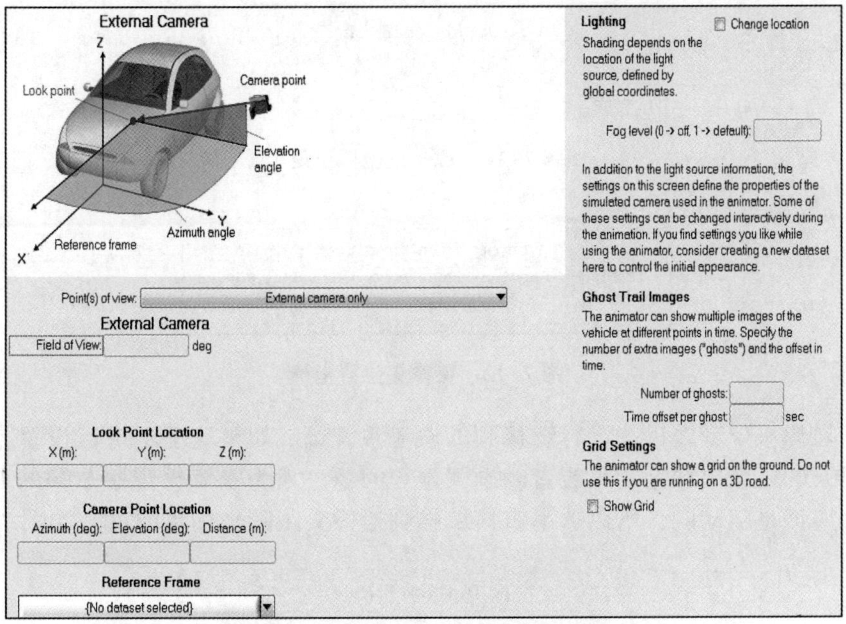

图 7-8　空白视野数据设置界面

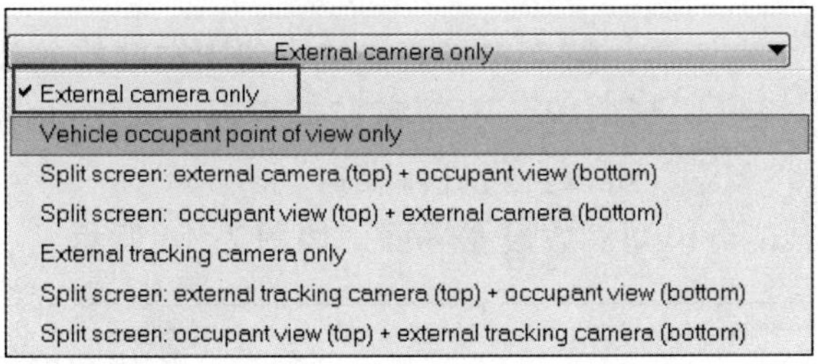

图 7-9　选择摄像头种类界面

30°的观察角，足够观察到汽车的悬架轮胎运动即可，小角度相当于用长焦镜头“放大”；广角相当于“缩小”，如图 7-10 所示。

图 7-10　摄像头观察视角

设置完外部摄像头观察视角以后，接下来进行观察点坐标的设定，由于视野中的观察坐标系偏向于车头方向，因此这里设置观察点坐标的横坐标为负值，这样动画界面中的车辆处于界面的中间位置，Y 坐标和 Z 坐标设置为 0 即可，如图 7-11 所示。

设置完观察点坐标之后，接下来进行摄像头位置的设定。为了观察侧面的车辆悬架信息，设置方位角为 35°，同时为了观察悬架，俯仰角不宜过大，这里设置为 5°，距离设置为 7.5m，如图 7-12 所示。

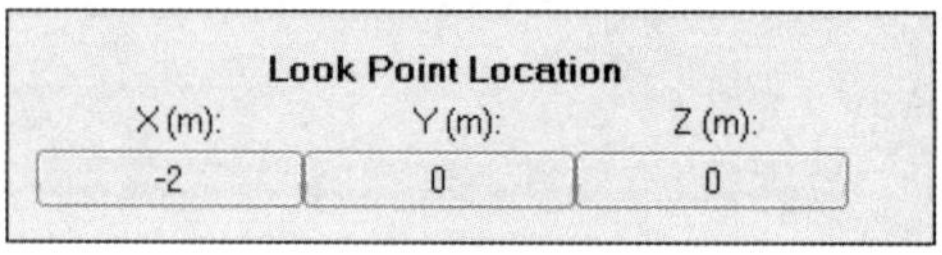

图 7-11　观察点坐标设定

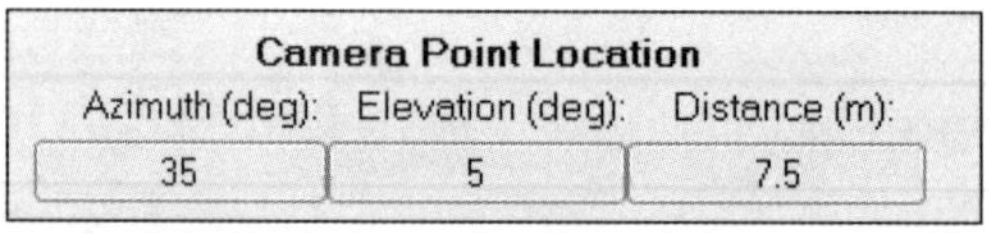

图 7-12　摄像头位置坐标

设置完摄像头位置之后，进行链接到的参考系设置。如果这里不进行设置，仿真出来的动画是错误的，会出现无动画或者动画固定等问题。因为本章想观察车辆的 K&C 视野，观察的动画应该是随动的，所以这里直接链接到摄像头跟随坐标系即可，如图 7-13 所示。

图 7-13　链接参考系设置

链接到的参考系设置完毕后，接下来进行光线、残影和网格的设定。由于本章是进行 K&C 视野的观察，这里根据实际情况，不需要观察阴影、残影和网格，因此这里不进行设置，如果读者需要进行观察，可以自行进行设定。

建立好的 K&C 观察视野模型参数设置界面，如图 7-14 所示。

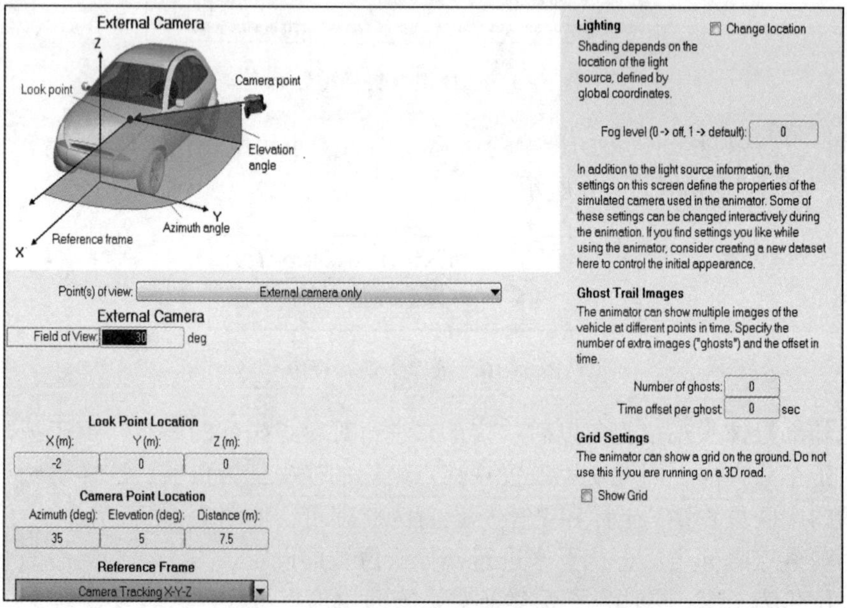

图 7-14　K&C 观察视野模型参数设置界面

单击参数设置界面的“保存”按钮，进行保存设置。单击“后退”选项，回到CarSim软件主界面，选择Animate选项，会出现汽车在某种阶段行驶的动画，如图7-15所示。从汽车行驶动画中，可以清晰地看到悬架和轮胎在行驶过程的运动情况。

图7-15 K&C观察视野动画

7.2 驾驶员视野

在汽车设计中，驾驶员的视野直接影响汽车的使用和安全，而视野与车身设计结构密切相关。在进行车身设计及总布置时，不仅要考虑造型美观，更要保证驾驶员的视野符合法规要求。

对汽车驾驶员视野的基本要求：在车身布置图上确定了代表驾驶员眼睛分布位置的眼椭圆后，即可确定驾驶员的实际视野范围，进行前视野、后视野及内后视野的校核。根据国家相关的标准，对汽车驾驶员视野的基本要求如下：前视野规定了驾驶员前方180°范围内直接视野的区域；驾驶员一侧外后视镜后视野，规定了驾驶员借助后视镜必须看见水平路面上一段宽度至少为2.5m的视野区域；乘客一侧外后视镜后视野，规定了驾驶员借助外后视镜，必须能在水平路面上看见一段宽度至少为4m的视野区域；内后视镜的视野，规定了驾驶员借助内后视镜，必须能在水平路上看见一段宽度至少为20m的视野区域。

动画中的驾驶员视野，就是在汽车行驶中以驾驶员的角度去观察行车轨迹、周围环境等信息，模拟行车过程中驾驶员的感觉。在CarSim软件中，仿真动画设置驾驶员视野的具体设置如下：

首先，选择动画菜单栏下的子项目，单击选项右侧下拉菜单，在弹出的子项目次级页面中选择新建一个车辆的数据库，这里也不破坏原始软件自带的数据库，采用新建数据库的形式。

在弹出的命令窗口中，单击新数据库栏右侧的下拉菜单，选择驾驶员视角（Driver view）选项，这里也可以选择其他测试选项，在其他选项的测试中要保证摄像头的形式为乘员视野。选择好了要建立的测试类型之后，在新数据库命名栏中，给新的数据库起一个名字，这里以“Driver view”对新的数据库命名。在上述内容完成以后，单击Create and Link，此时仿真驾驶员视野的数据库建立完成，如图7-16所示。

上述工作完成之后，单击新建立好的Driver view项目进入编辑界面。建立好的新数据库是空白的，需要使用者对Driver view的参数设置页面进行编辑，如图7-17所示。

在视野编辑界面，需要设置摄像头的形式、乘员的视野角度、乘员观察点的坐标、乘

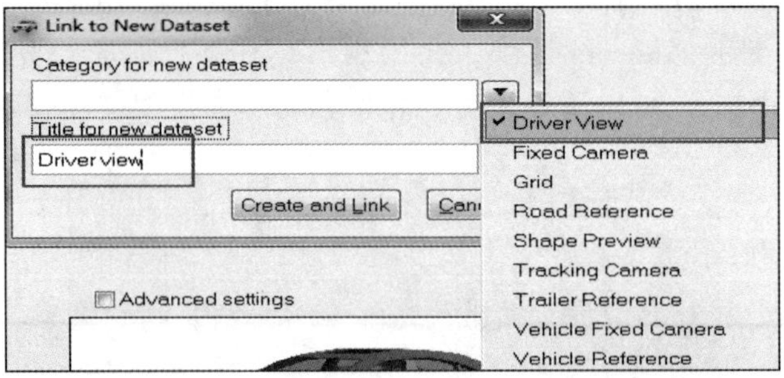

图 7-16　驾驶员视野的数据库

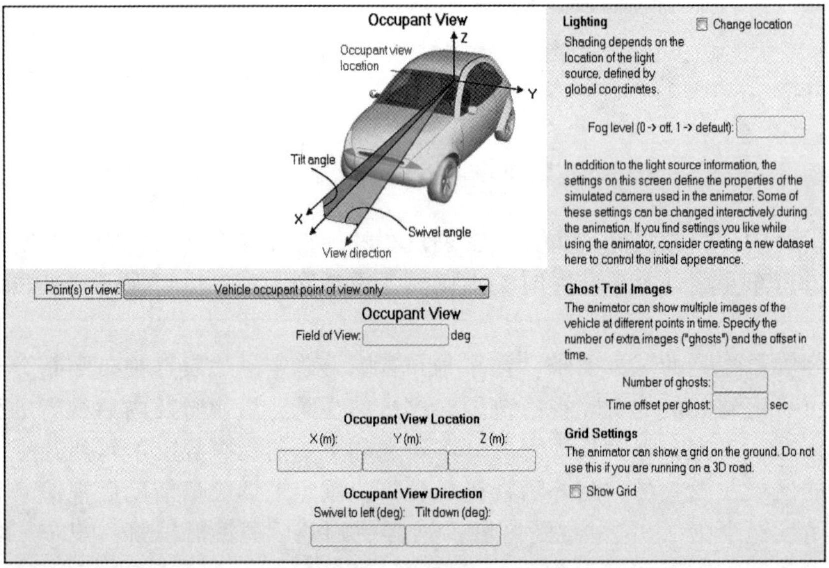

图 7-17　视野编辑界面

员视野水平和竖直方向的转角，以及光线网格等信息。

在摄像头的形式这一栏，对选取的摄像头类型进行设定，单击右侧的下拉菜单，选择只有乘员视野，如图 7-18 所示。至此，摄像头种类设置完成。

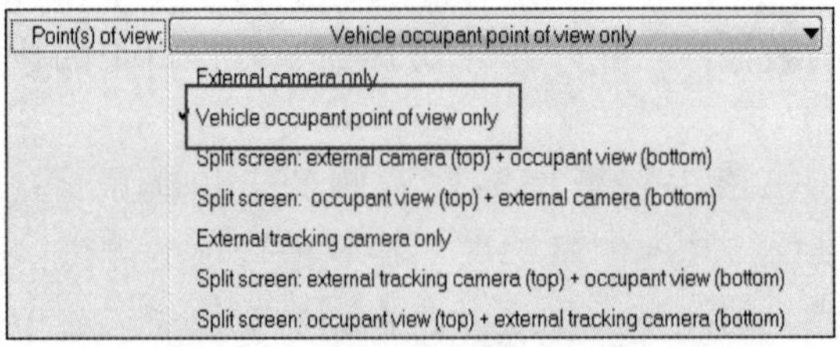

图 7-18　摄像头种类设置

在将摄像头种类设置完成以后，接下来进行乘员的视野角度的设置。这里设置为 60°的观察角，足够观察到汽车的前进方向的视野，小角度相当于用长焦镜头“放大”，广角相当于“缩小”，如图 7-19 所示。

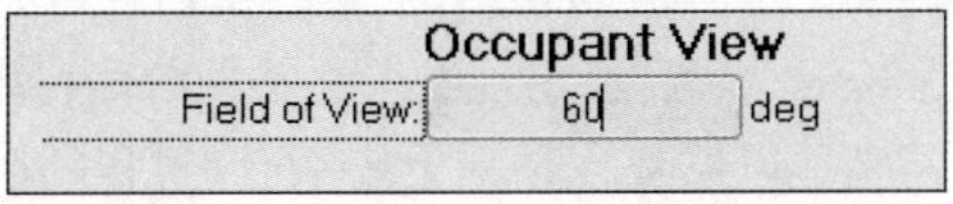

图 7-19 乘员的视野角度设置

外部乘员的视野角度设置完成以后，接下来进行乘员观察点坐标的设定。由于视野中的观察坐标系偏向于车头方向，因此这里设置观察点坐标的横坐标为负值，Y 坐标和 Z 坐标设置为正值，这样动画界面中的观察起始点处于车辆的驾驶员眼睛位置，如图 7-20 所示。

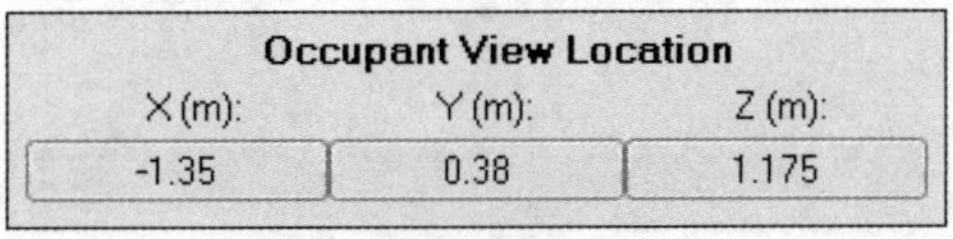

图 7-20 乘员观察点坐标

设置完乘员观察点坐标之后，接下来进行乘员视野水平和竖直方向的转角的设定。这里取决于读者想要观察哪个方向，此处将乘员视野水平和竖直方向的转角都设定为 0，如图 7-21 所示。然后通过动画显示界面，按住鼠标左键进行旋转观察。

图 7-21 乘员视野水平和竖直方向的转角设定

接下来进行光线、残影和网格的设定，由于本章是进行驾驶员视野的观察，不需要观察阴影、残影和网格，因此这里不进行设置。如果读者需要观察，可以自行进行设定。

建立好的驾驶员视野观察视野模型参数设置界面，如图 7-22 所示。

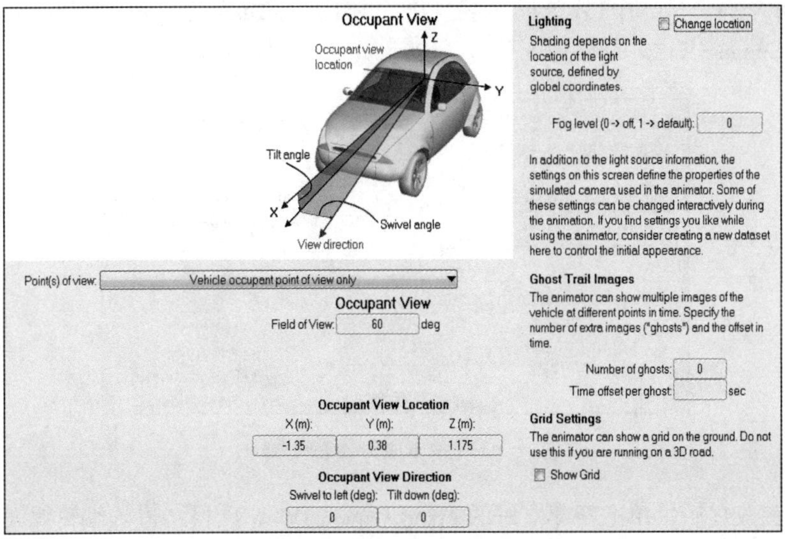

图 7-22 驾驶员视野观察视野模型参数设置界面

单击参数设置界面的"保存"按钮，对设置的参数进行保存。单击"后退"选项，回到 CarSim 软件主界面，选择 Animate 选项，会出现汽车在某种阶段行驶的动画，如图 7-23 所示。从汽车行驶的动画中，可以清晰地以驾驶员的视野观察行驶过程的运动情况。

图 7-23　驾驶员观察角度动画

7.3　固定摄像头视野

固定摄像头视野，是以摄像头固定在某一点为前提进行观察的。在 CarSim 软件中，仿真动画设置固定摄像头视野的具体设置如下：

首先，选择动画菜单栏下的子项目，单击选项右侧下拉菜单，在弹出的子项目次级页面中，选择新建一个车辆的数据库。

在弹出的命令窗口中，单击新数据库栏右侧的下拉菜单，选择固定摄像头选项。选择好了要建立的测试类型之后，在新数据库命名栏中，给新的数据库起一个名字，这里以"Fixed Camera View"对新的数据库命名。在上述内容完成以后，单击 Create and Link，此时仿真 Fixed Camera View 的数据库建立完成，如图 7-24 所示。

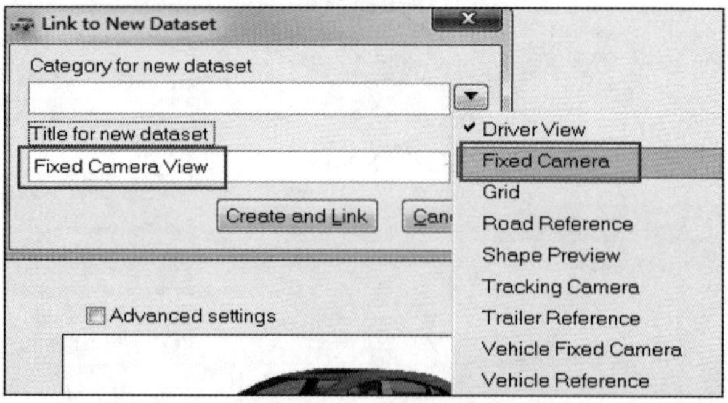

图 7-24　新建固定摄像头视野

上述工作完成之后，单击新建立好的 Fixed Camera View 项目，进入编辑界面。建立好的新数据库是空白的，如图 7-25 所示，需要使用者对 Fixed Camera 视野的参数设置页面进行编辑。

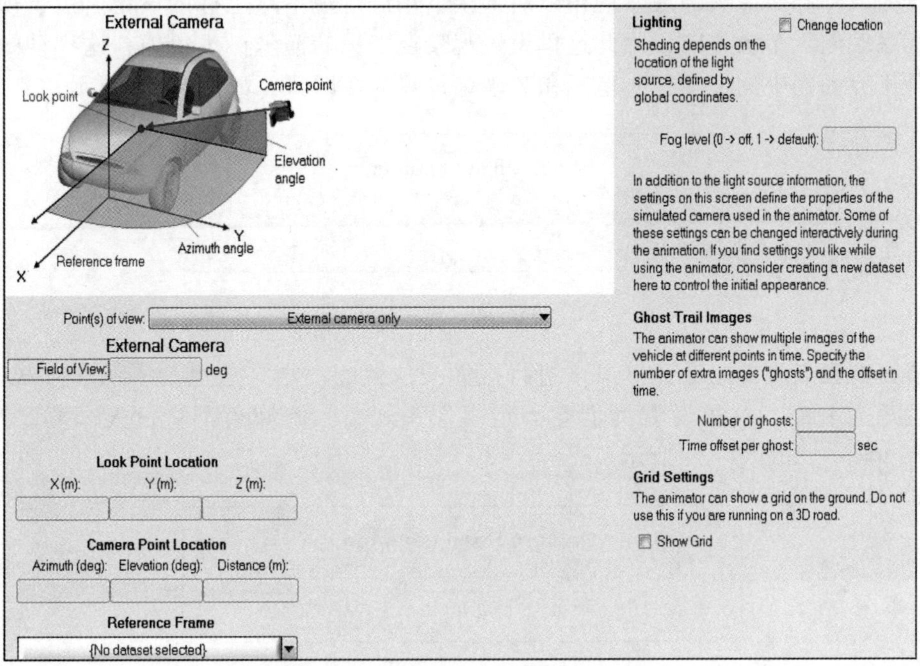

图 7-25　固定摄像头视野编辑界面

在编辑界面中，使用者需要设置摄像头的形式、外部摄像头的视角、观察点的坐标、摄像头的坐标，以及需要链接到的参考系的数据库。

在摄像头的形式这一栏，对选取的摄像头类型进行设定。单击右侧的下拉菜单，选择只有外部摄像头，如图 7-26 所示。至此，摄像头种类设置完成。

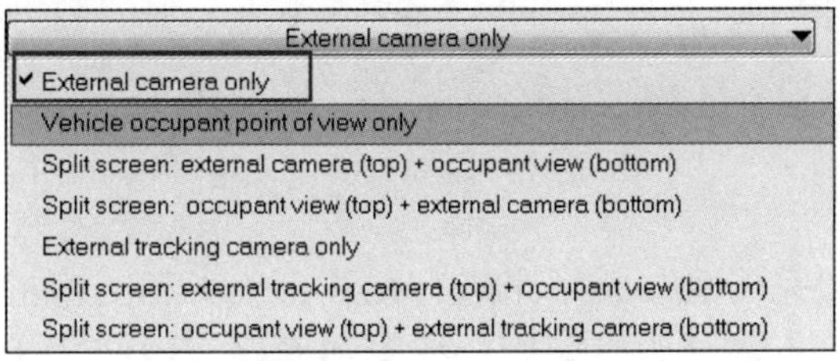

图 7-26　摄像头类型设定

在将摄像头种类设置完成以后，接下来进行外部摄像头观察视角的设置。由于是固定摄像头视野，所以需要将摄像头的位置设置的稍高些，因此观察角的值应该较小。这里设置为 5°的观察角，足够观察到汽车的整车运动，小角度相当于用长焦镜头“放大”，广角相当于“缩小”，如图 7-27 所示。

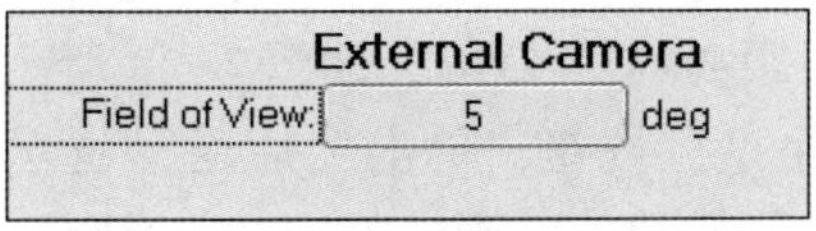

图 7-27　外部摄像头观察视角

设置完成外部摄像头的观察视角以后，接下来进行观察点坐标的设定。由于视野中的观察坐标系偏向于车头方向，因此这里设置观察点坐标的横坐标为负值，这样动画界面中的车辆处于界面的中间位置，Y 坐标和 Z 坐标设置为 0 即可，如图 7-28 所示。

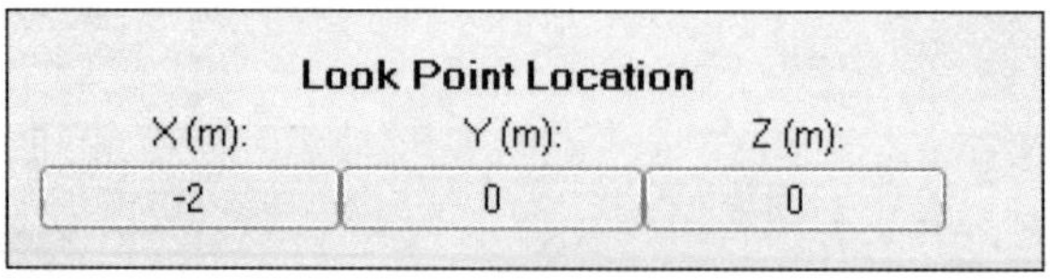

图 7-28　观察点坐标设定

设置完观察点坐标之后，接下来进行摄像头位置的设定。这里为了从前方观察车辆，设置方位角为 1.8°；这里设置为低空固定摄像头观察，俯仰角不宜过大，设置为 1.8°，距离选择 300m，如图 7-29 所示。

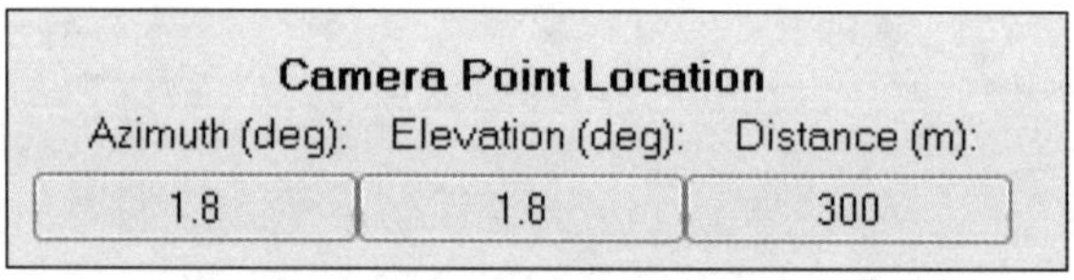

图 7-29　摄像头位置设定

设置完摄像头位置之后，进行链接到的参考系设置。如果这里不进行设置，仿真出来的动画是错误的，会出现无动画或者动画固定等问题。因为本章想要观察车辆的固定摄像头视野，观察的点应该是固定的，所以这里直接链接到摄像头固定坐标系即可，如图 7-30 所示。

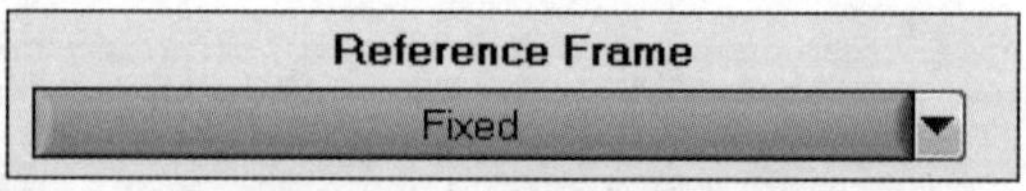

图 7-30　链接参考系设置

链接到的参考系设置完毕后，接下来进行光线、残影和网格的设定，由于本章是进行固定摄像头视野的观察，不需要观察阴影、残影和网格，因此这里不进行设置。如果读者需要进行观察，可以自行进行设定。

建立好的固定摄像头观察视野模型的参数设置界面，如图 7-31 所示。

单击参数设置界面的“保存”按钮，对设置的参数进行保存。单击“后退”选项，回到 CarSim 软件主界面，选择 Animate 选项，会出现汽车行驶的动画，如图 7-32 所示。从汽车行驶动画中，可以清晰地从车辆前方看到整车的行驶情况。

这里也可以进行高处固定摄像头观察视野，只需要对摄像头位置设定进行修改。方位角设置为 2°，俯仰角为 20°，距离选择 400m，如图 7-33 所示。

单击参数设置界面的“保存”按钮，单击“后退”选项，回到 CarSim 软件主界面，选择 Animate 选项，会出现汽车行驶的动画，如图 7-34 所示。从汽车行驶动画中，可以看到动画界面为高处固定摄像头视野。

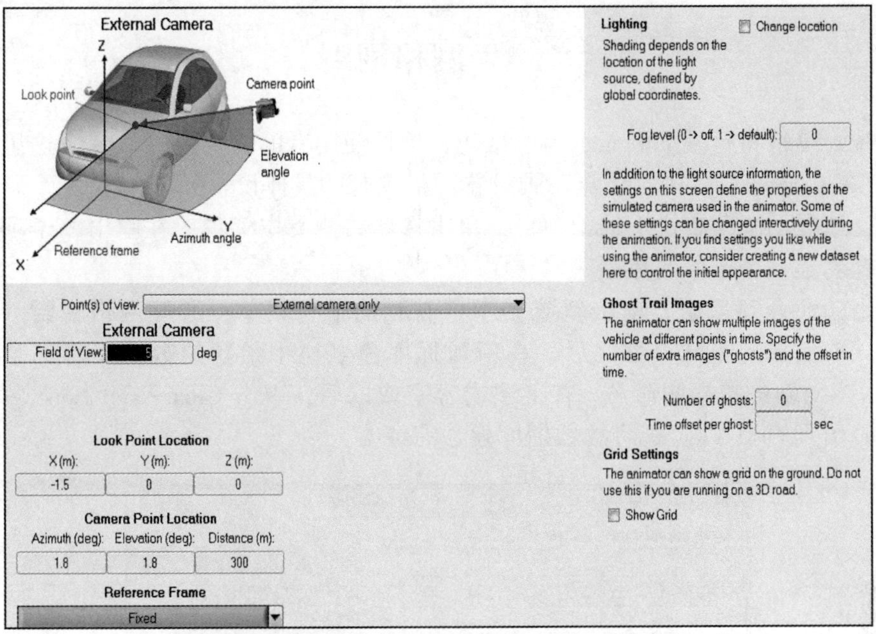

图 7-31　固定摄像头观察视野模型参数设置界面

图 7-32　固定摄像头观察视野动画

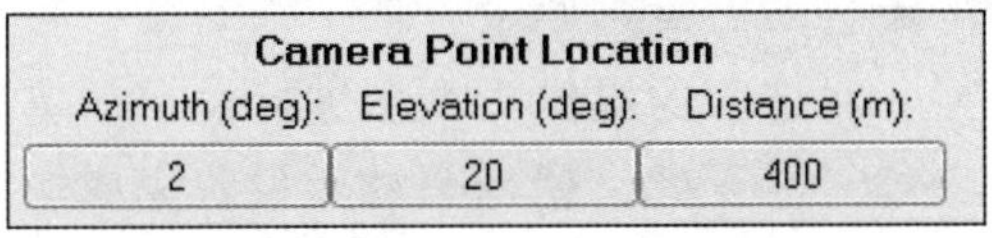

图 7-33　高处固定摄像头坐标设定

图 7-34　高处固定摄像头观察视野动画

7.4　网格视野

网格视野是指将行驶动画显示为网格化，根据使用者的需要进行设置。这里设置网格规格 5m。在 CarSim 软件中，仿真动画设置网格视野的具体设置如下：

首先，选择动画菜单栏下的子项目，单击选项右侧下拉菜单，在弹出的子项目次级页面中，选择新建一个车辆的数据库。

在弹出的命令窗口中，单击新数据库栏右侧的下拉菜单，选择网格视野（Grid）选项。选择好要建立的测试类型之后，在新数据库命名栏中给新的数据库起一个名字，以“Grid View”对新的数据库命名。在上述内容完成以后，单击 Create and Link，如图 7-35 所示，此时仿真 Grid View 视野的数据库建立完成。

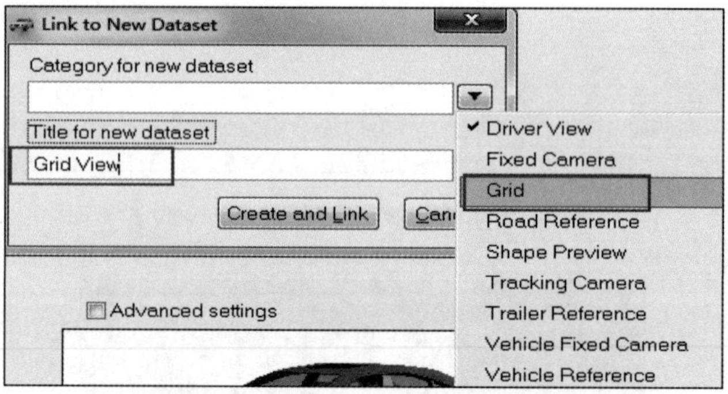

图 7-35　建立网格视野数据库

上述工作完成之后，单击新建立好的 Grid View 项目，进入编辑界面。建立好的新数据库是空白的，需要使用者对 Grid View 的参数设置页面进行编辑（可参考图 7-31 的形式）。在编辑界面中，使用者需要设置摄像头的形式、外部摄像头的视角、观察点的坐标、摄像头的坐标、需要链接到的参考系的数据库，和网格等的设置。由于本章是对网格视野进行说明，因此其他参数的设置不做过多要求。

在摄像头的形式这一栏，对选取的摄像头类型进行设定。单击右侧的下拉菜单，选择其中任意一项（可参考图 7-26）。至此，摄像头种类设置完成。

在将摄像头种类设置完成以后，接下来进行外部摄像头观察视角的设置，这里设置为 23°的观察角，如图 7-36 所示。

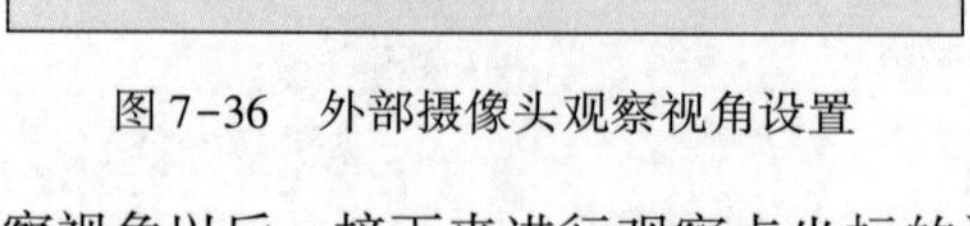

图 7-36　外部摄像头观察视角设置

设置完外部摄像头观察视角以后，接下来进行观察点坐标的设定。为了方便观察网格的视野，这里设置观察点 X 坐标、Y 坐标和 Z 坐标为 0 即可，如图 7-37 所示。

设置完观察点坐标之后，接下来进行摄像头位置的设定。采用从顶部观察，设置方位

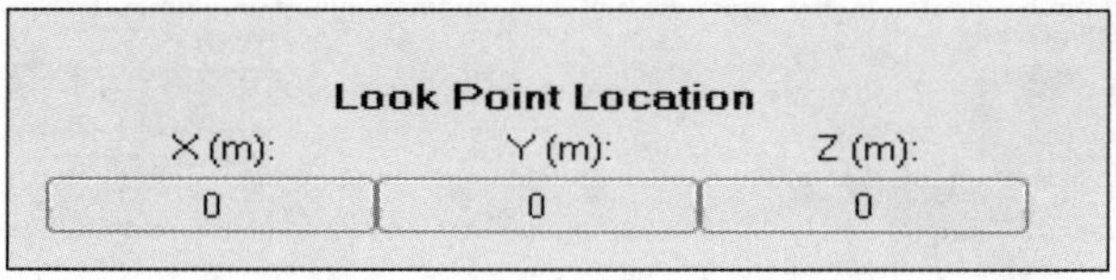

图 7-37 观察点坐标设定

角为 90°，俯仰角设置为 90°，距离选择 45m，如图 7-38 所示。

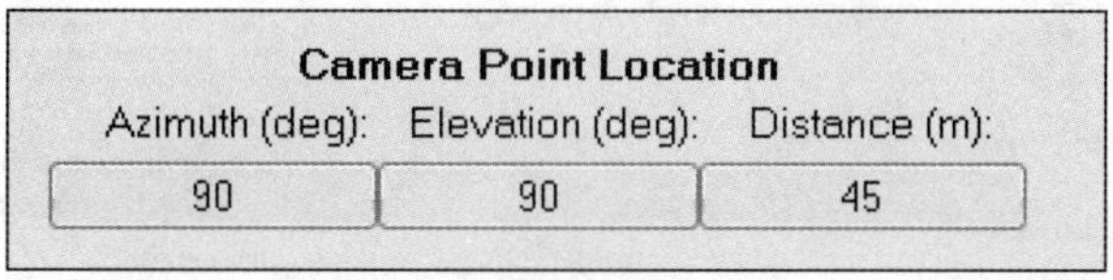

图 7-38 摄像头位置设定

设置完摄像头位置之后，进行链接到的参考系设置。如果这里不进行设置，仿真出来的动画是错误的，会出现无动画或者动画固定等问题。由于本章为观察车辆网格的视野，观察的动画应该是随动的，所以这里直接链接到摄像头跟随坐标系即可，如图 7-39 所示。

图 7-39 链接到参考系设置

链接到的参考系设置完毕后，接下来进行光线、残影和网格的设定。这里只对网格参数设置进行说明。首先，勾选网格选项，然后设置网格的尺寸，单个网格的尺寸为边长 5m 的正方形，设置网格的覆盖面积为边长 2000m 的正方形，选择网格的颜色为黑色，如图 7-40 所示。

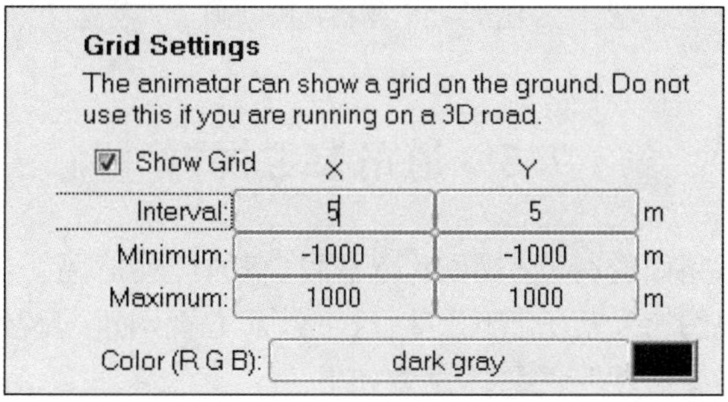

图 7-40 网格的尺寸设置

建立好的网格观察视野模型参数设置界面，如图 7-41 所示。

单击参数设置界面的“保存”按钮，单击“后退”选项，回到 CarSim 软件主界面，选择 Animate 选项，会出现汽车在某种阶段行驶的动画，如图 7-42 所示。从汽车行驶动画中，可以清晰地看到动画中出现了网格视野。

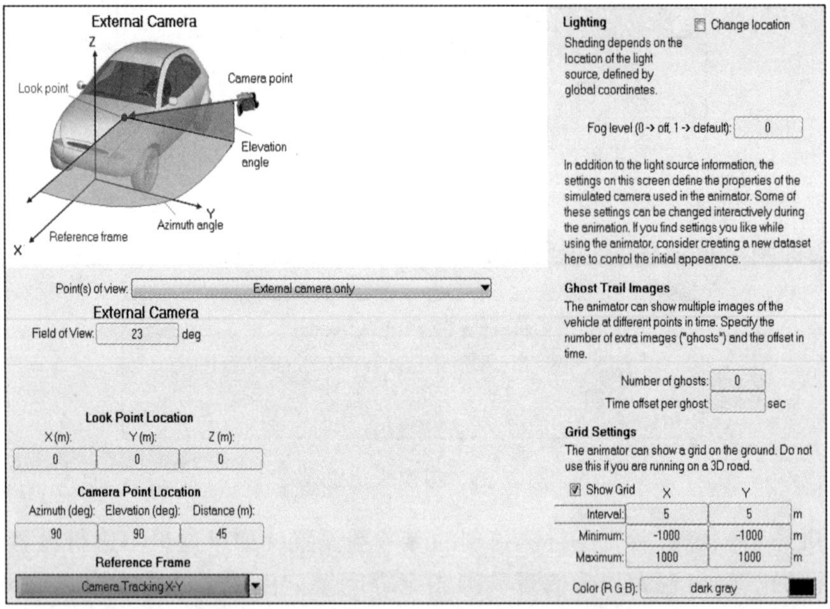

图 7-41　网格观察视野模型参数设置界面

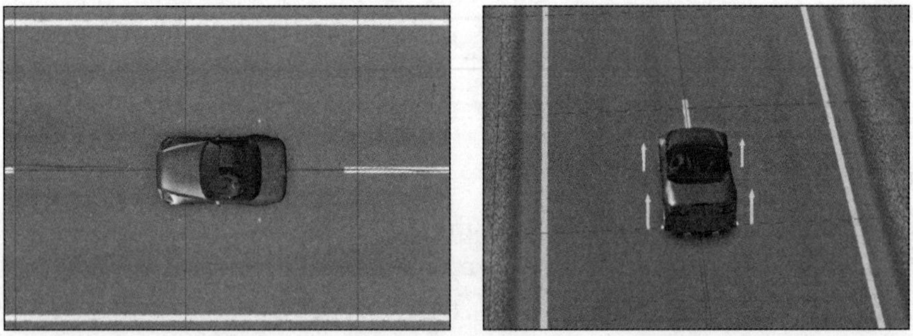

图 7-42　网格视野动画

7.5　道路参考视野

道路参考视野是以路面进行动态跟随，观察汽车的行驶情况，包括左前方视图、前方低高位视图、右后方视图、左后方视图等。这里以前方视图进行说明，在 CarSim 软件中，仿真动画设置前方道路参考视野的具体设置如下：

首先，选择动画菜单栏下的子项目，单击选项右侧下拉菜单，在弹出的子项目次级页面中，选择新建一个车辆的数据库。

在弹出的命令窗口中，单击新数据库栏右侧的下拉菜单，选择道路参考（Road Reference）选项。选择好了要建立的测试类型之后，在新数据库命名栏中，给新的数据库起一个名字，这里以“Road Reference View”对新的数据库命名。在上述内容完成以后，单击 Create and Link，此时仿真 Road Reference View 视野的数据库建立完成，如图 7-43 所示。

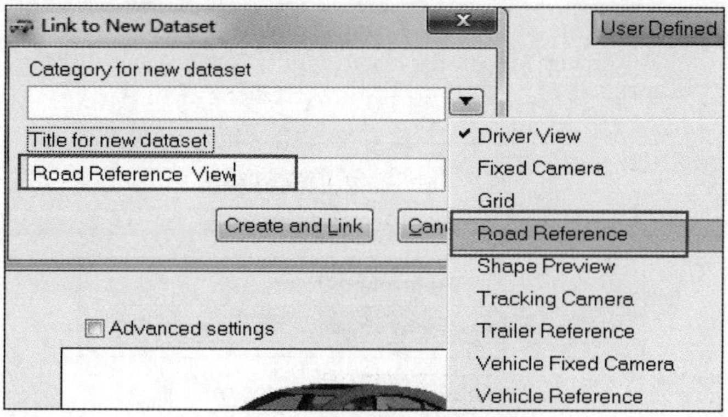

图 7-43 道路参考视野数据库

上述工作完成之后，单击新建立好的 Road Reference View 项目，进入编辑界面。建立好的新数据库是空白的，需要使用者对 Road Reference View 的参数设置页面进行编辑（相关参数可参考图 7-41）。使用者需要设置摄像头的形式、外部摄像头的视角、观察点的坐标、摄像头的坐标，以及需要链接到的参考系的数据库。在摄像头的形式这一栏对选取的摄像头类型进行设定，单击右侧的下拉菜单，选择只有外部摄像头（可参考图 7-26）。至此，摄像头种类设置完成。

在将摄像头种类设置完成以后，接下来进行外部摄像头观察视角的设置。这里观察角设置为 8°，足够观察到汽车的运动即可，如图 7-44 所示。

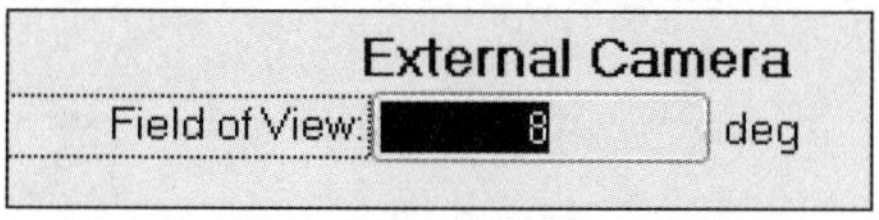

图 7-44 外部摄像头观察视角设定

设置完外部摄像头观察视角以后，接下来进行观察点坐标的设定。由于前方道路参考视野，因此这里设置观察点坐标的 X 坐标、Y 坐标为 0，Z 坐标设置为 0.5，如图 7-45 所示。

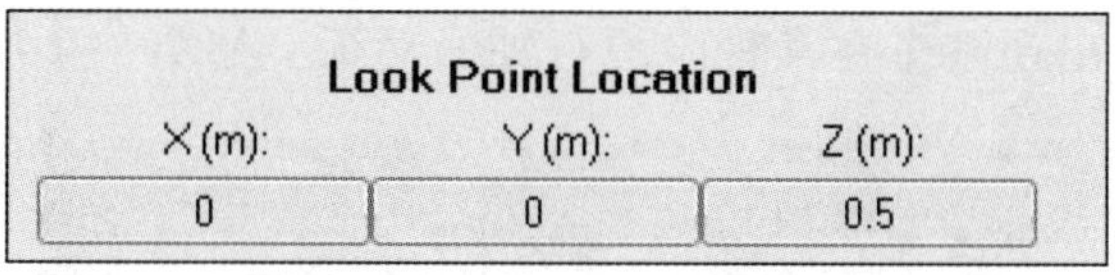

图 7-45 观察点坐标设定

设置完观察点坐标之后，接下来进行摄像头位置的设定。设置方位角为 0°，设置俯仰角为 3°，距离选择 83m，如图 7-46 所示。

设置完摄像头位置之后，进行链接到的参考系设置。如果这里不进行设置，仿真出来的动画是错误的，会出现无动画或者动画固定等问题。这里直接链接到 Camera Rear Point 即可，如图 7-47 所示。

建立好的道路参考观察视野模型参数设置界面，如图 7-48 所示。

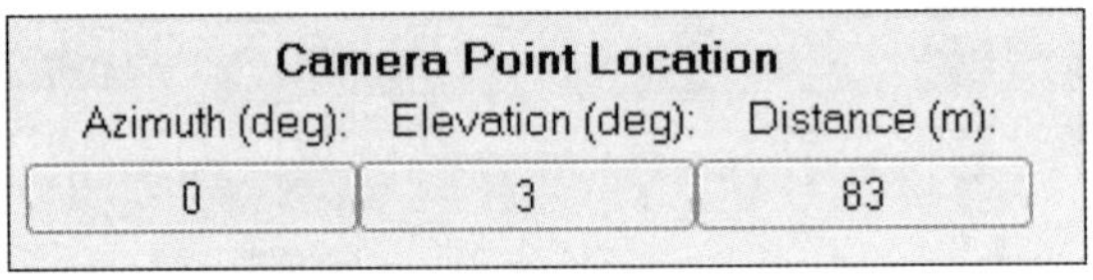

图 7-46　摄像头位置设定

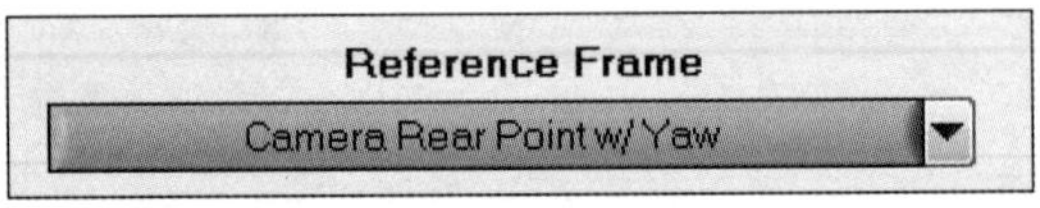

图 7-47　链接参考系设置

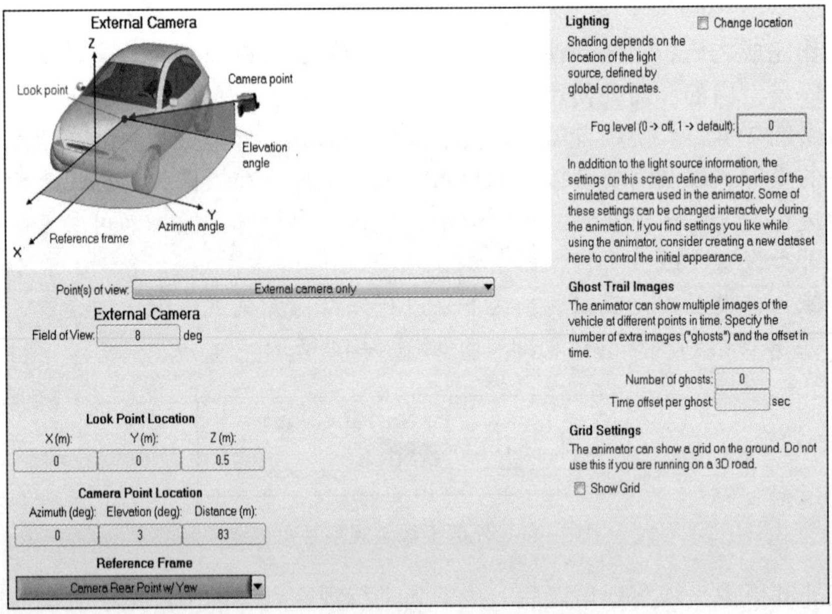

图 7-48　道路参考观察视野模型参数设置界面

单击参数设置界面的“保存”按钮，单击“后退”选项，回到 CarSim 软件主界面，选择 Animate 选项，会出现汽车在某种阶段行驶的动画，如图 7-49 所示。

图 7-49　道路参考模型仿真动画

7.6　模型预览

模型预览是使用者在设置好仿真汽车的参数数据，编写好控制程序以及运行的一些信息之后，在动画命令窗口中对建成的模型进行确认等一些需要的工作。单击动画栏下方的子项目，选择模型预览选项，在模型预览选项中可以看到：它包括没有网格的模型预览、观察侧面横摆的模型预览、顶部的模型预览等，可以根据实际需要进行设置。在 CarSim 软件中，仿真动画设置模型预览的具体设置如下。

首先，选择动画菜单栏下的子项目，单击选项右侧下拉菜单，在弹出的子项目次级页面中，选择新建一个车辆的数据库。在弹出的命令窗口中单击新数据库栏右侧的下拉菜单，模型预览（Shape preview）选项。选择好了要建立的测试类型之后，在新数据库命名栏中给新的数据库起一个名字，这里以“Shape Preview View”对新的数据库命名，在上述内容完成以后，单击 Create and Link，如图 7-50 所示，此时仿真 Shape preview 视野的数据库建立完成。

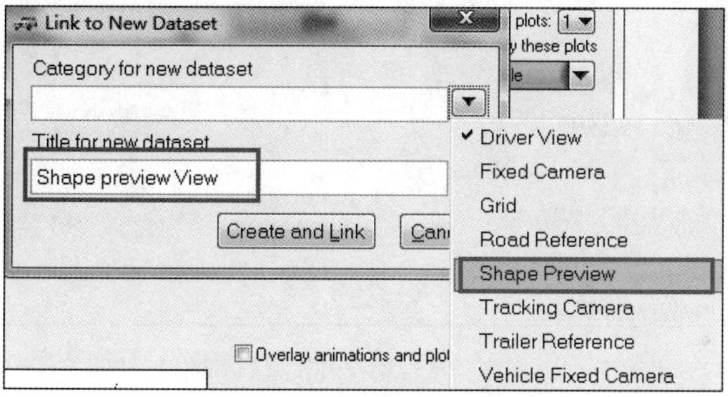

图 7-50　模型预览数据库

接下来，对 Shape Preview View 的参数设置页面进行编辑。在摄像头的形式这一栏，对选取的摄像头类型进行设定，单击右侧的下拉菜单，选择只有外部摄像头。

在将摄像头种类设置完成以后，接下来进行外部摄像头观察视角的设置，这里设置为 14°的观察角。

设置完外部摄像头观察视角以后，接下来进行观察点坐标的设定。这里为了使动画界面中的车辆处于界面的中间位置，X 坐标设置为-1，Y 坐标设置为 0，Z 坐标设置为 0.7 即可。

设置完观察点坐标之后，接下来进行摄像头位置的设定。为了观察车辆，设置方位角为 60°，俯仰角设置为 7°，距离选择 35m。

设置完摄像头的位置之后，进行链接到的参考系设置。如果这里不进行设置，仿真出来的动画是错误的，会出现无动画或者动画固定等问题。因为本章想观察车辆的模型预览视野，观察的坐标系应该是随车身偏转的，所以这里直接链接到摄像头模型，预览偏转即可，如图 7-51 所示。不需要观察阴影、残影和网格，因此这里不进行设置。

建立好的模型预览观察视野模型的参数设置界面，如图 7-52 所示。

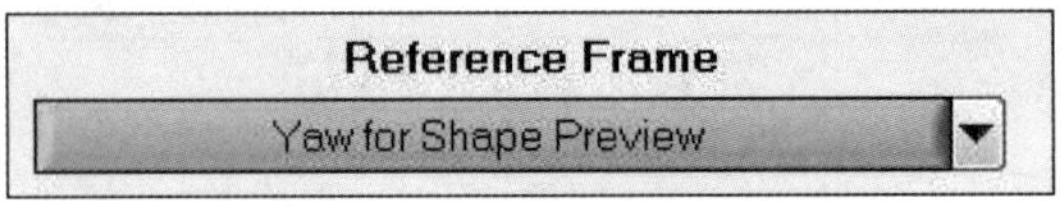

图 7-51　链接坐标系设定

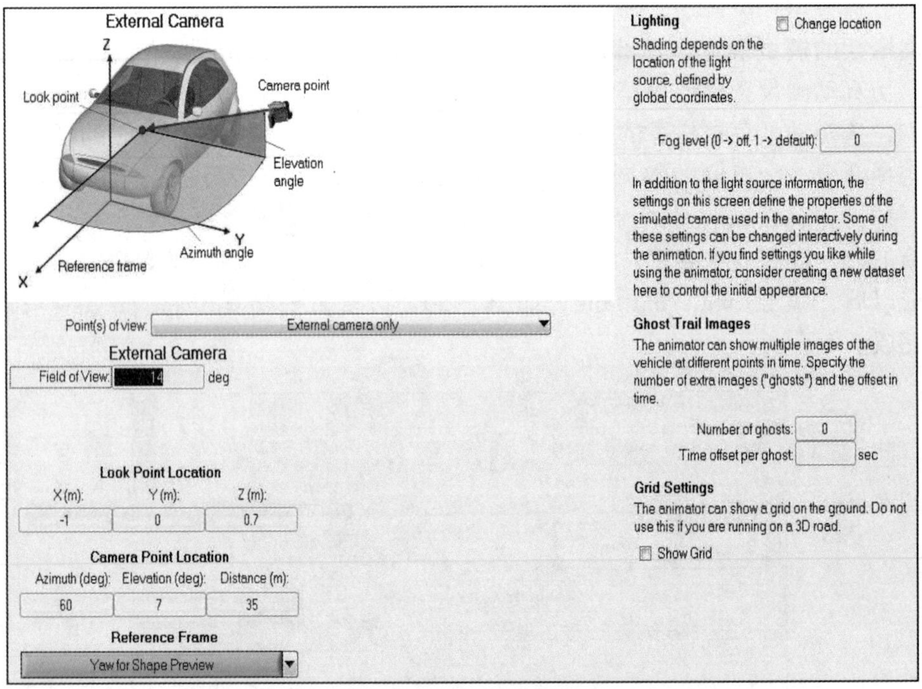

图 7-52　模型预览观察视野模型的参数设置界面

单击参数设置界面的“保存”按钮，单击“后退”选项，回到 CarSim 软件主界面，选择 Animate 选项，会出现模型预览，如图 7-53 所示。

图 7-53　模型预览动画

7.7 跟踪摄像头视野

跟踪摄像头视野包括跟踪摄像头选项、中心跟踪摄像头选项、地面高度的跟踪摄像头选项等。它的工作模式是外置的摄像头跟随着汽车的运动而运动，时刻保证汽车在摄像头能捕捉到的视野范围内行驶，为用户提供相应的便利。这里以地面高度的跟踪视野为例进行说明。

首先，选择动画菜单栏下的子项目，单击选项右侧下拉菜单，在弹出的子项目次级页面中，选择新建一个车辆的数据库。

在弹出的命令窗口中，单击新数据库栏右侧的下拉菜单，选择跟踪摄像头（Tracking Camera）选项。选择好要建立的测试类型之后，在新数据库命名这栏中，给新的数据库起一个名字，这里以“Tracking Camera View”对新的数据库命名。在上述内容完成以后，单击 Create and Link，此时仿真 Tracking Camera 视野的数据库建立完成，如图 7-54 所示。

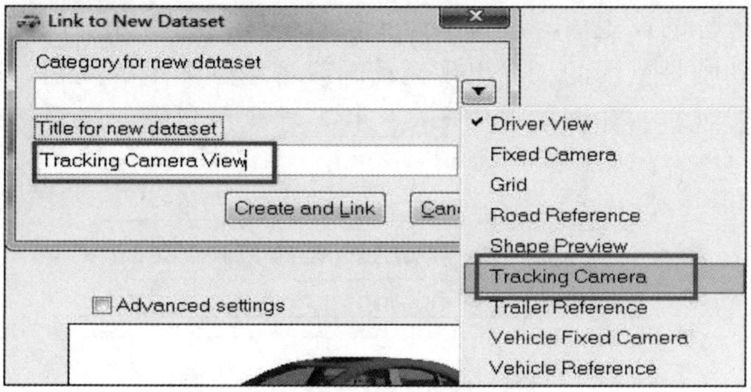

图 7-54 跟踪摄像头视野数据库

上述工作完成之后，单击新建立的 Tracking Camera View 项目，进入编辑界面。建立好的新数据库是空白的，需要使用者对 Tracking Camera View 的参数设置页面进行编辑。在编辑界面中，使用者需要设置摄像头的形式、外部摄像头的视角、观察点的坐标系链接、观察点的坐标，以及摄像头需要链接到的参考系的数据库（可以参考图 7-52）。

在摄像头的形式这一栏，对选取的摄像头类型进行设定。单击右侧的下拉菜单，选择只有外部跟踪摄像头（如前述的图 7-26 所示）。至此，摄像头种类设置完成。

在将摄像头种类设置完成以后，接下来进行外部跟踪摄像头观察视角的设置，由于是外部跟踪摄像头，所以需要设置为自动变焦，单击跟踪摄像头视野种类选项右侧的下拉菜单，在弹出的命令窗口中选择自动变焦选项，设置变焦宽度为 15m，如图 7-55 所示。

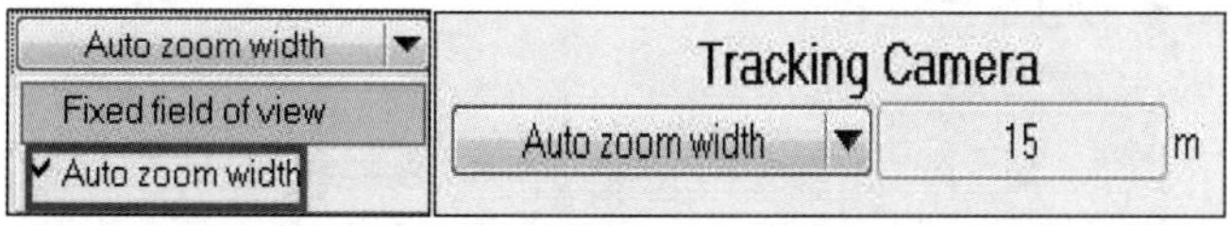

图 7-55 外部跟踪摄像头观察视角设定

设置完跟踪摄像头观察视角以后，接下来进行观察点的坐标系链接，这里选择跟踪摄像随着车身前点进行偏转，如图 7-56 所示。

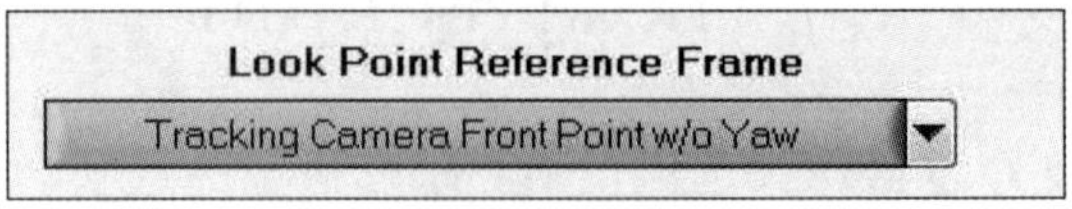

图 7-56　链接参考坐标系设定

设置完观察点的坐标系链接，接下来进行观察点坐标的设定。由于视野中的观察坐标系偏向于车头方向，因此这里设置观察点坐标的横坐标为负值。这样动画界面中的车辆处于界面的中间位置，Y 坐标为 0，Z 坐标设置为较小的正数即可，如图 7-57 所示。

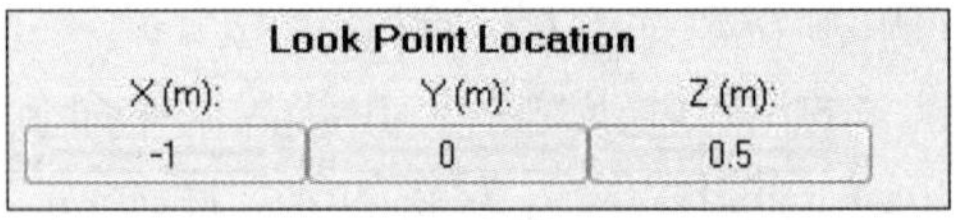

图 7-57　观察点坐标的设定

设置完观察点坐标的设定后，进行摄像头位置链接到的参考系设置。如果这里不进行设置，仿真出来的动画是错误的，会出现无动画或者动画固定等问题。这里设置为链接到跟踪摄像头固定位置观察，如图 7-58 所示。不需要观察阴影、残影和网格，因此这里不进行设置。

图 7-58　摄像头位置链接参考系设置

建立好的跟踪摄像头观察视野模型的参数设置界面，如图 7-59 所示。

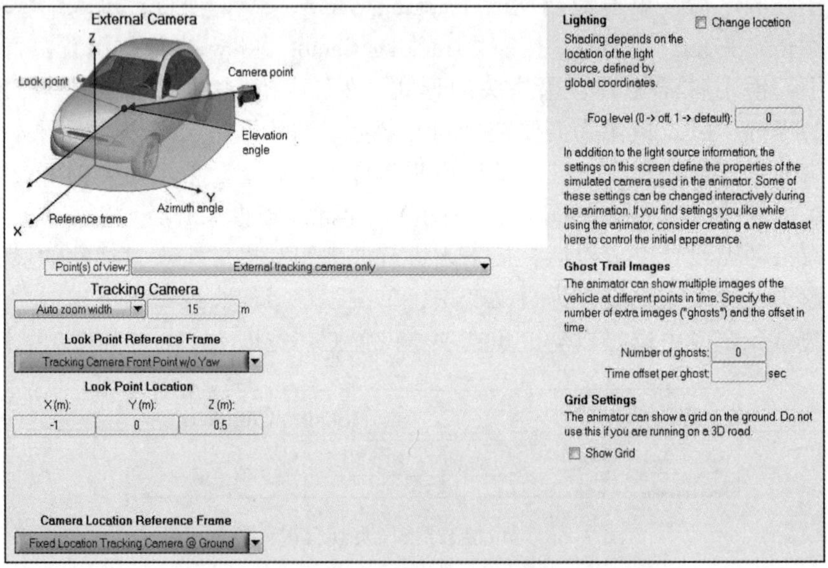

图 7-59　跟踪摄像头观察视野模型参数设置界面

单击参数设置界面的“保存”按钮，单击“后退”选项，回到 CarSim 软件主界面，选择 Animate 选项，会出现汽车行驶的动画，如图 7-60 所示。从汽车行驶动画中，可以发现摄像头是跟踪着车辆的运动的。

图 7-60　跟踪摄像头视野动画

7.8　拖车参考视野

要使用拖车参考视野，首先需要选择带拖车的汽车模型，在进行一些行驶的设置后，接下来进行拖车参考视野的建立，这里选择后方的参考视野。

首先，选择动画菜单栏下的子项目，单击选项右侧的下拉菜单，在弹出的子项目次级页面中，选择新建一个车辆的数据库。

在弹出的命令窗口中，单击新数据库栏右侧的下拉菜单，选择拖车参考（Trailer Reference）选项。选择好要建立的测试类型之后，在新数据库命名栏中给新的数据库起一个名字，这里以“Trailer Reference view”对新的数据库命名。在上述内容完成以后，单击 Create and Link，如图 7-61 所示。此时仿真 Trailer Reference 视野的数据库建立完成。

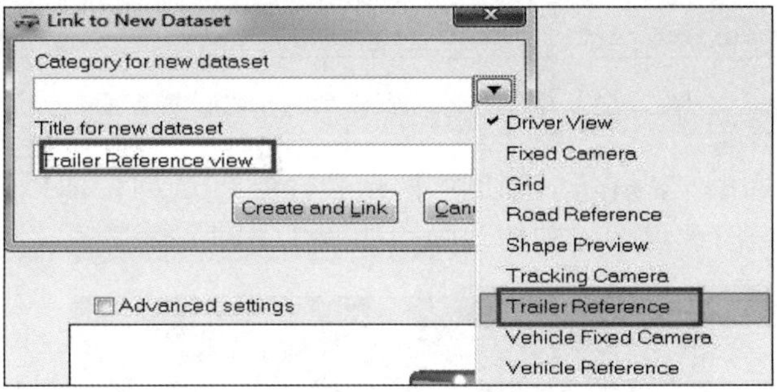

图 7-61　拖车参考视野数据库

接下来，对 Trailer Reference View 的参数设置页面进行编辑。在摄像头的形式这一栏，对选取的摄像头类型进行设定，单击右侧的下拉菜单，选择只有外部摄像头。

在将摄像头种类设置完成以后，接下来进行外部摄像头观察视角的设置，为了完整看到汽车和拖车的行驶，这里设置为 28°的观察角。

设置完外部摄像头观察视角以后，接下来进行观察点坐标的设定。这里采用从汽车的正后方进行观察，X 坐标设置为 0，Y 坐标设置为 0，Z 坐标设置为 1 即可。

设置完观察点坐标之后，接下来进行摄像头位置的设定。由于是从汽车正后方进行观察，方位角设置为 180°，俯仰角设置为 7°，距离选择 40m。

设置完摄像头位置之后，进行链接到的参考系设置。因为本章想要观察车辆的拖车参考视野，所以这里直接链接拖车参考坐标系，如图 7-62 所示。不需要观察阴影、残影和网格，因此这里不进行设置。

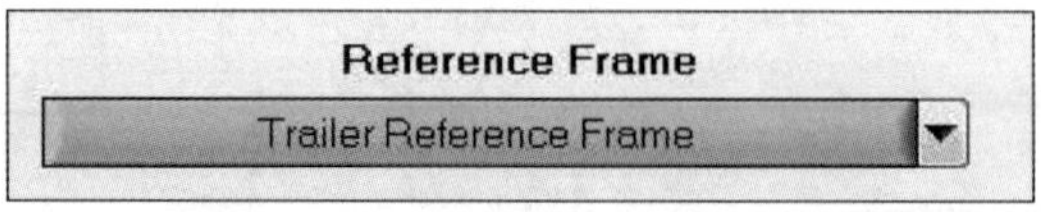

图 7-62　链接参考坐标系设置

建立好的拖车参考视野模型的参数设置界面，如图 7-63 所示。

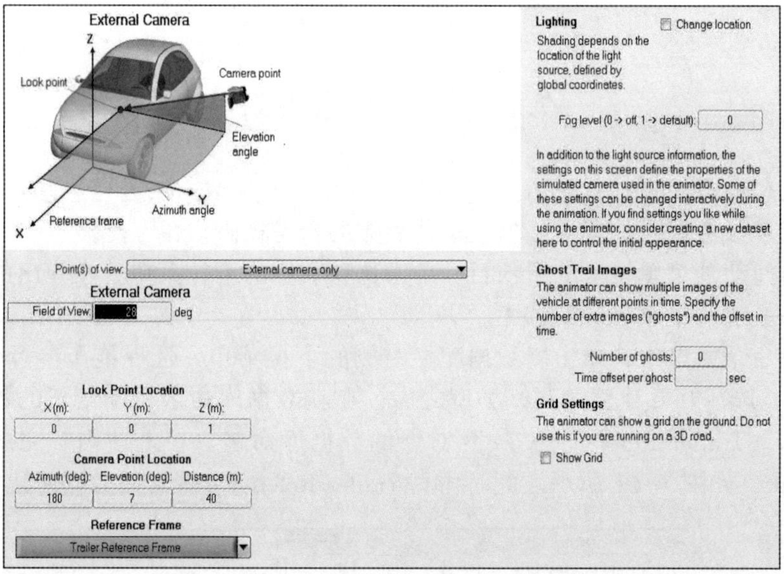

图 7-63　拖车参考视野模型的参数设置界面

单击参数设置界面的“保存”按钮，单击“后退”选项，回到 CarSim 软件主界面，选择 Animate 选项，会出现汽车行驶的动画，如图 7-64 所示。

图 7-64　拖车参考视野动画

7.9 车辆固定摄像头视野

车辆固定摄像头视野与固定摄像头视野不同，后者是将摄像头固定在地图环境下的某一位置，而前者是将摄像头固定在汽车车身附近的某一位置，摄像头可以随着汽车的车身运动，这样可以对汽车的运行情况随时观察。这里以将摄像头固定在车身左后方为例进行介绍。

首先，选择动画菜单栏下的子项目，单击选项右侧的下拉菜单，在弹出的子项目次级页面中，选择新建一个车辆的数据库。

在弹出的命令窗口中，单击新数据库栏右侧的下拉菜单，选择车辆固定摄像头（Vehicle Fixed Camera）选项。选择好了要建立的测试类型之后，在新数据库命名栏中，给新的数据库起一个名字，这里以“Vehicle Fixed Camera View”对新的数据库命名。在上述内容完成以后，单击 Create and Link，此时仿真 Vehicle Fixed Camera 视野的数据库建立完成，如图 7-65 所示。

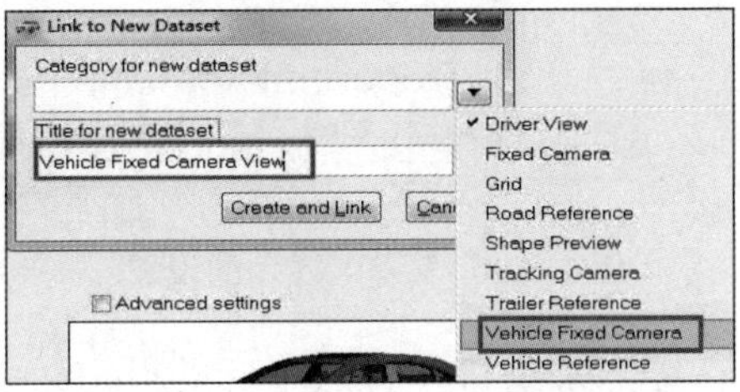

图 7-65　车辆固定摄像头数据库

上述工作完成之后，单击新建立好的 Vehicle Fixed Camera View 项目，进入编辑界面。建立好的新数据库是空白的，需要使用者对 Vehicle Fixed Camera View 的参数设置页面进行编辑，如图 7-66 所示。

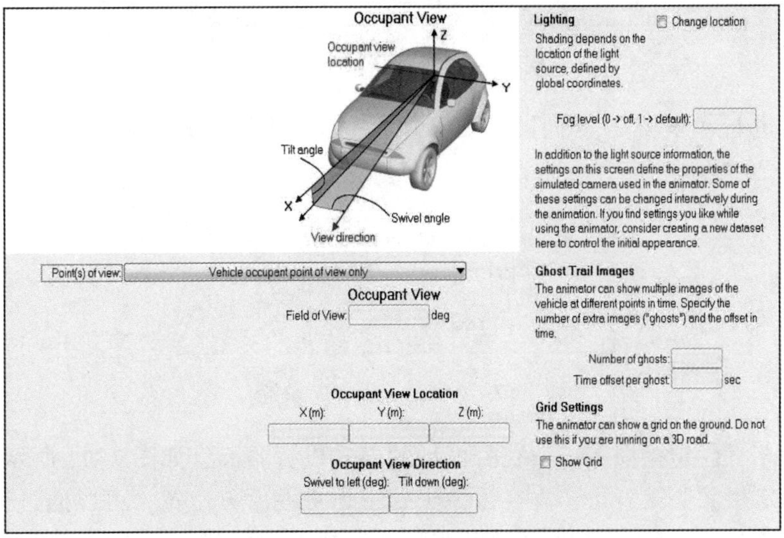

图 7-66　车辆固定摄像头编辑界面

在编辑界面，使用者需要设置摄像头的形式、车身点的视角、车身点的坐标、车身点的方向。

在摄像头的形式这一栏，对选取的摄像头类型进行设定。单击右侧的下拉菜单，选择只有车身点视角，如图 7-67 所示。至此，摄像头种类设置完成。

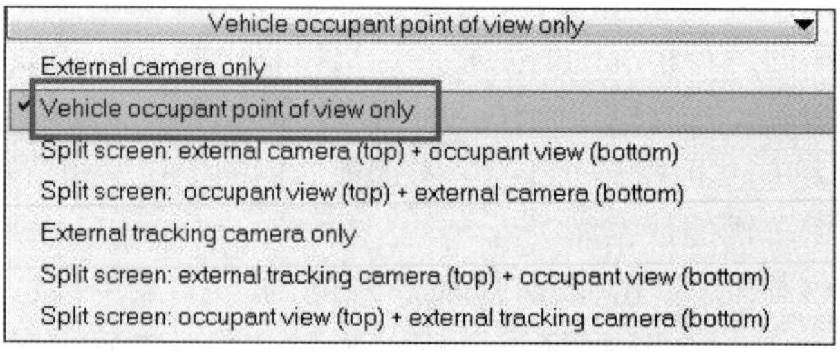

图 7-67　摄像头种类设置

在将摄像头种类设置完成以后，接下来进行车身点视角的设置。由于是车身固定摄像头视野，所以需要将观察角的值设置较大。这里设置为 65°的观察角，如图 7-68 所示。

图 7-68　车身点视角的设置

设置完车身点视角以后，接下来进行车身点坐标的设定。由于观察左后方的车身固定摄像头视野，*X* 坐标设置为-5. 25，*Y* 坐标设置为 1. 65，*Z* 坐标设置为 1. 0，如图 7-69 所示。

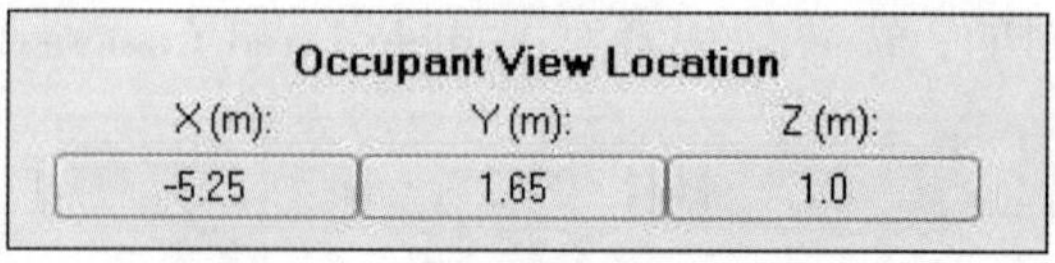

图 7-69　车身点的坐标设定

接下来，进行车身点的方向的设置。为了方便观察，设置水平偏右 2°，竖直偏上 0. 5°，如图 7-70 所示。

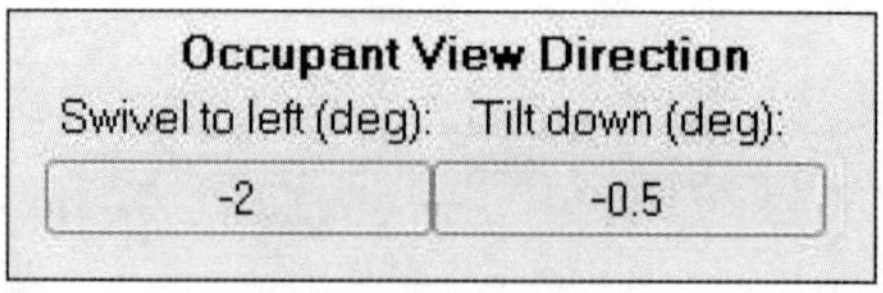

图 7-70　车身点方向设置

建立好的车身固定摄像头观察视野模型的参数设置界面，如图 7-71 所示。

车辆的固定摄像头视野是建立在摄像头处于车身左后方位置，可以通过设置，改变摄像头的位置。图 7-72 所示为运行固定摄像头视野中的动画显示。

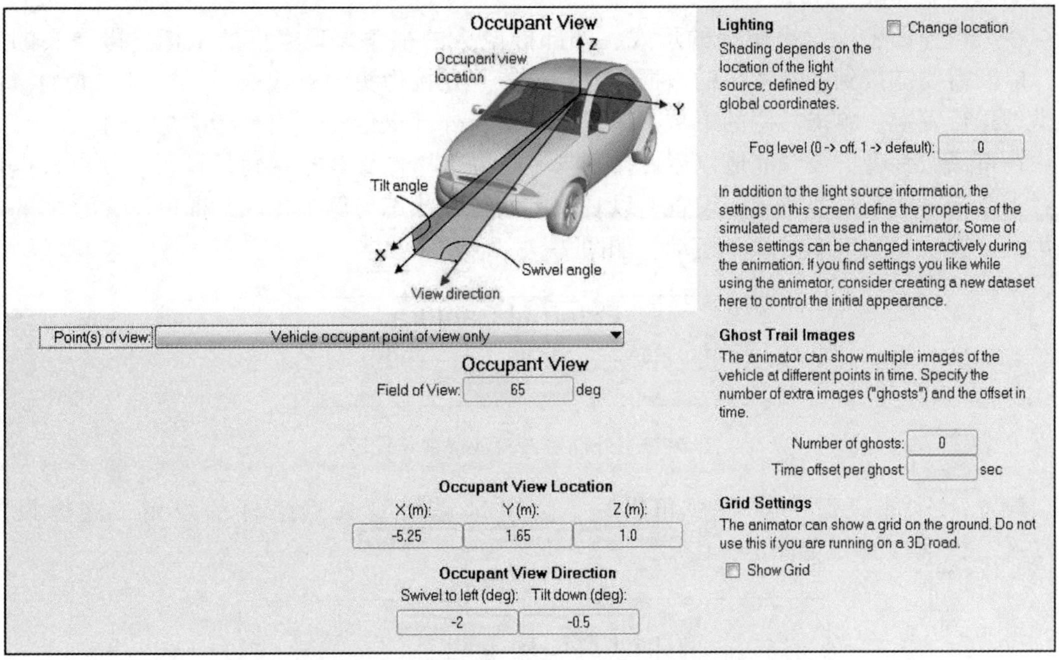

图 7-71　车身固定摄像头观察视野模型的参数设置界面

图 7-72　车辆固定摄像头视野动画

7.10　车辆参考视野

车辆参考视野是以行驶中的车辆为参考进行摄像头移动的，这是在 CarSim 软件中进行仿真最常用的，也是最基础的参考视野。在 CarSim 软件中，仿真动画设置车辆参考视野的具体设置如下：

首先，选择新建一个车辆的数据库。

在弹出的命令窗口中，单击新数据库栏右侧的下拉菜单，选择车辆参考（Vehicle reference）选项。选择好了要建立的测试类型之后，以“Vehicle reference View”对新的数据库命名。在上述内容完成以后，单击 Create and Link，此时仿真 Vehicle reference View 视野的数据库建立完成。

在编辑界面中，对摄像头的形式、外部摄像头的视角、观察点的坐标、摄像头的坐标，以及需要链接到的参考系的数据库进行设置。在摄像头的形式这一栏，对选取的摄像头类型进行设定，单击右侧的下拉菜单，选择只有外部摄像头（可参考图7-26）。

在将摄像头种类设置完成以后，接下来进行外部摄像头观察视角的设置。这里根据使用者需要观察的车身状态进行设置。以观察侧面行驶状态为例，将观察视角设置为6°的观察角，足够观察到汽车的整车运动，如图7-73所示。

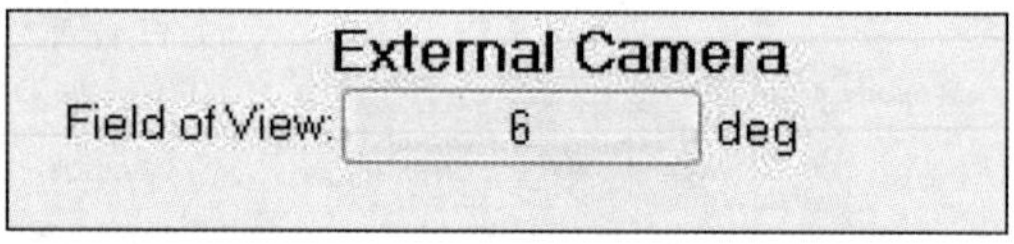

图7-73　外部摄像头观察视角设定

设置完外部摄像头观察视角以后，接下来进行观察点坐标的设定，这里设置为（-2，0，0.25），如图7-74所示。

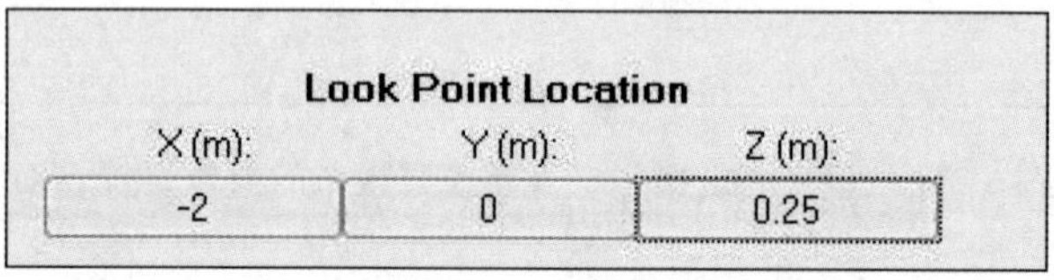

图7-74　观察点坐标

设置完观察点坐标之后，接下来进行摄像头位置的设定。为了观察侧面行驶状态，方位角设置为150°，俯仰角设置为4.5°，距离选择100m，如图7-75所示。

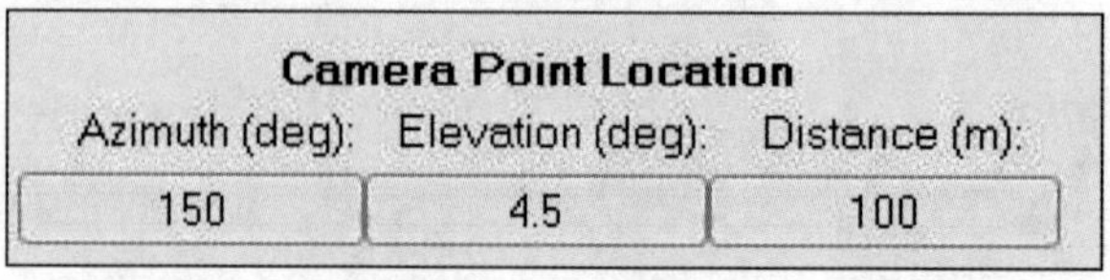

图7-75　摄像头位置设定

接下来，进行链接到的参考系设置。因为是车身参考观察，所以摄像头应该是跟随着汽车车身运动，直接链接到摄像头跟随坐标系即可，如图7-76所示。

图7-76　链接参考系设置

建立好的车身参考观察视野模型的参数设置界面，如图7-77所示。

单击参数设置界面的“保存”按钮，单击“后退”选项，回到CarSim软件主界面，选择Animate选项，会出现汽车行驶的动画，如图7-78所示。从汽车行驶动画中，可以清晰的从侧方观察车辆的行驶情况。

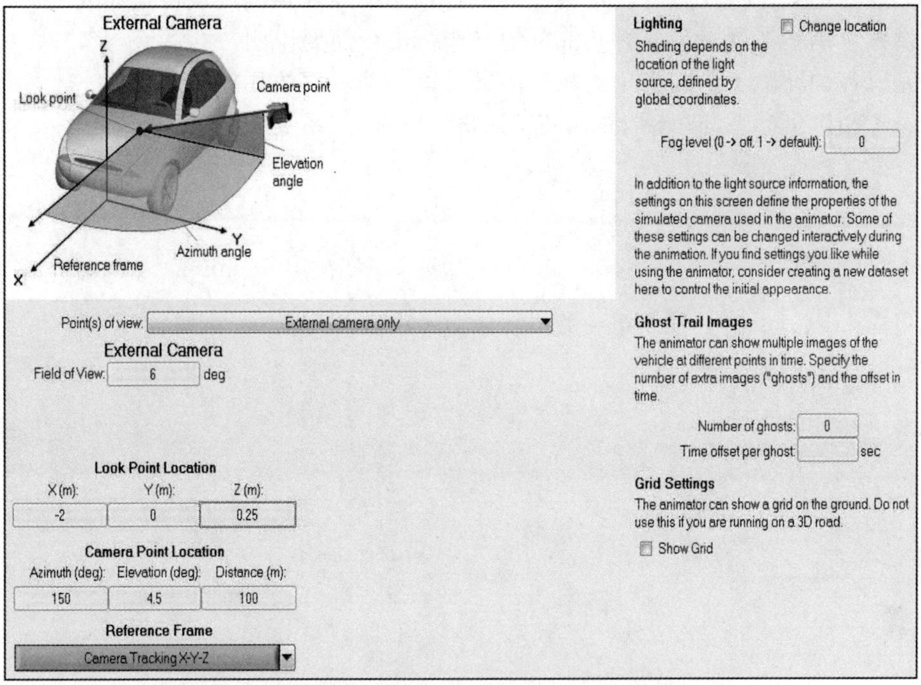

图 7-77 车身参考观察视野模型参数设置界面

图 7-78 车身参考观察视野动画

7.11 本章小结

本章主要针对 CarSim 软件仿真动画中的观察视野进行了设置。通过本章的学习，可以让读者清晰的学习到动画窗口的相关设置，读者可以根据自己的实际需要，进行 CarSim 软件的视野仿真。

7.12 习题

1. 车辆的观察角度包括什么？进行简要描述。

2. 车辆固定摄像头视野与固定摄像头视野有何不同？其优缺点各是什么？
3. 设置车辆参考视野需要哪几部分的操作？进行简要说明。
4. 完成各种环境下不同视角的相关仿真设置，并观察仿真效果。
5. 思考相机坐标系与车辆坐标系之间的相对转换关系及转换过程。

第 8 章　车辆叠加与联合仿真

8.1　联合仿真简介

随着机械工程设计技术的发展，现在将机电一体化产品的设计主要分成两大部分，分别是机械系统设计和控制系统设计，在对机电一体化产品进行设计的过程中，以往比较传统的方法是，机械系统和控制系统分别由机械工程师和控制工程师进行分开独立设计，他们通过建立各自需要的模型，采用不同的软件对各自建立的系统进行独立的分析和设计，然后再进行机械系统和控制系统的物理样机联合实验。如果实验中发现问题，则工程师需要对各自设计的模型进行再修改，然后又重新进行联合实验。显然，这种设计方法导致设计效率非常低，造成大量人力、物力的浪费。

CarSim 主要是用于汽车动力学仿真的软件，可以仿真车辆对驾驶员、空气动力学及各种路面输入的响应，在计算机上 CarSim 模型的运行速度要比实时速度快 3 ~6 倍，并且主要用来仿真和预测汽车整车的制动性、操作稳定性、平顺性、经济性和动力性，同时在现代汽车控制系统研发领域应用非常广泛。CarSim 软件可以非常方便灵活的定义试验环境和试验过程，详细的定义整车各系统的特性参数和特性文件（在前面第 3 章已详细介绍）。

在 Matlab 中，Simulink 是用来建模、仿真和分析动态多维系统的工具。可以使用提供的标准模型库或者自行创建模型库，描述、模拟、评价系统的各项指标。除了可以使用 Simulink 建模和仿真之外，还可以通过其他软件联合来完成更多的分析任务，如 CarSim、ADAMS、AMEsim 等多种软件。本书通过 CarSim 软件建立整车车辆动力学模型，在 Matlab/Simulink 中建立超车和制动的车辆模型和控制器模型，实现 CarSim 与 Simulink 的联合仿真。

当前流行的汽车动力学软件，主要有 ADAMS、AVL Cruise、ADVISOR 及 CarSim 等。通过对比发现，ADAMS 和 ADVISOR 偏重于实体结构模型，AVL Cruise 偏重于传动系统建模，CarSim 作为专门的针对车辆动力学的仿真分析软件，在应用于系统性分析时，包括车辆控制性能分析上有着其他仿真工具所不具备的优势。

CarSim 是由国际著名的科研机构——密歇根大学交通运输研究所、美国 Mechanical Simulation Corporation 开发的专门针对车辆动力学的仿真软件，被包括通用、福特、丰田、本田、尼桑、沃尔沃等众多国际一线汽车制造商采用，国内的一汽、上汽、吉利、五菱等车企把 CarSim 作为车辆动力学仿真模型工具。CarSim 已成为汽车行业的标准软件，享有很高的声誉。CarSim 可以方便灵活的通过详细的软件窗口化的参数，来设定试验环境和试验过程，定义整车各系统的特性参数和特性文件，可以用图形曲线及三维动画形式观察仿真的结果；被广泛地用来预测和仿真车辆的操纵稳定性、平顺性、动力性、经济性和制动性，其内部涵盖了包括轿车、SUV、轻型货车等多种车辆模型。

CarSim 软件主界面如图 8-1 所示。第一个模块（Vehicle & Procedure）里，研究人员可以很方便地通过改变车辆模型的一些参数和实际需要，设定仿真工况。第二个模块（Run Control）是数学求解模块，可以使用 CarSim 内部的模型求解器，也可以使用内嵌的 C 语言或者 Simulink 接口拓展的自定义模型求解器。本书就是通过基于 Simulink 的模型求解器进行的联合仿真。第三个模块（Results（Post Processing））是运行结果和后处理模块，运行结果可以用图形曲线或者三维动画的形式进行展示。本书就是利用 CarSim 中丰富的车辆模型、完整的驾驶员模型，及其可以与 Simulink 实时相互调用数据，来建立汽车联合仿真模型，实现对所需数据的采集。

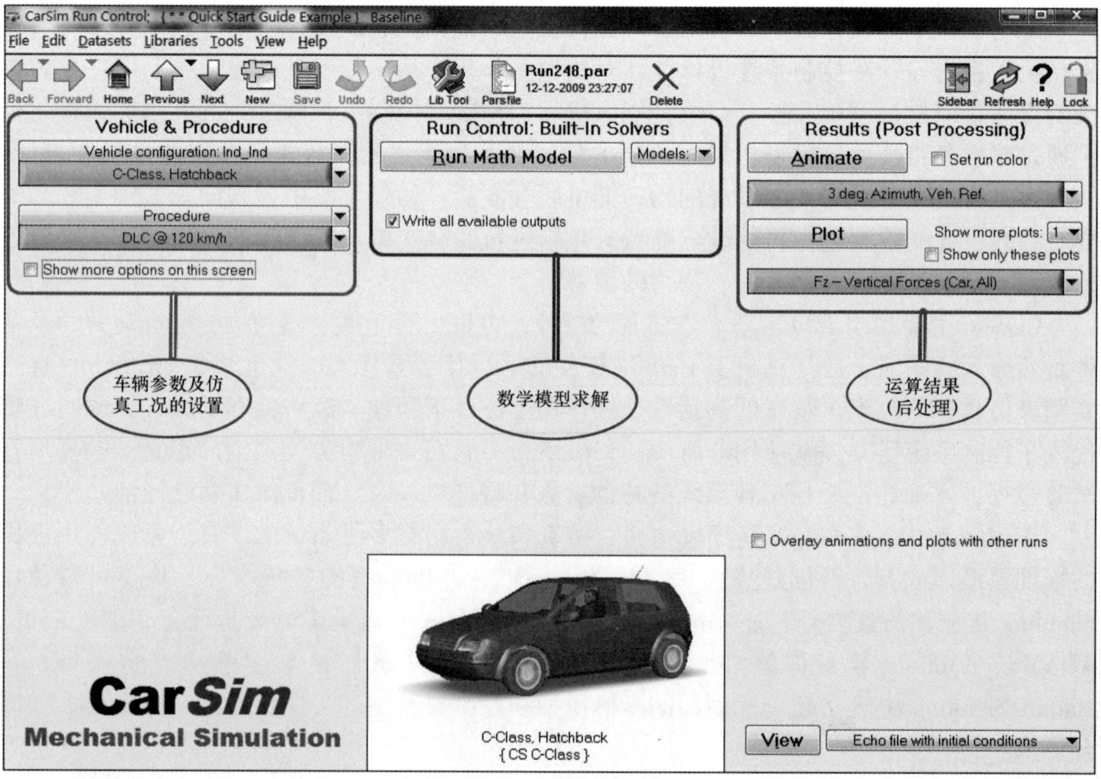

图 8-1　CarSim 主菜单

通过 CarSim 中间部分 Run Control with Simulink 模块可建立与 Simulink 联合仿真，并定义 CarSim 整车模型的输入、输出接口。通过这些输入、输出接口的定义，可以准确、快速地实现与 Simulink 里各模块的数据通信，达到联合仿真的目的。

数学模型求解器。该部分为 CarSim 的内核部分，在主界面里用户可以设置仿真时间、仿真步长等信息，它除了内部自带模型求解器，用户还以通过 C 语言接口扩展用户自定义的模型求解器，也可以通过 Matlab/Simulink 扩展用户自定义的模型求解器。CarSim 数学模型具有快速、精确的优点。

CarSim 软件有三种同方式的求解器，一种是 CarSim 软件内部自带的模型求解器，另外两种是通过接口进行扩展，分别是利用 C 语言接口和 Matlab/Simulink 接口进行扩展自定义的模型求解器。用户可以非常方便地通过后两种求解器将自己的模型接入到 CarSim 的车辆模型中进行车辆动力学仿真分析，并通过仿真实验验证用户模型。因此，CarSim 内部模型通过该两种求解器得到了扩展而且相当方便。CarSim 求解器的工作过程流程如图 8-2 所示。

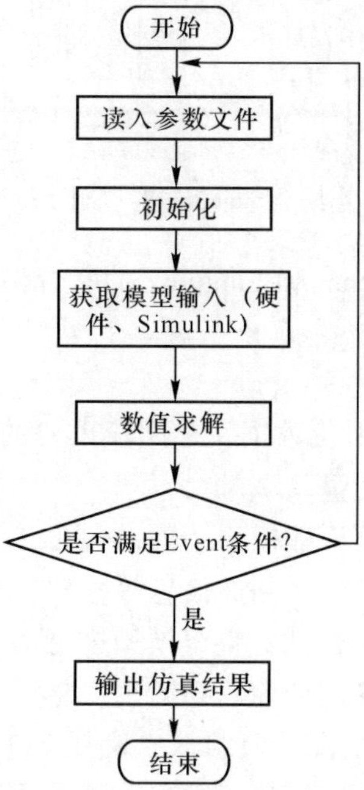

图 8-2　CarSim 求解器的工作过程流程图

8.2　Simulink 仿真控制平台

Simulink 作为 Matlab 的重要组成部分，提供了多样化的仿真计算模块，可以很方便地进行动态系统建模与仿真分析。除此之外，用户可以基于 Simulink 进行各种算法的编写，如二次规划算法等，相应地降低了控制器开发的难度。由于 Simulink 具有广泛的适用性及准确性，因此 Simulink 已经成为当前仿真和设计的专业应用软件，包括控制器开发及信号处理。同时，Simulink 软件可以与第三方软件和硬件进行联合仿真与试验，比如本书用到的 CarSim 车辆仿真软件。各种算法的优化计算，都能够在 Matlab 中完成，因此，采用 Matlab/Simulink 进行控制器开发，尤其是参数优化就变得十分简单。基于 Matlab/Simulink 的控制系统开发过程，如图 8-3 所示。Simulink 可以实现实时系统的仿真建模，因此被应用到各种线性系统、非线性系统及时变系统的仿真分析中。同样地，Simulink 可以设置连续采样、离散采样及混合采样，来满足不同系统的要求。Simulink 采用模块化建模方式，用户可以根据自己的需要进行模块设置；采用交互式建模方式，降低仿真建模的难度。

就本书而言，Simulink 软件的主要功能就是对整车控制的建模，即整车控制策略的实现，包括牵引力控制器、稳定性控制器等。控制器从 CarSim 中获得各种控制信号及车辆状态信息，接着会发出指令来控制传动系统、转向系统或其他系统。对于 CarSim 中所不能定义的电机控制模型和四轮转向模型等，可以在 Simulink 中定义，并且利用 CarSim 提

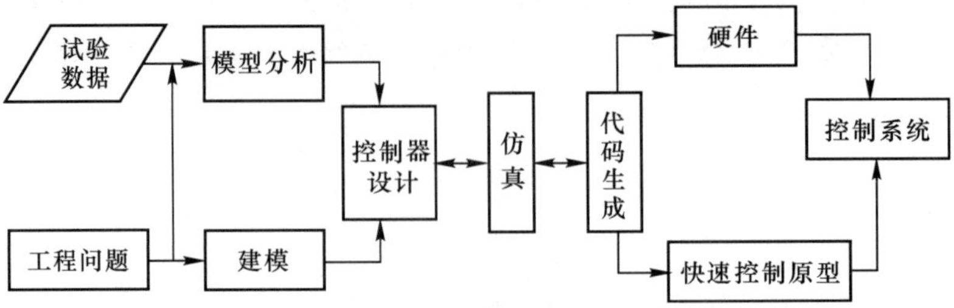

图 8-3　基于 Simulink 的控制系统开发

供的与 Simulink 的接口，实现 CarSim 和 Simulink 的联合仿真。

8.2.1　CarSim 整车动力学模型

整车模型数据库是 CarSim 图形化数据库中比较重要的一部分，它不仅可以定义车型，还可以对车辆不同部件进行参数设置。

CarSim 中内置的图形化的数据库建模系统内，包含了完整的驾驶员输入模型、整车模型和外部环境模型（包括空气动力学、路面信息等）三部分。本小节只建立整车模型，其余在联合仿真时再做介绍。CarSim 软件对整车模型进行适当的简化之后，结合当代多体动力学和传统车辆动力学建模方法（例如前后均为独立悬架车辆），可以简化为由一个车体、四个簧下质量、四个车轮以及一个发动机组成。利用 8.1 小节中介绍的 CarSim 软件求解器，根据仿真的初始条件和车辆特性参数，进行求解运算。CarSim 的整车模型包括以下 7 大子系统的特性：车体、传动系、空气动力学、转向系、制动系、轮胎和悬架系统，如图 8-4 所示。

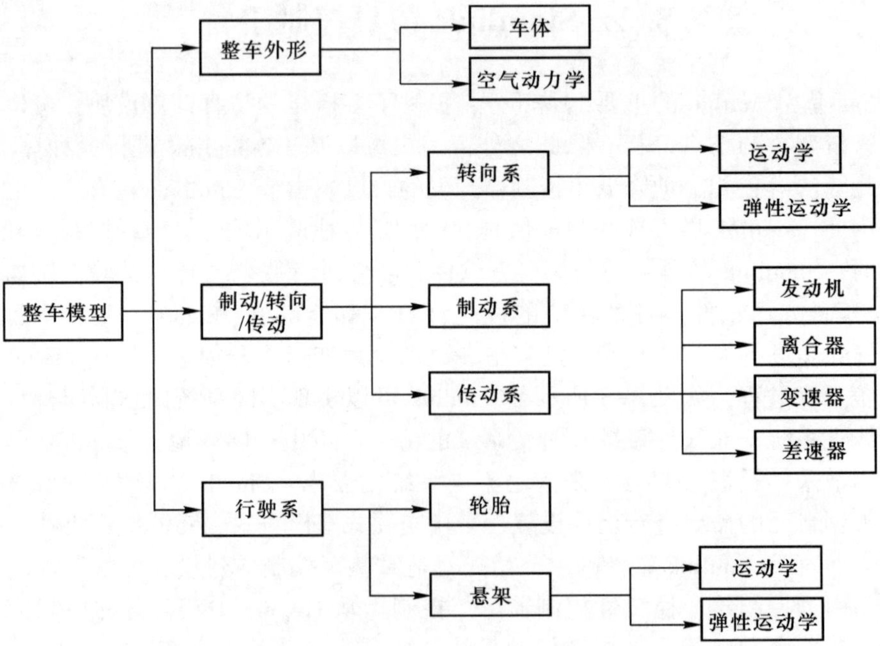

图 8-4　CarSim 整车模型系统特性

8.2.2　Simulink 接口

Simulink 接口主要的工作是实现在联合仿真过程中两个软件之间信息的交互，实现数据的调取。变量由 Simulink 导入 CarSim（导入变量），由 Simulink 导入到 CarSim 中的变量可达 160 多个，主要分为以下几部分：

（1）控制输入；

（2）轮胎/路面输入；

（3）轮胎的力和力矩；

（4）弹簧及阻尼力；

（5）转向系统的角度；

（6）传动系的力矩；

（7）制动力矩及制动压力；

（8）风的输入；

（9）任意的力和力矩。

导入变量在 CarSim 软件的界面，如图 8-5 所示。

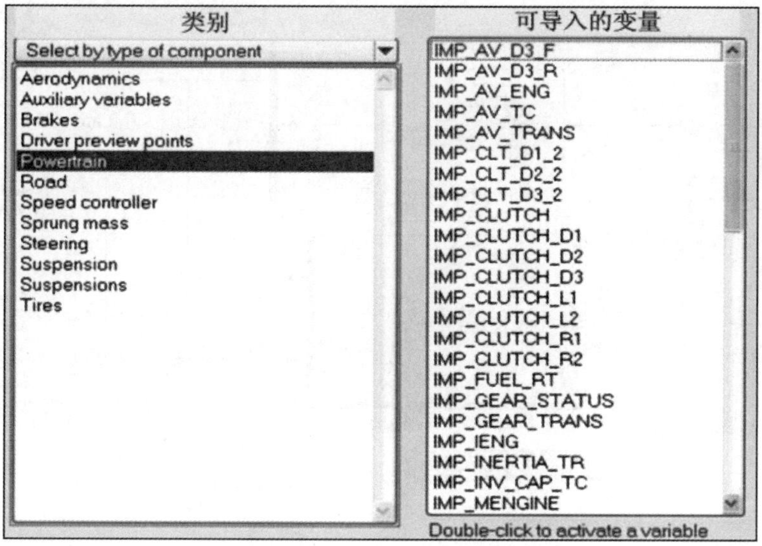

图 8-5　CarSim 导入变量分类

我们可以在 Simulink 中定义变量，也可以在其他软件中定义并导入 Simulink 模型中，导入的变量将叠加到 CarSim 内部相应的变量中。

变量由 CarSim 导入 Simulink（导出变量），导出变量可以应用于用户自定义的 Simulink 模型，CarSim 的导出变量多达 560 余个，如车辆的位置、姿态、运动变量等。图 8-6 为 CarSim 导出变量的分类图。

图 8-7 为 CarSim 与 Simulink 联合仿真的例子，从图中可以看出，联合仿真实现的是 Simulink 中建立的控制程序，能实时传入到 CarSim 软件中，并且将 CarSim 软件中的汽车参数等信息传递给 Simulink，从而更方便、快捷的进行仿真。

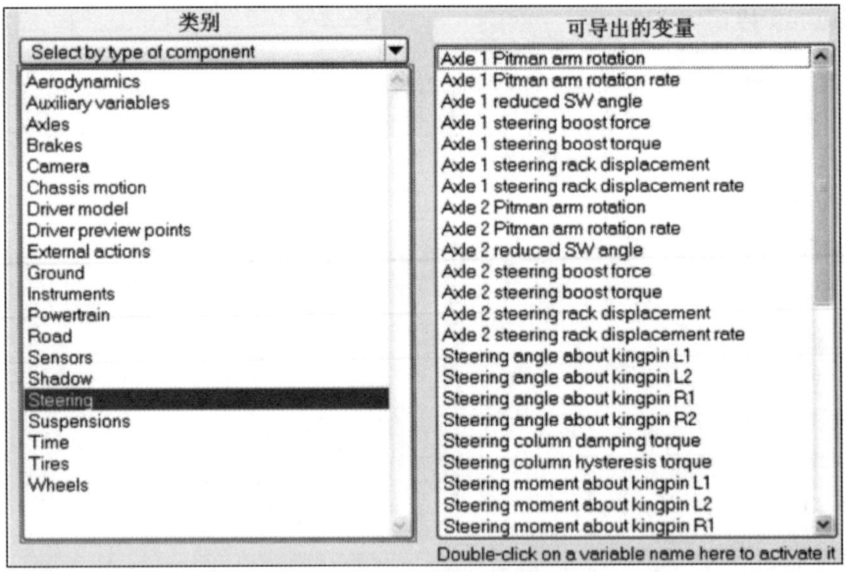

图 8-6　CarSim 导出变量分类

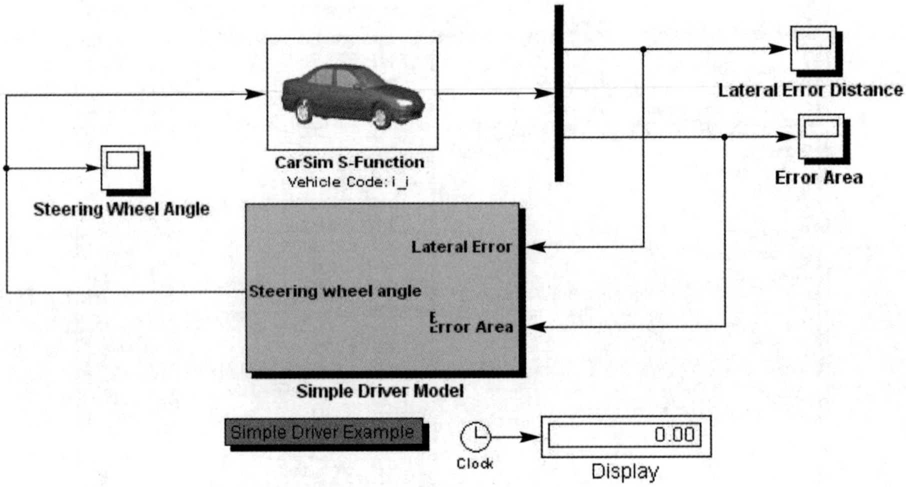

图 8-7　简单驾驶员模型

8.3　联合仿真的实现

CarSim 中自带了 Simulink 内嵌模块，因此在 CarSim 与 Simulink 中可以很方便地进行实时数据交换。通过嵌入模型的 Matlab/Simulink S 函数，可以在 Simulink 中建立一个相对应的 CarSim S-function 模块。下面以汽车 60km/h 的横向瞬态响应仿真操作为例，假设方向盘的输入信号为幅值 53°，周期为 4s 的正弦角信号，以此来仿真汽车的稳定性。

首先，打开 CarSim 软件，单击菜单栏上的 Datasets，选择转向测试选项。为了简单模拟实际驾驶，在子菜单中选择机械转向系统，如图 8-8 所示。

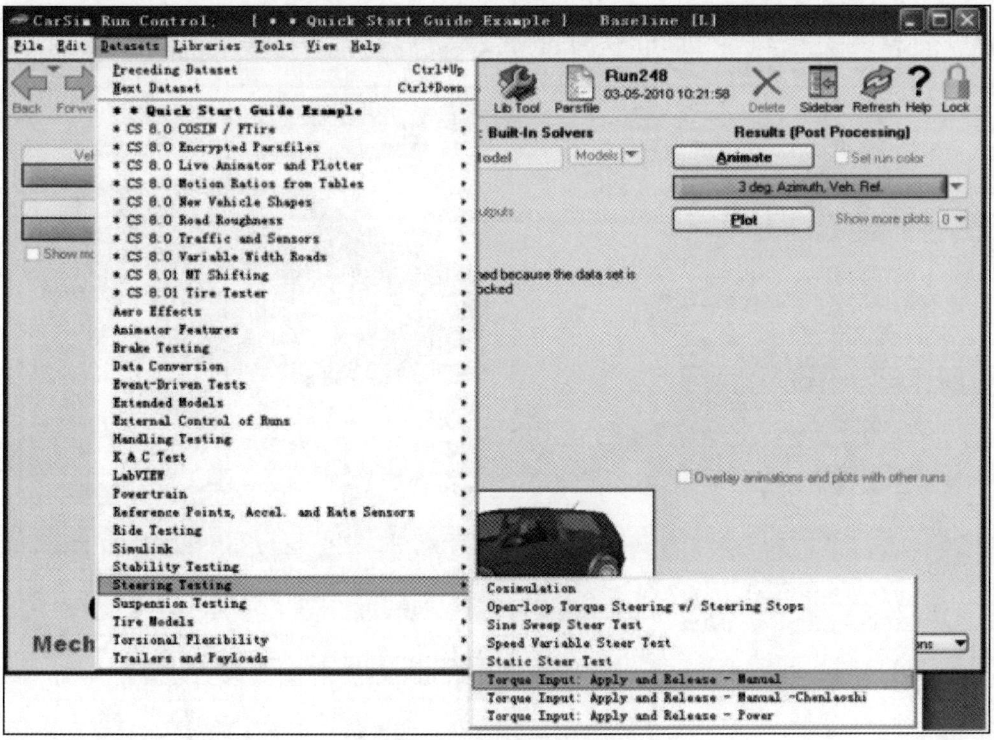

图 8-8　机械转向系统

继续单击菜单栏上的“New”新建一组 Datasets 数据，种类选择转向测试（Steering Testing），标题设置为“CarSim and Simulink cosimulation”，单击“Set”按钮，建立完成，如图 8-9 所示。

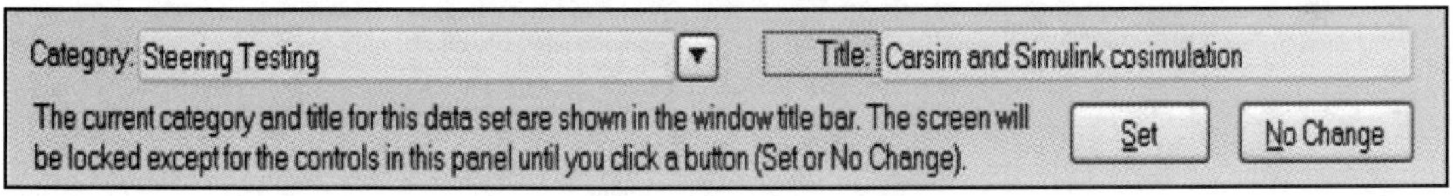

图 8-9　新建 Datasets 数据

接下来，对整车参数进行设置，包括车身尺寸、车辆型号等信息。具体操作步骤见第 3 章。设置好的整车参数，如图 8-10 所示。

在完成了整车参数的设置后，接下来对仿真工况进行设置。对比实例可知，由于横向瞬态响应仿真是通过控制方向盘转角进行实现，这里选择驾驶员输入转向角信号，单击工况下拉菜单，选择驾驶员控制（Driver Controls），如图 8-11 所示。

选择驾驶员控制模块以后，在弹出的子页面中需要进行操纵条件的设置，包括行驶速度、制动条件、挡位选择和转向设置。对比实例要求，将车速设定为常值 60km/h，无挡位升降、无制动，方向盘输入信号为幅值 53°，周期为 4s 的正弦角信号，驾驶员的操纵条件设置，如图 8-12 所示。

为了明显观察出横向瞬态响应效果，适当的将仿真时间进行调节，这里将仿真时间设

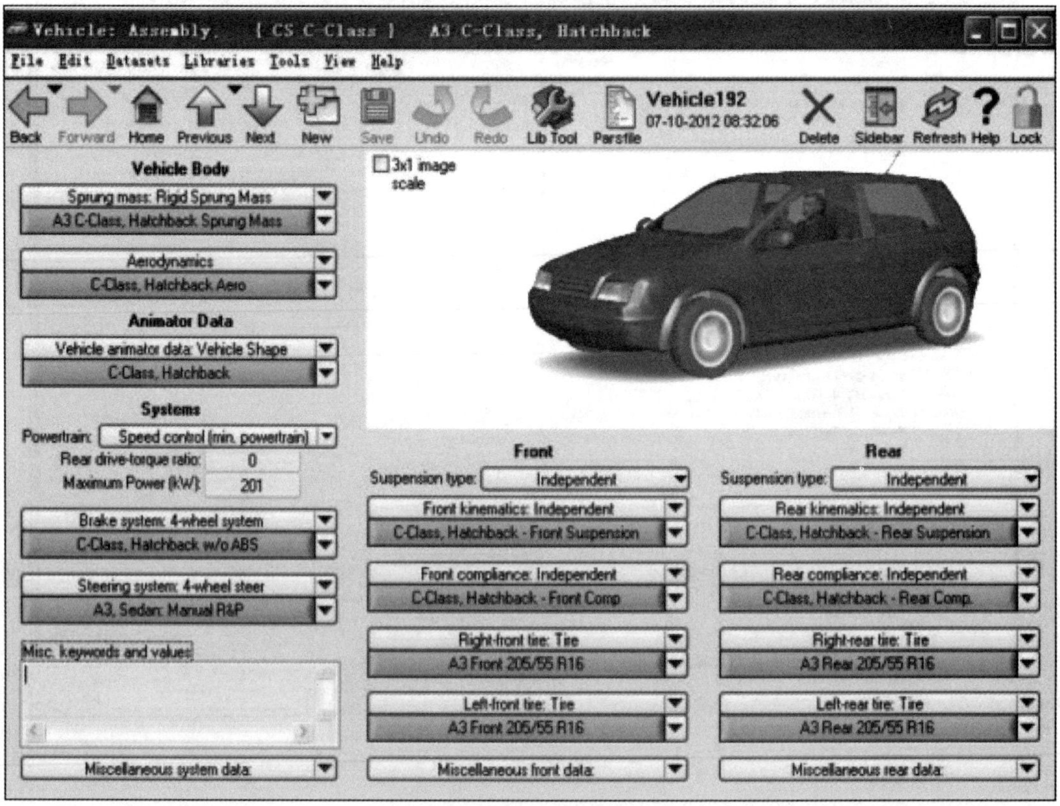

图 8-10　整车参数设置

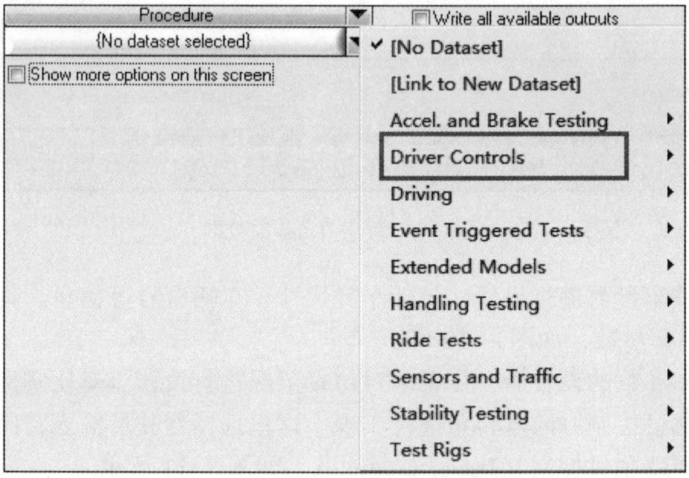

图 8-11　仿真工况设置

置为 10s，仿真时间的设置如图 8-13 所示。

仿真步长的设置，如图 8-14 所示。

在进行了整车参数和仿真参数的设置以后，需要对汽车行驶的控制策略进行输入。由

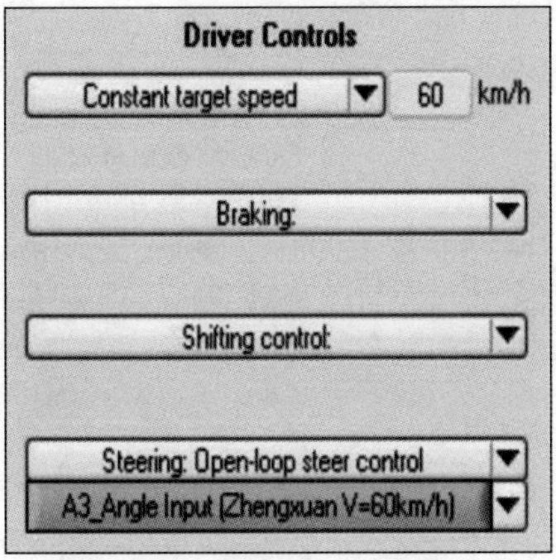

图 8-12 驾驶员控制设置界面

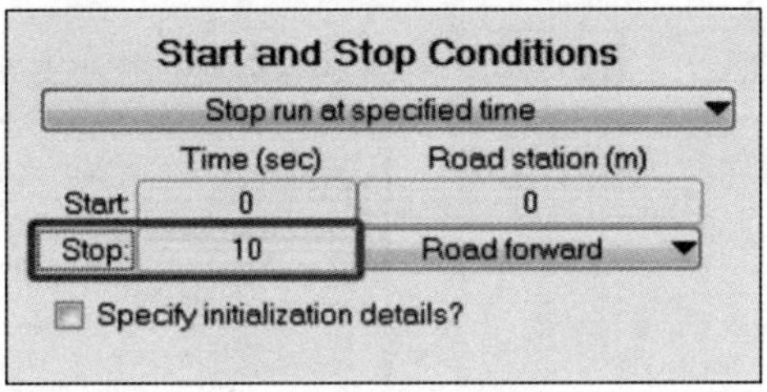

图 8-13 仿真时间设置

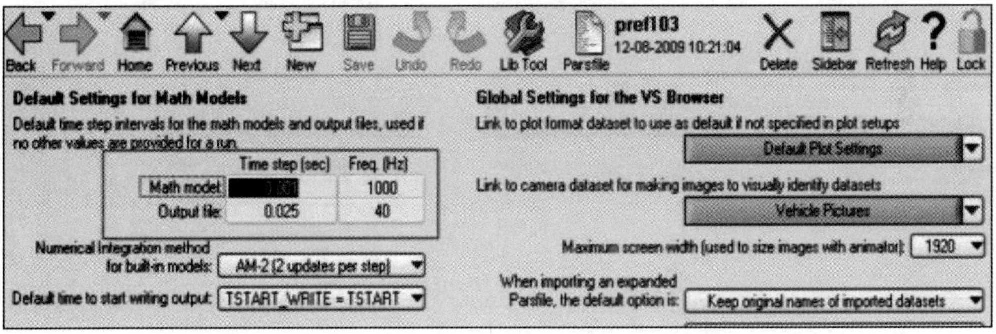

图 8-14 仿真步长设置

于本章采用联合仿真的方式来验证汽车的行驶，所以选择外接 Simulink 的形式。单击模型下拉菜单，选择 Simulink 模块，具体操作如图 8-15 所示。

建立一个新的 Simulink 数据库来储存数据，库的种类选择“CarSim and Simulink”，名称选择联合仿真（cosimulation），如图 8-16 所示。

在子选项的下拉菜单中，选择“二者联合仿真模块”，如图 8-17 所示。

选择完成之后，进入联合仿真的设置界面，如图 8-18 所示。

接下来，进行 Simulink 模型的选择。将建立好的模型导入 CarSim 中，如图 8-19 所示。

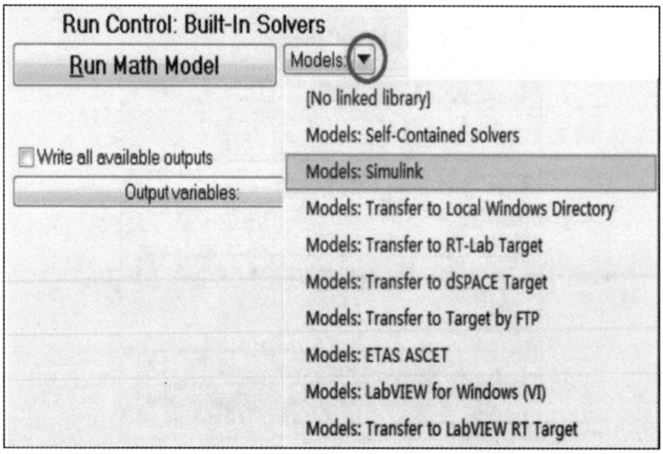

图 8-15　外接 Simulink 设置

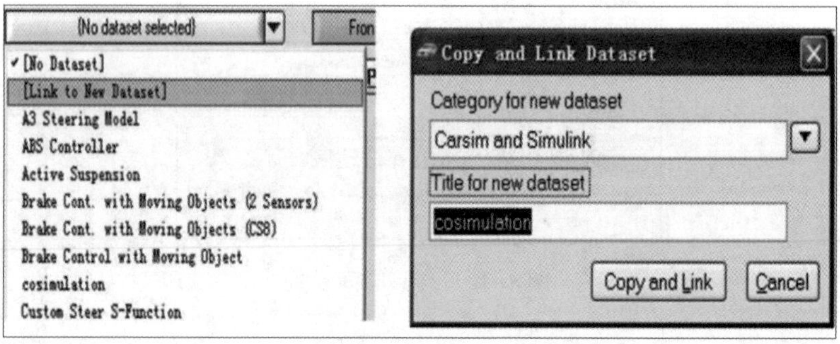

图 8-16　Simulink 数据库

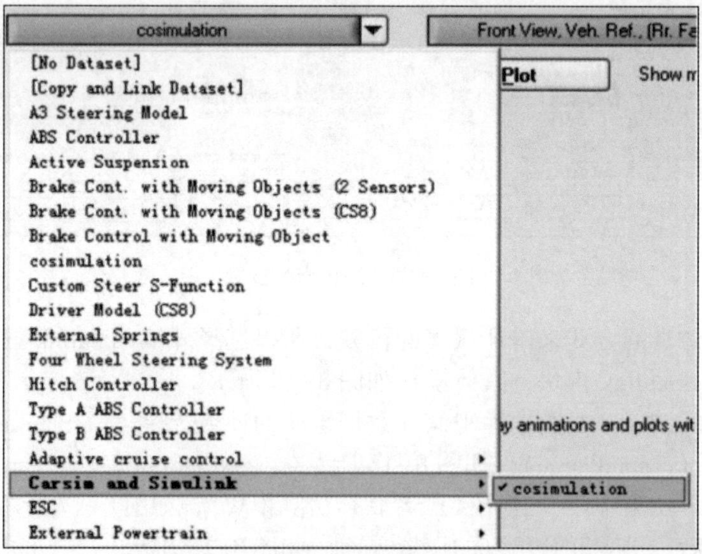

图 8-17　联合仿真模块

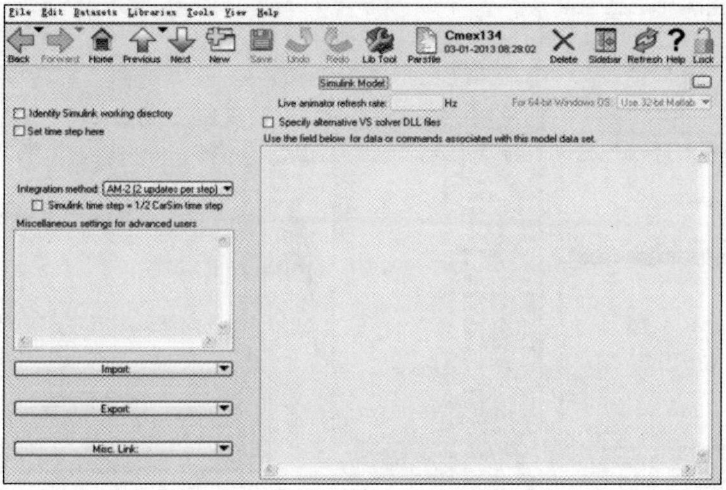

图 8-18　联合仿真设置界面

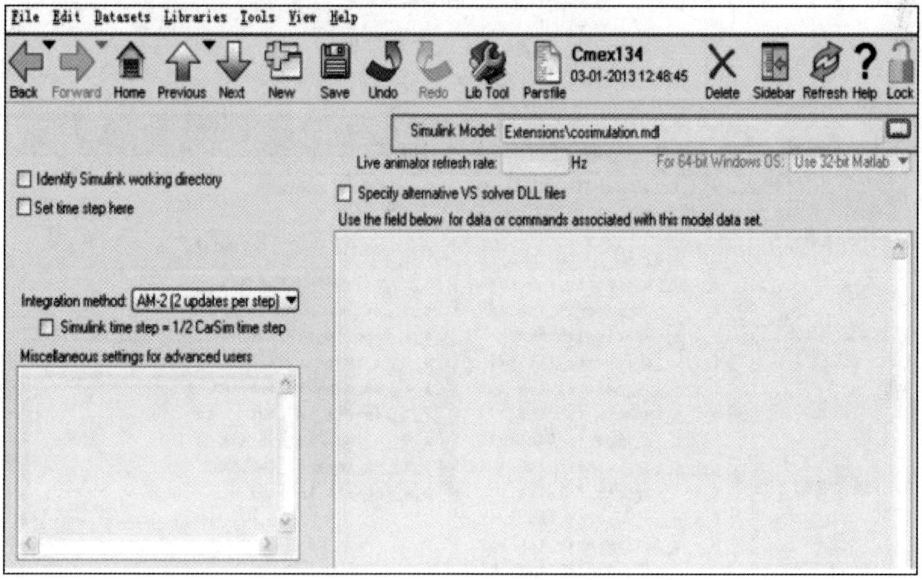

图 8-19　Simulink 模型的选择

下一步，进行串口的连接，选择需要导入和导出的变量，以此实现联合仿真数据的调用，导入变量界面如图 8-20 所示。

根据实际需要选择导入的变量，如图 8-21 所示。

由于选择了转向角作为输入，本章选择导入转向角变量，如图 8-22 所示。

以上为导入变量的设定。接下来选择导出的变量，单击导出变量的下拉菜单，单击 I/O 串口，建立新的导出变量，如图 8-23 所示。

单击导出变量选项，进入子界面，图 8-24 为导出变量界面。

此处的导出变量和导入变量是一一对应的，如图 8-25 所示。读者可以根据实际需要进行设定。

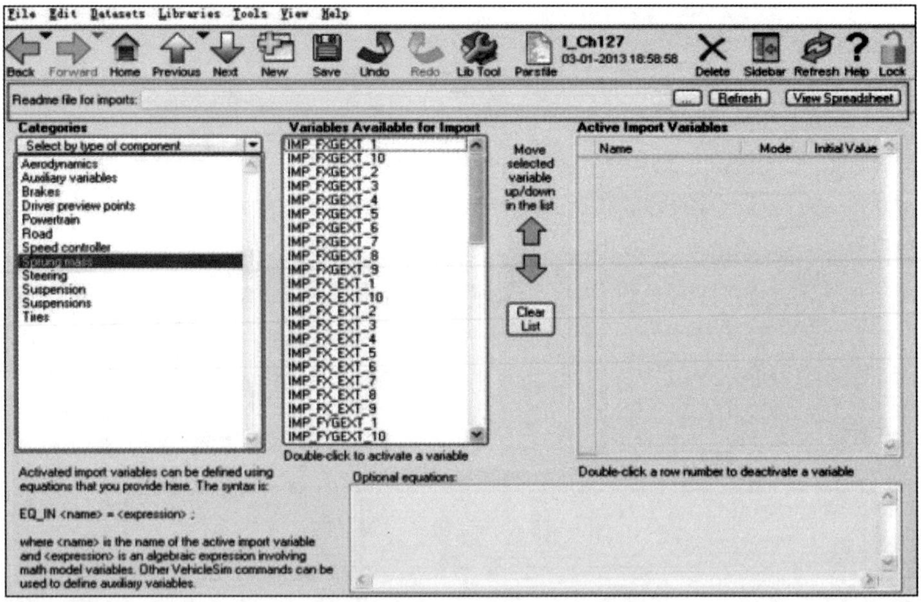

图 8-20　导入变量界面

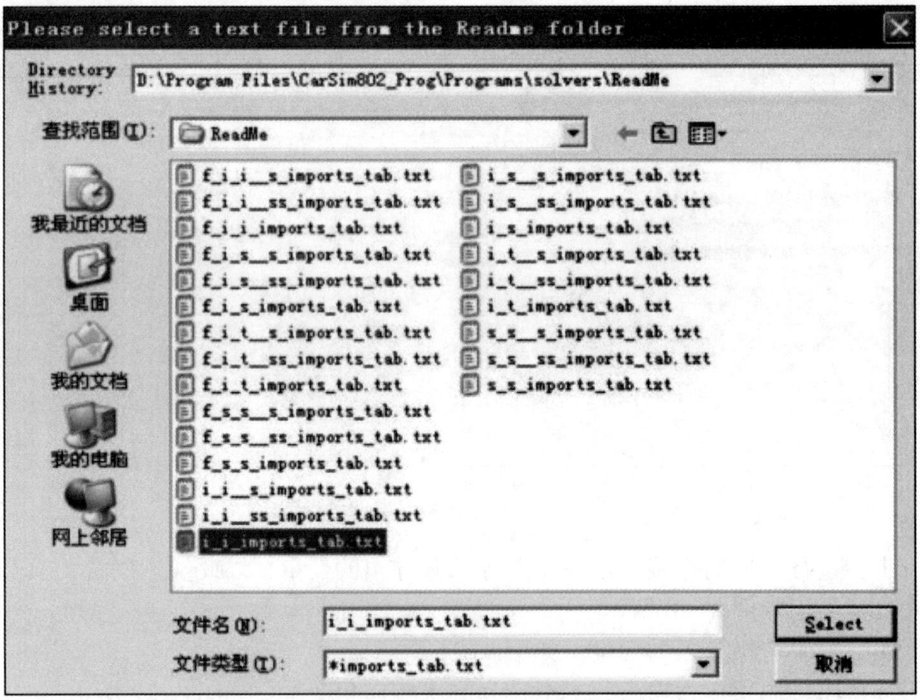

图 8-21　选择导入变量

选择好的导出变量界面，如图 8-26 所示。

至此，CarSim 软件中的变量设定完成。在完成了以上操作以后，单击“Send to Simulink”将模型发送至 Simulink 中，实现二者的联合仿真，如图 8-27 所示。

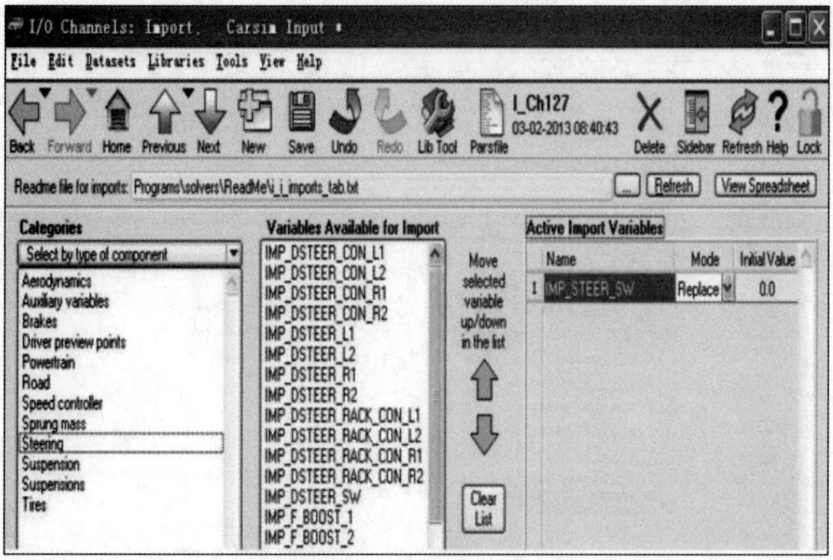

图 8-22 转向角导入变量

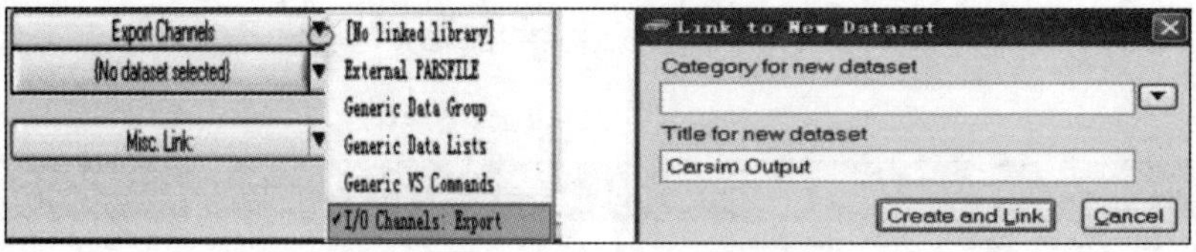

图 8-23 导出变量的建立

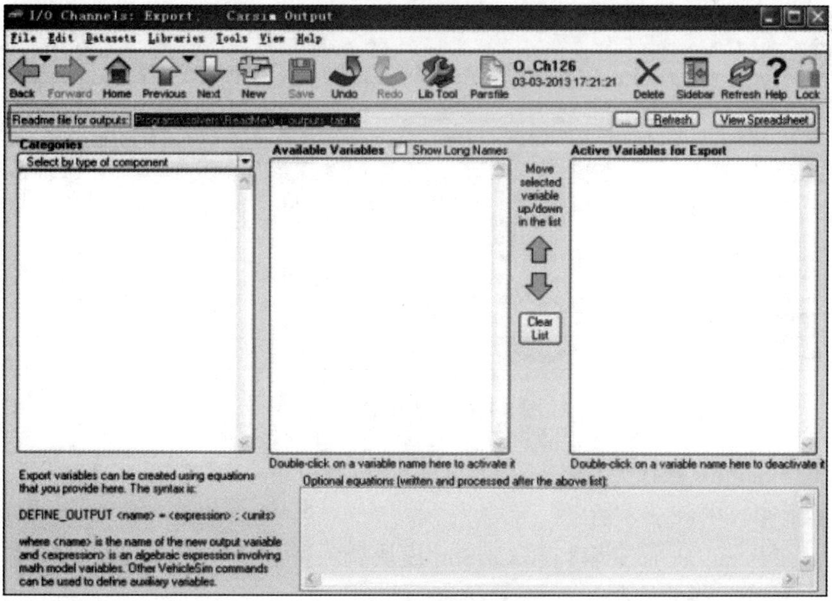

图 8-24 导出变量界面

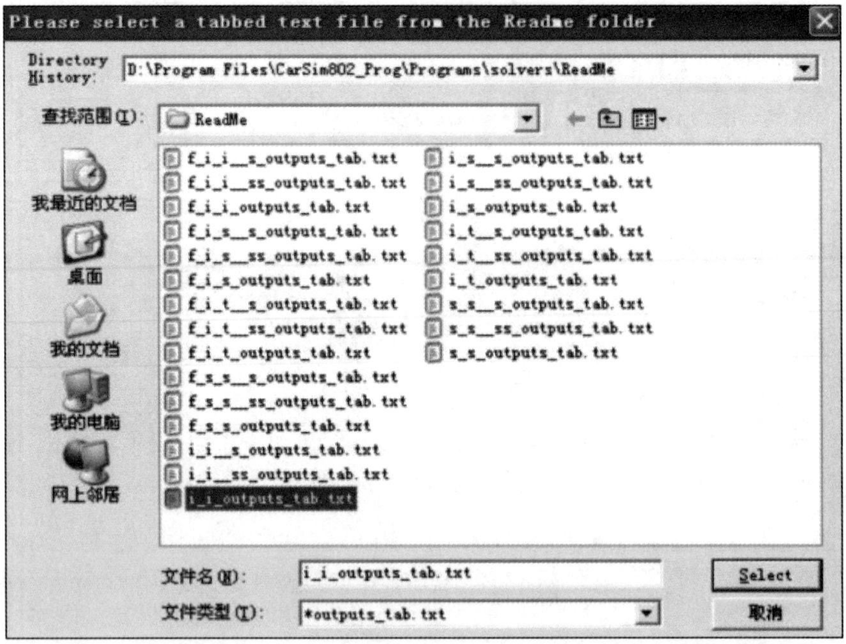

图 8-25　选择导出变量

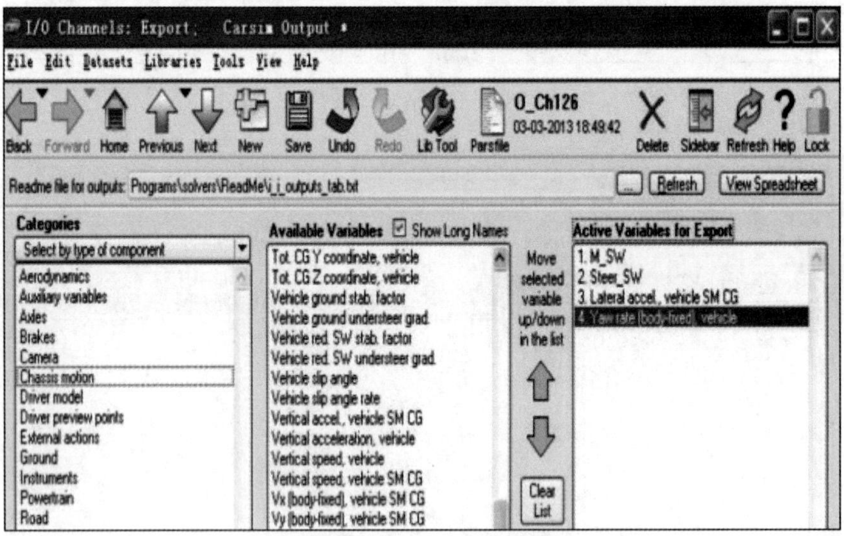

图 8-26　导出变量界面

在弹出的 Simulink 操作界面中，出现了 CarSim S-Function 模块，通过此模块可以进行联合仿真的操作，如图 8-28 所示。

接下来，在 Simulink 命令串口将 CarSim 模块调入其中，与 Simulink 里建立的控制程序进行连接，实现对车辆的控制，如图 8-29 所示。

至此，Simulink 和 CarSim 软件联合仿真设置完成。返回 CarSim 主界面，单击“运行”按钮，运行结束后，再单击“Send to Simulink”，弹出“cosimulink. mdl”，单击联合模型

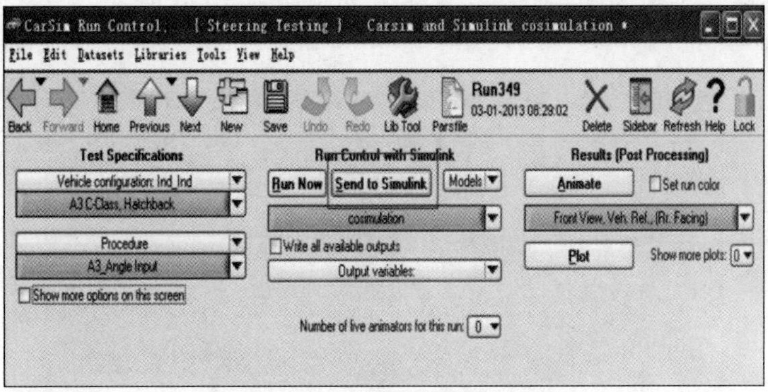

图 8-27　Simulink 模型发送

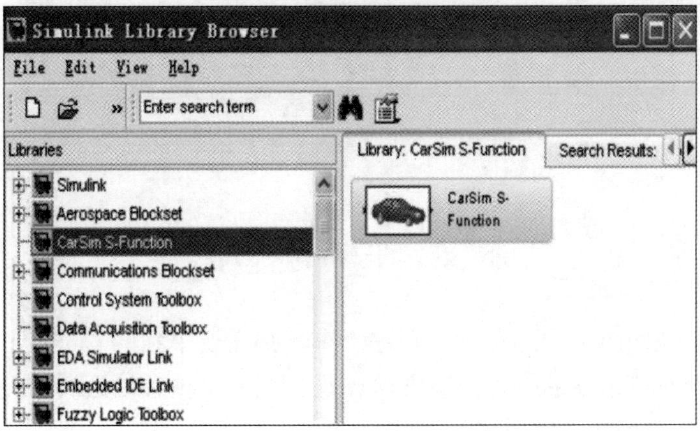

图 8-28　CarSim S-Function 模块

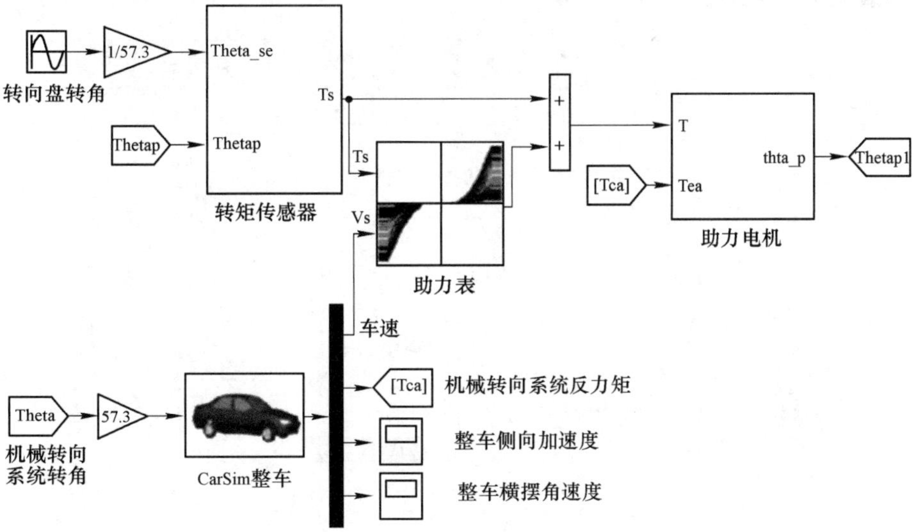

图 8-29　联合仿真程序图

中的“运行”按钮，即可开始联合仿真。仿真动画如图 8-30 所示，同时输出一些需要的参数信息。

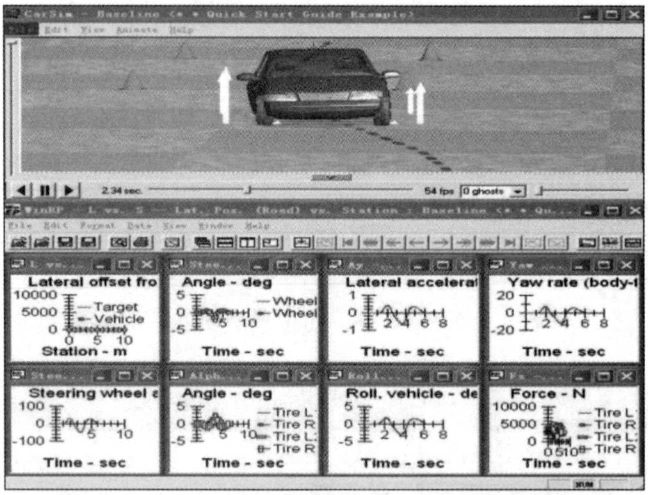

图 8-30　CarSim 仿真动画及输出的参数信息

8.4　车辆的叠加

如果要同时模拟两个独立的车辆，则每个车辆都需要单独的 simfile 和 parsfile。建立可以同时运行的多个车辆模型的一种简单方法，是创建一个单独的运行控制数据集来表示每辆车辆，如下面的 CarSim 实例所述。

图 8-31 显示了连接到 Simulink 模型的两个运行控制模型，该模型用于模拟通过自适应巡航控制相互作用的两辆车辆。图中①为整车的参数设置，单击图中②所示的发送至

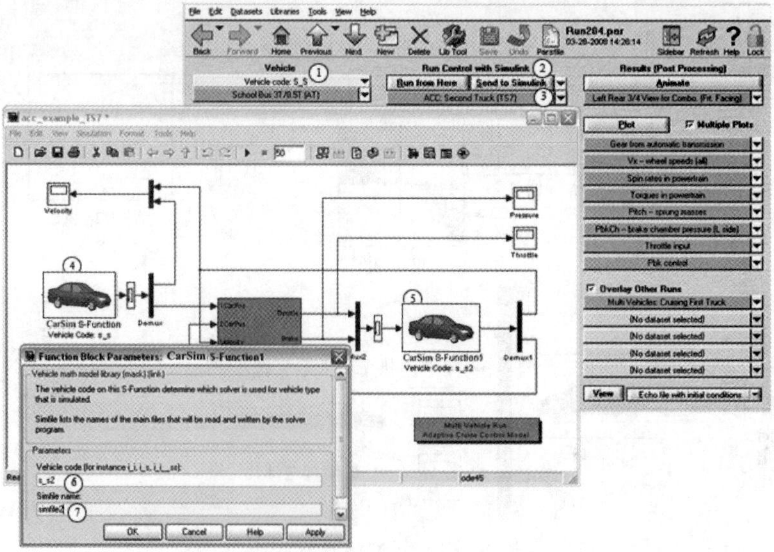

图 8-31　车辆叠加模块

Simulink 按钮，会显示一个 Simulink 模型，该模型有两个 CarSim S 功能块。双击一个块可以查看相关参数，如图所示区域④和⑤。弹出子界面中两个参数，是车辆代码⑥（s_ s2）和 simfile 名称⑦（simfile2）。两辆车的代码不能相同，否则会出现无法识别的现象，导致运行错误。

8.5 本章小结

本章介绍了 CarSim 软件常用的联合仿真，通过和 Simulink 软件中的变量互相调用，实现二者信息的实时交互。通过 Simulink 建立相应的控制程序，实现对车辆行驶的控制，以达到简化仿真过程的目的。以模拟车辆横向瞬态响应特性为例，将联合仿真的过程介绍给读者，便于读者理解。

8.6 习题

1. 在本章仿真实例的基础上，添加侧向风来仿真车辆的横向瞬态响应。
2. 根据本章所介绍的实例，建立 Simulink 控制模块，与 CarSim 联合仿真出车辆“8”字形行驶。

第 9 章　仿真综合实例

经过前面的学习，CarSim 软件的仿真方法基本介绍完毕，本章通过实例，对在软件中的实际操作方法进行综合介绍。

9.1　制动距离测试

1. 车身配置

车身轮廓各部分之间的距离如图 9-1 所示。车辆顶部与底盘底部之间的距离为 1480mm；车辆宽度为 1880mm；左、右前轮到 X 轴的距离分别为 320mm、320mm；簧载质量中心与 Z 轴之间的距离为 1400mm；簧载质量中心与 X 轴之间的距离为 530mm；左、右后轮与 X 轴之间的距离分别为 300mm、300mm；前轮中心与后轮中心之间的距离为 3050mm；车辆尾部与 Z 轴之间的距离为 4250mm；车辆尾部与 X 轴之间的距离为 500mm。

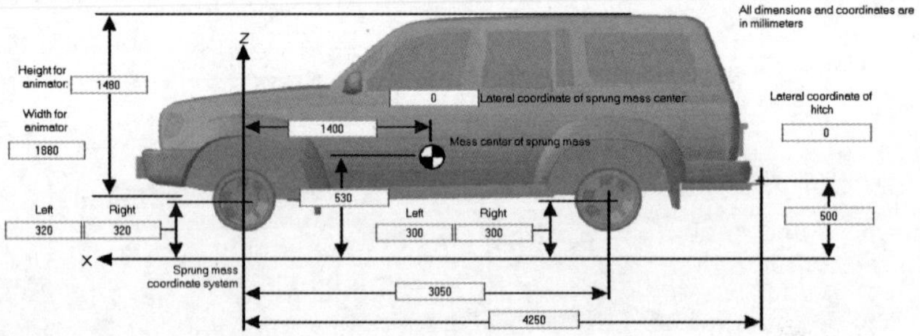

图 9-1　车身轮廓各部分之间的距离

惯性特性的配置是在没有额外负载的情况下设置车辆的簧载质量。簧载质量为 1650kg；滚动惯量为 928.1kg · m^2，旋转半径为 0.750m；俯仰惯量为 2788.5kg · m^2，旋转半径为 1.300m；偏转惯量为 3234.0kg · m^2，旋转半径为 1.400m。惯性特性的配置如图 9-2 所示。

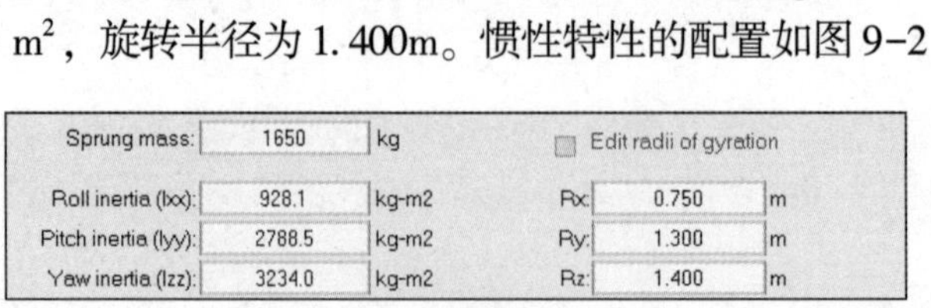

图 9-2　惯性特性的配置

2. 空气动力学配置

空气动力学参考点为（-1525，0，0），以 mm 为单位。几何尺寸中，正面区域 A 为

2.8m²，参考长度 L 为 3050mm。空气质量密度为 1.206kg/m³，如图 9-3 所示。

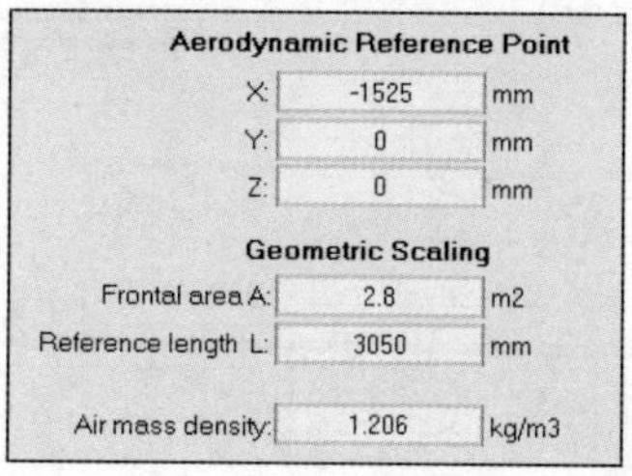

图 9-3　空气动力学参考点、几何量程

X 方向上的阻力系数，如图 9-4 所示。

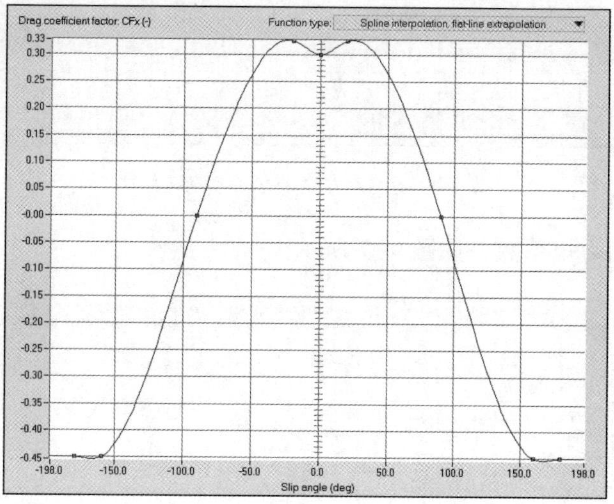

图 9-4　X 方向上的阻力系数

Y 方向上的侧力系数，如图 9-5 所示。

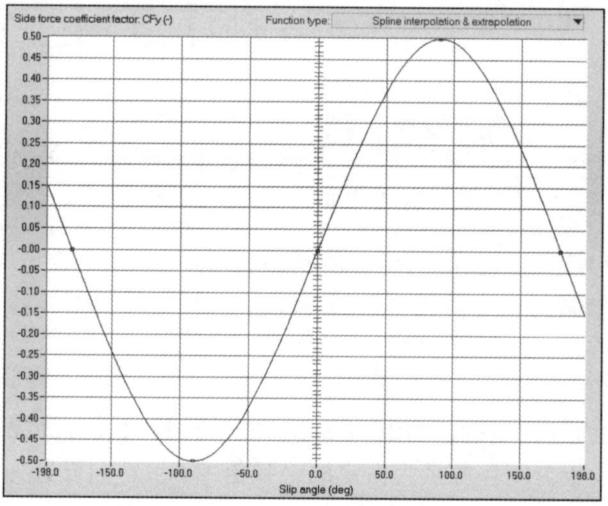

图 9-5　Y 方向上的侧力系数

Z 方向上的升力系数，如图 9-6 所示。

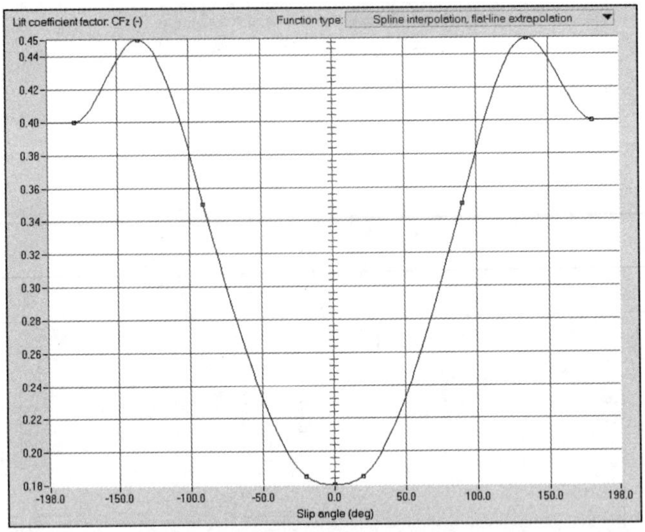

图 9-6　Z 方向上的升力系数

X 方向上的滚动力矩系数，如图 9-7 所示。

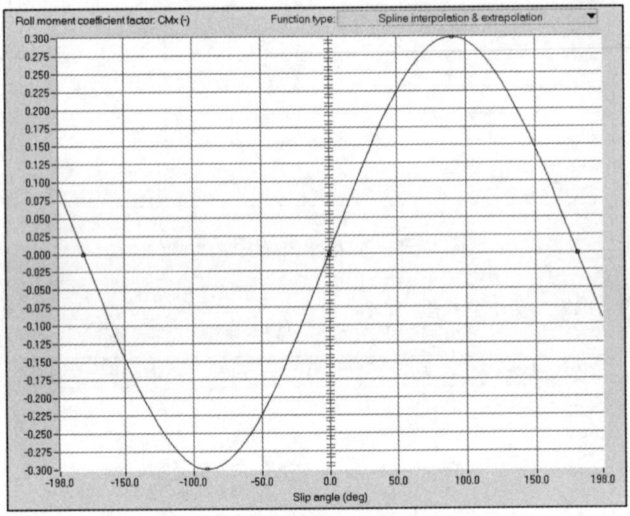

图 9-7　X 方向上的滚动力矩系数

Y 方向上的俯仰力矩系数，如图 9-8 所示。

Z 方向上的俯仰力矩系数，如图 9-9 所示。

3. 驾驶员控制

将车辆的速度设置为恒定的，为 102km/h；制动踏板力设置为闭环的且为恒定的，数值为 0N；换挡控制设置为闭环的且为恒定的，数值为 0；转向设置为恒定横向偏移，数值为 0m，如图 9-10 所示。

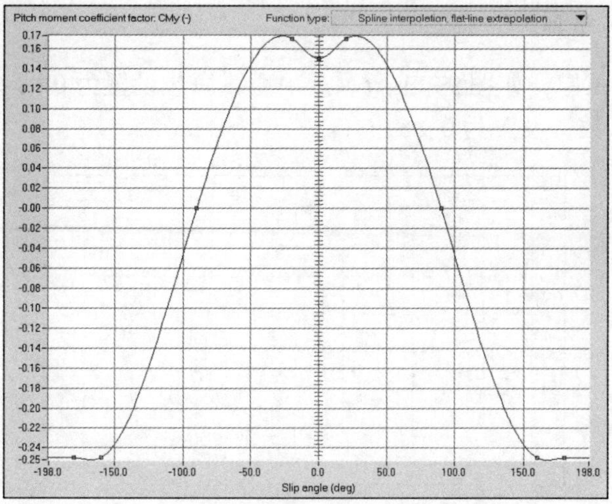

图 9-8 Y 方向上的俯仰力矩系数

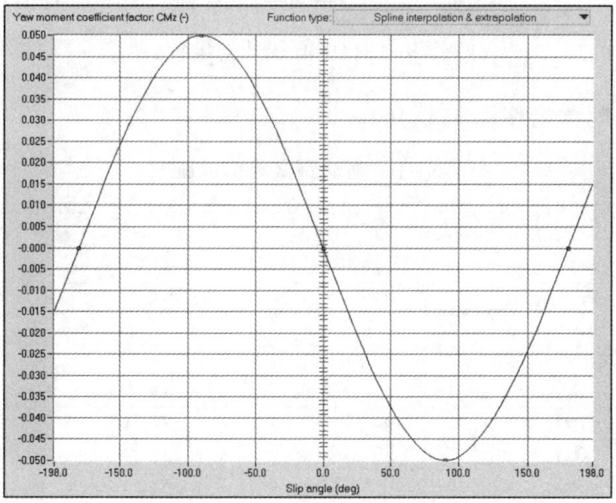

图 9-9 Z 方向上的俯仰力矩系数

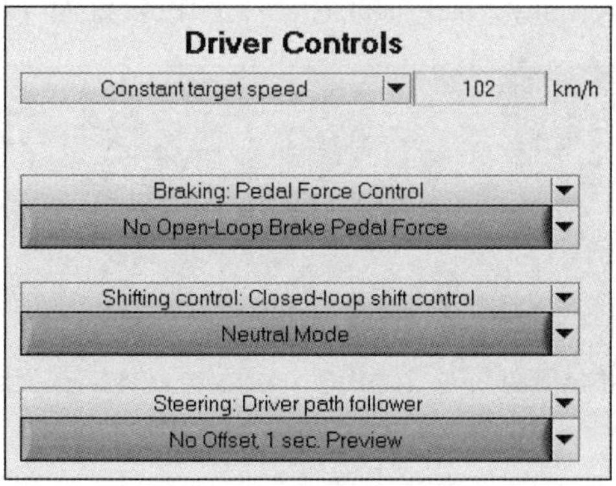

图 9-10 驾驶员控制

4. 制动距离测试路面

中心线几何设置图像，如图 9-11 所示。中心线海拔设置为 0m；偏离中心线的高度为 0m；恒定的摩擦力系数，设置为 0. 85。

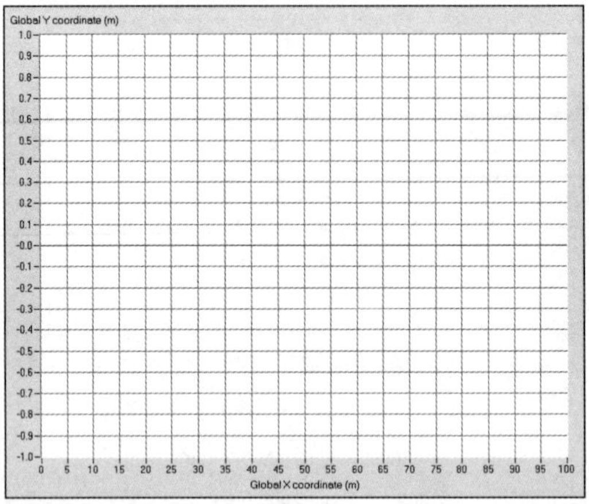

图 9-11　中心线几何设置

制动测试路面的配置表格，见表 9-1。

表 9-1　制动测试路面的配置

	Color	Material Type	Spec.	S Scale	L Tiles	L Start	Units	L Stop	Units	Div's	i Use	S Start	S Stop	Interval
1	0.878 0.878 0.878	Road (One Lane)	0	100	1	-4	m	4	m			-100	1200	5
2	0.878 0.878 0.878	Road Transition (Light)	0	40	1	4	m	7.1	m			-100	1200	5
3	0.878 0.878 0.878	Grass (Light)	0	40	2.5	-7.1	m	-100	m			-100	1200	5
4	0.878 0.878 0.878	Grass (Light)	0	40	2.5	7.1	m	100	m			-100	1200	5
5	0.878 0.878 0.878	Road Transition (Light)	0	40	-0.969	-4	m	-7.1	m			-100	1200	5
6	1 1 0	Snow	1	10	10	3	m	4	m			0	200	0.2
7	1 1 1	Snow	1	10	10	-4	m	4	m			0	0.2	
8	1 0 0	Snow	1	10	10	2	m	4	m			0	200	0.2

天空设置为部分多云的天空，3D 动画文件的路径为 Animator \ 3D _ shape_ files_ CS \ scenery \ Slightly_ Cloudy_ Sky \ sky_ road_ course. obj，颜色设置为（1，1，1），如图 9-12 所示。

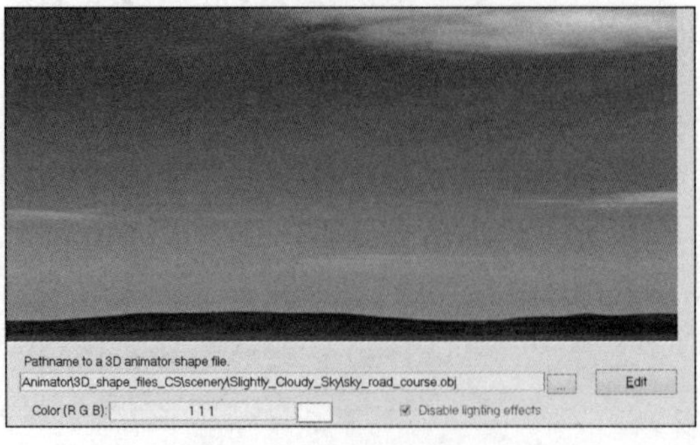

图 9-12　部分多云的天空

路边青草的配置。3D 动画文件的路径为 Animator \ 3D_shape_files_CS \ scenery \ landbowls \ complex_land_for_light_grass. obj。颜色设置为（8，8，8），如图 9-13 所示。

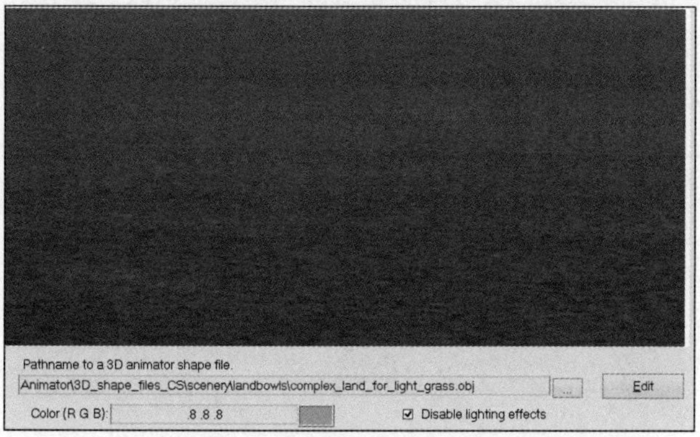

图 9-13　路边青草的配置

在车辆的控制过程中，应该遵循的原则为：当事件发生时，从关联的链接中加载数据，并继续运行。如果没有链接，则运行停止。在车辆制动时，其操作过程如图 9-14 所示。

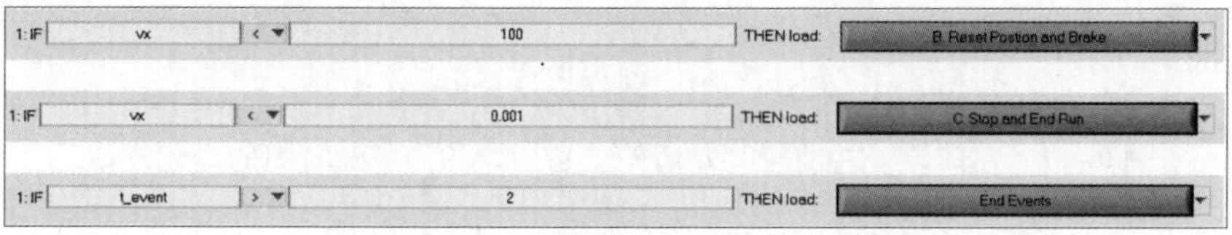

图 9-14　车辆制动时的操作过程

车辆开始和结束的条件，如图 9-15 所示。

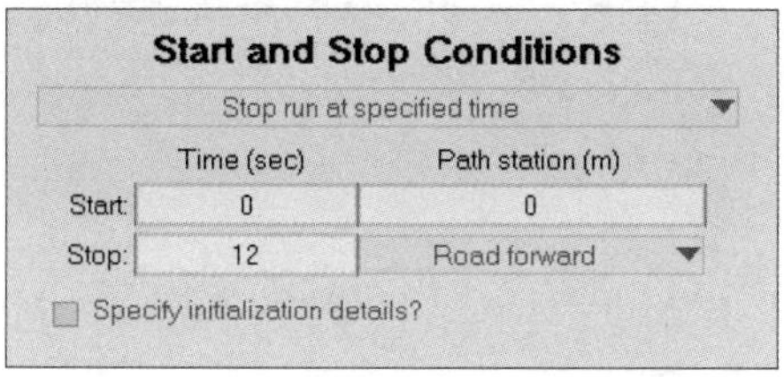

图 9-15　车辆开始和结束的条件

制动距离测试的图像，如图 9-16 所示。

图 9-16　制动距离测试的图像

左前轮、右前轮、左后轮、右后轮的力矩随时间的变化规律，如图 9-17 所示。左前轮和右前轮的力矩从 0s 到 2.2s 一直为 0；在 2.2s 以后，左前轮、右前轮的力矩迅速下降，并上下波动；在 6.2s 以后，左前轮、右前轮的力矩波动较大；在 6.5s 以后，右前轮的力矩波动变小，并逐渐趋于稳定；在 6.9s 以后，左前轮的力矩波动变小，并逐渐趋于稳定。左后轮、右后轮的力矩曲线基本趋于重合；左后轮和右后轮的力矩从 0s 到 2.2s 一直为 0；在 2.2s 以后，左后轮、右后轮的力矩迅速下降，并上下波动；在 6.4s 以后，左后轮、右后轮的力矩波动较大；在 6.6s 以后，左后轮、右后轮的力矩波动变小，并逐渐趋于稳定。

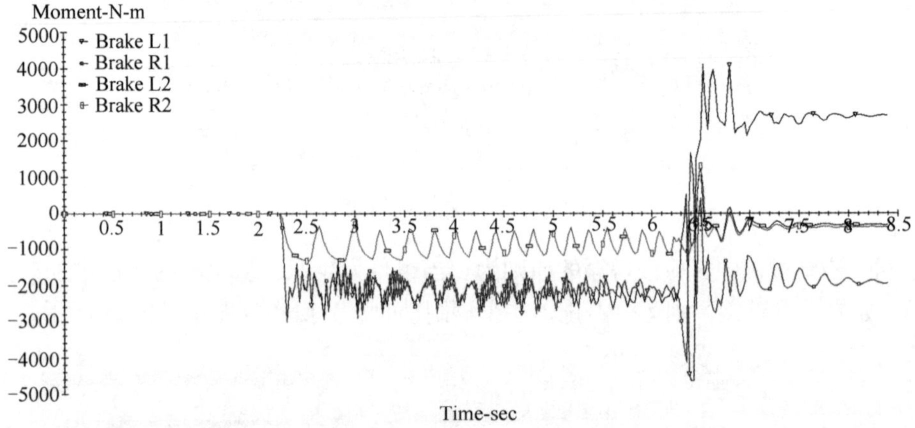

图 9-17　左前轮、右前轮、左后轮、右后轮的力矩随时间的变化规律

四车轮减震系统受到的力随时间的变化曲线，如图 9-18 所示。从 0s 到 6.4s，左前轮、右前轮减震系统受到的力一直处于重合状态，在 0s 到 2.3s，左前轮、右前轮减震系统受到的力处于 10200N 附近；在 2.3s 到 6.4s，左前轮、右前轮减震系统受到的力处于 10800N 附近；在 6.4s 以后，左前轮、右前轮减震系统受到的力开始出现变化，但是它们的变化规律基本相似。

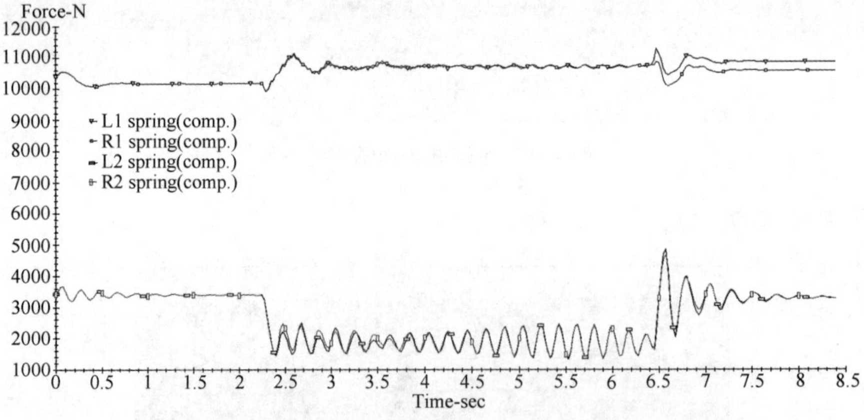

图 9-18　四车轮减震系统受到的力随时间的变化曲线

制动控制输入随时间的变化曲线，如图 9-19 所示。制动控制输入在 0s 到 2.2s 时一直为 0MPa；在 2.2s 后，制动控制输入迅速增加，增加到 10MPa，一直保持到结束。

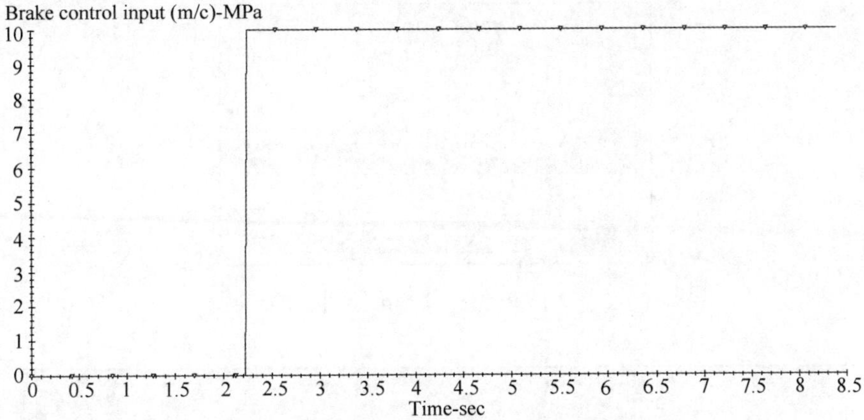

图 9-19 制动控制输入随时间的变化曲线

四车轮纵向速度随时间的变化曲线，如图 9-20 所示。左前轮与右前轮的纵向速度基本重合；左后轮与右后轮的纵向速度基本重合。左前轮与右前轮的纵向速度从 0s 到 2.2s 时，保持在 102km/h 附近；从 2.2s 到 6.5s 时，左前轮与右前轮的纵向速度呈下降式小波动状态；在 6.5s 以后，左前轮与右前轮的纵向速度保持在 0km/h 附近。左后轮与右后轮的纵向速度从 0s 到 2.2s 时，保持在 102km/h 附近；从 2.2s 到 6.5s 时，左前轮与右前轮的纵向速度呈下降式大波动状态；在 6.5s 以后，左后轮与右后轮的纵向速度保持在 0km/h 附近。车辆的纵向速度从 0s 到 2.2s 时保持在 102km/h 附近；从 2.2s 到 6.5s 时，车辆的纵向速度呈直线式下降状态；在 6.5s 以后，车辆的纵向速度保持为 0km/h。

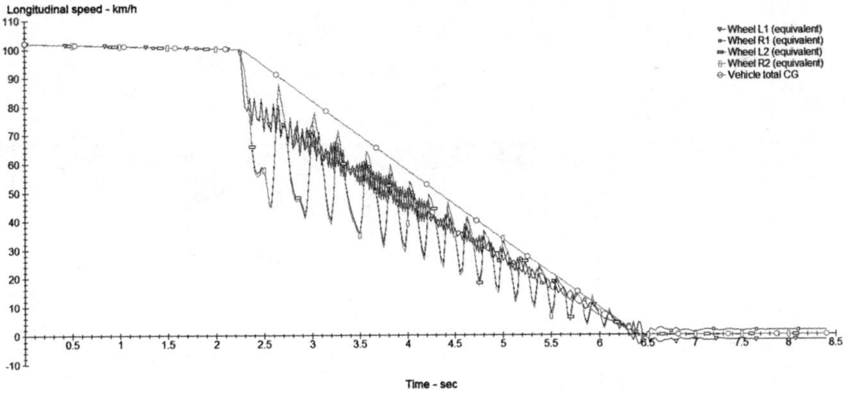

图 9-20 四车轮纵向速度随时间的变化曲线

9.2 智能超车

车辆的选型为 C-Class，Hatchback。车辆的速度控制设置为不确定模式；恒定的主缸压力为 0MPa；恒定的闭环传输设置的模式为 NGEARS。驾驶员控制如图 9-21 所示。

道路设置如下。

中心线几何设置如图 9-22 所示。

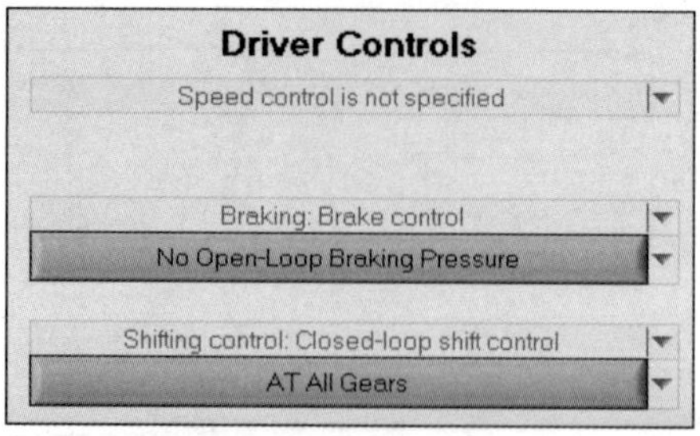

图 9-21　驾驶员控制

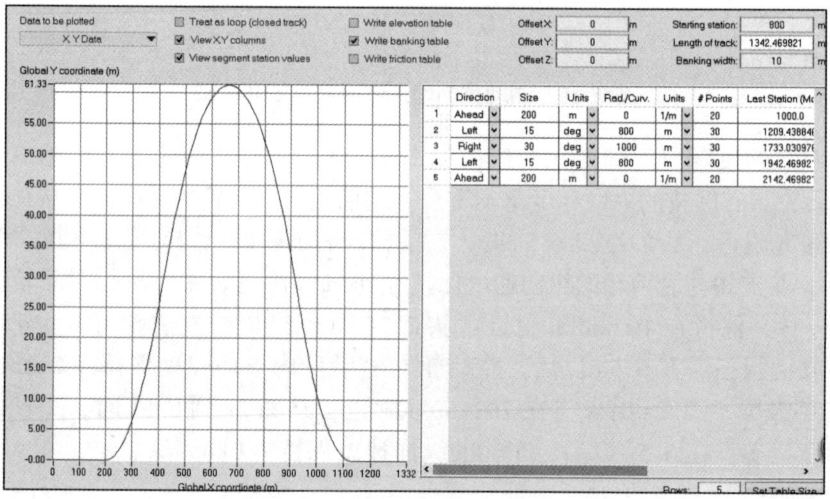

图 9-22　中心线几何设置

中心线海拔设置如图 9-23 所示。

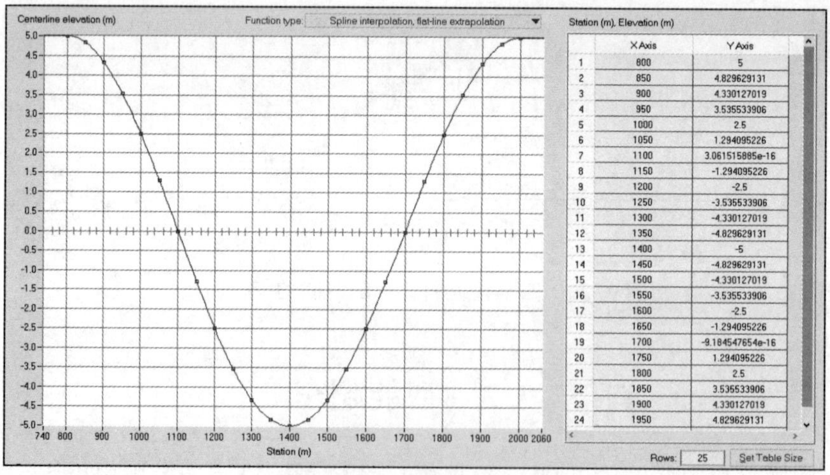

图 9-23　中心线海拔设置

恒定的摩擦力系数为 0.85，车辆阴影的高度为 0.05m。道路参数设置表格见表 9-2。

表 9-2 道路参数设置

	Color	Color	Material Type	Spec.	S Scale	L Tiles	L Start	Units	L Stop	Units	Div's	i Use	S Start	S Stop	Interval
1	0.878 0.878 0.878		Road (Medium)	0.2	60	1	-5	m	5	m	5		-100	5000	5
2	0.878 0.878 0.878		Road Transition (Light)	0.1	60	1	5	m	7.1	m	1		-100	5000	5
3	0.878 0.878 0.878		Grass (Light)	0.1	40	5	-7.1	m	-100	m			-100	5000	5
4	0.878 0.878 0.878		Grass (Light)	0.1	40	5	7.1	m	100	m			-100	5000	5
5	0.878 0.878 0.878		Road Transition (Light)	0.1	60	-1	-5	m	-7.1	m	1		-100	5000	5

天空设置为部分多云的天空，3D 动画文件的路径为 Animator \ 3D_ shape_ files_ CS \ scenery \ Slightly_ Cloudy_ Sky \ sky_ road_ course. obj，颜色设置为（1，1，1），如图 9-24 所示。

图 9-24 天空设置

路边青草的配置。3D 动画文件的路径为 Animator \ 3D_ shape_ files _ CS \ scenery \ landbowls \ complex_ land_ for_ light_ grass. obj。颜色设置为（8，8，8），如图 9-25 所示。

图 9-25 路边青草设置

设置交通的 VS 命令为：

define_ variable VX_ START 0；units = km/h；

eq_ init2 VX_ START = vx -4；

define_ parameter lane_ ctr = 2. 25; units = m;

ltarg_ gain lane_ ctr;

与智能车行驶方向相同车辆的设置如图 9-26 所示。

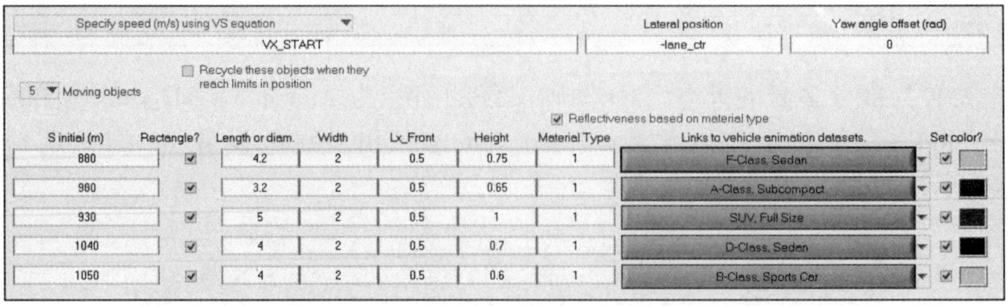

图 9-26　同向车的设置

与智能车行驶方向相反车辆的设置如图 9-27 所示。

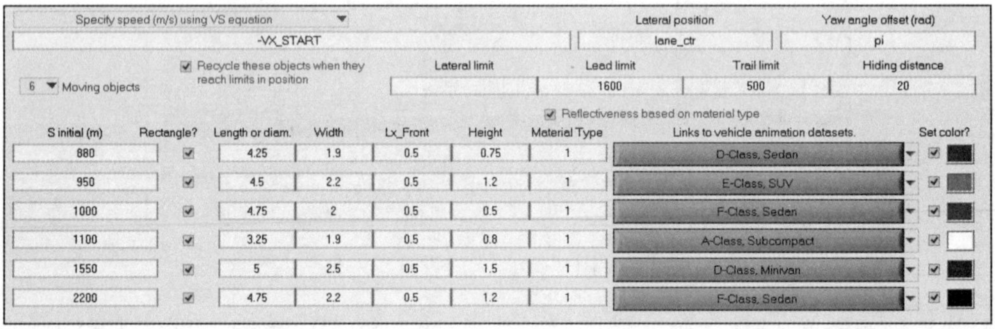

图 9-27　反向车的设置

道路左侧树木的设置如图 9-28 所示。

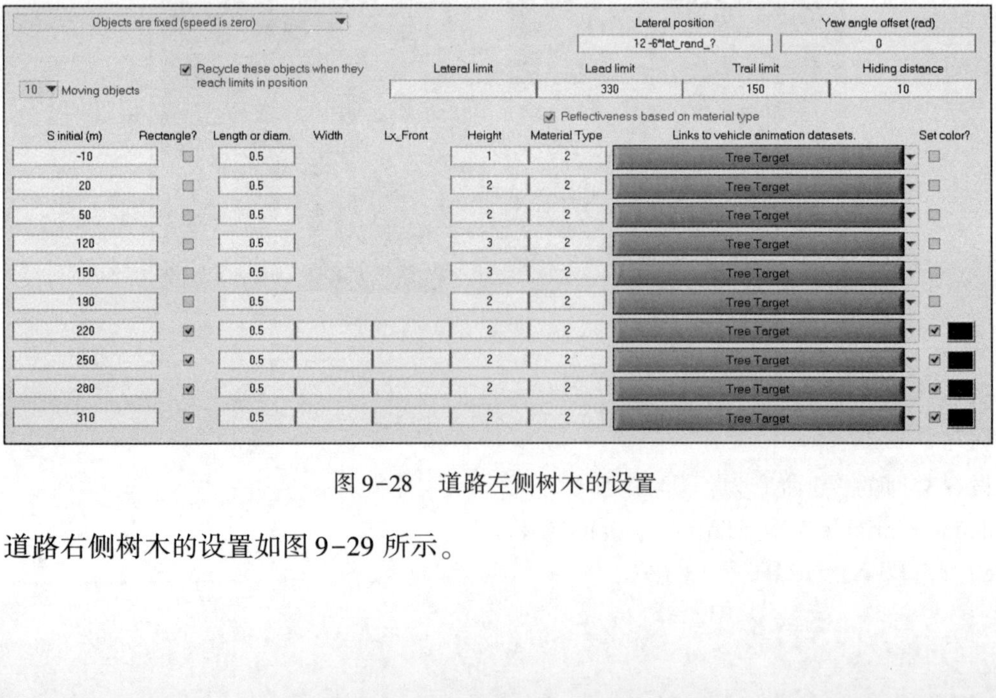

图 9-28　道路左侧树木的设置

道路右侧树木的设置如图 9-29 所示。

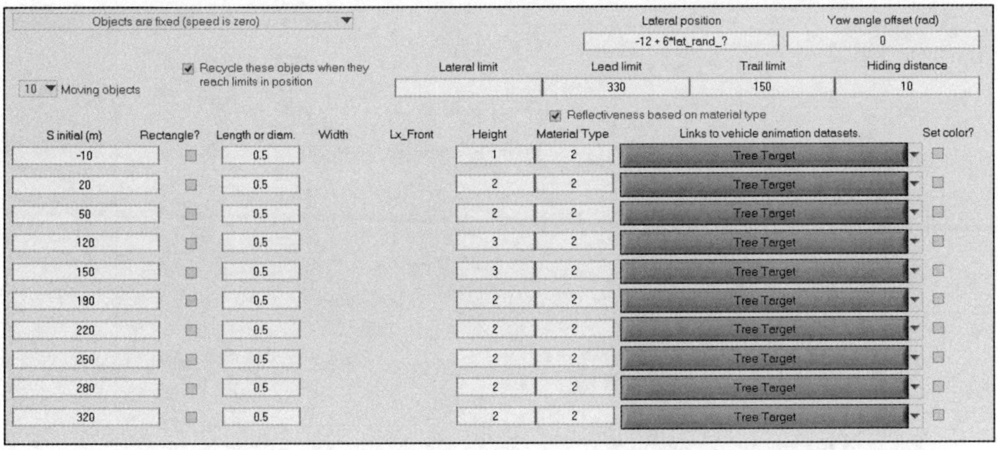

图 9-29 道路右侧树木的设置

采用传感器的 VS 命令：

define_ output GO _ LEFT = AND （MAGS1 _ 1， AND （LT （BRLS1 _ 1， 5/DR）， LT （DISS1_1， 18））)；

define_ output GO_ RIGHT = AND （AND （AND（MagS2 _ 1， LT （DISS2 _ 1， 30））， GT （DISS2_1， 5））， Not （go_ left））；

前向传感器配置如图 9-30 所示。

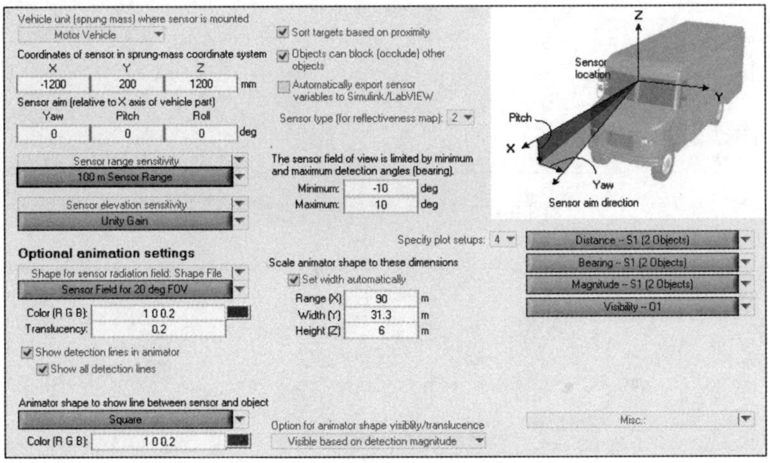

图 9-30 前向传感器配置

后向传感器配置如图 9-31 所示。

前左停车传感器配置如图 9-32 所示。

前中心停车传感器配置如图 9-33 所示。

前右停车传感器配置如图 9-34 所示。

后左停车传感器配置如图 9-35 所示。

后中心停车传感器配置如图 9-36 所示。

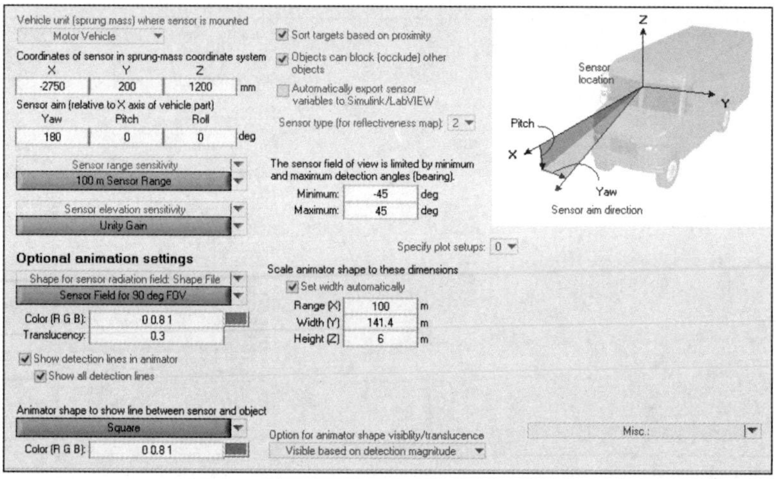

图 9-31　后向传感器配置

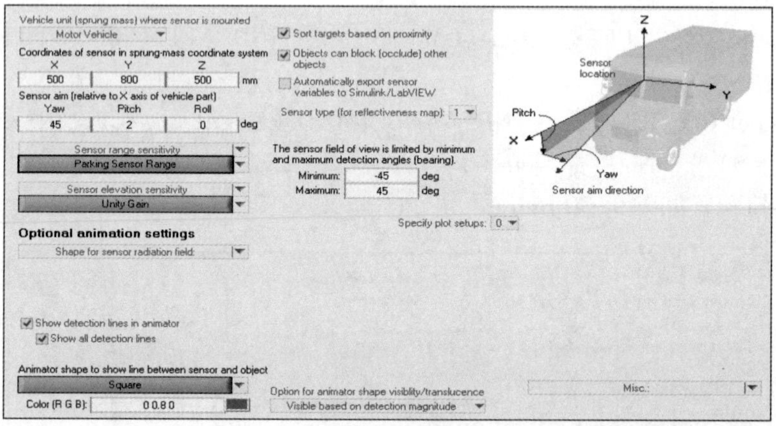

图 9-32　前左停车传感器配置

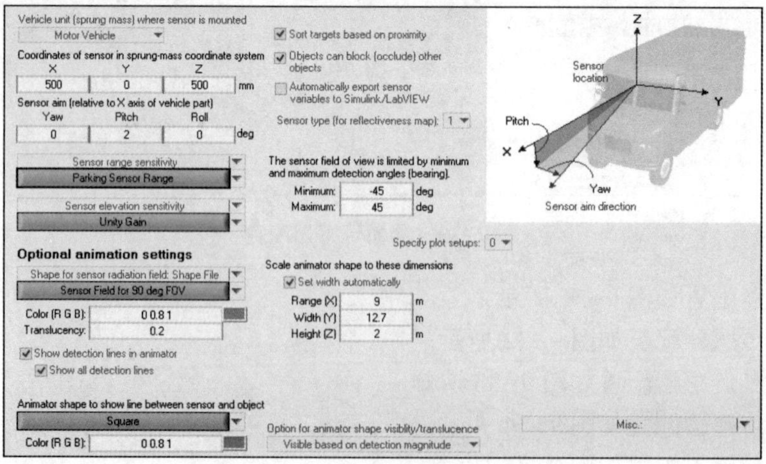

图 9-33　前中心停车传感器配置

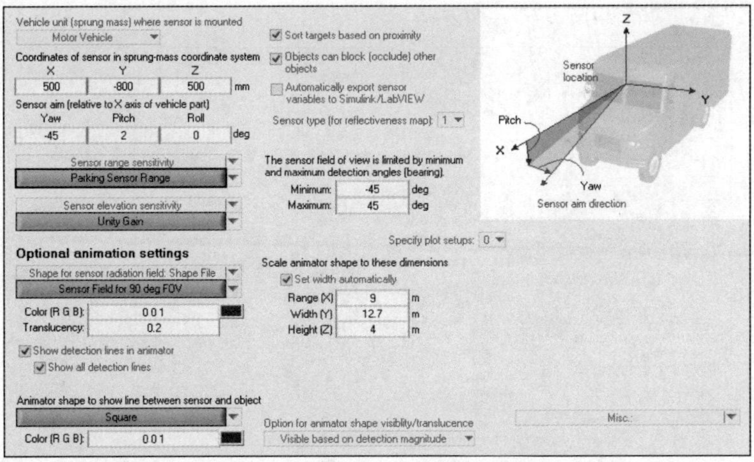

图 9-34 前右停车传感器配置

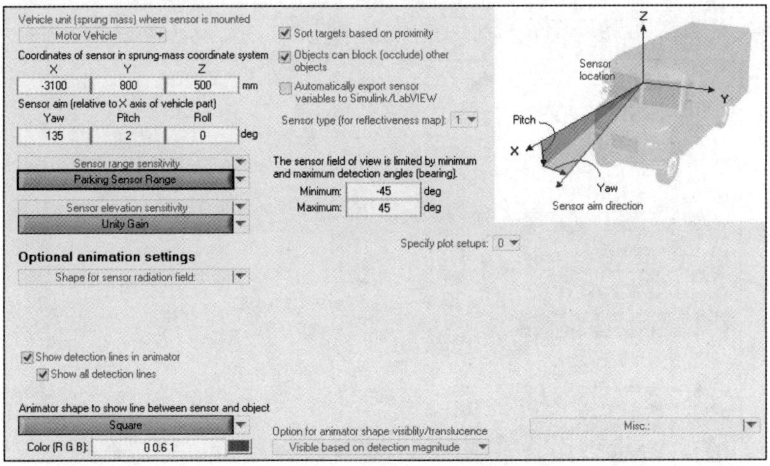

图 9-35 后左停车传感器配置

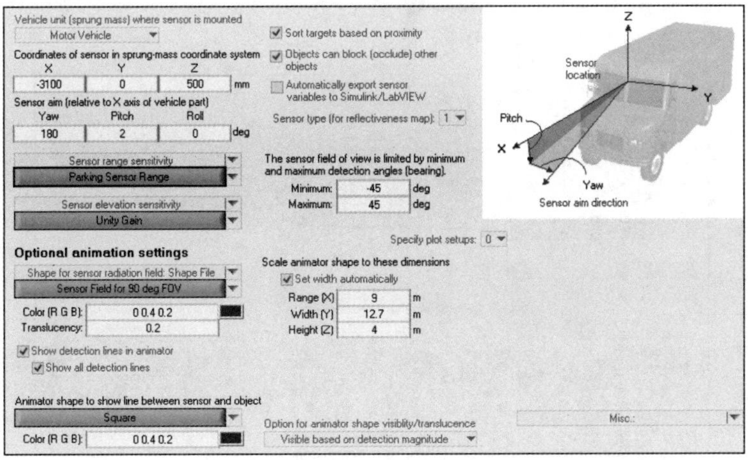

图 9-36 后中心停车传感器配置

后右停车传感器配置如图 9-37 所示。

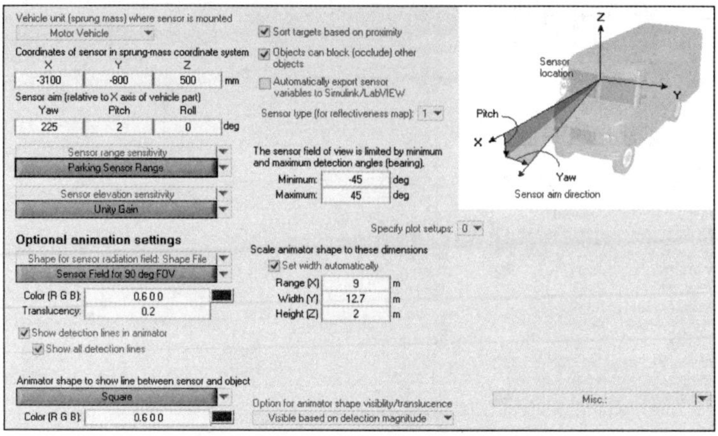

图 9-37　后右停车传感器配置

右侧前停车传感器配置如图 9-38 所示。

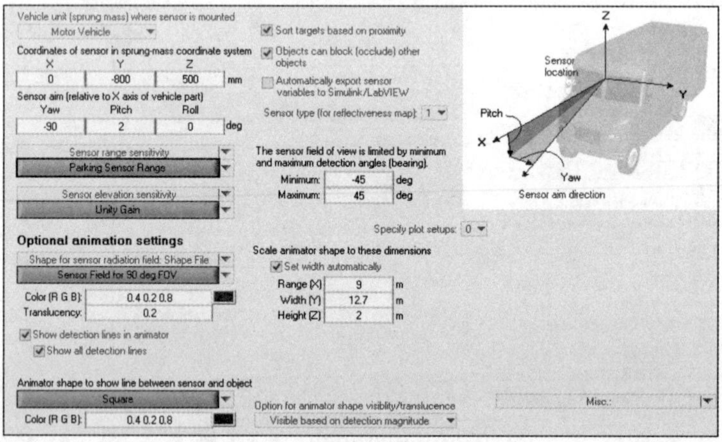

图 9-38　右侧前停车传感器配置

右侧后停车传感器配置如图 9-39 所示。

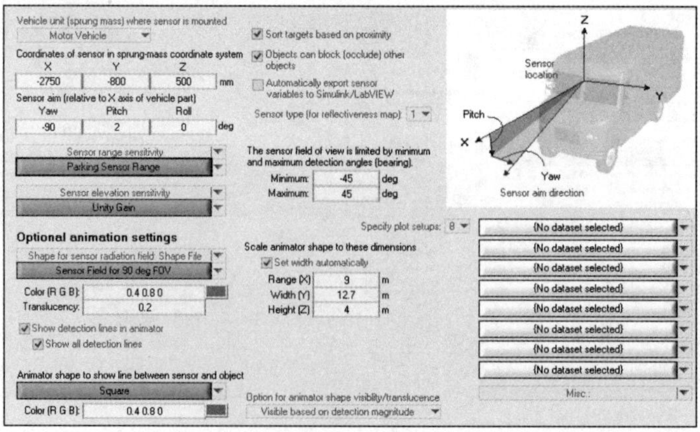

图 9-39　右侧后停车传感器配置

开始和结束条件如图 9-40 所示。

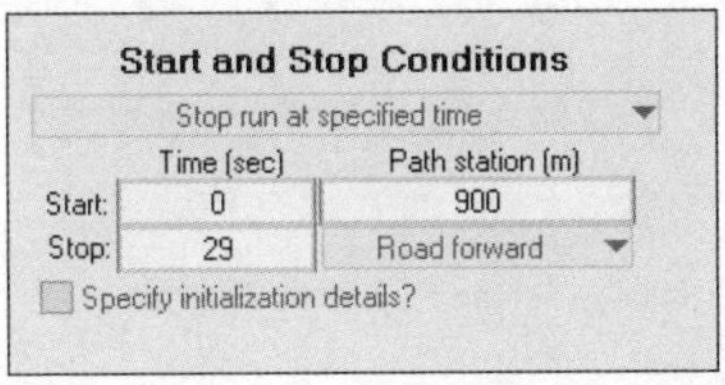

图 9-40　开始和结束条件

在车辆的控制过程中，应该遵循的原则为：当事件发生时，从关联的链接中加载数据，并继续运行。如果没有链接，则运行停止。智能车辆在超车过程中的条件设置如图 9-41 所示。

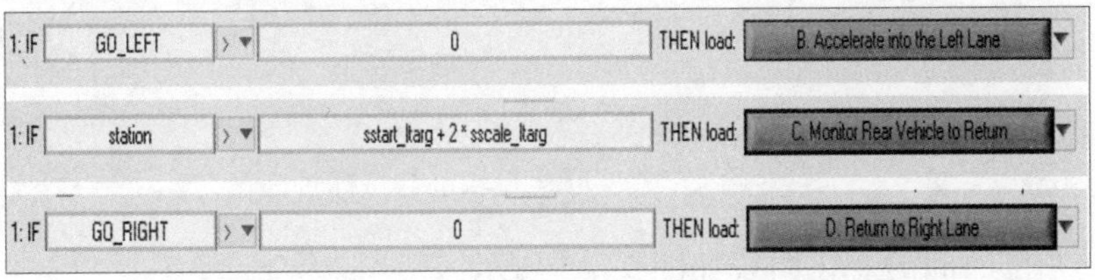

图 9-41　超车过程中的条件设置

智能车辆超车动画图像如图 9-42 所示。

图 9-42　车辆超车动画

车辆随时间左右移动的图像如图 9-43 所示。

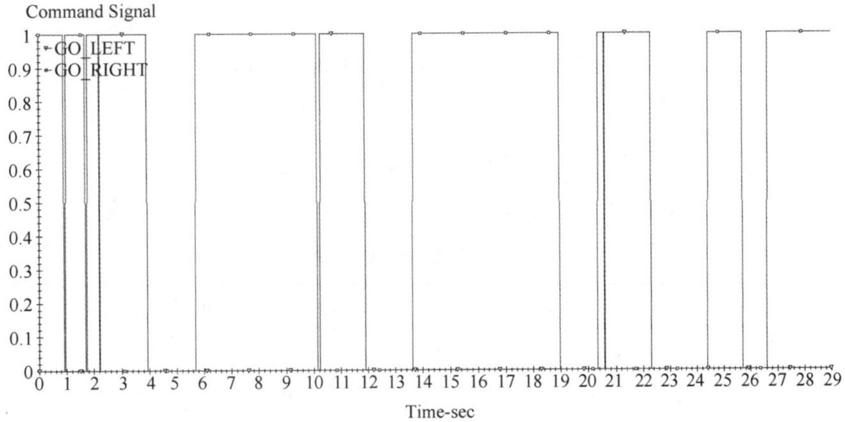

图 9-43　车辆随时间左右移动

车辆实际运行轨迹与目标轨迹如图 9-44 所示。

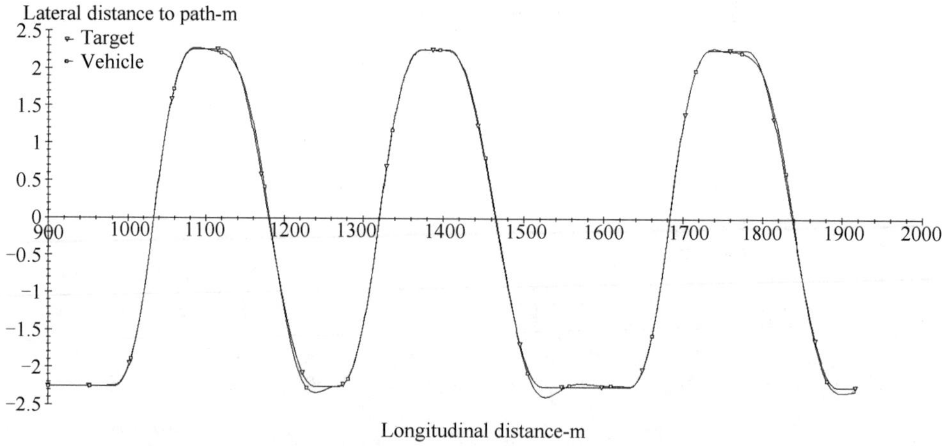

图 9-44　车辆实际运行轨迹与目标轨迹

方向盘转角随时间的变化曲线如图 9-45 所示。

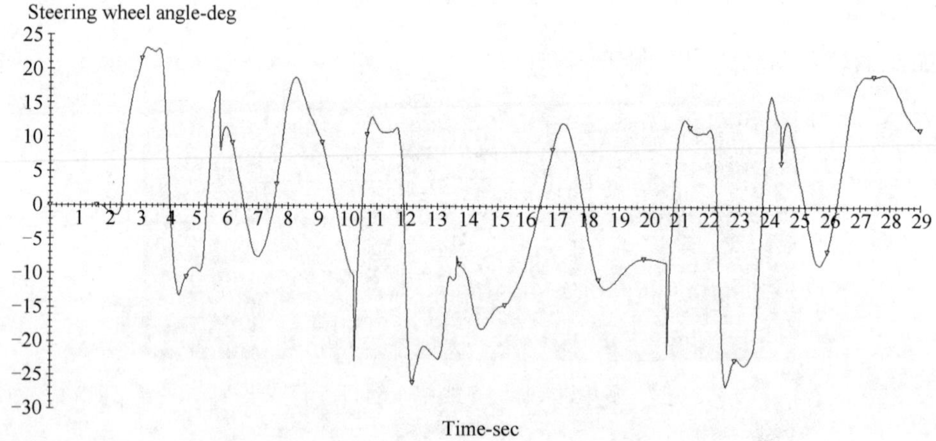

图 9-45　方向盘转角的变化曲线

9.3　ABS 制动联合仿真

本小节以汽车制动为例，介绍 CarSim 与 Simulink 联合仿真的整个过程。表 9-3 为汽车制动仿真要求。

表 9-3　汽车制动仿真要求

车型	B-class，Hatchback：No ABS
初始车速	65km/h
节气门开度	0
挡位控制	闭环四挡模式

续表 9-3

制动	2s 后紧急制动
方向盘转角	0deg
路面	对开路面
仿真时间	10s
仿真步长	0.001s

说明：选用同一车型的两辆汽车，同样的仿真工况，但其中一辆汽车加入在 Simulink 中建立的 ABS 控制器，相当于一辆汽车带有 ABS，而另一辆汽车没有带 ABS，方便对比。

（1）双击桌面上 CarSim 的图标，运行 CarSim，这里选用的是 CarSim8-1 版本。

（2）出现选择数据库对话框，如图 9-46 所示。选择好数据库文件夹后，单击“Continue with the selected database”，若想要不再出现此对话框，可以将左下角“Don't show this window the next time you start”选中。

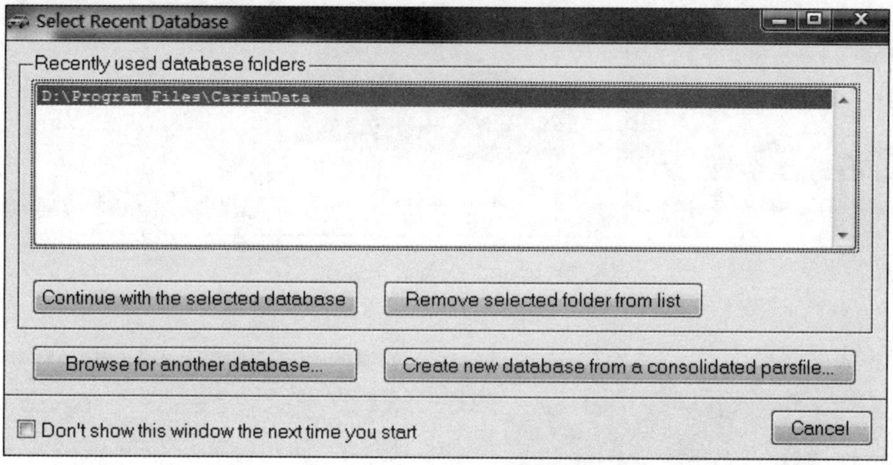

图 9-46 选择数据库

（3）然后，将会出现图 9-47 所示的对话框（“许可设置”），选择 Select，即可打开 CarSim 的主界面，主界面如图 9-48 所示。

图 9-47 许可设置

由图 9-48 可以看到，在 CarSim 主界面中，主要有三大部分：车辆参数及仿真工况的设置、数学模型求解、后处理。用户可以修改车辆参数，根据需要来设置仿真工况。在后处理部分，可以显示模型的仿真动画及绘制仿真曲线，如图 9-49 所示。

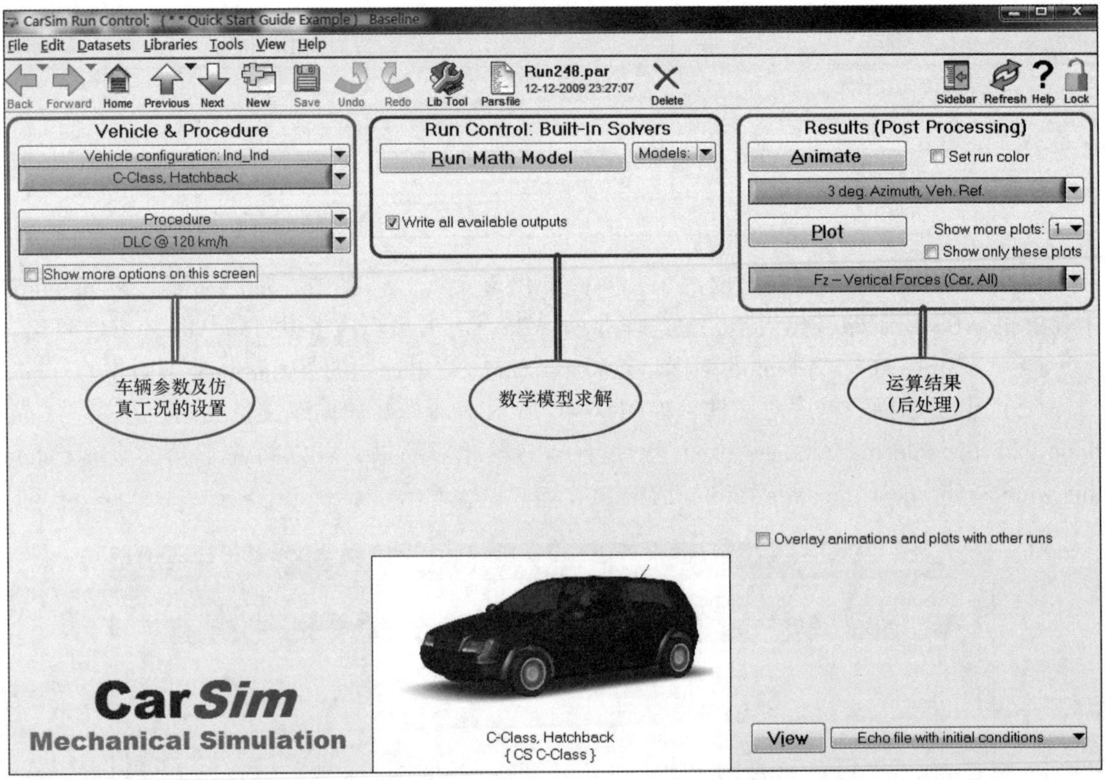

图 9-48　CarSim 主界面

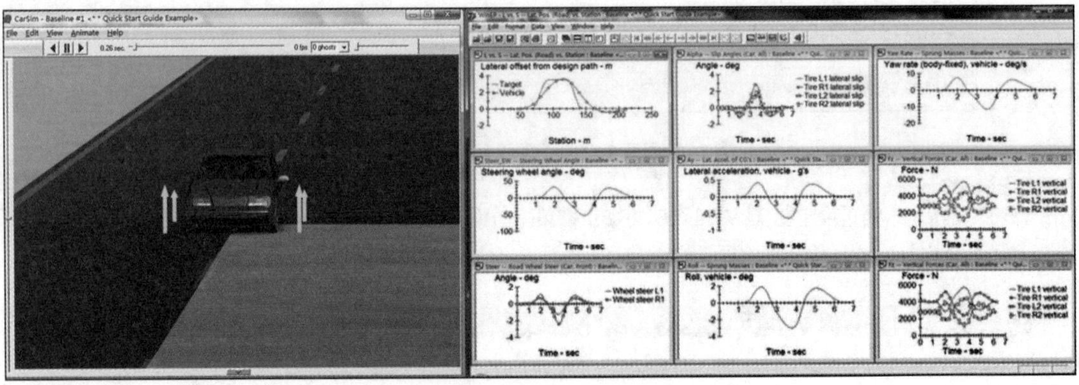

图 9-49　仿真动画与曲线

（4）单击“新建”按钮，新建一组 dataset，如图 9-50 所示。在两个文本框中分别输入 Example 和 ABS，然后单击“Set”按钮，完成新建。

图 9-50　新建 dataset

（5）选择 datasets 下拉菜单如图 9-51 所示。

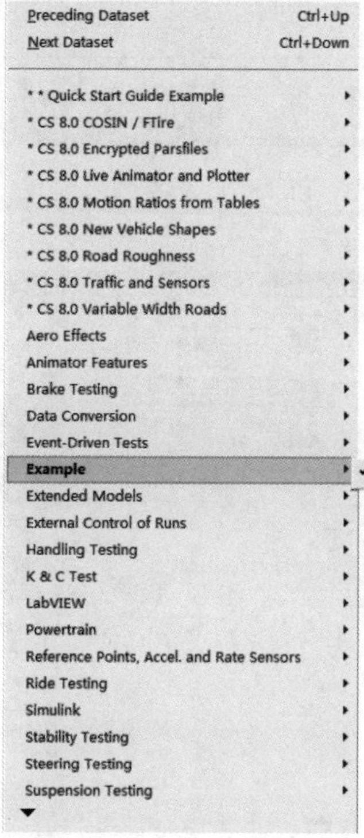

图 9-51 datasets 下拉菜单

（6）单击图 9-52(a) 中的下三角，选择相应的车型，ABS 制动联合仿真选择车型如图 9-52(b) 所示。

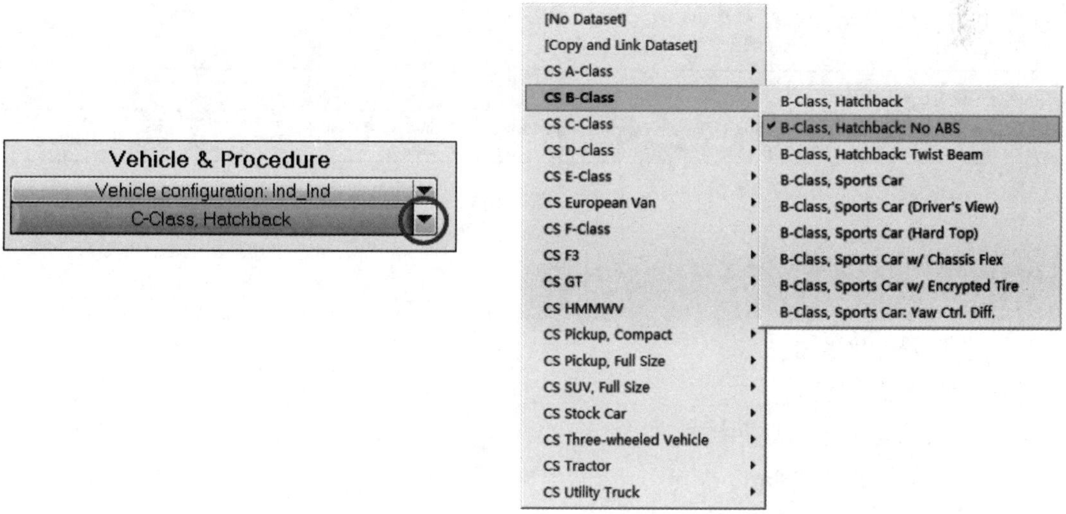

(a) (b)

图 9-52 ABS 联合仿真选择车型

（a）车型选择下拉菜单；（b）选择 B 级汽车

(7) 新建一个所要求的仿真工况。

单击图 9-53 中所示的工况，其主界面如图 9-54 所示。

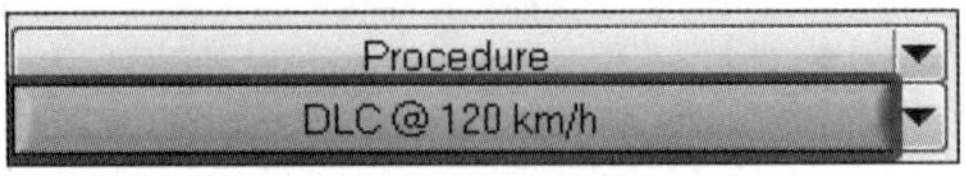

图 9-53　120km/h 双移线仿真工况

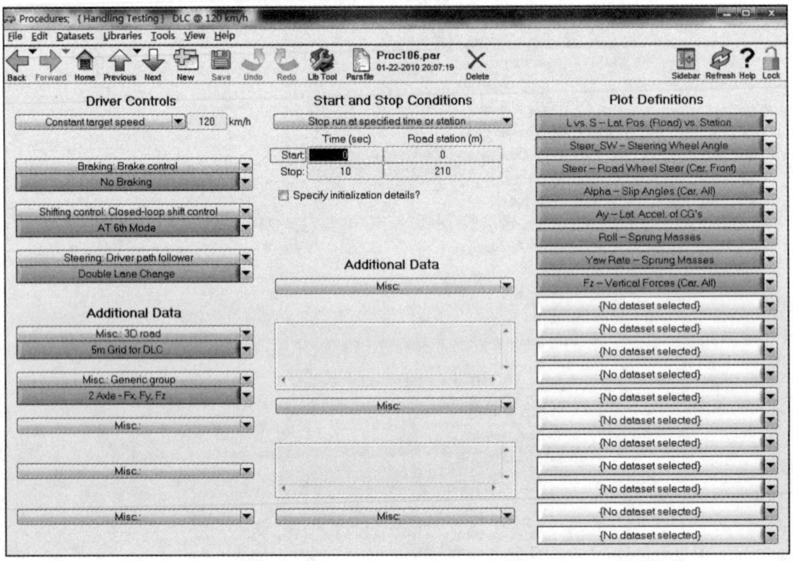

图 9-54　120km/h 双移线仿真工况的主界面

新建仿真工况，在图 9-55 中的文本框中，依次输入 ABS Example 和 Split Mu，单击“Set”按钮，完成新建。

图 9-55　新建仿真工况

根据例子中的要求，设置仿真工况：

1) 初始车速为 65km/h；

2) 节气门开度为 0；

3) 2s 后紧急制动；

4) 挡位控制选用闭环四挡模式；

5) 方向盘转角为 0deg；

6) 路面选择对开路面。

完成设置后如图 9-56 所示。

设置仿真时间，同样在设置仿真工况的主界面里，在图 9-57 所示的文本框内输入 10。

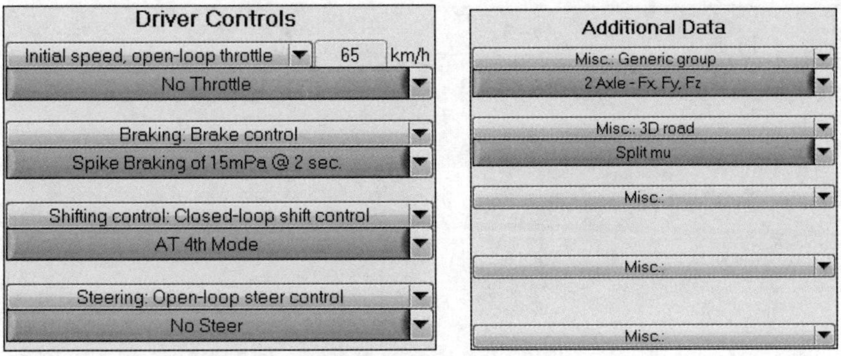

图 9-56 仿真工况设置

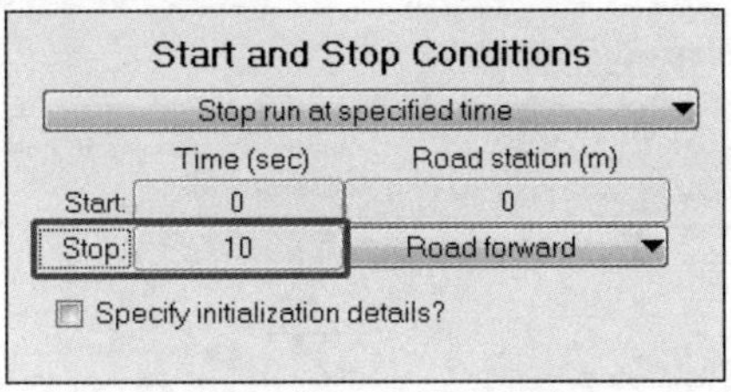

图 9-57 仿真时间设置

选择前面新建的仿真工况，单击返回 CarSim 的主界面，选择前面新建的 Split Mu 工况，如图 9-58 所示。

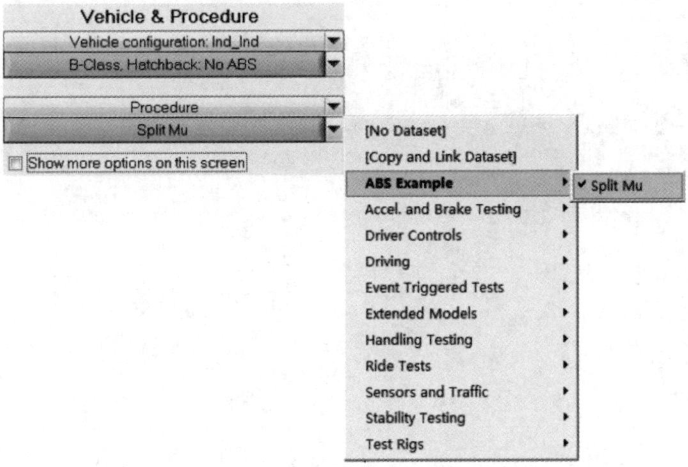

图 9-58 选择仿真工况

设置仿真步长，在 CarSim 主界面下，单击下拉菜单 Tools，选择 Preferences，出现图 9-59 所示的界面，在图中加粗圆角矩形框内，将仿真步长设置为 0.001s。

（8）单击运行数学模型（Run Math Model），计算结束后，单击“Animate”按钮，观看仿真动画，观察无 ABS 的车辆在对开路面上紧急制动的效果，如图 9-60 所示，也可以单击“Plot”按钮来绘制曲线。

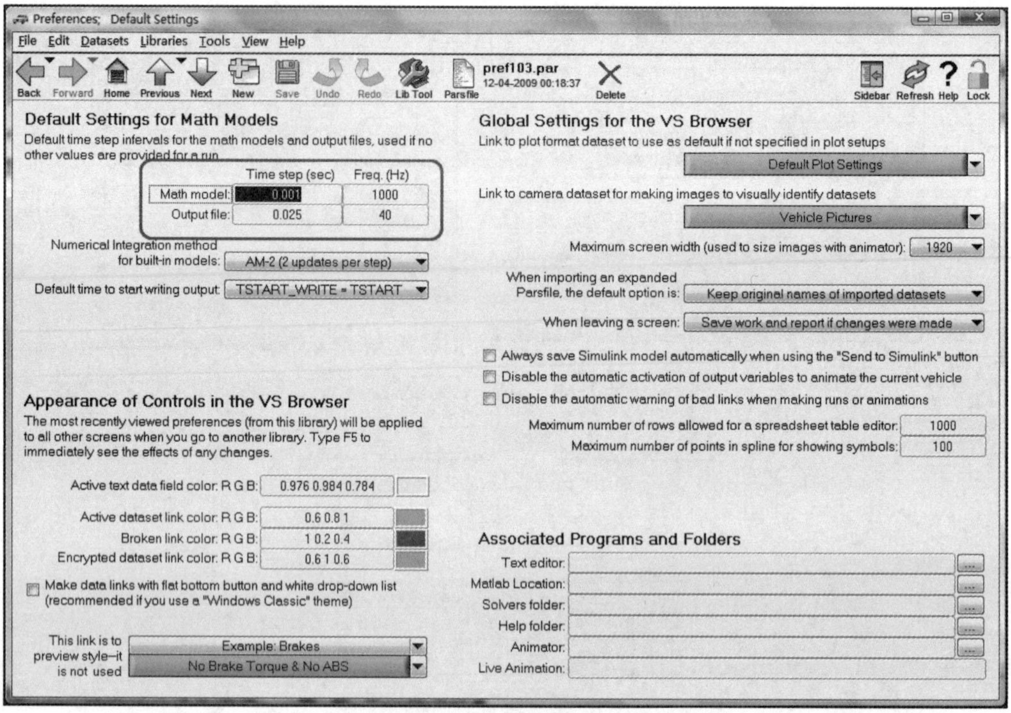

图 9-59　设置仿真步长

图 9-60　仿真动画显示

(9) 建立 CarSim 与 Simulink 联合仿真的模型。

单击图 9-61 所示的下拉菜单，选择 Models：Simulink。

单击图 9-62 所示的下拉菜单，选择［Link to New Dataset］。

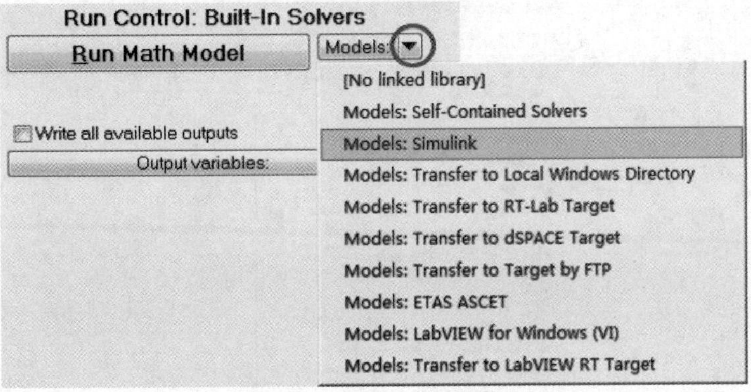

图 9-61 选择 Simulink 接口

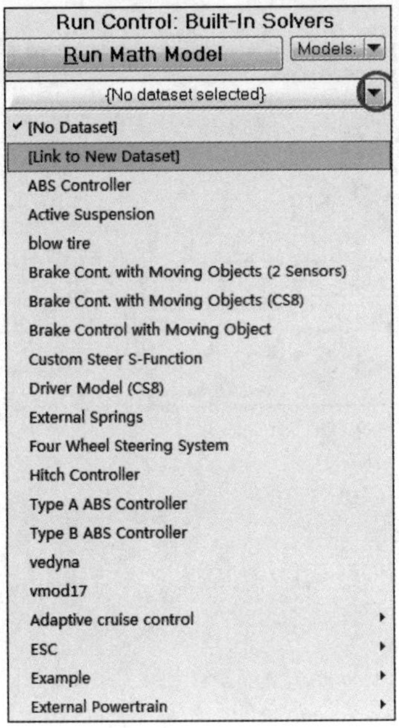

图 9-62 Link to New Dataset

此时，弹出一个图 9-63 所示的对话框，在文本框中依次输入 Example 和 ABS，单击“Copy and Link”按钮完成新建，如图 9-64 所示。

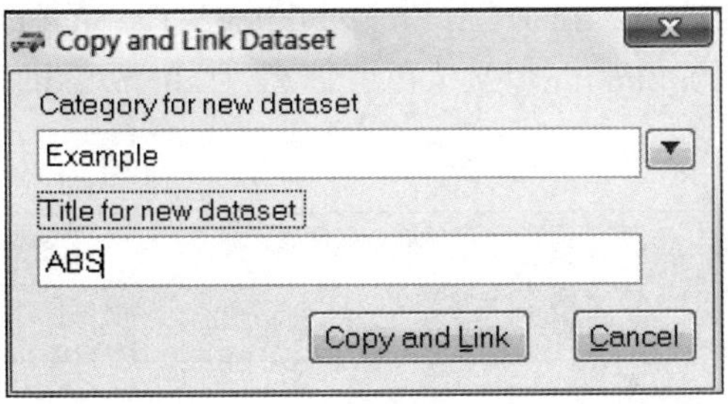

图 9-63 新建一个与 Simulink 联合的 Dataset

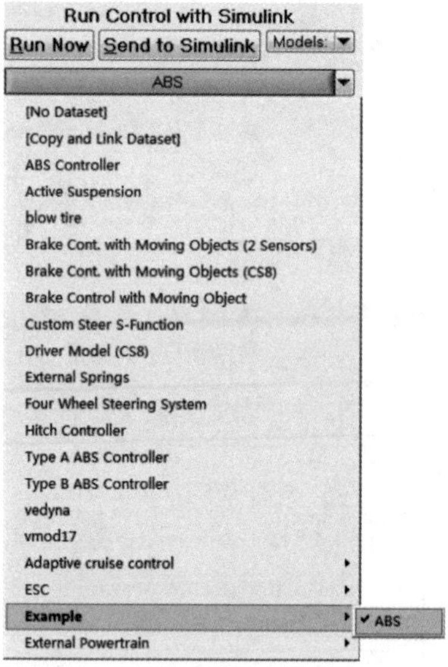

图 9-64　选择建立的 ABS dataset

单击 ABS，如图 9-65 所示。

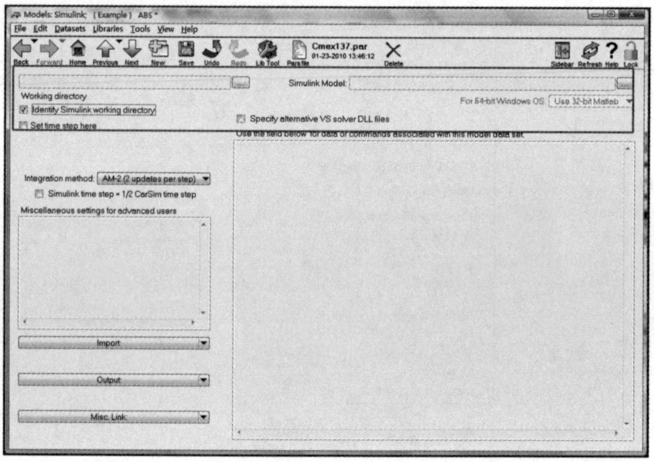

图 9-65　Simulink Example ABS 的主界面

1）浏览工作路径：在这里选择 D：\ Program Files \ CarSimData；

2）Simulink Model 的路径：在 D：\ ProgramFiles \ CarSimData \ Extensions \ Simulink 目录下，新建一个空白的 Simulink Model，命名为 ABS. mdl。单击“...”按钮浏览 ABS. mdl，如图 9-66 所示。

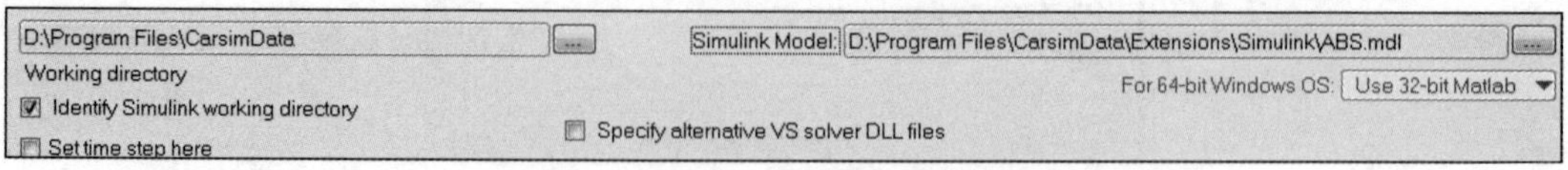

图 9-66　选择路径

定义 CarSim 的导入变量，单击图 9-67(a) 所示的下拉菜单，选择 I/O Channels：Import，然后按照图 9-67(b) 和 (c) 新建导入变量。

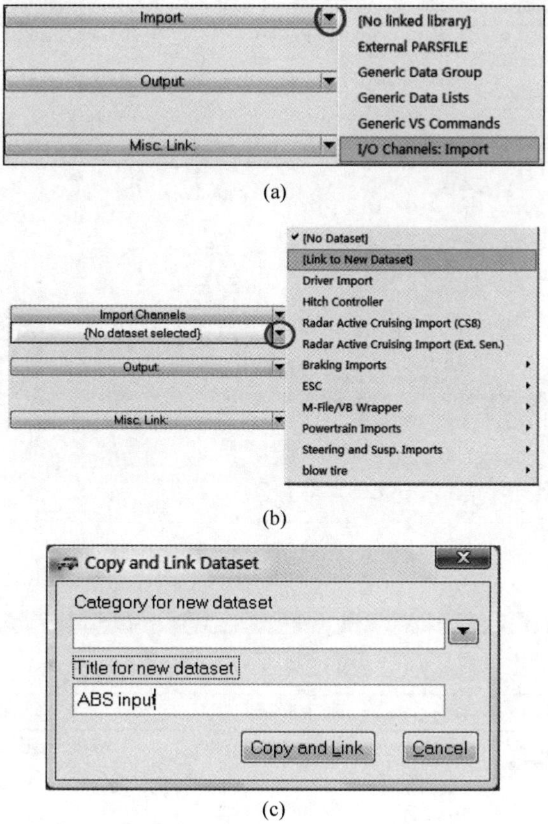

图 9-67　新建 ABS input

单击“ABS input”按钮，显示如图 9-68 所示，需要浏览找到 Readme file for imports，这里的路径为 Programs \ solvers \ ReadMe \ i_i_imports_tab. txt。定义 CarSim 导入变量为 4 个车轮的轮缸压力，顺序依次为：IMP_PBK_L1（左前轮缸压力 [MPa]）、IMP_PBK_R1（右前轮缸压力 [MPa]）、IMP_PBK_L2（左后轮缸压力 [MPa]）、IMP_PBK_R2（右后轮缸压力 [MPa]），记下导入顺序。

定义 CarSim 的导出变量，步骤同定义 CarSim 的导入变量相同。首先，新建名称为 ABS output 的一个 dataset。单击“ABS output”按钮，弹出图 9-69 所示的界面，需要浏览找到 Readme file for output，这里的路径为 Programs \ solvers \ ReadMe \ i_i_outputs_tab. txt。定义 CarSim 的导出变量依次为：Vx_L1（左前轮速 [km/h]）、Vx_R1（右前轮速 [km/h]）、Vx_L2（左后轮速 [km/h]）、Vx_R2（右后轮速 [km/h]）、Vx_SM（汽车质心处的速度 [km/h]）、Pbk_Con（主缸压力的控制输入 [MPa]），记下导出顺序。

单击返回 CarSim 主界面，然后单击图 9-70 所示的“Send to Simulink”，此时 Matlab 及前面新建的空白的模型 ABS. mdl 将被打开，如图 9-71 所示。

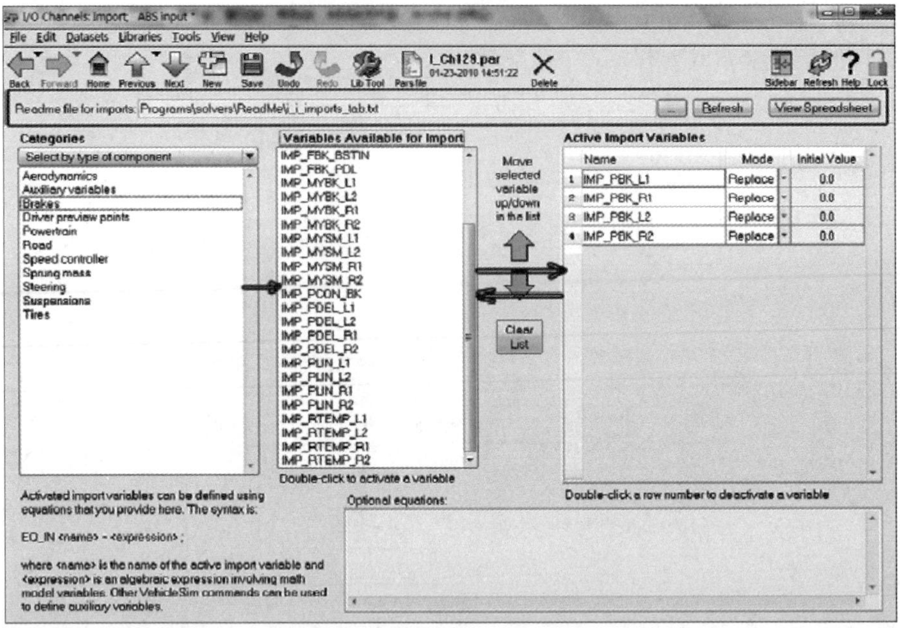

图 9-68　定义 CarSim 导入变量

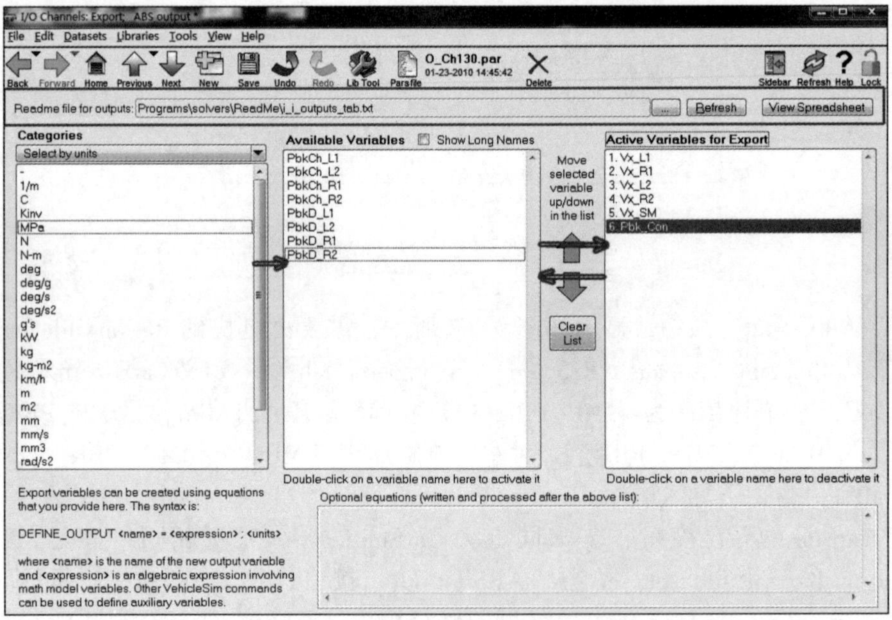

图 9-69　定义 CarSim 导出变量

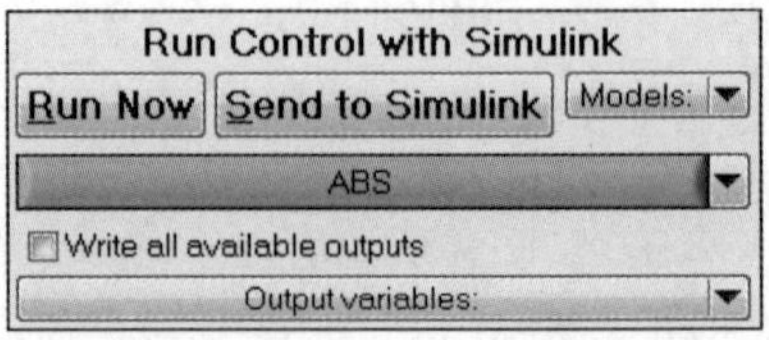

图 9-70　数学模型求解器

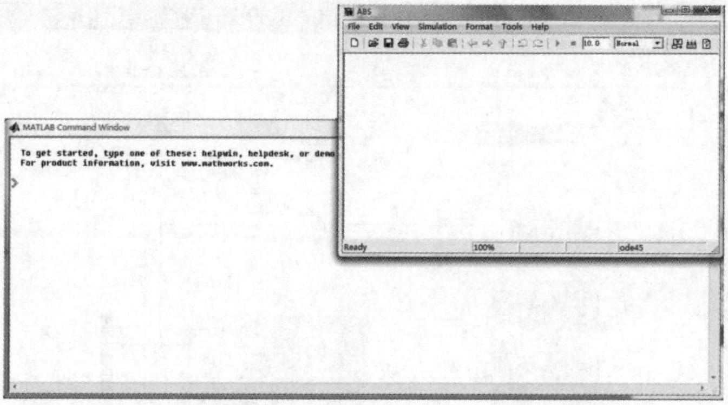

图 9-71 Matlab Command Window 及 ABS. mdl

在 Matlab Command Window 中键入 simulink，按回车键，打开 Simulink Library Browser，注意现在的 Simulink Library Browser 比单独运算 Matlab/Simulink 时多了一个“CarSim S-Function”，如图 9-72 所示，将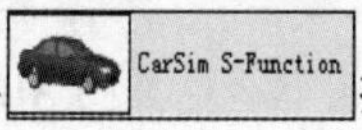拖拽到 ABS. mdl 里，显示为，注意此模块恰好有一个输入接口和一个输出接口，分别对应着 CarSim 的导入变量和导出变量。

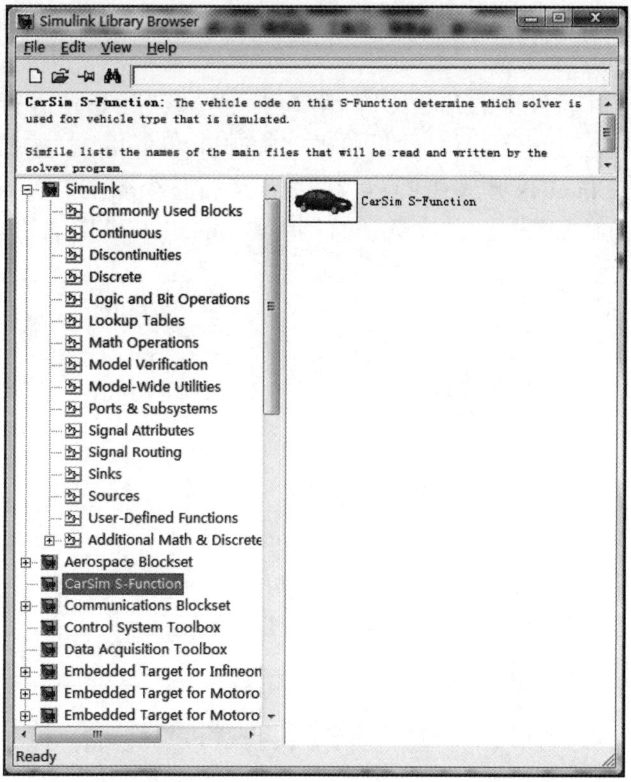

图 9-72 含有 CarSim S-Function 模块的 Simulink Library Browser

在 ABS. mdl 中加入 ABS 控制策略，CarSim 的导出量经过 Simulink 计算，决策出各个轮缸的压力，然后导入到 CarSim 模块里，如图 9-73 所示。

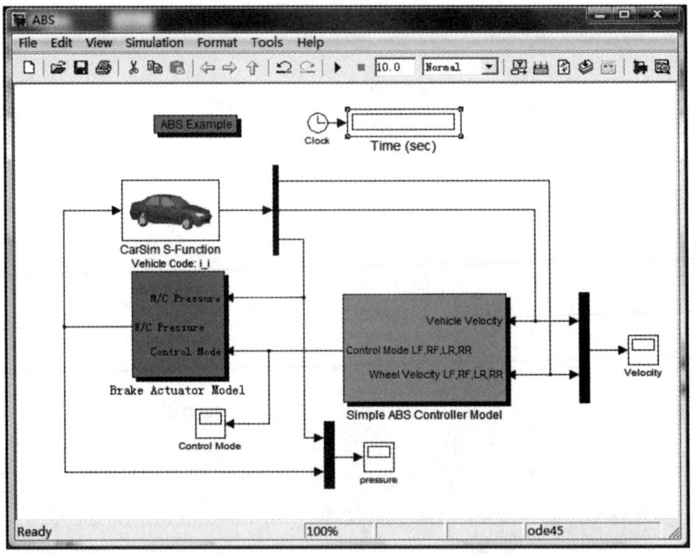

图 9-73　CarSim 与 Simulink 联合仿真的 ABS 控制模型

返回 CarSim 主界面，单击“Run Now”按钮，运行结束后，再单击“Send to Simulink”按钮，弹出 ABS. mdl，单击 Simulink 模型中的运行按钮，即可运行整个模型，弹出仿真界面，如图 9-74 所示。

说明：若对 CarSim 软件里的参数（车辆参数、仿真工况等）进行了修改，则要再次单击“Run Now”按钮，运行结束，然后单击“Send to Simulink”按钮，来重新读入修改后的参数，最后单击 Simulink 模型中的运行按钮，运行整个模型。若只在 Simulink 模型里作相应的修改，不影响 CarSim 中的参数，直接单击 Simulink 模型中的运行按钮即可。

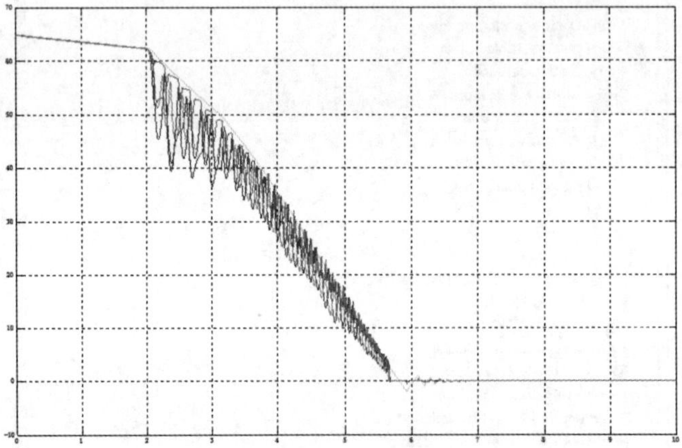

图 9-74　加入 ABS 控制后，车速与各轮速的关系曲线

观察加入 ABS 控制后的车辆行驶，单击“Animate”按钮，查看动画，如图 9-75 所示。同样，也可以单击“Plot”按钮绘制曲线。

(10) 在前述操作的基础上，为了更好地显示 ABS 的控制效果，采用同样车型、同样的仿真工况，其中一辆加入了 ABS 控制，而另一辆不带 ABS。

图 9-75 带有 ABS 控制的仿真动画

在 CarSim 主界面下，单击新建一个 dataset，如图 9-76 所示，单击“Set”按钮，完成操作。

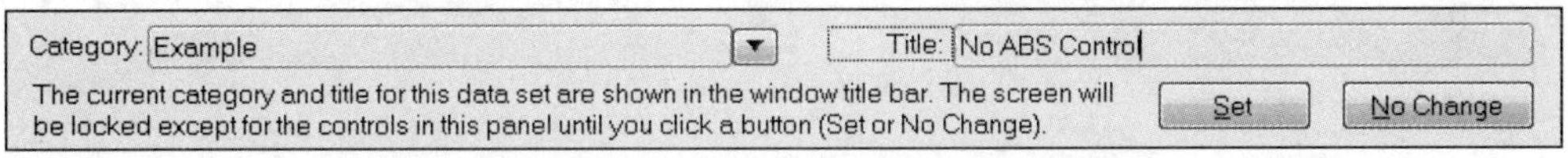

图 9-76 新建 No ABS Control dataset

取消与 Simulink 联合仿真的选择，如图 9-77 所示，选择［No linked library］。

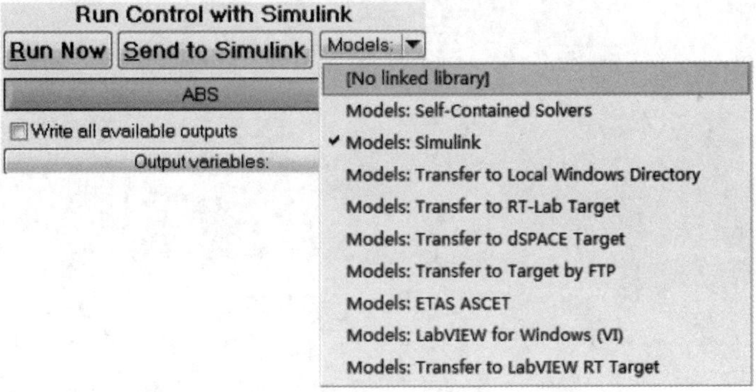

图 9-77 取消与 Simulink 联合仿真

选择 CarSim 主界面右下方的“Overlay animations and plots with other runs”，选择前面所建立的 dataset，如图 9-78 所示，完成操作后，单击该处子选项的下拉菜单，弹出 ABS 的 CarSim 主界面。

完成上述操作后，单击该处的“ABS”下拉按钮，弹出 ABS 的 CarSim 的主界面。同样，按照上述有 ABS 制动建立仿真模型时的操作方法，选择新建的 No ABS Control，在主界面右上角，选中“Set run color”，并设置为红色；单击主界面上的“Run Math Model”，运行模型，结束后，单击“Animate”按钮，查看仿真动画，如图 9-79 所示，其中红色车辆为不带 ABS 控制的车辆。

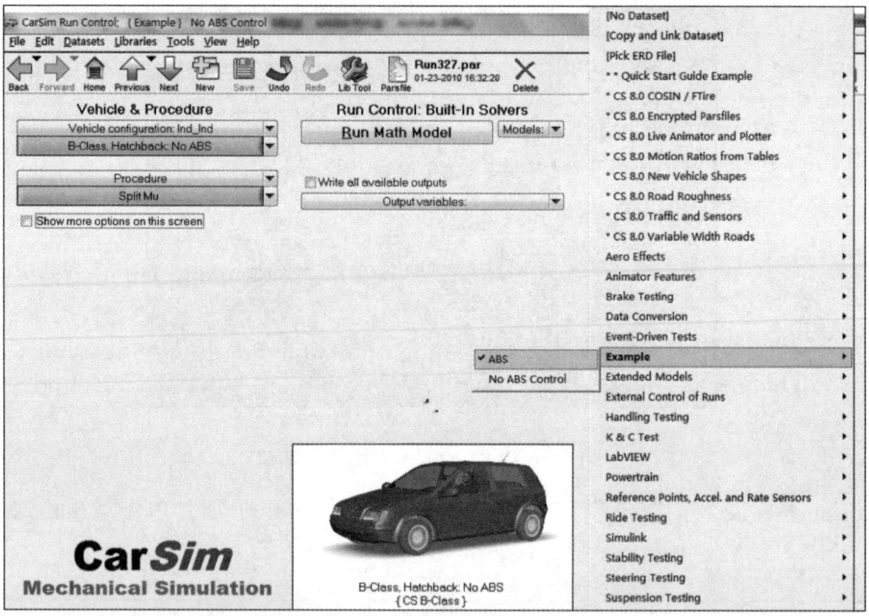

图 9-78　选择 dataset

图 9-79　有无 ABS 控制效果的对比

9.4　本章小结

本章通过对一些仿真应用综合实例的说明，介绍了 CarSim 软件的操作方法，加深读者对软件的学习和应用。

9.5　习题

1. 参照第 8 章车辆叠加，利用 CarSim 和 Simulink 联合仿真出车辆巡航行驶。

2. 建立一个蛇形穿杆仿真工况，对建立起的整车模型进行仿真，观看仿真动画，分析仿真曲线。

参考文献

[1] 余志生．汽车理论［M］．5 版．北京：机械工业出版社，2009.
[2] 冯健璋．汽车发动机原理与汽车理论［M］．2 版．北京：机械工业出版社，2011.
[3] 何耀华．汽车试验学［M］．北京：人民交通出版社，2005.
[4] 刘峥，王建昕．汽车发动机原理教程［M］．北京：清华大学出版社，2001.
[5] 马芳武．汽车空气动力学［M］．北京：机械工业出版社，1993.
[6] 司利增．汽车防滑控制系统——ABS 与 ASR［M］．北京：人民交通出版社，1996.
[7] 付百学．汽车试验技术［M］．北京：北京理工大学出版社，2007.
[8] 黄世霖，张金换，王晓东．汽车碰撞与安全［M］．北京：清华大学出版社，1999.
[9] 周建鹏，黄虎，严运兵．现代汽车性能检测技术［M］．上海：上海科学技术出版社，2007.
[10] 何仁，王建峰．汽车动力传动系统合理匹配的实用方法［J］．中国公路学报，2000，13（1）：100-103.
[11] 国家标准化委员会．GB/T 6323—2014. 汽车操纵稳定性实验方法［S］．北京：中国标准出版社，2014.
[12] Su-Jin P P，Lebeltel O，Laugier C. Parking a car using Bayesian Programming［C］．In：Control，Automation，Robotics and Vision，2002. ICARCV 2002，2：728-733.
[13] 陈勇．汽车测试技术［M］．北京：北京航空航天大学出版社，2008.
[14] 洪成文，富月．基于自适应动态规划的非线性鲁棒近似最优跟踪控制［J］．控制理论与应用，2018，35（9）：1285-1292.
[15] 张缓缓，杨国平．汽车设计［M］．北京：清华大学出版社，2016.
[16] 陈家瑞．汽车构造［M］．北京：人民交通出版社，2006.
[17] 张耀虎，王鑫，郑颖．汽车构造［M］．北京：清华大学出版社，2019.
[18] 徐兆坤．汽车发动机原理［M］．北京：清华大学出版社，2010.
[19] 周开利，邓春晖．Matlab 基础及其应用教程［M］．北京：北京大学出版社，2007.
[20] MUC，NI Z，SUN C，et al. Data-driven tracking control with adaptive dynamic programming for a class of continuous-time nonlinear systems［J］．IEEE Trans Cybern，2017，47（6）：1460-1470.
[21] 陈清泉，孙逢春，祝嘉光．现代电动汽车技术［M］．北京：北京理工大学出版社，2002.
[22] 安相璧．汽车试验工程［M］．北京：国防工业出版社，2006.
[23] 刘林．微缩自主车横向控制及纵向速度自适应控制［D］．长春：吉林大学，2017.